DROEMER ✱

JAMES COMEY

Größer als das Amt

Auf der Suche nach der Wahrheit –
DER EX-FBI-DIREKTOR KLAGT AN

Aus dem Amerikanischen von
Pieke Biermann, Elisabeth Liebl,
Werner Schmitz, Karl Heinz Siber
und Henriette Zeltner

Die amerikanische Originalausgabe erschien 2018 unter dem Titel
»A Higher Loyalty. Truth, Lies, and Leadership«
bei Flatiron Books, New York.

Besuchen Sie uns im Internet:
www.droemer.de

© 2018 James Comey
© 2018 der deutschsprachigen Ausgabe Droemer Verlag
Ein Imprint der Verlagsgruppe Droemer Knaur GmbH & Co. KG, München
Alle Rechte vorbehalten. Das Werk darf – auch teilweise – nur mit
Genehmigung des Verlags wiedergegeben werden.
Lektorat: Kristian Wachinger
Redaktion: Christiane Bernhardt
Covergestaltung: Isabella Materne
Coverabbildung: © Getty Images / Chip Somodevilla, Staff
Satz: Sandra Hacke
Druck und Bindung: CPI books GmbH, Leck
ISBN 978-3-426-27777-5

2 4 5 3

*Meinen vormaligen Kollegen,
den Beamten des Justizministeriums und des FBI,
deren immerwährender Einsatz für die Wahrheit
die Größe unseres Landes ausmacht.*

INHALT

Vorbemerkung		9
Einführung		15
1	The Life	19
2	Unsere Sache	31
3	Der Schulhoftyrann	51
4	Sinngebung	67
5	Die leichtfertige Lüge	79
6	Auf dem Gleis	111
7	Bestätigungsfehler	143
8	In Hoovers Schatten	167
9	Washingtoner Zuhören	197
10	Prügelknabe	221
11	Sprechen oder Schweigen	265
12	Trump Tower	293
13	Loyalität auf dem Prüfstand	315
14	Die Wolke	336
Epilog		373
Dank		378
Register		379

VORBEMERKUNG

Wer bin ich, dass ich mir einbilde, ich sollte anderen Menschen etwas über Führungsethik erzählen? Jeder, der glaubt, darüber ein Buch schreiben zu müssen, läuft Gefahr, als anmaßend, gar scheinheilig wahrgenommen zu werden. Erst recht, wenn er selbst zufällig gerade geräuschvoll aus seinem Amt gefeuert wurde.

Aufgeschriebene Lebensgeschichten werden fast automatisch als Übung in Eitelkeit beargwöhnt, ich weiß das und hatte genau deshalb immer wieder die Idee verworfen, so ein Buch zu schreiben. Aber es gibt einen wichtigen Grund dafür, dass ich meine Meinung geändert habe. Wir durchleben in unserem Land gerade eine gefährliche Zeit, mit einem politischen Klima, in dem Fakten angezweifelt, fundamentale Wahrheiten infrage gestellt, Lügen für normal erklärt und unethisches Verhalten ignoriert, entschuldigt oder sogar belohnt werden. Das passiert nicht nur in unserer Hauptstadt und auch nicht nur in den Vereinigten Staaten. Vielmehr handelt es sich um einen besorgniserregenden Trend, der in Amerika und weltweit die verschiedensten Institutionen erfasst hat – die Vorstandsetagen führender Unternehmen ebenso wie die Nachrichtenredaktionen und Universitäten, die Unterhaltungsindustrie, den Profisport und die Olympischen Spiele. Ein paar Betrüger, Lügner und Verbrecher haben ihre Quittung erhalten. Andere kommen noch immer mit Entschuldigungen und Rechtfertigungen davon und können darauf bauen, dass ihr Umfeld auch weiterhin wegschaut oder ihr schlechtes Benehmen sogar erst möglich macht.

Wenn es also je einen richtigen Zeitpunkt gab, in dem das Nachdenken über einen ethisch integren Führungsstil von Nutzen sein könnte, dann genau jetzt. Ich bin kein Experte für Führungsethik, aber ich habe schon während des Studiums viel darüber gelesen und gegrübelt und mich jahrzehntelang damit herumgeschlagen, was das in der Praxis bedeutet. Es gibt ja nicht die perfekte Führungspersönlichkeit, die uns das beibringen könnte, das heißt, es obliegt uns, denen ethisch geerdetes Handeln wichtig ist, das Thema immer wieder ins Gespräch zu bringen und uns selbst und jedermann in einer politischen Funktion anzuhalten, es besser zu machen.

Der Ethik verpflichtete Führungspersönlichkeiten entziehen sich nicht der Kritik und Selbstkritik und gehen nicht in Deckung vor unbequemen Fragen. Sie sind froh über beides. Jeder Mensch hat Schwächen, ich auch – sogar viele. Zu meinen gehört, wie Sie aus diesem Buch erfahren werden, dass ich dickköpfig sein kann und zu übertriebenem Stolz, zu viel Selbstsicherheit und einem zu großen Ego neige. Damit schlage ich mich schon mein ganzes Leben lang herum. Sehr, sehr oft, wenn ich auf Situationen zurückschaue, wünsche ich mir, ich hätte mich anders verhalten, und manche sind mir regelrecht peinlich. Das geht den meisten von uns so. Wichtig ist aber, etwas daraus zu lernen und es beim nächsten Mal hoffentlich besser zu machen.

Ich finde es nicht angenehm, kritisiert zu werden, aber ich weiß, dass ich mich irren kann, auch wenn ich mir meiner Meinung noch so sicher bin. Denen zuzuhören, die anderer Meinung sind, und sich Zeit für Kritik zu nehmen, ist unerlässlich, wenn man der verführerischen Kraft allzu großer Selbstgewissheit nicht erliegen will. Zweifeln ist Klugheit – das habe ich gelernt. Und je älter ich werde, desto weniger Gewissheiten habe ich. Wer in einer Führungsposition ist und glaubt, nie falschzuliegen, wer sein Urteil oder seinen Standpunkt nie infrage stellt, ist eine Gefahr für die Organisationen und die Menschen, die er führt. In manchen Fällen ist so jemand eine Gefahr für sein Land und die ganze Welt.

Der Ethik verpflichtete Führungspersönlichkeiten sind nach meiner Erfahrung Menschen, die über kurzfristige Ziele und dringliche Anforderungen hinausdenken und sich bei ihrem Handeln an bleibenden Werten orientieren. Die einen beziehen ihre Werte aus einer religiösen Tradition, andere aus einer moralischen Weltanschauung oder sogar aus einem Verständnis für Geschichte. Jedenfalls dienen Werte wie Wahrheit, Redlichkeit und Achtung für andere – um nur einige zu nennen – als äußere Bezugspunkte, nach denen man ethisch integre Entscheidungen trifft, vor allem die schweren, bei denen es keine einfachen oder guten Lösungen gibt. Solche Werte sind wichtiger als das, was Schwarmintelligenz oder Fraktionsdenken gerade vorgeben mögen. Sie sind wichtiger als die spontanen Ideen eines Bosses oder die Vorlieben seiner Untergebenen. Sie sind wichtiger als die Profitabilität und die Bilanzen einer Firma. Ethisch geerdeten Führungspersönlichkeiten ist die tiefe Treue zu fundamentalen Werten wichtiger als der eigene Vorteil.

Der Führungsethik geht es auch um ein Verständnis für Menschen und unser aller Bedürfnis nach Sinngebung. Sie will Arbeitszusammenhänge schaffen, an denen hohe Ansprüche und wenig Angst herrschen, eine Kultur, in der Menschen keine Scheu haben müssen, Wahrheiten offen auszusprechen, und die besten Leistungen herausholen, aus sich selbst und aus ihrer Umgebung.

Ohne ein grundsätzliches Bekenntnis zur Wahrheit – vor allem vonseiten unserer öffentlichen Institutionen und von denen, die sie leiten – sind wir verloren. Um einen juristischen Leitsatz zu formulieren: Unser Rechtssystem kann nur funktionieren, wenn sich Menschen der Wahrheit verpflichten; ohne das zerfällt jede auf Rechtsstaatlichkeit gründende Gesellschaft. Und einen führungsethischen Leitsatz: Jemand in einer Führungsposition, der nicht die Wahrheit sagt oder die Wahrheit nicht hören will, kann keine guten Entscheidungen treffen, er kann sich nicht weiterentwickeln, und er kann kein Vertrauen schaffen bei denjenigen, die ihm folgen.

Erfreulicherweise lassen sich Redlichkeit und die Bereitschaft, Wahrheiten offen auszusprechen, durchaus fördern und tragen ihrerseits bei zu einer Kultur der Ehrlichkeit, Offenheit und Transparenz. Ethisch integre Politiker prägen das kulturelle Klima mit allem, was sie sagen und, noch wichtiger, was sie tun, denn sie stehen unter ständiger Beobachtung. Unglücklicherweise prägen aber auch unehrliche Politiker eine Kultur, indem sie ihrem Wahlvolk Unehrlichkeit, Korruption und Täuschung vorleben. Der Unterschied zwischen einem ethisch geerdeten Politiker und solchen, die nur zufällig auf einer Führungsposition gelandet sind, besteht darin, dass der erstere sich einer tiefen Loyalität gegenüber der Wahrheit verpflichtet fühlt, die größer ist als das Amt. Der Unterschied ist unübersehbar.

Ich habe lange über einen Titel für dieses Buch nachgedacht. In gewissem Sinn ist *A Higher Loyalty* das Fazit eines seltsamen Abendessens im Weißen Haus, bei dem der neue Präsident der Vereinigten Staaten von mir verlangte, meine Loyalität gegenüber ihm – persönlich – über meine Pflichten als FBI-Direktor gegenüber dem amerikanischen Volk zu stellen. In einem anderen, tieferen Sinn spannt der Titel einen Bogen über vier Jahrzehnte meiner juristischen Tätigkeit als Strafverfolger, als Wirtschaftsjurist und während ich mit drei US-Präsidenten eng zusammenarbeitete. Auf all diesen Posten habe ich von den Menschen um mich herum eines gelernt und anderen weiterzugeben versucht, nämlich dass es in unser aller Leben eine Loyalität gibt, die größer ist als die Treue zu einer Person, einer Partei oder irgendeiner Gruppierung. Und das ist die tiefe Loyalität gegenüber höheren, bleibenden Werten, allen voran der Wahrheit. Ich hoffe, dass dieses Buch uns alle anregen kann über die Werte nachzudenken, die uns tragen, und nach der Art Führung zu streben, die diese Werte verkörpert.

EINFÜHRUNG

*Des Menschen Sinn für Gerechtigkeit macht
Demokratie möglich, seine Neigung zur Ungerechtigkeit
aber macht Demokratie notwendig.*

REINHOLD NIEBUHR

Zwischen der Zentrale des FBI (Federal Bureau of Investigation) und dem Capitol Hill liegen zehn Häuserblocks, die Strecke hat sich mir bei unzähligen Dienstfahrten die Pennsylvania Avenue hinauf und hinunter tief ins Gedächtnis gegraben. Die Fahrten waren zu einer Art Ritual geworden, vorbei an den Touristenschlangen vor dem Nationalarchiv mit Dokumenten zur Geschichte der Vereinigten Staaten und dem Newseum mit der Steinplatte, auf der der Erste Zusatzartikel zur Verfassung eingraviert ist, vorbei an T-Shirt-Ständen und Imbisswagen.

Jetzt, im Februar 2017, fuhr ich im Fond eines gepanzerten schwarzen Chevrolet Suburban des FBI. Die Mittelbank war entfernt worden, ich saß auf einem der beiden Plätze ganz hinten. Die Welt durch schusssichere kleine Seitenfenster vorbeiziehen zu sehen, war mir zur Gewohnheit geworden. Es ging wieder mal zu einer geheimen Anhörung im Kongress über eine mögliche russische Einflussnahme auf die Wahlen 2016.

Ein Auftritt im Kongress war schon an normalen Tagen schwierig und meistens eher deprimierend. Fast jeder Abgeordnete schien fest auf einer der beiden Seiten zu stehen und nur zuzuhören, um irgendein Goldkörnchen zu finden, das in die jeweils gewünschte Richtung passte. Sie stritten ge-

geneinander, indem sie durch mich hindurchredeten: »Herr Direktor, wenn jemand das und das behaupten würde, wäre der nicht ein Idiot?« Auch die Gegenposition wurde über mich bezogen: »Herr Direktor, wenn jemand sagen würde, dass jemand, der das und das behauptet, ein Idiot ist, wäre dann derjenige nicht der eigentliche Idiot?«

Stand jene Wahl vor ein paar Wochen auf der Agenda, die allen als die bis dato umstrittenste galt, war der Diskussionsstil unmittelbar danach noch übler; kaum jemand war willens oder imstande, seine jeweiligen politischen Interessen beiseitezuschieben und sich auf die Wahrheit zu konzentrieren. Die Republikaner wollten immer nur bestätigt bekommen, dass Donald Trump nicht von den Russen gewählt worden war. Die Demokraten, noch schwer angeschlagen vom Wahlergebnis, wollten das Gegenteil hören. Gemeinsame Nenner waren Mangelware. Das Ganze hatte etwas von einer Familie, die höchstrichterlich zum gemeinsamen Thanksgiving-Essen verdonnert worden ist.

Das FBI klemmte mitten im Parteiengezänk, auch ich als sein Direktor. Das war eigentlich nichts Neues. Wir waren schon im Juli 2015 in den Wahlkampf hineingezogen worden, als unsere gestandenen FBI-Profis strafrechtliche Ermittlungen zu Hillary Clintons Umgang mit geheimen Informationen über ihr privates E-Mail-Konto eingeleitet hatten. Damals konnten schon die bloßen Wörter »strafrechtlich« und »Ermittlungen« sinnlose Kontroversen auslösen. Ein Jahr später, im Juli 2016, nahmen wir die Ermittlungen zu der Frage auf, ob es massive russische Wahlbeeinflussung gegeben hatte, um Clinton zu beschädigen und Donald Trump ins Amt zu verhelfen.

Dies war für das FBI eine unglückliche, wenngleich unvermeidbare Situation. Eigentlich soll sich das FBI, das ja der Exekutive angehört, aus der Politik heraushalten. Sein Auftrag ist, die Wahrheit herauszufinden, und dafür darf es auf keiner anderen Seite als der des Landes stehen. Natürlich dürfen Mitarbeiter des FBI private politische Ansichten haben wie jeder andere auch, aber wer vor Gericht oder im Kongress aussagt, darf dort nicht als Republikaner oder Demokrat oder Angehöriger sonst irgendeiner Fraktion auftreten. Der Kongress hat, eigens um die Unabhängigkeit dieser Behörde zu untermauern, vor vierzig Jahren die zehnjährige Amtszeit für den FBI-Direktor eingeführt. In der Hauptstadt, überhaupt in einem vom Parteienstreit zerrissenen Land, wirkt eine derart selbstständige Behörde jedoch wie ein wesensfremder Störfaktor und wird ständig herausgefordert. Dadurch waren die Beamten in dauernder Anspannung, besonders, weil ihre Beweggründe ständig infrage gestellt wurden.

Mit mir im Dienstwagen saß Greg Brower, der zukünftige Leiter der Abteilung für Kongressangelegenheiten. Greg war dreiundfünfzig, blond-graumeliert, aus Nevada. Wir hatten ihn 2016 aus einer Anwaltskanzlei abgeworben. Davor war er Staatsanwalt und später in Nevada politisch tätig gewesen. Er kannte den Strafverfolgungsapparat ebenso wie das davon sehr unterschiedliche komplizierte politische Geschäft. Auf seinem neuen Posten hatte er das FBI im Haifischbecken des Kongresses zu vertreten.

Mit einem derart aufreibenden Durcheinander hatte Brower allerdings nicht gerechnet, und es war nach dem schockierenden Wahlausgang Ende 2016 sogar noch heftiger geworden. Da Greg noch nicht allzu lange beim FBI war, machte ich mir Sorgen, dass ihm der Irrsinn und Stress langsam an die Nieren gehen könnte. War er womöglich kurz davor, die Tür des Suburban aufzureißen und das Weite zu suchen? Auf solche Ideen würde ich wahrscheinlich kommen, wenn ich jünger wäre und nicht schon so oft am Zeugentisch des Kongresses gesessen hätte. Ich sah ihn an. Ganz offenbar dachte er dasselbe wie ich: »Wohin hat es mich denn hier verschlagen?«

Ich sah Brower an, wie besorgt er war, und brach das Schweigen.

»DAS IST DOCH DER GIPFEL!«, platzte ich heraus. Die Beamten vorn im Auto konnten es mit Sicherheit hören.

Greg Brower sah mich an.

»Wir stecken in der SCHEISSE«, sagte ich.

Er schien irritiert. Hatte der FBI-Direktor eben »Scheiße« gesagt?

Ja, tatsächlich.

»Wir stecken bis zum Hals in der Scheiße«, sagte ich noch einmal, lächelte ein bisschen zu breit und demonstrierte mit den Armen, bis wohin. »Wo wären Sie denn lieber?« Die Frage garnierte ich mit einem verunglückten Shakespeare-Zitat aus der St.-Crispins-Tag-Rede: »Die Leut' in England, jetzt im Bett, ersehnen einst, sie wären hier gewesen.«

Er lachte, und seine Miene hellte sich auf. Meine ebenfalls. Ich war zwar sicher, dass ihm die Idee mit dem Sprung aus dem fahrenden Auto noch immer durch den Kopf ging, aber die Spannung war gelöst. Wir holten beide tief Luft. Einen Augenblick lang waren wir einfach zwei Männer in einem Auto irgendwohin. Alles würde gut.

Dann war der Augenblick vorbei, und wir fuhren zum Kapitol hinauf, um über Putin und Trump und mutmaßliche geheime Absprachen und Geheimdossiers und wer weiß was sonst noch zu sprechen. Es war einfach wieder so ein Augenblick unter absolutem Hochdruck in einer der verrücktesten, folgen-, ja sogar lehrreichsten Phasen meines Lebens – man könnte auch sagen: des ganzen Landes.

Und mehr als einmal ertappte ich mich bei dem Gedanken: Wohin hat es mich denn hier verschlagen?

1
THE LIFE

Nicht ans Sterben denken
heißt nicht ans Leben denken.

JANN ARDEN

Das Leben beginnt mit einer Lüge. Diesen Satz hörte ich 1992, als Staatsanwalt in New York. Gesagt hat ihn ein Führungsmitglied eines der berüchtigtsten kriminellen Clans der Vereinigten Staaten, und gemeint war das, was sie *The Life* nennen.

Salvatore »Sammy the Bull« Gravano war der ranghöchste amerikanische Mafioso, der je Zeuge der Anklage wurde. Er hatte die Seiten gewechselt, weil er nicht lebenslänglich hinter Gitter gehen wollte und nachdem er auf Tonbändern aus den Ermittlungen gehört hatte, wie schlecht sein Boss John Gotti hinter seinem Rücken über ihn redete. Jetzt saß Gravano bei uns in Gewahrsam und führte mich in die Regeln des Mafialebens ein.

Wer als Mitglied bei der *Cosa Nostra* – noch einer ihrer Begriffe: »Unsere Sache« – aufgenommen werden wollte, musste vor dem Boss, dem Unterboss und dem Consigliere der »Familie« einen Schwur ablegen. Danach war er ein *Made Man*. Die Initiation erfolgte in einer geheimen Zeremonie, und die erste Frage lautete: »Weißt du, warum du hier bist?« Der Anwärter hatte mit Nein zu antworten. Dabei musste einer schon ein ziemlicher Idiot sein, wie Gravano erklärte, wenn er nicht wusste, warum er sich mitsamt lauter Familienoberhäuptern irgendwo in einem Nachtklubkeller befand.

Fast zwei Jahrzehnte lang hatte die amerikanische Mafia keine neuen Mitglieder mehr aufgenommen. 1957 hatten sich die Bosse darauf verständigt, »die Bücher zu schließen« – die Formulierung verrät, dass sogar echte Unterlagen über die Deck- und Klarnamen der Mitglieder zwischen den Mafiaclans hin und her gingen –, sie waren ernsthaft in Sorge, dass die Geschäfte nicht mehr gut liefen und sie von Informanten infiltriert würden. 1976 kamen sie überein, dass jeder Clan zehn neue Mitglieder aufnehmen durfte und dann die Bücher wieder geschlossen werden sollten. Neue Mitglieder waren nur als Ersatz für verstorbene erlaubt. Diese zehn Neulinge waren in jedem Clan die abgebrühtesten, weil jahrelang gestählten Star-Gangster. Gravano gehörte zu dieser »Spitzenklasse«, als er zur Mafia kam.

Natürlich bedeutete die Aufnahme von zehn neuen Mitgliedern nach so langer Pause zusätzliche Belastungen für die kriminellen Geschäfte. Üblicherweise wurde dem Anwärter beim Einweihungsritual ein Heiligenbildchen mit Blutstropfen von seinem »Abzugsfinger« – dem Zeigefinger – in die offenen Hände gelegt und angezündet. Er musste dazu sagen: »Möge meine Seele brennen wie dieser Heilige, wenn ich je die Cosa Nostra verrate.« Gravano erinnerte sich, dass er am dramatischen Höhepunkt der Zeremonie diese Worte nur über einem brennenden, blutbefleckten Stück Stoff sprechen konnte: Der Gambino-Clan hatte nicht genügend Heiligenbildchen besorgt.

Gravanos Aufnahmeritual begann nicht nur mit einer Lüge, es endete auch mit Lügen. Der Boss las ihm die Regeln der amerikanischen Cosa Nostra vor: »Wir töten nicht mit Sprengstoff, wir töten keine Polizisten, wir töten andere *Made Men* nur mit Erlaubnis von oben, wir schlafen nicht mit der

Frau eines anderen *Made Man*, und wir handeln nicht mit Drogen.« Die beiden ersten Regeln wurden im Allgemeinen korrekt befolgt. Der Staat hätte jeden vernichtet, der mit Sprengkörpern Unschuldige verletzte oder Angehörige der Strafverfolgungsbehörden tötete. Der Rest des Gelöbnisses – andere Mafiosi nicht zu töten, nicht mit deren Frauen ins Bett zu gehen, nicht mit Drogen zu dealen – war glatt gelogen. Diese drei Regeln wurden von Gravano und seinen Mafiosi regelmäßig gebrochen. Es war, erklärte der mit mir zusammen ermittelnde Staatsanwalt Patrick Fitzgerald, wie beim Hockey: Schubsen und Blocken ist zwar theoretisch verboten, aber auf dem Feld üblich.

Die mit der amerikanischen eng verbundene sizilianische Mafia hatte noch eine Regel, und sie wirft ein Licht auf die fundamentale Funktion der Unehrlichkeit innerhalb der gesamten organisierten Kriminalität auf beiden Seiten des Atlantiks. Neu aufgenommenen Mitgliedern war es verboten, einen anderen *Made Man* – in Sizilien hieß er »Ehrenmann« – anzulügen, es sei denn, er sollte damit in den Tod gelockt werden. Ein schwerwiegendes »Es sei denn«. Ich habe einmal Francesco Marino Mannoia, einen sizilianischen Mafiakiller, der auch zum Zeugen geworden war, danach gefragt:

»Das heißt also, Franco, Sie können mir vertrauen, es sei denn, wir haben vor, Sie zu töten?«

»Ja«, meine Frage irritierte ihn, »*Made Men* dürfen nur über die wirklich wichtigen Sachen lügen.«

Leben im Lügengestrüpp. Ein Schweigekreis des Einverständnisses. Totale Kontrolle durch den Boss. Treueschwüre. Eine Weltanschauung nach dem Prinzip »Wir gegen die«. Kleine und große Lügen im Dienst eines verqueren Loyalitätskodex. Solche Regeln und Normen waren charakteristisch für die Mafia, aber ich sollte mich während meiner ganzen

Laufbahn immer wieder wundern, wie oft sie auch anderswo galten.

Meine Anfangsjahre als Staatsanwalt, vor allem meine Rolle im Kampf gegen die Mafia, bestärkten mich in der Überzeugung, den richtigen Beruf gewählt zu haben. Die Juristerei war mir nicht in die Wiege gelegt worden. Aber letztlich entschloss ich mich zur juristischen Laufbahn, weil ich glaubte, dadurch anderen Menschen am besten helfen zu können, vor allem denen, die unter den Mächtigen zu leiden hatten, unter Verbrecherbossen und Tyrannen. Vielleicht war meine Entscheidung dafür unausweichlich, aber das war mir damals mit sechzehn nicht klar, als jemand mit der Pistole auf mich zielte. Eine Erfahrung, die mein Leben veränderte.

Der Mann mit der Pistole wusste nicht, dass ich an dem Abend zu Hause war. Er hatte durch ein Souterrainfenster beobachtet, wie sich meine Eltern von einer Gestalt verabschiedeten, die im flackernden Fernsehlicht auf dem Wohnzimmerboden lag. Vermutlich hatte er die Gestalt für meine Schwester Trish gehalten. Es war aber mein jüngerer Bruder Pete (Trish war nach den Herbstferien wieder ins College gefahren, und unser jüngster Bruder Chris war bei einem Pfadfindertreffen). Ein paar Minuten nachdem meine Eltern davongefahren waren, trat der Mann die Tür unseres bescheidenen Bungalows ein und ging geradewegs nach unten.

Der Tag, der mein Leben veränderte, war der 28. Oktober 1977, ein Freitag. Die meisten Menschen in New York und Umgebung erlebten die Monate davor als den *Summer of Sam*, in Angst vor einem Serienmörder, der in der Stadt und den Vororten Pärchen in Autos überfiel. Für die Menschen im nördlichen New Jersey dagegen war es der Sommer – und Herbst – des *Ramsey Rapist*. Der Täter wurde so genannt wegen eines Dutzends Vergewaltigungen, die im Städtchen Ramsey begonnen hatten. Unser verschlafenes Städtchen Allendale lag gleich südlich davon.

Pete hörte schwere Schritte auf der knarzenden Treppe und ein leises Knurren von unserem Hund, sprang hoch und ging in Deckung. Aber der Einbrecher wusste, dass er da war. Er hielt die Pistole in seine Richtung und herrschte ihn an, er solle aus dem Versteck kommen. Dann fragte er, ob noch jemand im Haus war. Nein, log Pete.

Ich war damals im vierten Highschool-Jahr und ein Nerd, ich hatte kaum Freunde. Wie zum Beweis war ich an diesem Freitagabend zu Hause, um einen Text für die Schülerzeitung zu Ende zu schreiben. Es sollte eine brillante Satire werden, über coole Kids, Mobbing und den erdrückenden Gruppenzwang in der Highschool. Der Text war überfällig und noch nicht gerade brillant, aber ich hatte an diesem Freitagabend nichts anderes vor. Also saß ich in meinem kleinen Zimmer am Schreibtisch und schrieb.

Unten im Keller zwang der Einbrecher Pete, ihm das Schlafzimmer zu zeigen. Kurz darauf hörte ich ihre Schritte, direkt vor meiner Tür gingen zwei Personen in Richtung des Elternschlafzimmers. Dann kamen andere Geräusche, der Wandschrank und die Kommode wurden auf- und zugemacht. Ärgerlich und neugierig stand ich auf und öffnete die Schiebetür zum Bad, das zwischen meinem Zimmer und dem meiner Eltern lag. Dort brannte helles Licht. Ich sah Pete auf einer Seite des Bettes liegen, mit dem Kopf in meine Richtung, aber fest geschlossenen Augen.

Ich ging hinein, sah nach rechts und versteinerte. Ein mittelalter, gedrungener Mann mit Strickmütze und einer Pistole in der Hand starrte in den Kleiderschrank. Dann dehnte sich die Zeit, auf eine Weise, wie ich es nie wieder erlebt habe. Zuerst sah ich gar nichts mehr, dann kam meine Sehkraft wieder, aber seltsam vernebelt, und mein ganzer Körper pulsierte, als wollte mir das Herz im Leibe zerspringen. Als der Mann mit der Pistole mich sah, lief er zu Pete, drückte ihm ein Knie in den Rücken und hielt dem Fünfzehnjährigen mit der linken Hand den Lauf seiner Waffe an den Kopf. Dann sah er mich an.

»Keine Bewegung, Kleiner, oder ich puste ihm das Hirn weg.«

Ich rührte mich nicht.

Der Pistolenmann fing an, Pete zu beschimpfen. »Hattest du nicht gesagt, hier ist sonst keiner im Haus?«

Dann ließ er von ihm ab und befahl mir, mich neben ihn aufs Bett zu legen. Er wollte wissen, wo Geld zu finden wäre. Ich erfuhr erst später, dass Pete die ganze Zeit Geld in der Hosentasche hatte und nicht hergab. Ich gab sofort alles her. Ich nannte jeden Fundort, der mir einfiel – Sparschweine, Portemonnaies, Münzen, die uns unsere Großeltern für Unternehmungen zugesteckt hatten, einfach alles. Mit meinen Informationen versehen, machte sich der Mann auf die Suche und ließ uns auf dem Bett liegen.

Kurze Zeit später war er wieder da, baute sich vor dem Bett auf und richtete seine Waffe auf uns. Ich weiß nicht, wie lange er auf uns zielte, ohne dass etwas zu hören war, aber der Moment war lang genug, um mich zu verändern. Ich war sicher, ich würde gleich sterben. Hoffnungslosigkeit, Panik und Angst schnürten mir die Luft ab. Ich fing an, stumm zu beten, in dem Bewusstsein, dass mein Leben gleich zu Ende sein würde. Im nächsten Moment wurde ich überschwemmt von einer seltsamen Kältewelle, und meine Angst war weg. Ich fing an, logisch zu denken, und überlegte, wenn er zuerst auf Pete schoss, würde ich eine Hechtrolle vom Bett machen und versuchen, ihm die Beine wegzureißen. Und dann redete ich los – genauer gesagt: Ich log los. Die Lügen sprudelten einfach heraus. Ich erzählte ihm, wir seien spinnefeind mit unseren Eltern, ja, wir hassten sie regelrecht, und es sei uns völlig egal, wenn er sie beklaue, wir würden niemandem sagen, dass er hier gewesen war. Ich log ihm die Hucke voll.

Der Pistolenmann befahl, ich solle den Mund halten, und wir sollten aufstehen. Dann schubste er uns über den engen Flur, hielt vor jedem der anderen Zimmer und durchwühlte alle Schränke. Inzwischen glaubte ich zumindest phasenweise an ein Überleben und sah ihm immer wieder direkt ins Gesicht, um ihn später der Polizei beschreiben zu können. Und immer wieder rammte er mir die Pistole in den Rücken und herrschte mich an, wegzugucken.

Wieder sprudelte ich los, beteuerte noch mal und noch mal, er könnte uns doch irgendwo einsperren, wir würden auch bestimmt da bleiben, und er könnte entkommen. Ich zerbrach mir den Kopf, wo im Haus ein passender Raum dafür war – einer, den man zuschließen konnte. Wider alle Vernunft schlug ich das Klo im Souterrain vor, das Fenster da sei klein und lasse sich nicht öffnen, weil mein Vater es winterfest gemacht habe. Das war nur die halbe Wahrheit: Er hatte den Rahmen mit Klarsichtfolie überklebt, damit es nicht so zog, aber es ging ganz einfach auf, man musste nur die untere Scheibe hochschieben.

Der Pistolenmann brachte uns nach unten, schubste uns ins Klo und sagte: »Ihr könnt Mommy und Daddy sagen, dass ihr artige kleine Jungs wart.« Dann verkeilte er die Tür von außen, damit wir nicht abhauen konnten.

Wir hörten die Garagentür auf- und wieder zugehen, als er sich davonmachte. Ich fing an zu schlottern, das Adrenalin ließ nach. Zitternd sah ich zu dem kleinen Fenster, und plötzlich tauchte sein Gesicht darin auf. Der Pistolenmann untersuchte das Fenster von außen. Ich schnappte nach Luft. Als das Gesicht wieder weg war, sagte ich zu Pete, wir sollten lieber hier abwarten, bis Mom und Dad wiederkamen. Pete sah das anders. »Du weißt doch, wer das ist. Der tut den nächsten Leuten was an. Wir müssen Hilfe holen.« Ich glaube, in meinem wackeligen Zustand war mir nicht wirklich klar, was Pete meinte oder wie der Abend hätte verlaufen können, wenn unsere neunzehnjährige Schwester Trish zu Hause gewesen wäre.

Ich war trotzdem dagegen. Ich hatte Angst. Pete stritt noch kurz mit mir, dann sagte er, er werde jetzt gehen. Er zog die Plastikfolie ab, drehte den halbmondförmigen Riegel und schob das Fenster auf. Dann schwang er sich mit den Füßen voran in den Garten. Wahrscheinlich waren es nur ein, zwei Sekunden, aber in meiner Erinnerung stand ich ewig lange vor dem offenen Fensterchen und der Dunkelheit dahinter und grübelte. Sollte ich hierbleiben oder Pete folgen? Dann schwang auch ich die Beine aus dem Fenster. Genau in dem Moment, als meine nackten Füße auf dem kalten Boden im Garten meiner Mutter auftrafen, hörte ich den Pistolenmann brüllen. Ich warf mich auf Hände und Knie und krabbelte wie wild ins dichte Gebüsch hinter unserem Haus. Er hatte Pete erwischt und schrie jetzt in meine Richtung: »Komm da raus, du Knirps, oder deinem Bruder passiert was.« Ich kroch hervor, und der Mann beschimpfte mich, weil ich ihn angelogen hatte. Mir fiel spontan eine andere Lüge ein: »Wir gehen sofort wieder rein«, sagte ich und wollte auf das Klofenster zugehen.

»Zu spät«, sagte er, »an den Zaun.«

Zum zweiten Mal an diesem Abend dachte ich, ich würde sterben. Bis ich hörte, dass Sundance in unseren Garten gesprungen kam, der riesige sibirische Husky unseres Nachbarn, mitsamt seinem Herrchen Steve Murray, unserem Deutschlehrer und Footballtrainer an der Highschool.

Die nächsten Sekunden sind wieder vernebelt in meiner Erinnerung. Ich weiß noch, dass Pete und ich von dem Pistolenmann weg und ins Haus rannten, dicht gefolgt von Coach Murray, und wie hinter uns die Tür zuknallte. Wir schlossen sie ab. Der Pistolenmann war noch draußen und versetzte jetzt Coach Murrays Frau und seine Mutter, die wegen des Tumults bei uns aus dem Haus gekommen waren, in Angst und Schrecken. Noch heute, Jahrzehnte später, quälen mich heftige Schuldgefühle deshalb.

Pete und ich rannten nach oben, machten überall das Licht aus und bewaffneten uns. Ich hatte ein langes Schlachtermesser. Damals gab es bei uns noch keine Polizei-Notrufnummer, also rief ich das Fernamt an und ließ mich mit der Polizei verbinden. Der Telefonist sagte immer wieder, ich solle mich beruhigen. Ich erklärte ihm, ich könne mich nicht beruhigen, ein Mann mit einer Pistole sei vor unserem Haus, der würde gleich wieder reinkommen, wir brauchten jetzt sofort Hilfe. Dann warteten wir im Dunkeln hinter der Haustür und diskutierten, ob wir den Pistolenmann selbst angreifen sollten. Endlich tauchte ein Polizeiwagen vor dem Haus auf. Wir blinkten mit der Außenbeleuchtung, und der Wagen hielt. Wir rissen die Haustür auf und rannten hin, ich barfuß, mit dem Schlachtermesser in der Hand. Der Polizist stieg sofort aus und griff nach seiner Waffe. Ich schrie: »Nein, nein!«, und zeigte auf das Nachbarhaus. »Da ist er. Er ist bewaffnet!« Der Einbrecher löste sich von der Haustür der Murrays und verschwand im nahe gelegenen Wald.

Dann kamen Polizeiwagen aus allen möglichen Bezirken in unsere kleine Straße gerast, und ich strampelte auf meinem Zehngang-Rad barfuß einen halben Kilometer bis zum Gemeindehaus, in dem meine Eltern gerade Tanzstunde hatten. Ich sprang vom Rad, ließ es einfach fallen, riss die Tür auf und schrie aus Leibeskräften: »Daddy!« Alle hörten auf zu tanzen und kamen auf mich zu, vorneweg meine Eltern. Als meine Mutter mein Gesicht sah, fing sie an zu weinen.

Der *Ramsey Rapist* wurde in jener Nacht nicht gefunden. Ein paar Tage später nahm die Polizei einen Verdächtigen fest. Er wurde nie angeklagt, sondern später wieder freigelassen. In jener Nacht aber hörten die Gewalttaten abrupt auf, es gab keine Raubüberfälle und sexuellen Angriffe des *Ramsey Rapist* mehr.

Meine Begegnung mit ihm trug mir jahrelange Qualen ein. Mindestens fünf Jahre lang musste ich jeden Abend an ihn denken – buchstäblich *jeden* –, und noch sehr viel länger schlief ich mit einem Messer in Griffweite. Damals konnte ich es noch nicht erkennen, aber auf ihre Art war diese schreckliche Erfahrung auch ein unglaubliches Geschenk. Ich hatte geglaubt – innerlich »gewusst« –, dass ich gleich sterben würde; nun hatte ich überlebt, und das ließ mich das Leben als kostbares, zartes Wunder empfinden. Schon in jungen Jahren, noch auf der Highschool, sah ich gern der Sonne beim Untergehen und den Bäumen beim Knospen zu und bekam ein Gefühl für die Schönheit unserer Welt. Das ist bis heute so, auch wenn dies für Menschen, denen solch eine elementare Bedrohung glücklicherweise erspart geblieben ist, kitschig klingen mag.

Durch den *Ramsey Rapist* habe ich auch sehr früh gelernt, dass vieles von dem, was wir für wertvoll halten, keinen Wert hat. Wenn ich vor jungen Leuten spreche, empfehle ich immer eine scheinbar abwegige kleine Übung. Ich sage ihnen: Schließt die Augen. Sitzt einfach da und stellt euch vor, ihr seid am Ende eures Lebens. Von dieser Warte aus zerstiebt die Wolke aus Gier nach Anerkennung und Reichtum. Häuser, Autos, Medaillen als Zimmerschmuck? Wen interessiert das? Ihr werdet gleich sterben. Was für ein Mensch möchtet ihr gewesen sein? Und ich erzähle ihnen von meiner Hoffnung, dass einige von ihnen dann gern ein Mensch gewesen sein möchten, der seine Fähigkeiten genutzt hat, um denen zu helfen, die sie brauchten – denen, die sich abstrampeln, die schwächer sind, verängstigt, die drangsaliert werden. Für etwas zu stehen. Etwas zu bewirken. Das ist wahrer Reichtum.

Ich bin nicht wegen des *Ramsey Rapist* Jurist geworden, jedenfalls nicht bewusst und nicht sofort. Damals wollte ich immer noch Arzt werden, ich studierte Chemie am William-and-Mary-College, zur Vorbereitung auf das Medizinstudium. Aber auf dem Weg zum Labor fiel mir eines Tages auf einem Anschlagbrett das Wort TOD ins Auge. Ich blieb stehen. Es ging um einen Kurs bei den Religionswissenschaftlern, die im selben Gebäude saßen wie wir Chemiker. Ich belegte den Kurs, und das änderte alles. Hier konnte ich mich intensiv mit einem für mich sehr wichtigen Thema beschäftigen und erfahren, wie die Religionen der Welt mit dem Tod umgingen. Ich nahm Religion als zweites Hauptfach dazu.

Bei den Religionswissenschaftlern lernte ich die Werke des Philosophen und Theologen Reinhold Niebuhr kennen, die mich tief berührten. Niebuhr sah das Böse in der Welt, er begriff, dass niemand seinen Nächsten lieben kann wie sich selbst, weil unsere menschliche Begrenztheit das verhindert, gleichzeitig aber beschrieb er bezwingend und einleuchtend, dass es gerade in einer unvollkommenen Welt unsere Pflicht ist, immer wieder nach Gerechtigkeit zu suchen. Natürlich hat Niebuhr nie Billy Currington gehört, den Country-Musiker, und die Songzeile: *God is great, beer is good, and people are crazy*. Aber sie hätte ihm gefallen, und vielleicht hätte er, auch wenn das nicht gerade ein hitverdächtiger Text ist, hinzugefügt: »Und trotzdem musst du versuchen, unsere fehlerhafte Welt wenigstens einigermaßen gerecht zu machen.«

Und diese Gerechtigkeit, davon war Niebuhr überzeugt, ließ sich am besten mit den Instrumenten des staatlichen Gewaltmonopols erreichen. Ganz langsam dämmerte mir, dass ich doch nicht Arzt werden wollte. Juristen können viel direkter zur Suche nach Gerechtigkeit beitragen. Vielleicht, dachte ich, wäre das der beste Weg, um etwas zu bewirken.

2

UNSERE SACHE

Bleib nah dran an deinen Freunden,
aber noch näher dran an deinen Feinden.
AL PACINO (ALS MICHAEL CORLEONE), DER PATE, TEIL II

Die Vereinigten Staaten sind in vierundneunzig Gerichtsbezirke aufgeteilt. Jedem dieser Bezirke steht ein US-Bundesanwalt (United States Attorney) vor, vom Präsidenten nominiert und vom Senat bestätigt. Die Gerichtsbezirke unterscheiden sich in ihrer Größe und ihrem Zuständigkeitsbereich sehr stark voneinander. Das Bezirksgericht New York Süd hat seinen Sitz in Manhattan und ist eine der größten und die angesehenste Justizbehörde der USA. Es ist berühmt für seine Tatkraft und sein unerschöpfliches Selbstvertrauen, wenn es darum geht, Ermittlungsverfahren einzuleiten. Ein seit Langem gegen diesen Gerichtsbezirk scherzhaft erhobener Vorwurf lautet, seine Anwälte würden ihre Zuständigkeit nur an der einen Frage festmachen: »Geschah es auf Erden?«

Ich trat 1987 in die Dienste des Gerichtsbezirks New York Süd in Manhattan. Es war mein Traumjob. Ich würde für einen Chef arbeiten, der auf dem besten Weg war, zur Legende zu werden – Rudy Giuliani.

Als ich 1985 mein Jurastudium an der Universität von Chicago abschloss, wusste ich noch nicht sicher, welche juristische

Laufbahn ich anstreben wollte. Nach meinem zweiten Studienjahr hatte ich mich um eine Stelle als Assistent an einem Bundesgericht beworben – eine ein- oder zweijährige Lehrzeit als rechte Hand eines Bundesrichters. In meinem letzten Studienjahr bekam ich schließlich eine solche Stelle, bei einem neu berufenen Bundesrichter in Manhattan.

Dieser Richter, John M. Walker jun., ermunterte uns immer wieder, uns in den Gerichtssaal zu setzen, so könnten wir der einen oder anderen spannenden Verhandlung zusehen. Im Frühjahr 1986 startete die Bundesjustiz den Versuch, auf der Grundlage eines neuen Gesetzes einem Angeklagten die Freilassung gegen Kaution zu verweigern mit der Begründung, er sei eine Gefahr für das Gemeinwesen. Es handelte sich nicht um irgendeinen Angeklagten, sondern um Anthony »Fat Tony« Salerno, den Boss des Genovese-Clans, einer der fünf italienischen Mafiabanden in New York.

Fat Tony war eine Figur, die direkt aus einem Gangsterfilm hätte stammen können. Er war übergewichtig und hatte eine Glatze, er ging am Stock und hatte immer eine kalte Zigarre im Mundwinkel hängen, auch im Gerichtssaal. Seine Reibeisenstimme gebrauchte er vor Gericht immer wieder dazu, Aussagen seines Anwalts lautstarken Nachdruck zu verleihen. »Das is ne Schande, Euerehr'n«, schmetterte er in den Saal. Meinen fünfundzwanzigjährigen Augen kam sein Mitangeklagter Vincent »Fish« Cafaro mit seinem schmalen Gesicht und seinen dunklen Augen tatsächlich wie ein Fisch vor. Zum Beweis dafür, dass Salerno eine Gefahr für das Gemeinwesen darstelle und nicht auf Kaution freikommen dürfe, spielten die Bundesanwälte Tonbandaufnahmen vor, die das FBI mittels einer Wanze angefertigt hatte, angebracht unter einem Tisch im Lokal *Palma Boys Social Club*, einem Treffpunkt von Fat Tonys Leuten in einer italienischen Enklave in East Harlem. Man hörte auf den

Aufnahmen, wie Salerno über von ihm angeordnete Prügelstrafen und Morde schwadronierte und dabei keinen Zweifel an seiner eigenen Rolle ließ: »Wer ich bin? Ich bin der Scheißboss.«

In dem Verfahren zeigte sich, dass in einem Mafiaclan der »Boss« die unanfechtbare oberste Instanz war. Wenn er vom Tod sprach, bedeutete das, dass jemand sterben würde. Die größte aller Sünden war es, den Clan zu verraten, eine »Ratte« zu werden. Treue war das heiligste Gebot der Mafia: Man verließ seinen Clan erst, wenn man die Welt der Lebenden verließ, sei es auf natürliche oder auf andere Weise. Nur Ratten verließen die Mafia lebend.

Ich saß wie hypnotisiert auf meinem Stuhl, während die zwei Anklagevertreter, beide Staatsanwälte, ihre Beweise gegen Fat Tony vorlegten. Sie hatten Tonbandmitschnitte und Zeugenaussagen, die belegten, dass Fat Tony und der Fisch einen Mafiaclan anführten, dass sie ihren Leuten befohlen hatten, »zuzuschlagen«, bestimmten Personen die Knochen zu brechen und Gewerkschafter einzuschüchtern. Die Verteidigung behauptete, die Angeklagten hätten nur »geprotzt«, doch die Ankläger konnten überzeugende Belege vorweisen, die diese lächerliche Schutzbehauptung ad absurdum führten.

Die beiden Staatsanwälte waren nur wenige Jahre älter als ich. Sie standen aufrecht, redeten deutlich und sprachen Klartext. Sie überzeichneten nichts, plusterten sich nicht auf. Sie machten den Eindruck, von nichts anderem beseelt zu sein als dem Wunsch, gegen Unrecht vorzugehen und die Wahrheit ans Licht zu bringen. Mich traf es wie ein Blitz. »Genau das will ich aus meinem Leben machen«, dachte ich. Ich würde in eine New Yorker Anwaltskanzlei eintreten und das zusätzliche Jahr Praxiserfahrung sammeln, das ich brauchte, um mich um das Amt eines Staatsanwalts bewerben zu können.

Es sollte ein Jahr werden, das ich nie vergessen würde, vor allem dank einer Person.

Ich war nun ein junger Jurist bei einer Anwaltskanzlei in New York, die mir den großen Gefallen tat, mich für den größten Teil jenes Jahres nach Madison in Wisconsin zu schicken und mich an einem unglaublich komplizierten und langweiligen Versicherungsfall arbeiten zu lassen. Es war dennoch ein Glück, denn als sogenannter lokaler Rechtsbeistand arbeitete an dem Fall, der vor dem Gerichtshof des Staates Wisconsin verhandelt wurde, Richard L. Cates. Den damals einundsechzigjährigen Cates hatte man hinzugezogen, damit er den weltgewandten Großstadtjuristen, die das Verfahren durchziehen sollten, mit seiner Kenntnis der örtlichen Verhältnisse zur Hand ging. Ich lernte Dick Cates als einen freundlichen Menschen kennen, der durchsetzungsstark und selbstbewusst war. Ich sollte Jahrzehnte brauchen, bis mir klar wurde, dass diese Begriffspaare den Wesenskern guter Führung ausmachen. Dick war ein Mann mit sicherem Urteil, der mir auch durch sein leidenschaftliches Eintreten für Ausgewogenheit imponierte.

Dick starb 2011 nach einem glücklichen Leben, das in einem New Yorker Waisenhaus begonnen hatte und erfüllt war vom Streben nach seiner Freude an Arbeit und seinen Freunden und seiner Familie gewidmet war. Er heiratete die Liebe seines Lebens, hatte fünf Kinder, kehrte immer wieder in den öffentlichen Dienst zurück (darunter zweimal in die Marine, jeweils in Kriegszeiten) und wurde, um seinen Sohn zu zitieren, nie müde, »die Schwachen davor zu schützen, von den Starken kleingetreten zu werden«. Er zog mit seiner Familie auf eine Farm in der Nähe von Madison, damit aus seinen Kindern keine Weicheier würden, und fuhr viele Kilometer mit dem Fahrrad ins Büro. Er spielte unzählige

Stunden mit seinen Kindern und später mit seinen vielen Enkeln.

Trotz aller Abgründe, in die er geblickt hatte, hatte Dick ein unerschöpfliches Interesse am Leben und an den Menschen und konnte über beides herzlich lachen. Wenn er die Aussage eines Zeugen aufnahm, hatte er normalerweise nichts vor sich liegen, nicht einmal einen Notizblock. Er leitete das Verhör ein, indem er dem Zeugen ein breites Lächeln schenkte und zu ihm sagte: »Erzählen Sie von sich.« Allein mit der Kraft seines Verstandes und seines Gedächtnisses vermochte er die Geschichte seines Gegenübers zu erfassen, wenn nötig, durch stundenlanges Nachfragen.

Ich glaube nicht, dass Dick Cates mir in dem Jahr, in dem wir zusammenarbeiteten, auch nur eine einzige ausdrückliche Lektion erteilt hat, jedenfalls kann ich mich an keine solche erinnern. Es genügte, dass ich als frischgebackener Jurist und demnächst Ehemann an seiner Seite arbeitete und ihn beobachtete. Ich erlebte mit, wie er auf Großspurigkeit ebenso mit Lachen reagierte wie auf Druck. Ich war dabei, wenn er Entscheidungen nach gesundem Menschenverstand traf, während eingeflogene Großstadtjuristen sich in den komplizierten Ausgeburten ihrer juristischen Arroganz verhedderten. Ich beobachtete, wie seine Augen bei der bloßen Erwähnung seiner Frau, seiner Kinder und seiner Enkel aufleuchteten; wie er Himmel und Erde in Bewegung setzte, um an ihren Familienfeiern, ihren Abendessen, ihren Unternehmungen teilnehmen zu können. Ich erlebte, wie egal es ihm war, dass er nur einen Bruchteil dessen verdiente, was die in den Fall eingebundenen Anwälte aus New York und Los Angeles bezahlt bekamen. Er war ein glücklicher Mensch.

»So wie er möchte ich auch einmal werden«, dachte ich mir. Mein Versuch, das Leben eines anderen zu kopieren, ist nicht durchgängig gelungen, aber was ich von Dick gelernt habe, war unbezahlbar: was es bedeutet, aufrecht durchs Leben zu gehen. »Ich bin so froh, dass ich in eine große Anwaltskanzlei eingetreten bin«, ist ein Satz, den man nicht oft zu hören bekommt, aber in meinem Fall trifft er zu.

Als Staatsanwalt ist man ein Beamter fern von der Politik, der in seinem Gerichtsbezirk die Vereinigten Staaten in strafrechtlichen oder zivilrechtlichen Verfahren vertritt. Ich landete in der Strafkammer. Meine Aufgabe bestand darin, Vollzugsbeamte des Bundes – vom FBI, von der Drogenvollzugsbehörde DEA (Drug Enforcement Administration), vom Amt für Alkohol, Tabak, Schusswaffen und Sprengstoffe ATF (Bureau of Alcohol, Tobacco, Firearms and Explosives), vom Secret Service oder von der US-Postbehörde – bei der Aufklärung von unter Bundesrecht fallenden Verbrechen zu unterstützen und gegebenenfalls Anklage zu erheben und die Fälle vor Gericht zu bringen. In den folgenden sechs Jahren bearbeitete ich als Ermittler und Anklagevertreter Fälle aller Art, von Postdiebstählen über Drogenhandel und Banküberfälle bis hin zu verwickelten Fällen von Betrug, Waffenexport, Schutzgelderpressung und Mord. In meinem ersten Verfahren ging es um die versuchte Ermordung von Bundesbeamten des ATF durch Mitglieder einer Drogenbande während der Vollstreckung eines Durchsuchungsbefehls. Die Dealer hatten die Beamten von einer Feuertreppe aus unter Beschuss genommen, als diese versuchten, in eine Drogenfestung einzudringen.

Im Zuge eines Versuchs, eine wankelmütige Zeugin zur Aussage gegen die Drogenbande zu bewegen, fuhr der ermittelnde Beamte mit mir zu einem Apartmentgebäude im nördlichen Manhattan – einem von Drogenbanden beherrschten Terrain. Wenn die Zeugin, so meinte er, Vertrauen zu dem Staatsanwalt fasste, der sie vor Gericht befragen würde, könnte dies sie zu einer Aussage bewegen. Wir erklommen im Treppenhaus die sechs Stockwerke zur Wohnung der Frau, und der Ermittlungsbeamte klopfte an die Tür. Sie öffnete und ließ uns in ihre kleine Wohnung ein. Sie führte uns durch das vordere Zimmer, in dem ein Mann im Alter zwischen zwanzig und dreißig mit dem Rücken zur Wand auf einem Hocker saß. Er rührte sich nicht und sagte kein Wort, starrte uns aber durchdringend an. In einem hinten gelegenen Zimmer führten wir ein ruhiges und ungestörtes Gespräch mit der Frau. Ich versuchte alles, um sie zu überzeugen, doch sie ließ sich nicht zur Zusammenarbeit bewegen. Als wir die Wohnung verließen, saß der Mann noch immer bewegungslos auf dem Hocker und starrte uns an. Als der Beamte und ich das Gebäude verließen und über den Gehweg zu seinem Wagen gingen, äußerte ich die Vermutung, der junge Mann auf dem Hocker, der auf mich ziemlich bedrohlich gewirkt hatte, habe vermutlich eine Waffe im Hosenbund stecken gehabt.

»Gut, dass der Kerl wusste, dass wir bewaffnet waren, sonst hätte er vielleicht etwas angestellt«, sagte ich. Staatsanwälte trugen keine Feuerwaffen. Das war Sache der Ermittlungsbeamten.

Der Beamte drehte sich ruckartig zu mir um. »Sie hatten eine Pistole dabei? Ich habe meine nämlich unter dem Fahrersitz vergessen.« Er langte ins Auto und holte seine Waffe hervor.

Meiner Frau erzählte ich erst viel später von dieser kleinen Exkursion.

Die Arbeit in der Behörde von Rudy Giuliani stand im Zeichen einer ungeschriebenen Grundregel, wie es sie vermutlich in den meisten Organisationen gibt. In diesem Fall besagte die Regel, dass Rudy der Star an der Spitze des Apparats war und die Erfolge der Behörde grundsätzlich ihm ans Revers geheftet wurden. Wer gegen diese Regel verstieß, tat es auf eigene Gefahr. Giuliani war ein Mann mit übergroßem Selbstbewusstsein, und ich als junger Strafverfolger fand sein großspuriges Auftreten aufregend – nicht zuletzt deswegen hatte ich mich von seiner Behörde angezogen gefühlt. Ich fand es toll, dass mein oberster Chef auf den Titelseiten von Zeitschriften zu sehen war, wie er mit in die Hüfte gestemmten Armen auf der Freitreppe des Gerichtsgebäudes stand, als wäre er der Herrscher der Welt. Das stachelte mich an.

Als einfacher Strafverfolger begegnete man dem Boss fast nie persönlich; umso größer war mein Herzklopfen, als er, nicht lange nachdem ich mein Amt angetreten hatte, in mein Büro hereinschaute. Kurz zuvor hatte man mich mit Ermittlungen betraut, die eine bekannte New Yorker Persönlichkeit betrafen, die sich in der Öffentlichkeit gerne in Hochglanz-Jogginganzügen zeigte und eine Medaille in Nobelpreisgröße um den Hals trug. Der Staat New York ermittelte gegen Al Sharpton wegen der mutmaßlichen Veruntreuung von Geldern aus den Kassen seines Wohltätigkeitsvereins, und mein Auftrag lautete, zu überprüfen, ob der Fall Bundesrecht berührte. Ich hatte Rudy Giuliani nie auch nur auf meinem Stockwerk zu Gesicht bekommen, und jetzt stand er in der Tür meines Büros. Er wollte mich wissen lassen, dass er persönlichen Anteil an dem Ermittlungsverfahren nahm und sicher war, dass ich das gut machen würde. Mir schlug das Herz vor Aufregung und Euphorie, als er mich von der Tür aus so anfeuerte. Er gab mir zu verstehen, dass er auf mich zählte. Schon halb im Gehen, wandte er sich noch einmal um. »Ach ja, und ich will die verdammte Medaille«, sagte er und zog von dannen. Es kam freilich nie zu bundesrechtlichen Ermittlungen gegen Sharpton; die Behörden des Staates New York erhoben Anklage gegen ihn, doch der

Prozess endete mit einem Freispruch. Die Medaille blieb bei ihrem Träger.

Ich brauchte eine Weile, um mir darüber klar zu werden, dass nicht die geringste Spur von Bescheidenheit Giulianis Selbstbewusstsein trübte, sodass seinen Mitarbeitern wenig Luft zum Atmen blieb. Früh bekam ich einen Eindruck davon, als ich zum ersten Mal an einer Pressekonferenz teilnahm. Ich hatte in Zusammenarbeit mit dem FBI gegen eine Diebesbande ermittelt, die aus Parkhäusern in Manhattan SUVs entwendete und in der Bronx in Schiffscontainer verlud. Die Container wurden dann auf Frachtschiffe geladen, die Zielhäfen in Afrika oder in der Karibik ansteuerten; dort wurden die Autos verkauft. Die FBI-Ermittler unter Führung von Mary Ellen Beekman, die eine katholische Nonne gewesen war, bevor sie sich als Sonderermittlerin dem FBI angeschlossen hatte, waren über das Vorgehen der Täter im Bilde und fotografierten heimlich das Verladen der Fahrzeuge. Mary Ellen hatte sich auf Autodiebstähle spezialisiert – und insbesondere darauf, hartgesottene Kriminelle durch Überzeugungsarbeit zu Polizeispitzeln umzudrehen. Sie war keine Anhängerin der Gossensprache, die in der Welt der Kriminellen und der Strafverfolger gang und gäbe ist, und leistete bei Verhören dennoch Außerordentliches. Aus ihrer vorherigen Stelle hatte sie die Fähigkeit mitgebracht, Schuldgefühle als wirksame Waffe einzusetzen, mit der sie Verbrecher weich bekam. In dem betreffenden Fall hatte die Diebesbande ihre Masche so weit perfektioniert, dass die Autos schon auf dem Weg in internationale Gewässer waren, bevor sie überhaupt als gestohlen gemeldet wurden. Es war ein Fall mit hohem PR-Potenzial, und so beschlossen das FBI und Giuliani, eine Pressekonferenz dazu abzuhalten.

Mein Vorgesetzter erklärte mir, ich solle mich hinter dem Rednerpodest aufstellen, während Giuliani, der Vertreter des

New York Police Department (NYPD) und der Chef des New Yorker FBI-Büros die Fragen der Journalisten beantworteten. Unter keinen Umständen sollte ich etwas sagen oder mich rühren. Er zitierte dann einen Ausspruch, den ich schon früher gehört hatte: »Der gefährlichste Ort in New York ist zwischen Rudy und einem Mikrofon.« Ich stand wie angewurzelt im Hintergrund und kam mir vor wie ein Statist aus einem Basketball-Spielfilm, der sich an den falschen Drehort verirrt hat.

Die Selbstsicherheit Giulianis hatte etwas Mitreißendes, trug aber auch zur Herausbildung eines autokratischen Stils bei, mit der Folge, dass der Kreis der Leute, auf die er hörte, immer kleiner wurde – ein gefährlicher Effekt, wie ich erst viel später erkannte: Eine Führungskraft braucht Leute, die ihr die Wahrheit sagen, doch ein Autokrat bekommt sie von seinen Untergebenen nicht immer zu hören. Das Auftreten Rudys hinterließ eine Spur der Verbitterung bei Dutzenden von Bundesrichtern in Manhattan, von denen viele auf ihrem Weg zum Richteramt seine Behörde durchlaufen hatten. Für sie sah es so aus, dass Giuliani sein Amt als eine Solopartie verstand und die öffentliche Aufmerksamkeit, die seinen Ermittlungsverfahren zuteilwurde, als Treibstoff für seine politischen Ambitionen nutzte, statt damit eine Lanze für die Durchsetzung des Rechts zu brechen. Den bittern Nachgeschmack konnte ich noch spüren, als ich ein Dutzend Jahre später zum Chef des Gerichtsbezirks New York Süd berufen wurde – und damit auf Rudy Giulianis Stuhl Platz nahm.

Zu den Prioritäten, die Giuliani gesetzt hatte, gehörte der Kampf gegen das organisierte Verbrechen, der freilich auch schon vor Rudys Amtsübernahme weit oben auf der Agenda gestanden hatte. Seine Strafverfolger leiteten Ermittlungen gegen einzelne Mafiabosse wie Salerno ein und erhoben auch

Anklage gegen die Oberhäupter der fünf Cosa-Nostra-Clans, die in der »Kommission« saßen, dem Mafia-Gremium, das über die Aufteilung der erbeuteten Gelder zwischen den Clans befand und Streitigkeiten schlichtete. Fast noch wichtiger waren die von Rudys Behörde eingeleiteten zivilrechtlichen Verfahren, die es dem Staat erlaubten, große Gewerkschaften wie die der Fernfahrer, der Elektriker, der Zimmerleute und der Hafenarbeiter an die Kandare zu nehmen und so die Mafia von einigen ihrer ergiebigsten Geldquellen und Machtmitteln abzuschneiden. (Die Mafia hatte sich bis dahin der Gewerkschaften bedient, um rechtschaffenen Gewerbetreibenden Geld abzupressen.) Dieses erfolgreiche Bemühen, die Cosa Nostra zu zerschlagen, blieb noch lange eine Priorität der Behörde, auch nachdem Rudy sein Amt als US-Bundesanwalt niedergelegt hatte, um ein politisches Amt anzustreben.

Der mächtigste der fünf New Yorker Mafiaclans war die Gambino-Sippe. Wie die anderen, war auch sie von Einwanderern aus Sizilien gegründet worden, die sich Reichtum und Macht verschafft hatten, indem sie zuerst ihre eigenen in die USA eingewanderten Landsleute terrorisierten und in der Folge ganze Stadtviertel und Städte. Einen frühen Versuch, gegen die Mafia vorzugehen, hatte die US-Regierung 1946 mit der Deportierung des berüchtigten Bosses Charles »Lucky« Luciano unternommen. Er war nach Sizilien abgeschoben worden, mit dem Ergebnis, dass er prompt die dortige Mafia aufpäppelte und transatlantische Verbindungen zwischen kriminellen Vereinigungen schmiedete, die das Aufblühen eines jahrzehntelang florierenden Heroinhandels beförderten. Eine Zentralfigur dieses Drogenhandels war in den 1970er- und 1980er-Jahren ein Mann namens John Gambino, der fließend Sizilianisch sprach und als wichtigstes Bindeglied zwischen den sizilianischen Mafiasippen und dem

US-amerikanischen Gambino-Clan fungierte, zu deren ranghöchsten Vertretern er gehörte.

Ich hatte das Glück, als einer von zwei Anklagevertretern beim Verfahren Vereinigte Staaten ./. John Gambino in die Prozesse gegen den Mann und seinen Clan eingebunden zu sein. Eingeleitet hatten das Verfahren zwei andere Staatsanwälte, die dann aber aus persönlichen Gründen davon zurücktreten mussten. Ich war zu diesem Zeitpunkt in der Behörde in den Rang eines Abteilungsleiters aufgestiegen und stellte für die Arbeit an diesem Fall Patrick Fitzgerald ein, mit dem ich seit unserer gemeinsamen Studienzeit eng befreundet war. Als Sohn irischer Einwanderer in einer kleinen Mietwohnung in Brooklyn aufgewachsen, hatte er in Harvard Jura studiert. Sein Vater arbeitete als Pförtner, und Pat hatte ihn in den Semesterferien manchmal vertreten. Pat war schlagfertig und absolut geradlinig, weshalb er auch kein Problem damit hatte, unangekündigt in der Strandhütte in New Jersey aufzutauchen, die ich zusammen mit Kommilitonen in den Sommerferien gemietet hatte, sich zwischen uns auf die Couch zu zwängen und unser Bier zu trinken.

Fitzgerald trat 1988, ein Jahr nach mir, ins Bezirksgericht ein, und ich erhielt den Auftrag, ihn bei seinem ersten Strafprozess zu betreuen. Er hatte den Ruf weg, ein Chaot mit einem geradezu unheimlichen Gedächtnis zu sein. Für den Transport der Prozessakten in den Gerichtssaal und zurück benutzte er einen umgebauten Supermarkt-Einkaufswagen. Als ich darin einmal einen unordentlich aufgeschichteten Stapel wichtiger Verfahrensdokumente erblickte, ermahnte ich Pat, diese Papiere in Ordnern abzuheften. Er nickte. Als ich ihn wiedersah, stellte ich fest, dass er jedes der Dokumente in einen unbeschrifteten Schnellhefter abgelegt und die Schnellhefter wieder zu einem Stapel aufgeschichtet hatte. Irgendwie wusste er aber, wo sich jedes einzelne Dokument befand.

Als das Gambino-Verfahren auf uns zukam, waren wir beide bereits erfahrene Strafverfolger und unterhielten uns telefonisch über denkbare Partner für ihn, denn der Fall Gambino erforderte zwei Anklagevertreter. Ich kam nicht infrage, weil ich vorhatte, mitsamt meiner Familie von New York wegzuziehen. Meine Frau Patrice hatte sich schon immer den Maisfeldern ihres Heimatstaates Iowa und den üppig grünen Vorstädten im Norden Virginias verbundener gefühlt als der Großstadt New York, wo sie es nun seit Jahren tapfer aushielt. Am Anfang unserer Ehe hatten wir vereinbart, dass unsere Kinder in Virginia aufwachsen sollten, eine Abmachung, von der ich abgerückt war, als sich mir die Chance eröffnet hatte, für Rudy Giuliani zu arbeiten. So hatten Patrice und ich uns in New Jersey, an der Peripherie New Yorks, eingerichtet und sechs Jahre dort verbracht, zuerst in einem Schuhkarton über einem Fahrradladen, dann zur Miete in einem bescheidenen Zweifamilienhaus. Jetzt, da unsere beiden Töchter heranwuchsen, wurde es uns in der Doppelhaushälfte zu eng.

Während ich in der Küche stand und mit Fitzgerald telefonierte, hörte Patrice zu. Plötzlich bedeutete sie mir, ich solle auflegen, sie müsse mit mir reden. Ich sagte Pat, ich würde ihn gleich zurückrufen.

»Das klingt nach einem Fall, wie man ihn nur einmal im Leben bekommt«, sagte sie.

»Stimmt«, antwortete ich.

»Dafür werde ich hierbleiben. Dafür, dass du diesen Fall mit einem deiner besten Freunde durchziehst. Ruf ihn zurück und sag ihm, dass du einen Partner für ihn gefunden hast.« Wir verschoben unseren Umzug um ein Jahr.

Pat und ich verbrachten Monate damit, uns in den Fall und in die Strukturen der Mafia einzuarbeiten. Zuerst sprachen wir mit dem Mann, der in den Vereinigten Staaten die Cosa Nostra besser kannte als jeder andere. Glücklicherweise befand sich sein Büro auf demselben Stockwerk wie unseres, nur ein Stück den Flur entlang. Kenneth McCabe hatte als Ermittler beim NYPD angefangen und war in der Anfangsphase des Feldzugs gegen die Mafia in das Bezirksgericht New York Süd eingetreten. Ein sanfter Riese von einem Mann – über einen Meter neunzig groß und über 110 Kilo schwer, mit einer tiefen Stimme und ausgeprägtem New Yorker Akzent –, kannte Kenny jedes Mitglied der örtlichen Mafia mit Namen und Spitznamen wie auch von Angesicht. Er verdankte sein gesammeltes Wissen der Tatsache, dass er in seinen mehr als zwanzig Jahren beim NYPD und danach beim Bezirksgericht unzählige Hochzeiten, Trauerwachen und Bestattungen beschattet und Hunderte von Verhören mit Mafiamitgliedern und Mafiaaussteigern geführt hatte.

Aus Gründen, die mir immer etwas unklar geblieben sind, hatten die Mafia-Ermittlungsgruppen des New Yorker FBI jahrelang gezögert, Begräbnisse und Hochzeiten im Mafiamilieu zu überwachen. Meine Vermutung ist die, dass die Beamten einfach keine Lust hatten aus ihrer Vorstadt-Idylle anzureisen, für das Auskundschaften von Ereignissen, die fast immer an Wochenenden oder am Abend stattfanden und von magerem Erkenntniswert waren. McCabe sah das anders – seiner Überzeugung nach konnte man gerade bei diesen Gelegenheiten durch bloßes Beobachten am meisten über die Mafia lernen. In diesem Sinn beobachtete und fotografierte er über Jahre hinweg, bei jedem Wetter, abends und an Wochenenden.

Die Mafiosi kannten ihrerseits Kenny McCabe und respektierten ihn auf eigenartige Weise als achtbaren Gegenspieler. Kenny kannte die Mafiamentalität und wusste, wie wichtig es ihren Mitgliedern war, als Ehrenmänner wahrgenommen zu werden. Er brachte ihnen etwas entgegen, das sie als Respekt auffassten, etwa indem er ihnen Vorladungen nie nach Hause schickte und sie nie mit einer Festnahme vor den Augen ihrer Frauen oder Kinder demütigte. Das führte dazu, dass Mafiosi, die mit dem Gedanken an einen Frontenwechsel spielten, sich oft zuerst an McCabe wandten.

Kenny McCabe brachte uns das Einmaleins der Cosa Nostra bei und nahm uns und die mit dem jeweiligen Fall befassten FBI-Agenten oft mit, wenn er Überläufer aus der Mafia, deren Aussagen die Eckpfeiler unseres Verfahrens waren, in ihrem sicheren Unterschlupf irgendwo in den USA aufsuchte. Einer dieser Überläufer war Salvatore »Sammy the Bull« Gravano, ehemals der zweithöchste Boss des Gambino-Clans.

Ich begegnete Gravano das erste Mal, als Pat, Kenny und ich 1992 ein Sondergefängnis für Kronzeugen in einem entlegenen Winkel der Vereinigten Staaten besuchten. Ich erinnere mich an die leichte Nervosität, die mich beschlich, als wir darauf warteten, dass der frühere Unterboss der Gambinos durch die Tür kam. Wie würde es laufen? Wie würde er auf diese beiden ihm fremden Anklagevertreter reagieren? Wie würde es sich anfühlen, einem Menschen gegenüberzusitzen, der nach eigener Aussage neunzehn Morde begangen hatte?

Der unscheinbare Gravano betrat das Zimmer in Häftlingskleidung und in gummibesohlten Schuhen ohne Schnürsenkel. Seine flinken Augen tasteten den Raum ab und kamen auf dem Koloss McCabe zur Ruhe. Einer Vorstellung bedurfte es nicht. »Es ist mir eine Ehre«, sagte er zu Kenny und streckte ihm die Hand entgegen. Dann wandte er sich um und sprach mich und Fitzgerald an. Wen McCabe mitbrachte, der war in Ordnung.

Gravano war ein entscheidend wichtiger Zeuge. Die US-Justiz bediente sich hier eines Mannes, der sich mit Lug und

Trug in der Mafia ganz nach oben gearbeitet hatte, und zwang ihn, vor Gericht die Wahrheit über die Cosa Nostra zu sagen und sie damit auf beiden Seiten des Atlantiks zu vernichten. Sein auf Lüge und Mord aufgebautes Leben war zu einer tragenden Säule für die Suche nach Wahrheit und Gerechtigkeit geworden. Nachdem er seine Schuldigkeit als Kronzeuge getan hatte, wurde er in ein neues Leben unter dem Zeugenschutzprogramm entlassen. (Am Ende landete er, vielleicht nicht allzu überraschend, wegen neuer Verbrechen, die er unter seiner neuen Identität begangen hatte, wieder im Gefängnis.)

Von Gravano lernte ich viel über die Kultur der Mafia und über Weisheiten wie die schon zitierte, derzufolge »das Leben mit einer Lüge beginnt«. Auch der sizilianische Auftragskiller der Mafia, Francesco Marino Mannoia, war ein guter Lehrmeister.

Wie Gravano wurde auch Franco Mannoia nicht schlau aus dem US-amerikanischen Justizwesen. So wunderte er sich zum Beispiel darüber, dass Fitzgerald und ich, bevor wir ihn vor einem US-Gericht als Zeugen präsentieren würden, unbedingt lückenlos über alle Gewaltverbrechen Bescheid wissen wollten, an denen er beteiligt gewesen war. Nach amerikanischem Recht war es unabdingbar, dass wir alle Informationen offenlegten, die die Glaubwürdigkeit unseres Zeugen infrage stellen könnten. Auch wenn Mannoia das nicht wirklich einsah, verpflichtete ihn sein Immunitätsabkommen mit der italienischen Regierung auch zur Zusammenarbeit mit der amerikanischen Justiz, und so schilderte er uns in allen Einzelheiten die fünfundzwanzig Morde, an denen er persönlich mitgewirkt hatte.

Bei vielen der in den 1980er-Jahren in Sizilien begangenen Mafiamorde war der zur Hinrichtung bestimmte *Made Man* an einen abgelegenen Ort gelockt und durch Erdrosseln getötet worden. Stundenlang saßen wir Mannoia gegenüber und lauschten seiner ungerührten Schilderung der raffinierten Fallen, in die die Opfer gelockt wurden, und ihrer haarsträubenden letzten Lebensminuten. Nach seiner Überzeugung war die Erdrosselung, die die Mithilfe von vier starken Männern erforderte, eine ehrenhafte Form der Hinrichtung, im Gegensatz zum feigen Gebrauch einer Schusswaffe.

Mannoia erklärte uns die verquere Regel, nach der es Mafia-Mitgliedern verboten war, sich direkt als Angehörige der Cosa Nostra zu bekennen. Die Mitgliedschaft war Geheimsache, und ein Mitglied durfte sich einem anderen nur offenbaren, wenn sie einander von einem Dritten, der ebenfalls Mitglied war und beide kannte, vorgestellt wurden. Diese Sicherheitsvorkehrung hatte einmal bei einem Doppelmord, an dem Mannoia beteiligt gewesen war, eine eigenartige Rolle gespielt.

Wie er uns erzählte, hatten er und einige andere Mitglieder seines Clans den Auftrag erhalten, eine Reihe nicht von den Bossen autorisierter Straftaten aufzuklären, die sich in seinem Revier ereignet hatten. Pflichtgemäß hatten sie die üblichen Verdächtigen ins Visier genommen und sich auf zwei Männer festgelegt. Sie hatten die beiden an einen abgelegenen Ort gebracht und getrennt verhört. Doch selbst die Anwendung klassischer Psycho-Techniken wie dem Gefangenendilemma, bei dem man beiden Verdächtigen vorgaukelt, der jeweils andere würde ihn ans Messer liefern, brachte nicht die erhofften Geständnisse. Die beiden Vernehmungsteams berieten sich und gelangten zu dem Schluss, die beiden Verdächtigen hätten mit den Verbrechen wohl nichts zu tun gehabt. Wir fragten, wie die Geschichte weitergegangen war.

»Wir haben sie erdrosselt«, lautete die lapidare Antwort.

»Warum denn das?!«, rief Pat Fitzgerald aus – wenn sie doch unschuldig waren.

»Indem wir sie ins Verhör genommen hatten, hatten wir uns als Cosa Nostra zu erkennen gegeben. Wir konnten sie mit diesem Wissen nicht am Leben lassen.«

»Welchen Zweck hatte die Vernehmung dann überhaupt?«, warf ich ein.

Mannoia runzelte die Brauen, die seine traurigen Augen umrahmten, und antwortete: »Wie meinen Sie das? Es war unsere Pflicht.«

Mannoia war der erste Auftragskiller der Mafia, den wir gegen John Gambino in den Zeugenstand riefen. Anschließend boten wir einen weiteren Mordprofi der sizilianischen Mafia auf, Gaspare Mutolo, den wir ebenfalls dazu gebracht hatten, mit uns zu kooperieren. Unsere italienischen Kollegen hielten ihn in einem verlassenen Kloster auf dem Land versteckt, und im Vorfeld seiner Aussage flogen Fitzgerald und ich zusammen mit FBI-Beamten nach Rom, um ihn zu vernehmen. Der Berufskiller servierte uns selbst gekochte Pasta und garnierte diese mit Erzählungen aus seinem Leben als *Made Man* der Cosa Nostra.

Ich wünschte, sagen zu können, dass es ein ganz besonderes Gefühl war, sich von einem Massenmörder in einem verwaisten Nonnenkloster eine Tasse Espresso reichen zu lassen. In einem Spielfilm würde vielleicht eine stimmungsvolle Musik erklingen, oder die Szene würde im Halbdunkel spielen. Doch auf so etwas mussten wir verzichten. Das Böse hat ein Allerweltsgesicht. Es lacht, es weint, es lenkt ab, rationalisiert, kocht tolle Nudelgerichte. Diese Mörder waren Leute, die eine Grenzerfahrung des Menschseins gemacht hatten, indem sie vorsätzlich das Leben anderer ausgelöscht hatten. Sie alle hatten sich ihre eigene Geschichte zurechtgelegt, nach deren Logik sie ihre Mordtaten erklärten und rechtfertigten. Keiner von ihnen hielt sich für einen schlechten Menschen. Und eine Aussage machten sie ausnahmslos alle: dass der erste Mord ihnen sehr, sehr schwergefallen sei. Danach sei es leichter geworden.

Mutolo hatte so viele Menschen ermordet, dass er sich nicht an alle erinnern konnte. Nachdem er uns knapp dreißig Namen genannt hatte, sagte er, wir könnten von sieben oder acht weiteren ausgehen. An einer Stelle seiner Aussage erinnerte er sich an die Ermordung eines Mannes namens Galatalo. Dann fiel ihm noch ein Mordanschlag auf einen Mann ein, der ebenfalls Galatalo hieß und dem er einen Hieb mit einem Fleischerbeil versetzt hatte, der jedoch nicht tödlich gewesen war. Im Zeugenstand erinnerte er sich später an ein weiteres Mordopfer namens Galatalo. Somit hatte er also zwei Galatalos getötet und einen dritten mit einem Beilhieb in den Brustkorb schwer verletzt.

In der Zeit, in der Mutolo als Zeuge aussagte und die schmutzigen Geheimnisse der Mafia und ihrer Mord- und Terrorherrschaft ausplauderte, verbrachte ich meine Tage im Gerichtssaal und meine Abende in der Gesellschaft von Sammy »the Bull« Gravano, der in einem vom U.S. Marshals Service, einer Behörde des Justizministeriums, bewachten sicheren Unterschlupf untergebracht war. Gravano hatte zuvor in einem Verfahren vor einem Bundesgericht in Brooklyn gegen den Mafiaboss John Gotti ausgesagt, und dessen Verteidiger hatten die Mitwirkung des Zeugen an neunzehn Morden groß herausgestellt. Ohne dass Sammy »the Bull« etwas davon ahnte, hatten wir unsere Prozessstrategie darauf ausgerichtet, die anderen Auftragskiller der Mafia so zu präsentieren, dass die Geschworenen zu dem Zeitpunkt, da wir unseren Hauptbelastungszeugen Gravano in den Zeugenstand riefen, schon so viele detaillierte Schilderungen von Mord und Totschlag gehört haben würden, dass es sie anödete. Wir hofften, das würde bewirken, dass die Geschworenen Gravano weniger abstoßend fanden.

Gravano empfand das freilich, als er schließlich dahinterkam, als kränkend für seine Berufsehre. Eines Abends warf er, als ich eines der Vernehmungszimmer in dem sicheren Unterschlupf betrat, mit angewiderter Miene eine Ausgabe einer New Yorker Zeitschrift vor mir auf den Tisch. Er hatte darin einen Artikel über die haarsträubende Opferbilanz unseres anderen sizilianischen Zeugen gelesen, die seine eigene deutlich in den Schatten stellte. Mit einer Handbewegung in Richtung der Zeitschrift herrschte Gravano mich an: »Herr im Himmel, Jimmy, ihr lasst mich aussehen wie ein bescheuertes Schulmädchen.«

Dank der Arbeit von Dutzenden Ermittlern und Strafverfolgern konnten wir den eisernen Griff brechen, mit dem die Mafia die Gewerkschaften gefangen hielt, konnten die Bosse hinter Gitter bringen und die Macht der Cosa Nostra auf beiden Seiten des Atlantiks schwer erschüttern. Die Verurteilung von John Gambino drohte daran zu scheitern, dass ihn in den am schwersten wiegenden Anklagepunkten nur elf der zwölf Geschworenen für schuldig hielten (wobei das abweichende Votum unter verdächtigen Umständen zustande kam), doch dann bekannte er sich noch vor der Wiederaufnahme seines Prozesses schuldig und wurde zu fünfzehn Jahren Haft verurteilt. Er ist inzwischen verstorben. Es gibt in New York auch heute noch Leute, die sich als italienische Mafia bezeichnen, doch es handelt sich dabei eher um eine bunte Ansammlung von Kleinkriminellen, für die sich Lucky Luciano fremdschämen würde. Sie haben mehr Ähnlichkeit mit den Sopranos – ohne die Psychotherapeutin.

3

DER SCHULHOFTYRANN

Mut ist das Feuer, Schikanieren ist Rauch.

BENJAMIN DISRAELI

Mafiosi mögen einen bestimmten Dresscode oder einen eigenen Slang pflegen, doch letztlich sind sie auch nichts anderes als Exemplare einer recht verbreiteten Spezies – des Tyrannen auf dem Schulhof. Sie mobben im Grunde alle gleich. Sie schikanieren die Schwächeren, um das Gefühl der Unsicherheit erträglicher zu machen, das in ihnen nagt. Ich weiß das, weil ich das Phänomen aus nächster Nähe studieren konnte.

Wenn Menschen mir zum ersten Mal begegnen, fällt so gut wie sicher eine Bemerkung über meine Körpergröße. Mit über zwei Metern bin ich auch kaum zu übersehen. In jungen Jahren hingegen war meine Statur nicht gerade beeindruckend. Als meine Eltern mit uns von Yonkers, New York, nach Allendale, New Jersey, zogen, war ich in der fünften Klasse. Und aus einem beliebten Kind wurde eine beliebte Zielscheibe für jede Art von Mobbing.

Bis zu diesem Zeitpunkt hatte ich in einem recht bescheidenen Haus gelebt, das zusammen mit anderen bescheidenen Häusern unser Viertel in Yonkers bildete. Fast alle meine Verwandten lebten in Yonkers, einer Arbeiterstadt am nördlichen Rand der Bronx, die zu den fünf Stadtbezirken von New York City gehört. Meine Urgroßeltern waren Ende des

19. Jahrhunderts mit einer Welle irischer Einwanderer dort gelandet. Meine Mutter und mein Vater wuchsen nur ein paar Blocks voneinander entfernt in »The Hill« auf, einer irischen Enklave im Nordwesten der Stadt. Mein Großvater ging in der sechsten Klasse von der Schule ab, weil er mithelfen musste, die Familie zu ernähren, nachdem sein Vater bei einem Arbeitsunfall in der Fabrik ums Leben gekommen war. Später wurde er Polizeibeamter und arbeitete sich hoch bis zum Chef der Polizei von Yonkers.

Unser Haus lag direkt hinter der Public School 16, in der ich meine Kinderjahre verbrachte und es gut hatte. Schon meine Mutter war auf die P. S. 16 gegangen. Der Direktor war einer der besten Freunde meiner Großmutter. Und bevor wir wegzogen, war ich eines der beliebtesten Kinder in der fünften Klasse.

Yonkers und die Public School 16 waren der Mittelpunkt meiner Welt. Durch den Maschendrahtzaun, der unseren Hinterhof vom Schulhof trennte, konnte ich tagein, tagaus das rote Ziegelgebäude sehen. Um zur Schule zu kommen, mussten meine ältere Schwester, meine zwei jüngeren Brüder und ich jeden Tag den ganzen Block umrunden, weil der Zaun zu hoch war, um einfach drüberzuklettern. An der Schule kannte ich jeden, und soweit ich es mitbekam, galt ich allgemein als ziemlich cooler Fünftklässler. Hier passte ich rein. Ich hatte das Gefühl dazuzugehören, und das war ein tolles Gefühl. Aber damit war es vorbei, als mein Vater mit Nachrichten kam, die mein ganzes Leben verändern sollten.

Brien Comey, mein Vater, arbeitete für eine große Ölfirma. Anfangs verkaufte er Motoröl in Dosen an Tankstellen, später dann war es seine Aufgabe, geeignete Standorte für neue Tankstellen zu finden. Noch Jahrzehnte später konnte er uns, wenn wir zusammen in der Region New York unterwegs waren, »seine« Tankstellen zeigen. In den 1960er-Jahren boomten sowohl der Automarkt als auch das Tankstellengeschäft.

Als mein Vater 1971 also einen neuen Job für ein Unternehmen im nördlichen New Jersey annahm, mussten wir umziehen – an einen Ort, der in meiner Vorstellung damals nur als eine Reihe hoher Klippen existierte, die Palisades. Yonkers liegt am Ostufer des Hudson River, der dort knapp zwei Kilometer breit ist. Zwischen den Häusern in unserem Viertel hindurch blickte man auf diese dunkle Steinwand am Westufer. Ich glaube zwar nicht, dass ich damals dachte, die Welt würde an dieser imposanten Mauer enden, weil wir ja schließlich schon mal in Indiana gewesen waren. Dennoch, gefühlt endete für mich die Welt genau dort. Wir zogen also auf die andere Seite der Wand, wo den coolsten Fünftklässler der School 16 eine neue Welt erwartete.

In meiner neuen Schule, der Brookside Elementary in Allendale, war ich nicht mehr das coolste Kind. Das fand ich ziemlich schnell heraus. Meine Eltern sparten, wo sie nur konnten, also schnitt meine Mutter uns Jungs die Haare selbst mit einer elektrischen Schneidemaschine. Und wir trugen Sachen, die sie im Ausverkauf bei Sears erstand. Meine Beine steckten in Hochwasserhosen, und ich trug weiße Socken in dick besohlten schwarzen Schuhen, die meine riesigen Senkfüße stützen sollten. Außerdem stellte sich heraus, dass mein New Yorker Akzent anders klang als jener der Kinder in Allendale, was mir bis dahin nicht bewusst gewesen war. Ich fiel folglich auf wie ein Fremdkörper.

Und befremdlich sollte es schon recht bald zugehen. An einem meiner ersten Tage auf dem Fünftklässler-Schulhof umringte mich eine Gruppe von Jungs, die sich über mich und mein Aussehen lustig machten. Ich weiß nicht mehr, was ich darauf erwiderte, aber irgendwas werde ich wohl gesagt haben, denn ich war ein Kind mit viel Selbstvertrauen und großer Klappe, auch wenn ich nicht *tough* genug war, meinen Worten Taten folgen zu lassen. Sie prügelten auf mich ein, bis ich am Boden lag.

Die Schulhoftyrannen forderten ihre Opfer regelmäßig auf, die ganze Sache nach dem Unterricht in einem nahe gelegenen Park mit den Fäusten auszutragen. Solche »Einladungen« bekam ich unzählige Male, aber ich ließ mich nie im Park blicken, sondern umrundete ihn lieber weiträumig. Ich erinnere mich noch, dass ich einmal versucht habe, mit einem der Ekelpakete vernünftig zu reden, als er drohte, mir die Fresse zu polieren. »Wenn du mich nicht magst und ich dich nicht mag und wir uns deshalb die Schädel einschlagen, was soll das bringen?«, fragte ich ihn. Doch dieser Appell an die Vernunft brachte ihn bloß noch mehr in Rage. Vielleicht hätten sie sich ja ein anderes Opfer gesucht, hätte ich mich von ihnen einfach verprügeln lassen, aber ich hatte nicht den Mut, das auszuprobieren.

Einen Großteil der nächsten drei Jahre brachte ich damit zu, den Ekelpaketen aus dem Weg zu gehen. Ich bekam ihre Hänseleien häufig ab, aber auf eine körperliche Auseinandersetzung wollte ich mich dann doch lieber nicht einlassen. Ich war einfach nicht mutig oder stark genug. Also blieb ich weitgehend für mich und spielte meist mit meinen beiden Brüdern. Und zog merkwürdig elliptische Bahnen durch die Stadt.

Allendale teilte seine Highschool mit einer Nachbarstadt, und so machte ich in der neunten Klasse Bekanntschaft mit den Schikaneuren einer anderen Gemeinde. Auch sie hatten mich relativ schnell zur Zielscheibe auserkoren, ich weiß nicht, warum. Ich war nicht groß – und das sollte so bleiben bis nach der Highschool –, aber ich war klug und wortgewandt, was womöglich der Grund war, warum sich diese

Typen gerade mich herauspickten. Ich nahm an Testspielen für die Footballmannschaft teil, sang aber auch im Chor. Vielleicht galten wir als Weicheier oder schlicht als Außenseiter, jedenfalls waren die Jungs vom Chor für diese Typen beliebte Opfer.

Im Gegensatz zu den harten Jungs an meiner Highschool hatte ich immer noch meinen Babyspeck, daher hagelte es vom ersten Tag an boshafte Kommentare über mein Aussehen. Hin und wieder wurde ich auch mit voller Wucht gegen meinen Spind gerammt. Aber das ging ja noch. Schlimmer waren die »Wedgies« – jemand packt den Gummibund deiner Unterhose von hinten und zieht ihn stramm nach oben, wobei die Angreifer meist zu zweit waren. Das passierte mir in der neunten Klasse mehrfach.

Als das Mobbing anfing, unternahm ich erst einmal nichts. Ich erzählte niemandem davon. Und so gingen die Schikanen einfach immer weiter. Begegnete mir eines der Ekelpakete auf dem Flur, machte er sich einen Spaß daraus, mir eine »Brennnessel« zu verpassen, das heißt, mir die Haut am Unterarm so zu verdrehen, dass es brannte. Beliebt war auch der »Sheriffstern«, bei dem man die Haut auf der Brust verdreht. Kamen sie nicht nahe genug an mich heran, gaben sie mir einen brutalen Schulterstoß. Ich machte sie immer schon aus der Ferne aus und ging ihnen tunlichst aus dem Weg.

Meine Strategie war also auch hier, Konfrontationen möglichst zu vermeiden. Im Umkleideraum, wo wir unsere Sportsachen anzogen, war das schwieriger. Vor allem während meiner dreiwöchigen Karriere als Footballspieler. Ich absolvierte ein paar Testspiele für unsere Footballmannschaft, aber nachdem ich ein paar Wochen lang zusammengetreten und -gerempelt worden war (das ging so weit, dass ich mir das Steißbein prellte, einen Körperteil, von dem ich bis dato nicht mal wusste, dass ich ihn besaß), hatte meine Mutter genug. Ohne mein Wissen marschierte sie schnurstracks über die Straße, wo Coach Murray wohnte, und meldete mich vom Training ab. Ich fühlte mich gedemütigt und gleichzeitig insgeheim erleichtert. Meine Mutter erkannte etwas, was ich damals nicht sah, und das war ihr wichtiger als meine Enttäuschung. Ich war einfach noch nicht *tough* genug zum Footballspielen. Obwohl das eigenmächtige Eingreifen meiner Mutter mir vermutlich das Leben gerettet hat, hielt es doch einige meiner Mitschüler nicht davon ab, mich weiter zu drangsalieren. Wenn ich mich zum Sport umziehen musste, achtete ich immer darauf, so früh da zu sein, dass die Umkleide noch leer war.

Es waren schwere Zeiten für mich. Glücklicherweise hatte ich eine Reihe enger Freunde und Erwachsene, zu denen ich aufschauen konnte. Menschen, die mich daran erinnerten, dass auch ich etwas wert war, was man ja leicht vergisst, wenn man dermaßen schikaniert wird. Da waren zunächst einmal meine Eltern. Meine Eltern waren streng, aber liebevoll. Sie waren von der Sorte, die die Zeugnisse ihrer Kinder an den Kühlschrank pinnen, das schlechteste natürlich stets zuoberst, sodass alle Geschwister es auch ja gut sehen konnten. Sie verlangten, dass wir uns anstrengten, aber sie unterstützten uns auch. Meine Mutter, Joan, ließ jeden Morgen die Jalousien in meinem Zimmer hochschnellen und flötete dabei: »Zeit zum Aufstehen und der Welt zu zeigen, was in dir steckt.« Als ich Jahre später Stellvertretender Justizminister wurde, schenkten meine Eltern mir eine Schneekugel: Darin hielt die blinde Justitia ihre Waage, unten am Sockel prangte in großen Lettern: »RISE & SHINE« – »Steh auf und zeig, was du kannst«. Diese Schneekugel steht noch heute auf meinem Schreibtisch.

Während der gesamten Highschool-Zeit setzte ich mich, wenn ich von der Schule nach Hause kam, an den Tisch zu meiner Mutter und erzählte ihr, was ich erlebt hatte. Kurz bevor sie 2012 an Krebs starb, haben wir wieder über diese gemeinsamen Stunden gesprochen. Sie hat mir schon als kleinem Jungen gesagt, dass sie viel von mir erwartete. Bevor sie starb, zeigte sie mir einen Zettel, den ich geschrieben hatte, als sie mich einmal, ich war damals sieben oder acht, zur Strafe auf mein Zimmer geschickt hatte. »Es tut mir leid«, stand da, »eines Tages werde ich ein bedeutender Mann sein.« Sie hatte diesen Zettel fast fünfzig Jahre lang in der Schublade ihres Frisiertischs aufbewahrt.

Ich hatte auch tolle Lehrer, mit denen ich mich anfreundete, vor allem meinen Englischlehrer Andy Dunn, der unsere Schülerzeitung betreute, wo ich mich als Journalist versuchte. Irgendwie verstand ich mich auf der Highschool besser mit meinen Lehrern als mit meinen Mitschülern, allerdings fand ich unter ihnen auch ein paar wirklich gute Freunde.

Und dann war da noch Harry Howell.

Während meiner Zeit auf der Highschool arbeitete ich für Harry in einem großen Lebensmittelmarkt nahe Allendale. Ich füllte Regale auf, sammelte Einkaufswagen ein und saß an der Kasse, was nicht viel einbrachte, höchstens vier Dollar die Stunde, aber ich liebte meinen Job. Und das lag nicht zuletzt an Harrys Führungsqualitäten.

Harry war ein gepflegter, mittelgroßer Weißer mit kurz geschnittenem Haar, der meistens ein kurzärmeliges weißes Hemd mit seinem Namensschild auf der Brust trug. Die Hosen hielt ein schwarzer Gürtel, dazu kamen noch seine schwarzen, hochglanzpolierten Herrenschuhe mit dem charakteristischen Lochmuster auf der Vorderkappe. Die trug er immer, ganz egal, welche Farbe seine Hose hatte. Wenn ich so an ihn zurückdenke, erinnert er mich an den fünfundvierzigjährigen Robert Duvall.

Selbst jetzt noch, wo ich für verschiedene US-Präsidenten und andere wichtige Leute innerhalb und außerhalb der Regierung gearbeitet habe, finde ich, dass Harry Howell einer der besten Chefs war, die ich je hatte. Das lag zum Teil sicher daran, dass er seinen Job liebte und stolz war auf das, was er tat. Harry kannte den Lebensmittelhandel in- und auswendig. Er hatte sich langsam zur Position des Marktleiters hochgearbeitet. Und er wollte, dass sein Laden der sauberste, bestgeführte der ganzen Supermarktkette war.

Die Angestellten, überwiegend Teenager, waren eine Truppe von Amateur-Komödianten. Wir hatten viel Spaß bei der Arbeit, die größtenteils in den Abendstunden getan wurde, wenn der Laden schon geschlossen hatte. Wir spielten uns gegenseitig Streiche und arbeiteten wie die Verrückten, weil der Gang, für den wir jeweils verantwortlich waren, perfekt sein sollte. Das war alles Harrys Werk. Irgendwie schuf er ein Arbeitsumfeld, das gleichzeitig fordernd war und Freude machte. Bei unseren Späßen verkniff er sich oft ein Lächeln. Nur seine Mundwinkel zuckten leicht. Daran erkannten wir, dass er sich amüsierte. Wenn unsere Arbeit aber nicht gut war, dann sagte er das unverblümt. Wir mochten ihn sehr. Aber wir fürchteten ihn auch – auf eine gesunde Art und Weise. Wir wollten es ihm unbedingt recht machen, weil er uns das Gefühl gab, wertvoll zu sein, weil er so offensichtlich an dem hing, was er tat, und auch an uns. Harry Howell vermittelte mir die Liebe zu Gängen im Supermarkt, die akkurat bestückt wurden – das heißt, dass jede Regalreihe prall gefüllt war und eine Packung exakt ausgerichtet und bündig neben der anderen stand. Der Gang sollte vollkommen jungfräulich wirken und dem Kunden das Gefühl geben, vor ihm wäre noch nie ein Mensch dort gewesen.

Damals, in Zeiten vor dem Barcode, benutzten wir Stempel mit verstellbarer Stempelplatte, um die Lebensmittelpackungen auszuzeichnen. Das war eine langwierige Tätigkeit, bei der wir genau aufpassen mussten, um keinen falschen Preis einzustellen. Ein Fehler, und der falsche Preis prangte unauslöschlich in dunkler Tinte auf der Ware.

Während meiner Zeit im Supermarkt investierte die Lebensmittelkette in neue »Technologien« – wir bekamen Etikettierpistolen aus Plastik, mit denen wir Preisschilder auf die Packungen kleben konnten. Wir hatten nur zwei oder drei davon, denn sie waren angeblich sehr teuer. Daher sollten wir sie mit besonderer Sorgfalt handhaben.

Eines Abends war ich tief versunken ins Auszeichnen der Artikel meines Bereichs – dem Gang mit den Papierwaren: Papierhandtücher, Toilettenpapier, Papierservietten, Windeln und Papiertüten. Ich war ungefähr zu einem Drittel durch und schnitt mit dem Messer gerade einen neuen Karton voll Ware auf, um den Inhalt mit dem schicken neuen Gerät auszuzeichnen und ins Regal zu räumen. Ich war gänzlich im Flow – die vollkommene Verkörperung von Regalauffüllereffizienz –, als am anderen Ende des Ganges einer meiner Kollegen auftauchte. Seine Stimme klang dringlich, als er zu mir herüberrief: »Comey, leih mir mal das Ding, nur ganz kurz!« Er streckte beide Hände vor sich aus, als wollte er die Pistole fangen. Ohne auch nur eine Sekunde zu überlegen, warf ich sie rüber.

In dem Moment, in dem das Ding aus meinen Händen flog, drehte er sich auf dem Absatz um und verschwand. Ich sehe heute noch das teure Testexemplar unserer Etikettierpistole in hohem Bogen durch die Luft fliegen. In meinem Kopf überschlägt sie sich, während sie die acht oder zehn Meter durch die Luft segelt, um dort aufzuschlagen, wo mein Kollege nun nicht mehr stand. In meiner Erinnerung rufe ich laut: »Neeeeeiiiin!«, wie in Zeitlupe, aber ich bezweifle, dass ich dafür genügend Zeit fand, so schnell landete das Teil vor den Füßen von Harry Howell, der eben in diesem Moment in meinen Gang trat. Das Gerät zersprang in tausend Stücke. Mein Kollege hatte Harry kommen sehen – perfektes Timing für seinen Scherz.

Viele Führungspersönlichkeiten – und davon bin ich im Laufe meines Lebens nicht wenigen begegnet – hätten in diesem Moment die Beherrschung verloren. Sie hätten den dummen Jungen, der vor ihnen stand, mit Schimpfwörtern und Vorwürfen überhäuft. Aber Harry ließ den Blick nur ruhig über die Plastikteile wandern, die rund um sein edles Schuhwerk verstreut lagen, und sagte: »Mach das weg!« Dann ging er. Ich kann mich nicht erinnern, dass er je eine Erklärung von mir verlangte oder den Vorfall auch nur einmal erwähnt hätte. Mein sechzehnjähriges Ich kam zu dem Schluss, dass Harry wohl mitbekommen hatte, was da gelaufen war. Auf seine stoische Art mit diesem unterdrückten Grinsen realisierte er schnell, dass ich das Opfer eines eher fiesen Streichs geworden war. Vermutlich tat ich ihm leid.

Vielleicht waren die Etikettierpistolen ja in Wirklichkeit gar nicht so teuer. Oder Harry ließ meinen Kollegen das zerschellte Ding bezahlen. Doch Harrys Gnadenakt machte auf mich nachhaltigen Eindruck, und ich mochte ihn umso lieber. Ich arbeitete noch eifriger und verwandelte den Papiergang in ein stets prall gefülltes Konsumentenparadies. Allerdings sollte ich seine Geduld abermals auf die Probe stellen.

Eines Abends war ich zum Auffüllen des Milchregals eingeteilt worden. Das war sehr viel komplizierter als das Papierregal, wirklich obere Liga. Ich stemmte die große Tür zum Kühlraum ganz hinten auf, wo die Milchpackungen gelagert wurden. Sie standen in Stapeln, immer vier große Vier-Liter-Tüten in einer Plastikkiste. Vor den Plastik-Milchflaschen, wie sie heute in den USA üblich sind, bestanden Milchbehälter noch aus Wachspapier. Sie sahen ungefähr so aus wie die Schulmilchtüten, nur sehr viel größer. Ich schnappte mir also eine Sackkarre und belud sie mit Plastikkisten. Als unerfahrener Frischling mit reichlich Selbstvertrauen machte ich einen großen Stapel – sechs Plastikkisten mit fast hundert Litern Milch. Meine Mutter hätte mich wohl als »zu faul, zweimal zu gehen« bezeichnet. Dann kippte ich die Sackkarre, wobei mir das enorme Gewicht schon auffiel, und schob meine Ladung aus dem Kühlraum. Mit der rechten Schulter stützte ich die Karre oben, mit der linken Hand hielt ich die oberste Kiste fest. So schaffte ich es durch die Schwingtür und rollte an den Regalen entlang. Das schiere Gewicht ließ mich immer schneller und schneller werden. Ich trippelte eilig hinter der Karre her, damit das Ding nicht nach hinten kippte. Als ich vor dem Milchregal ankam, hielt ich abrupt an und stellte die Karre aufrecht, ohne auch nur einen Gedanken daran zu verschwenden, was ich in Physik über die Trägheitsgesetze gelernt hatte. Das Universum und die Milch hingegen waren sich dieser Gesetze wohl bewusst.

Als ich die Vollbremsung hinlegte und die Karre aufrecht stellte, behielten die Kisten ihren Bewegungsimpuls bei und fielen stangengerade in ebenjene Richtung, in die ich sie vor der Vollbremsung geschoben hatte, nämlich nach vorne. Sie krachten auf den Boden, die Papiertüten zerplatzten alle auf einmal und überschwemmten die Gänge mit einem Milchsee, größer als ich je einen gesehen hatte. Beinahe hundert Liter ergossen sich in den Milchproduktegang, in die Abteilung mit den Frühstücksflocken, in den Konservengang und schließlich weiter bis zur internationalen Feinkost. Eine Katastrophe, die jeder Beschreibung spottete.

Ich lief nach hinten, schnappte mir den Mopp und einen Eimer und begann wie verrückt, die Milch aufzuwischen und den Mopp dann hektisch in dem kreisrunden Einsatz des Eimers auszudrücken. Alles war vollkommen leise vonstatten gegangen. Milchtüten aus Wachspapier zerbrechen ja nicht. Sie gehen nur einfach auf. Wenn ich mich beeilte, würde ich das Desaster beseitigt haben, bevor irgendjemand es bemerkte.

Ich moppte schon eine Weile, als Harry auftauchte. Er stand auf der anderen Seite des Milchsees, die Hände in die Seiten gestemmt und sorgsam darauf bedacht, dass seine schwarzen Schuhe keine Milchspritzer abbekamen. Nach einer Ewigkeit in stiller Betrachtung des Sees fragte er mich dann: »Hast du daraus etwas gelernt?«

»Ja, Sir«, antwortete ich.

»Gut«, gab er zurück, »wisch es auf.« Und weg war er.

Ich war damals noch zu jung, um das zu erkennen, doch was mir da mit meinen sechzehn Jahren vorgelebt wurde, war ein Beispiel guten Führungsstils. Ich wusste jedenfalls, dass ich lieber wie Harry sein wollte als wie die Kinder, die mich auf dem Schulhof schikanierten. Und vielleicht war Harry einfühlsam genug, dies in mir zu erkennen. Vielleicht spürte er auch instinktiv, wie ich die Schule erlebte, dass ich ein Kind war, das verzweifelt versuchte, irgendwo dazuzugehören.

Ein Außenseiter zu sein, auf dem andere herumhacken, war schmerzhaft, aber wenn ich zurückblicke, hat genau das dazu beigetragen, dass ich lernte, die Menschen schneller zu durchschauen. Ich habe in meinem Leben viel Zeit darauf verwendet, Drohungen einzuschätzen, den Tonfall meines Gegenübers, die sich ständig verändernde Dynamik auf einem Schulflur oder in der Umkleidekabine der Sporthalle. Wer Schikanen in der Schule entgehen will, muss ständig dazulernen und sich auf neue Umstände einstellen können. Aus ebendiesem Grund sind Ekelpakete ja so erfolgreich. Weil es so viel einfacher ist, mit dem Strom zu schwimmen und sich anzupassen.

Die Jahre der Schikane auf dem Schulhof machten mir mit jeder erlittenen Ungerechtigkeit klarer, welche Folgen Macht haben kann. Harry Howell hatte Macht inne, und er übte sie mit Einfühlungsvermögen und Verständnis aus. Für ihn war das nicht immer leicht, denn er hatte es mit einer Bande unreifer Jugendlicher zu tun. Andere aber, wie die Schulhoftyrannen, hatten ebenfalls Macht. Für sie war es offensichtlich leichter, diese Macht gegen jene zu wenden, die sich nicht wehren konnten. Sie beugten sich dem Gruppendruck, statt dagegen aufzustehen.

Diese Lektion verdanke ich auch einem meiner schweren, früh begangenen Fehler:

1978 kam ich auf das College of William & Mary in Williamsburg, Virginia. Ich war einer von vielen unsicheren, heimwehkranken, ängstlichen Jungen, die zum ersten Mal in ihrem Leben von zu Hause fort waren. Aber das gaben wir natürlich nicht zu, nicht einmal vor uns selbst. Da das College damals recht voll war, wurde ich mit siebzehn anderen Studienanfängern in einen Anbau des Studentenwohnheims gesteckt, in dem kein Lehrer oder eine andere Aufsichtsperson für Ruhe sorgte. Wenn ich heute als Erwachsener an diese Situation zurückdenke, läuft es mir immer noch kalt über den Rücken. Dort herrschten Zustände wie in Goldings *Herr der Fliegen*.

In dem Anbau schlief auch ein Junge, der leicht nervig war. Er war ziemlich steif und eingebildet und redete dauernd über seine Freundin zu Hause. In seinem picobello sauberen Wohnheimzimmer hatte er Topfpflanzen aufgestellt und blieb die meiste Zeit für sich. Aber irgendwie wurde beschlossen, dass dieser leicht nervige Junge hier nichts zu suchen hatte. Also versteckte man seine Sachen, verwüstete sein Zimmer, überspielte seine Musikkassetten mit Pöbeleien und stellte allerhand andere Dummheiten an, an die ich mich heute nicht mehr im Detail erinnern kann. Diesmal war ich Teil der Gruppe, die andere schikanierte. Ich spielte ihm üble Streiche, machte bei anderen mit und lachte, wenn man mir von weiteren Streichen erzählte. Ich fügte einem anderen Menschen absichtlich Schmerz zu.

Vier Jahrzehnte später schäme ich mich immer noch dafür. Wie in aller Welt konnte es dazu kommen, dass ich einen anderen Jungen schikanierte? Aber ich tat es. Schließlich taten es alle. Vielleicht hatte ich Angst, dass wieder ich das Opfer sein würde, wenn ich nicht mitspielte. Vielleicht hatte ich so viele Jahre die Außenseiterrolle gehabt, dass ich unbedingt dazugehören wollte. Ich war einer von den Jungs. Endlich gehörte ich dazu.

Meine Eltern betonten immer wieder, wie wichtig es sei, sich gegen Gruppendruck zu wehren. Ich bekam von meiner Mutter immer wieder zu hören: »Wenn alle von der George-Washington-Brücke springen, springst du ihnen dann nach?« Bei der Abschlussfeier an der Highschool hatte ich eine Rede über die negativen Folgen von Gruppendruck gehalten. Seit meinem sechzehnten Lebensjahr trug ich in meiner Brieftasche ein Zitat von Ralph Waldo Emerson mit mir herum: »Es ist leicht, in der Welt nach der Meinung der Welt zu leben, es ist in der Einsamkeit leicht, nach seiner eigenen zu leben – aber wahre Größe hat der Mensch, der inmitten der Menge, ohne zu streiten, die Unabhängigkeit der Einsamkeit zu bewahren weiß.« (Und noch jetzt konnte ich das einfach so hinschreiben, ohne es nachzuschlagen.)

Trotz all meiner eigenen leidvollen Erfahrungen, all meiner Überlegungen, trotz Schuldgefühlen und Scheu gab ich nach: Ich stimmte ein in das laute Gelächter der anderen und genoss die Stallwärme der Kumpanei, erleichtert, dass diesmal nicht ich die Zielscheibe war. Ich piesackte und schikanierte einen anderen Jungen, der gar nicht so anders war als ich. Ich war ein ängstlicher Heuchler und Narr.

Ich wurde selbst zum lebenden Beispiel für etwas, was ich damals schon wusste und was mir seitdem noch klarer geworden ist. Wir alle haben die Neigung, unsere moralische Instanz »der Gruppe« zu opfern, unsere eigene Stimme zum Schweigen zu bringen in der Hoffnung, die Gruppe werde schon all unsere Probleme regeln. Wir stellen uns dabei gerne vor, dass die Gruppe wohlüberlegte Entscheidungen trifft. Wenn die Gruppe in eine bestimmte Richtung geht, dann folgen wir, als besäße sie eine moralische Autorität, die die unsere übersteigt. In der Herde verstummen wir und überlassen es dem kollektiven Gehirn, der gemeinschaftlichen Seele der Gruppe, Entscheidungen zu treffen. Nur dass die Gruppe weder Gehirn noch Seele besitzt, die über die ihrer einzelnen Mitglieder hinausreichen. Wenn wir aber unterstellen, dass sie dergleichen besitzt, dann geben wir unsere Verantwortung ab. Und das führt letztlich dazu, dass die Gruppe gekapert wird – von den Typen mit dem größten Mundwerk. Von denen, die genau wissen, wie hirnfrei Gruppen letztlich sind, und dies zu ihrem Vorteil nutzen.

Wäre meine Familie in Yonkers geblieben, wo ich ein cooles Kind war, wo ich dazugehörte, ich weiß nicht, was für ein Mensch ich geworden wäre. Ein Außenseiter zu sein, auf dem die anderen herumhacken, war schmerzhaft, aber es hat mich zu einem besseren Menschen gemacht. Diese Erfahrung hat in mir eine lebenslange Abneigung gegen Schikaneure geweckt und ebenso eine tiefe Sympathie für ihre Opfer. Zu meinen befriedigendsten Aufgaben als Staatsanwalt gehörte es, diejenigen, die andere, in welcher Form auch immer, terrorisierten, ins Gefängnis zu stecken und ihre Opfer von ihren Peinigern zu befreien. Nach meiner Erfahrung im College habe ich mich dem Gruppendruck nie wieder gebeugt, nur weil dies der Weg des geringsten Widerstands war. Und ich bemühte mich, mein Leben mit Sinn zu erfüllen, denn ich hatte ja selbst erlebt, wie vergänglich dieses Dasein sein kann.

4

SINNGEBUNG

*Ich habe immer geglaubt, und glaube immer noch,
wir können allem, was uns an Glück oder
Unglück widerfahren mag, einen Sinn geben
und es in etwas von Wert verwandeln.*

HERMANN HESSE

Ich habe in all den Jahren mit so manchen großartigen Männern gearbeitet, doch zwei meiner wichtigsten Lehrer in Sachen Leben und Führungsstil waren Frauen.

1993, als meine Arbeit im Gambino-Prozess beendet war, löste ich mein Versprechen an Patrice ein und zog mit ihr und den Kindern nach Richmond, wo wir zwar kaum jemanden kannten, aber wo die Lebenshaltungskosten günstiger waren und wir uns besser um unsere Familie kümmern konnten.

Nach kurzem Gastspiel bei einer Anwaltskanzlei nahm ich meine Tätigkeit als Staatsanwalt wieder auf, diesmal also in Richmond, der Hauptstadt von Virginia. Die Kanzlei war in Ordnung gewesen, die Bezahlung gut und die Mitarbeiter ausgezeichnet, doch mir fehlte die Arbeit im Staatsdienst, auch wenn dort Mobiliar und Bezahlung schlechter waren. Das konnte ich meinen Anwaltskollegen nicht sagen, aber ich wollte mich unbedingt wieder nützlich machen, Gutes für das Gemeinwesen tun und mich für Menschen einsetzen, die mich wirklich brauchten.

Meine neue Chefin war Helen Fahey. Sie war US-Bundesanwältin, Vorgesetzte aller Staatsanwälte in der östlichen Hälfte des Bundesstaates. Faheys Aufstieg an die Spitze war ungewöhnlich und ermutigend. Sie war zunächst bei ihren kleinen Kindern zu Hause geblieben und hatte dann in verschiedenen Abteilungen einer Dienststelle des Verteidigungsministeriums gearbeitet, zuerst als Schreibkraft. Unterdessen bildete sie sich siebzehn Jahre lang weiter, wie sie in einem Zeitungsinterview sagte: »Immer einen Job und ein Seminar pro Monat.« Und obwohl sie keinen Collegeabschluss hatte, bekam sie aufgrund ihrer hervorragenden Ergebnisse im Zulassungstest und ihres beruflichen Werdegangs einen Studienplatz in Jura.

Als ich 1996 anfing, bei Helen zu arbeiten, war ich fünfunddreißig. Ich war Abteilungsleiter des Richmonder Büros, eines von vier unter Faheys Aufsicht, und träumte davon, es auf allen möglichen Gebieten, insbesondere Gewaltverbrechen und Korruption, effizienter zu machen. Als ehemaliger Staatsanwalt in Manhattan und Sozius einer großen Anwaltskanzlei in Richmond hielt ich mich für einen »tollen Kerl«, wie meine Mutter zu sagen pflegte – was nicht als Kompliment gemeint war. Indem ich mir, wohl unbewusst, Rudy Giuliani zum Vorbild nahm, mischte ich überall in der Stadt mit, wurde zum Gesicht der Bundespolizei in Richmond und vertrat das Büro bei der örtlichen Polizei, der Gemeinde und in den Medien. Eine Gratiswochenzeitung brachte mein Bild auf der Titelseite, bezeichnete mich als einen »von den Guten« und fälschlicherweise als Bundesanwalt und nicht als Staatsanwalt. Ich hatte für das Foto in meinem Büro posiert. Schlimmer noch, ich hatte meiner Chefin nichts davon erzählt. Zu Rudy Giulianis Zeiten hätte so eine Nummer üble Folgen gehabt. Als ich die Zeitung mit mir auf der Titelseite sah, dachte ich, wenn ich nicht alle Exemplare in der Stadt aufkaufe, bin ich erledigt. Dann fiel mir ein, bei wem ich jetzt arbeitete. Fahey stand ganz auf meiner Seite. Sie lachte mich nur ein bisschen aus, und das hatte ich verdient, ansonsten aber lachte sie meistens *mit* mir.

Helen Fahey fühlte sich wohl in ihrer Haut auf eine Weise, wie es nur wenigen Führungskräften gegeben ist. Möglich, dass manche sie hinter ihrem Rücken als schwach belächelten – »sie hat sich Richmond von Comey wegschnappen lassen« –, aber sie wusste genau, was sie tat. Sie ließ mich wachsen – gab mir gelegentlich einen Klaps, damit ich auf Kurs blieb – mit gutem Ergebnis. Sie gab auch nicht viel darauf, was so alles über sie geredet wurde, eine Lektion, die mir in späteren Jahren noch sehr nützlich werden sollte. Das Team und unsere Arbeit waren ihr ein größeres Gut als ihre eigenen Befindlichkeiten und ihr Ruf.

Gegen unsere Anstrengungen, die Mordrate von Richmond, vor allem im Zusammenhang mit Schusswaffengebrauch, zu senken, wurde seitens der Bundesrichter in Richmond, die solche Fälle nicht »auf Bundesebene« verhandelt sehen wollten, erbitterter Widerstand geleistet. Mich und mein Team beeindruckte das wenig. Wir versuchten, Leben zu retten, und machten einfach weiter, sehr zum Ärger eines hochrangigen Richters, der Helen Fahey – unsere Vorgesetzte – wegen eines kleinen verwaltungstechnischen Fehlers vorladen ließ: Sie hatte es verabsäumt, einen Häftling wie vorgeschrieben von U.S. Marshals zu einem Gerichtstermin bringen zu lassen. Fahey hatte nichts zu tun mit den Formularen, die wir für Gefangenentransporte auszufüllen hatten. Normalerweise kam sie einmal im Monat nach Richmond, und es gab überhaupt keinen Grund, sie persönlich da hineinzuziehen. Der Richter tat es nur, um ihr und uns eins auszuwischen.

Aber da kannte er Helen Fahey schlecht.

Am Tag ihrer Anhörung drängten sich im Gerichtssaal, auf den Fluren und auf der Straße vor dem Gebäude Dutzende Polizisten und Bundesbeamte, draußen auch Polizeipferde und Motorräder. Fahey schritt gelassen zur Anklagebank und wartete. Als der Richter erschien, war er ob der massiven Solidaritätsbekundung der Polizei so verunsichert, dass er Fahey völlig ignorierte, sich an die Zuschauer wandte, wo auch ich saß, und sein Gift unvermittelt gegen mich verspritzte. Die Anklage gegen Fahey ließ er fallen. Sie fand das höchst amüsant und sagte uns, wir machten genau das Richtige und sollten so weitermachen.

Ich verdanke meine ganze Karriere in der Führungsebene Helen Faheys Vertrauen nicht nur in mich, sondern auch in sich selbst. Sie freute sich über die Leistungen ihrer Mitarbeiter – die sie dafür liebten –, und wir alle kamen voran. Sie hatte genug Selbstbewusstsein, um bescheiden sein zu können.

Aber was Führungsstil angeht, so habe ich am meisten von meiner Frau Patrice gelernt.

Wir alle werden im Lauf unseres Lebens mit dem Tod konfrontiert. Daran kommt man nicht vorbei. Auch ich hatte einige Begegnungen mit ihm, auch nachdem der *Ramsey Rapist* sich in meine Albträume zurückgezogen hatte. Zum Beispiel, als ich Patrice, damals erst meine Freundin, in einem entlegenen Dorf in Sierra Leone besuchte, wo sie für das Friedenskorps arbeitete; dort zog ich mir Malaria zu und wäre beinahe gestorben. Überlebt habe ich nur, weil sie mich mitten in der Nacht auf ihrem Motorrad zu einer abgelegenen Buschklinik transportierte. Aber manchmal ist es nicht die Konfrontation mit der eigenen Sterblichkeit, sondern der Tod uns besonders nahestehender Menschen, der uns erkennen lässt, wie kurz unsere Zeit auf Erden bemessen ist und warum es so wichtig ist, was wir aus dieser Zeit machen.

Im Sommer 1995 bewohnten Patrice und ich ein Fünfzimmerhaus in einer ruhigen Stichstraße eines Neubaugebiets von Richmond. Dort kannte jeder jeden, an Kindergeburtstagen kam die örtliche Feuerwehr mit einem Löschwagen, den die Kleinen bestaunen durften, und die Kinder konnten stundenlang auf der kaum befahrenen Straße spielen und Rad fahren. Unsere zwei Mädchen und ihr kleiner Bruder, geboren 1994, gediehen prächtig in dem neuen Haus. Und dann kam Collin.

Collin Edward Comey wurde am 4. August 1995 geboren. Er kam gesund zur Welt, wog fast 3200 Gramm und war wie alle Comey-Babys ziemlich groß. Patrice stillte ihn im Krankenhaus, und unsere drei Kinder besuchten ihn und hielten ihn im Arm. Es war ein wunderbarer Tag, wie viele Eltern ihn mit ihrem Neugeborenen erleben. Doch im Lauf des Tages bemerkte Patrice eine Veränderung an ihm. Er ließ sich kaum noch beruhigen, aber auf ihre wiederholte Frage, ob etwas nicht in Ordnung sei, versicherten ihr die Schwestern, es gehe ihm gut und das sei ganz normal. Eine glaubte, die Mutter von vier Kindern sogar belehren zu müssen: »Sie hatten eben noch nie ein Baby, das an Koliken leidet.«

Es ging ihm nicht gut. Noch wussten wir das nicht, aber Collins kleiner Körper kämpfte mit einer tödlichen Infektion. Etwa ein Viertel aller Frauen ist Träger von sogenannten B-Streptokokken. Diese Bakterien sind harmlos für die Mutter, können aber für das Kind tödlich sein. Gegen Ende der Schwangerschaft können sie leicht nachgewiesen und während der Geburt gut mit Penicillin bekämpft werden. 1995 jedoch gehörte dieses Test- und Behandlungsverfahren in den USA noch nicht zum medizinischen Standard. Manche

Kliniken und Ärzte führten die entsprechenden Tests zwar bereits durch, aber die Abteilung für Gynäkologie der Ärztekammer hatte sich damals noch ebenso wenig dafür ausgesprochen wie die staatliche Gesundheitsbehörde.

Am nächsten Morgen hatte Collin eine Sepsis, eine schwere Blutvergiftung mit hohem Fieber. Neun Tage lang kämpfte er auf der Neugeborenen-Intensivstation um sein Leben. Ein Beatmungsgerät pumpte Luft in seine kleine Brust. Patrice saß die ganze Zeit an seiner Seite und tat kaum ein Auge zu. Sie erklärte, neun Monate lang habe er ihre Stimme gehört und sie berührt, und jetzt brauche er ihre Stimme und diese Berührung mehr als je zuvor. Und so saß sie Stunde um Stunde und Tag um Tag bei ihm, hielt seine kleinen Finger und sang ihm Kinderlieder vor.

Dann zeigten uns die Ärzte die niederschmetternden Hirnscans. Die Entzündung hatte weite Teile seines Gehirns zerstört. Nur das Beatmungsgerät hält ihn noch am Leben, erklärten sie uns. Ihr Sohn ist verloren. Aber sie sagten uns nicht, was wir tun sollten; sie erwarteten, dass wir ihnen sagten, sie sollen Collin von der Maschine nehmen. Doch wie hätten wir das über uns bringen können? Er war da, vor unseren Augen, er lebte, und sie verlangten von uns, wir sollten aufgeben und ihn sterben lassen.

Ich fuhr heim, um nach unseren anderen Kindern zu sehen. Meine Eltern waren bei ihnen. Normalerweise bin ich unter Stress vollkommen ruhig, eher schon kühl. Aber während ich meinen Eltern erzählte, was los war und vor was für einer Entscheidung wir standen, brach ich in Tränen aus. Ich glaube, die beiden wussten in dem Augenblick auch nicht, wie sie mir helfen konnten.

Zurück im Krankenhaus, trafen Patrice und ich die Entscheidung. Mitten im furchtbarsten Schmerz sah sie klar, was sonst noch zu tun war. Unser anderer Sohn war noch nicht einmal zwei und konnte nicht verstehen, was da geschah, unsere Mädchen hingegen schon. Patrice fand, es wäre zu ihrem Besten, ihnen die Wahrheit zu sagen. Wenn sie die Wahrheit erführen und es aushalten könnten, sollten sie Collin noch ein letztes Mal sehen. Die Mädchen hätten unser Baby in den ersten Minuten seines Lebens im Arm gehalten, argumentierte Patrice. Sie sollten es auch am Ende halten dürfen. Sein Tod sollte nicht vor ihnen verborgen werden, sonst würde der Schatten mit den Jahren immer größer. Mit einer so weisen Voraussicht war ich nicht gesegnet. Einer Fünf- und einer Siebenjährigen den sterbenden kleinen Bruder zeigen? Wer kommt denn auf so eine Idee? Nur eine überaus kluge Frau. Und sie hat damit unseren Töchtern ein Geschenk gemacht. Sie bekamen die Möglichkeit, Abschied zu nehmen.

Um unsere Töchter darauf vorzubereiten, machten wir mit ihnen ein Picknick und erklärten unter Tränen, was los war. Kurz nachdem man die Apparate abgestellt hatte, ging meine Mutter mit den Mädchen in das Zimmer. Patrice hielt Collin im Arm und reichte ihn seinen Schwestern. Die beiden schaukelten ihn abwechselnd und sprachen mit ihm, nahmen Abschied und reichten ihn zurück. Als sie gegangen waren, hielt ich den Kleinen eine Weile im Arm und gab ihn dann seiner Mutter. Patrice sang ihm Lieder vor, bis er zu atmen aufhörte, und sang dann noch lange weiter. Es fällt mir heute noch schwer, diese Szene zu beschreiben, in der eine untröstliche Mutter ihr Baby ans Ende seines kurzen Lebens wiegt.

Wir waren sehr aufgewühlt. Hätte Collin einen anderen Arzt gehabt oder wäre er in einem anderen Krankenhaus zur Welt gekommen, würde er sehr wahrscheinlich noch leben; dann wäre Patrice gegen Ende der Schwangerschaft den nötigen Tests unterzogen und während der Geburt entsprechend behandelt worden. Er war aber an einen Arzt geraten, der von diesen Tests nichts hielt, in einem Krankenhaus, das seine Ärzte nicht dazu verpflichtete, und jetzt war er tot. Das konnte doch nicht angehen! Patrice arbeitete sich in die Materie ein und kontaktierte einen Forscher in der Seuchenschutzbehörde und die Mitglieder des B-Streptokokken-Verbandes, den andere, deren Babys gestorben waren, gegründet hatten. Überall im Land starben unnötigerweise Säuglinge, nur weil die Ärzte mit der Entwicklung nicht Schritt hielten.

»Ich kann unseren Sohn nicht zurückholen«, sagte Patrice, »aber ich kann den Gedanken nicht ertragen, dass andere Mütter so leiden müssen wie ich. Ich muss etwas tun.« Sie argumentierte mit einer ihrer Lieblingsstellen aus dem Neuen Testament, wo Paul an die Römer schreibt: »Wir wissen aber, dass denen, die Gott lieben, alle Dinge zum Besten dienen, denen, die nach seinem Entschluss berufen sind.«

Sie konnte nicht erklären, warum ein liebender Gott Collin sterben ließ, und von banalen Hinweisen auf »Gottes Willen« wollte sie nichts wissen. Wenn irgendein wohlmeinender Mensch dergleichen zu ihr sagte, bemerkte sie hinterher oft zu mir: »Wie kann ein liebender Gott mein Baby töten wollen? Ich glaube das einfach nicht.« Sie glaubte jedoch, aus ihrem Verlust etwas Gutes machen zu müssen. Dieses Gute, erklärte sie, werde die Babys anderer Mütter retten, indem alle Ärzte verpflichtet würden, die nötigen Tests durchzuführen. Und so legte sie los und machte aus ihrer Trauer eine landesweite Kampagne.

Patrice veröffentlichte Artikel über unseren Sohn und trat landauf, landab für eine Änderung der medizinischen Standards ein. Sie wirkte auf Parlamentarier in Virginia ein, mit dem Erfolg, dass Routine-Tests und die Behandlung von B-Streptokokken in das entsprechende Gesetz aufgenommen wurden. Sie hat das nicht im Alleingang geschafft, doch ihre Stimme und die Stimmen vieler anderer engagierter Menschen haben unser Land verändert. Heute werden alle Mütter getestet, und ihre Babys überleben. Etwas unvorstellbar Schlimmes hatte Gutes zur Folge. Andere Mütter werden nie erfahren, was hätte passieren können, und so soll es sein.

Patrice' Einsatz – ihr Versuch, etwas für andere zu verbessern – beeinflusste zweifellos meine Ansichten in Bezug auf den Sinn von Gesetzen und das Rechtssystem, dem ich fast mein ganzes Erwachsenenleben gewidmet habe. In den Jahren nach Collins Tod wurde ich Zeuge, wie guten Menschen viel Schlimmes widerfuhr, und immer wieder wurde ich gefragt, ob ich das erklären und diesen Schicksalsschlägen irgendeinen Sinn abgewinnen könne. Als ich 2002 wieder nach Manhattan ging und meine Arbeit als US-Bundesanwalt aufnahm, stand ich vor der frisch ausgehobenen Grube am Ground Zero, wo Tausende gestorben waren, darunter Hunderte, von denen keine Spur mehr gefunden wurde. Dorthin hatte ich die zweiundneunzig anderen Bundesanwälte eingeladen. Ich erklärte ihnen, diese unschuldig Getöteten seien hier überall in unserer Nähe, auch wenn wir sie nicht sehen könnten. Es war ein beklemmender Ort. Es war heiliger Boden.

Ähnlich wie Patrice sagte ich, ich wisse nicht, warum guten Menschen Schlimmes widerfahre. Ich erinnerte daran, dass diejenigen mit einem jüdisch-christlichen Hintergrund im Buch Hiob dafür getadelt werden, dass sie auch nur diese Frage stellen. Die Stimme des Herrn antwortet aus einem Sturm heraus sinngemäß: »Wie könnt ihr es wagen?« Die Wahrheit ist, ich kann Gottes Rolle in der Geschichte der Menschheit nicht erklären. Das würde einen Überblick voraussetzen, der weit über den Verlust meines Sohnes hinausgeht und auch das Leiden und Sterben zahlloser anderer

Söhne und Töchter umfassen müsste. Ich weiß es schlicht nicht und habe wenig Verständnis für die, die es zu wissen behaupten. Ich weiß einzig und allein, was Patrice mich gelehrt hat: Es hat einen Sinn, vor einem schmerzlichen Verlust nicht zu kapitulieren, sondern sich stattdessen für andere einzusetzen, um ihnen zu ersparen, was man selbst durchgemacht hat. Wir haben die Pflicht, dafür zu sorgen, dass aus Leid etwas Gutes entsteht, dass wir einen Abschied als so etwas wie ein Geschenk begreifen können. Nicht dass ein Verlust »sich lohnen« sollte – das wäre zynisch. Mancher Verlust wird niemals durch irgendetwas gerechtfertigt sein, aber wir können weiterleben, vielleicht sogar glücklich, wenn wir unsere Trauer kanalisieren, in etwas Sinnhaftes verwandeln und nicht dem Bösen das Feld überlassen. In diesem Auftrag liegen die Schönheit und die Größe unseres Rechtssystems.

Patrice und ich hatten vorgehabt, für immer in Richmond zu bleiben. Hier gab es gute staatliche Schulen und ein schönes und relativ preiswertes Haus in einer sicheren Wohngegend. Nach Collins Tod bekamen wir 1996 ein gesundes Mädchen und 2000 ein weiteres. Wir wollten die fünf Kinder in Richmond großziehen. Ich hatte eine Arbeit, die ich sehr gern machte. Wir waren angekommen. Dann kam der 11. September, und mein Telefon läutete.

Im Oktober 2001 passte ich eines Tages auf die Kleinen auf. Patrice leitete indes in der Kirche die Gründungsversammlung einer von ihr initiierten Frauengruppe. Vor den anderen Frauen sprach sie leidenschaftlich über das gemeinsame Altwerden. Dort konnte sie unser Telefon nicht läuten hören. Ich hörte es und ging ran. Ein Mann sagte, er rufe aus dem Weißen Haus an; der Präsident wolle wissen, ob ich bereit sei, als US-Bundesanwalt wieder nach Manhattan zu gehen. Ich nahm an, das war einer meiner albernen Freunde, und sagte:

»Ja, du kannst mich mal am A...«, aber da unterbrach er mich und sagte, es sei kein Scherz. Präsident George W. Bush müsse einen neuen Bundesanwalt ernennen, in New York habe es darüber einiges Hin und Her gegeben, am Ende habe man sich auf mich verständigt. Ich kannte mich dort aus, ich hatte Erfahrung mit Terrorermittlungen, und ich wäre für Demokraten und Republikaner gleichermaßen akzeptabel. Ob ich das machen würde?

Es ist schwierig, aus diesem Abstand die Stimmung im Herbst 2001 zu beschreiben, eine Zeit der Einheit, Unruhe und Entschlossenheit. »Natürlich will ich das tun«, antwortete ich, »aber meine Frau ist gerade unterwegs. Ich rufe Sie zurück, falls sie Einwände hat.« Ich legte auf, ließ die Kinder alleine weiterspielen, stellte mich in die Einfahrt und wartete klopfenden Herzens auf Patrice.

Nach einer Ewigkeit fuhr sie in unserem roten Ford Minivan vor. Sie stieg aus, sah mich prüfend an und fragte: »Was ist passiert?«

»Nichts Schlimmes«, antwortete ich, wie ich da so ohne meine Kinder in der Einfahrt stand, »jemand vom Weißen Haus hat angerufen und mir den Posten des US-Bundesanwalts in New York angeboten.«

Ihr kamen die Tränen. »Da kannst du nicht Nein sagen.«

»Ich habe nicht Nein gesagt. Nur, dass ich ihn zurückrufe, falls du Einwände erhebst.«

Sie schlug die Hände vors Gesicht und begann zu weinen. »Ich muss wieder nach New York. O mein Gott, ich muss wieder nach New York.«

Wir würden wieder nach New York ziehen, wo vom Grund, auf dem das World Trade Center gestanden hatte, noch immer Rauch aufstieg. Ich hatte zweihundertfünfzig Ermittler unter mir, mit Hunderten von Fällen – Terrorismus, Gewaltverbrechen, Unternehmensbetrug, darunter einer, der sich zu einem der spektakulärsten Fälle meiner Karriere entwickeln sollte.

Patrice öffnete die Schiebetür des Minivans, und die große Keramikplatte, auf der sie Bagels zur Kirche gebracht hatte, rutschte ihr entgegen. Es war schwer, darin kein böses Omen zu sehen, als sie in der Einfahrt in Scherben ging.

5

DIE LEICHTFERTIGE LÜGE

Wer sich gestattet, einmal zu lügen, dem wird es beim zweiten und dritten Mal schon leichter fallen, bis es ihm schließlich zur Gewohnheit wird. Dann erzählt er Lügen, ohne darauf zu achten, und Wahrheiten, die die Welt ihm nicht glaubt. Diese Falschheit seiner Zunge führt zu Falschheit des Herzens und verdirbt mit der Zeit all dessen gute Eigenschaften.

THOMAS JEFFERSON

Als Martha Stewart 2005 aus dem Gefängnis entlassen wurde, blies die Presse die Tatsache, dass ihr Vermögen während der Haft gewachsen war, enorm auf. Als wäre es das Ziel der Staatsanwaltschaft gewesen, sie zu vernichten, und nicht, sie für Lügen im Zuge von Ermittlungen zu bestrafen und damit klarzumachen, dass niemand – egal, wer er ist – die Justiz behindern darf.

Ich war damals gerade zu einem Vortrag in Las Vegas und wusste, dass die Medien versuchen würden, mir aufzulauern und eine Reaktion vor der Kamera zu bekommen. Schließlich war ich der Bundesanwalt gewesen, der sie verklagt und in der Folge eine ungeheure Menge an Aufmerksamkeit der Medien und Kritik geerntet hatte. Wie erwartet, kamen ein Kameramann und ein Reporter mit Mikrofon auf mich zu. Der Reporter hielt mir das Mikro unter die Nase und sagte atemlos: »Mr. Comey, Martha Stewart kommt heute um zweihundert Millionen Dollar reicher aus dem Gefängnis, als sie an dem Tag war, als sie ihre Haft antrat. Was für ein Gefühl löst das bei Ihnen aus?« (Aus irgendeinem Grund betonte er »Gefühl«, sodass es wie »Gefüüüüühl« klang.)

Ich hielt kurz inne, schaute in die Kamera und gab einen Satz von mir, den ich im Kopf ein Dutzend Mal geübt hatte. Dabei zwang ich mich, nicht zu lächeln. »Nun«, sagte ich ruhig, »uns im Justizministerium ist nichts so wichtig wie die erfolgreiche Wiedereingliederung unserer Häftlinge in die Gesellschaft. Ms. Stewart mag das besser gelungen sein als den meisten unserer Verurteilten, doch das ist mit Sicherheit kein Grund zur Besorgnis.« Mit versteinerter Miene nickte ich und ging davon. Der Reporter hatte den Scherz nicht begriffen, aber der Kameramann – diese Leute sind oft die Bodenständigeren in einem Medienteam – lachte so heftig, dass ihm die Kamera auf der Schulter hüpfte. Dadurch war die Aufnahme zu verwackelt und konnte nicht gesendet werden.

Martha Stewart hat kein Jahrhundertverbrechen begangen. Zuerst empfand ich es, verglichen mit dem, was uns sonst täglich beschäftigte und was größeren Einfluss auf das Leben anderer Menschen hat, nur als lästiges Ärgernis. Aber irgendetwas bewirkte, dass ich meine Meinung änderte. In diesem Fall ging es letztlich um Größeres und Wichtigeres als eine reiche Person, die versucht hatte, rechtzeitig vor dem Crash ein paar Aktien zu verkaufen. Und ich hätte mir damals nicht vorstellen können, dass das Ganze in mehrerlei Hinsicht einen bedeutenden Einfluss auf meine weitere Karriere in der Strafverfolgung haben würde – weil das dabei Gelernte sich noch lange danach als nützlich erweisen sollte.

Jeder von uns lügt in seinem Leben irgendwann mal. Die wichtigen Fragen sind jedoch: Wo? In welcher Angelegenheit? Und wie oft?

Eine der unvermeidlichen Fragen, die jemandem mit meiner Körpergröße und vor allem von Fremden in Fahrstühlen gestellt werden, ist, ob ich am College Basketball gespielt habe. Die Antwort lautet: Nein. Aber warum nicht, das ist eine lange Geschichte, in der mein spätes Wachstum, eine Knieoperation und mein Problem, alles Mögliche zeitlich unter einen Hut zu kriegen, vorkommen. Ich vermutete, dass niemand all das hören wollte, und selbst wenn es so gewesen wäre, hätte *eine* Fahrt mit dem Aufzug dafür nie gereicht. Also machte ich es mir ein paar Jahre nach dem College leicht und nickte nur oder sagte »Jupp«, wenn mich jemand danach fragte. Das Gleiche tat ich gegenüber Freunden, mit denen ich nach Beginn meines Studiums an der juristischen Fakultät Basketball spielte. Ich habe keine Ahnung, warum. Vielleicht aus Unsicherheit. Vielleicht weil es einfacher war. Oder vielleicht gefiel mir die Vorstellung, man würde mich für eine Sportskanone unter den Kommilitonen halten. Es war eine scheinbar kleine und folgenlose Lüge eines dummen Jungen, aber trotz allem eine Lüge. Und die machte mir zu schaffen. Deshalb schrieb ich nach dem Jurastudium meinen Freunden, die ich angelogen hatte, und erzählte ihnen die Wahrheit. Sie schienen mich alle zu verstehen. Einer von ihnen antwortete – und zwar so, wie es nur ein wahrer Freund tun kann: »Wir wussten, dass du am College nicht gespielt hattest, und es war uns egal. Du bist ein toller Freund und ein toller Spieler. Ein Blödmann bist du aus ganz anderen Gründen.«

Ich glaube, was mich wegen dieser kleinen Lüge am meisten beunruhigte, war die Befürchtung, das könnte mir zur Gewohnheit werden. Im Laufe der Jahre habe ich oft erlebt, dass Lügner so gut im Lügen werden, dass sie die Fähigkeit verlieren, zwischen wahr und unwahr zu unterscheiden. Sie umgeben sich mit anderen Lügnern. Der Kreis wird enger und kleiner, denn diejenigen, die nicht bereit sind, ihren moralischen Kompass zu ignorieren, werden ausgeschlossen, während diejenigen, die Betrug bereitwillig tolerieren, dem Zentrum der Macht immer näher kommen. Vergünstigungen und Zugang gewährt man jenen, die willens sind, selbst zu lügen und Lügen zu tolerieren. Das erzeugt eine Kultur, die sich zu einem regelrechten Lebensstil entwickelt. Die leichtfertigen, lässigen Lügen sind eine sehr gefährliche Sache. Sie bereiten den Weg für größere Lügen an wichtigeren Orten, wo die Folgen weniger harmlos sind.

Jedes Jahr wird eine kleine Zahl von Menschen wegen Insiderhandel angeklagt. Man führt ein paar Leute in schicken Anzügen und mit Handschellen an Kameras vorbei in einen Gerichtssaal. Außer in der Fachpresse der Finanzbranche nimmt kaum jemand davon Notiz. Im Januar 2002 sollte sich das jedoch ändern. Damals kam der Fall einer kaum bekannten Biotech-Firma mit einem sehr bekannten Aktionär auf meinen Schreibtisch als Bundesanwalt in New York Süd.

Ende 2001 verkaufte Sam Waksal, Inhaber eines Pharma-Unternehmens namens ImClone, panisch seine Aktien, nachdem er erfahren hatte, dass die Regulierungsbehörde die Zulassung der neuen Wunderdroge von ImClone ablehnen würde. Mr. Waksals Problem bestand darin, dass die Öffentlichkeit noch nichts von der bevorstehenden Ablehnung wusste. Laut Gesetz darf ein Geschäftsführer aber nicht einfach seine Anteile verkaufen, sobald er etwas Wichtiges weiß, das dem gewöhnlichen Aktionär nicht bekannt ist. Das nennt man Insiderhandel. Waksals Verhalten war ungefähr so, als hätte er sich unter den Augen der Strafverfolgungsbehörden selbst angezündet. Dass er schuldig war und bestraft werden sollte, war offenkundig. Die Ermittler standen jedoch vor der

Frage, ob sonst noch jemand, der nach Weihnachten 2001 Aktien von ImClone verkauft hatte, dies aufgrund nicht öffentlich bekannter Information getan hatte. Weil die Transaktionen in Manhattan, also in meinem Zuständigkeitsbereich, stattgefunden hatten, berief ich ein Team der besten Staatsanwälte, die mir bei den Ermittlungen helfen sollten. Mein Stellvertreter war David Kelley, ein beamteter Staatsanwalt und ein guter Freund. Leiterin der Strafkammer, die alle Staatsanwälte für Strafrecht beaufsichtigte, war Karen Seymour, eine ehemalige Staatsanwältin und ebenfalls langjährige Freundin von mir. Ich hatte sie überreden müssen, die Existenz als Partnerin in einer Kanzlei an der Wall Street aufzugeben, um mir bei der Leitung meines Büros zu helfen. Wir drei kauten gemeinsam alle harten Entscheidungen durch. Und weil wir alte Freunde waren, wurde dabei viel gelacht, gescherzt und diskutiert. Ich schätzte die beiden, weil sie mir stets die Wahrheit sagten – nicht zuletzt, wenn ich totalen Unsinn redete.

Die Gefahr jeder Organisation, vor allem aber einer hierarchisch strukturierten, besteht darin, dass man eine Atmosphäre schafft, die Widerspruch ausschließt und ehrliches Feedback verhindert. Das kann schnell zu einem Klima von Selbsttäuschung und Unehrlichkeit führen. Bei einer Führungspersönlichkeit kann ein Übermaß an Selbstvertrauen jegliche Bescheidenheit im Keim ersticken und zu gefährlicher Selbstgefälligkeit auf Kosten anderer führen. Das war ein entscheidender Faktor beim Niedergang der Mafia in New York. Und ironischerweise war es auch eine signifikante Schwäche im Bezirksgericht, das unter Giuliani die Mafia zu Fall brachte. Ich gab mir größte Mühe, das nicht zu vergessen, als ich nun Giulianis vormaligen Job ausübte.

Es lag jetzt in meiner Verantwortung, meinen eigenen Führungsstil im Bezirksgericht zu etablieren. Ich wollte das Beste aus unserem Team herausholen und in mehrerlei Hinsicht die Lehren von Giuliani und Fahey beherzigen. Vom ersten Tag an versuchte ich, dieser Aufgabe nachzukommen. So stellte ich in meiner Zeit als Bundesanwalt etwa fünfzig neue Staatsanwälte ein und setzte mich mit jedem einzeln zusammen, bevor sie ihren Amtseid ablegten. Ich lud sie ein, ihre Familien mitzubringen. Ich erklärte ihnen, dass etwas Bemerkenswertes passieren würde, wenn sie aufstünden und sagten, sie repräsentierten die Vereinigten Staaten von Amerika – völlig fremde Menschen würden ihnen dann glauben, was sie danach verkündeten. Ich sagte ihnen, obwohl ich ihnen ihr Selbstvertrauen nicht nehmen wollte, dass das nichts mit ihnen selbst zu tun hätte. Es würde vielmehr wegen der Menschen passieren, die ihnen vorangegangen waren – wegen Hunderter gegebener und gehaltener Versprechen, wegen Hunderter verkündeter Wahrheiten und sofort korrigierter Fehler – und weil diese Vorgänger etwas für sie aufgebaut hatten. Ich nannte das ein Reservoir. Ich erzählte ihnen, dass es ein Reservoir aus Vertrauen und Glaubwürdigkeit ist, für sie gebaut und von Leuten gefüllt, die sie gar nicht kannten, die teilweise längst tot waren. Ein Reservoir, das so viel Gutes ermöglicht, das von der Institution, der sie fortan dienen würden, geleistet wird. Ein ungeheures Geschenk. Ich erklärte diesen klugen jungen Juristen weiter, dass dieses wie alle großartigen Geschenke mit einer Verantwortung verbunden ist, einer feierlichen Verpflichtung, dieses Reservoir zu bewachen und zu beschützen, um es so gut gefüllt, wie sie selbst es übernommen haben, oder sogar noch voller an diejenigen weiterzugeben, die ihnen nachfolgen würden. Und schließlich sagte ich ihnen noch, das Problem an solchen Reservoirs ist, dass sie wie ein Stausee sehr lange brauchen, um sich zu füllen, aber schon ein einziges Loch im Damm genügt, und sie laufen aus. Das Verhalten einer einzigen Person vermag also zu zerstören, was aufzubauen Hunderte von Menschen Jahre gekostet hat.

Im Fall Waksal erledigten die staatlichen Ermittler, darunter auch Beamte und Analysten des FBI, erst einmal die Basics: Sie erstellten eine Liste von allen, die zum selben Zeitpunkt wie Waksal ImClone-Aktien verkauft hatten. Eine davon war Martha Stewart. Sie hatte ihre Anteile am selben Tag wie Waksal abgestoßen, nämlich bevor die Öffentlichkeit von der Ablehnung des neuen Medikaments erfuhr, und so einen Verlust von etwa fünfzigtausend Dollar vermieden. Diese Summe war für einen reichen Menschen wie Martha Stewart, die Hunderte Millionen Dollar besitzt, ein Klacks. Trotzdem wäre es von den Ermittlern fahrlässig gewesen, sie nicht zumindest zu befragen, um zu erfahren, warum sie ausgerechnet zu jenem Zeitpunkt verkauft hatte.

Stewart war mit Waksal befreundet, und die Ermittler rechneten damit, dass sie sagen würde, als sie erfuhr, dass Waksal seine Anteile verkaufe, habe sie ihre auch verkauft. Bestimmt würde sie ihnen erklären, sie habe nicht gewusst, dass mit diesem Verkauf etwas nicht in Ordnung sei, und es tue ihr sehr leid. Dann hätte es eine strenge Verwarnung und vielleicht eine bescheidene Geldstrafe gegeben, und alle wären wieder ihrer Wege gegangen.

Nur tat Martha Stewart ebendas nicht.

Stattdessen erzählte sie den Ermittlern, sie hätte eine Vereinbarung mit ihrem Broker gehabt, wonach der ihre Anteile an ImClone verkaufen sollte, sobald der Preis unter einen bestimmten Wert oder »Floor« fiele. Stewart sagte, sie habe nicht vorher davon gewusst, dass Waksal seine Anteile abstieß. Vielleicht habe sein Verkauf den Preis sinken lassen und so ihre Verkaufsorder ausgelöst, aber das sei dann eben ein Riesenzufall. Sonst gäbe es da nichts.

Nun halten Ermittler auf Bundesebene in der Regel nicht besonders viel von Zufällen. Stewarts Aussage veranlasste sie, genauer hinzusehen. Neben vielen anderen Seltsamkeiten stellten sie dabei fest, dass Stewart und Waksal bei demselben Broker waren. Sie erfuhren auch, dass der Broker am Morgen des Tages von Waksals Verkauf Stewart angerufen hatte. Sie war damals nicht erreichbar, weil sie gerade mit ihrem Privatjet zu einem Urlaubsort in Mexiko unterwegs war. Also hinterließ der Broker bei Stewarts Sekretärin die Nachricht, er müsse dringend mit ihr über Sam Waksal sprechen.

Bald schon fanden die FBI-Ermittler handschriftliche Aufzeichnungen des Brokers. Darin stand tatsächlich, dass es einen vorab vereinbarten »Floor« gab, bei dessen Erreichen die ImClone-Aktien zu verkaufen wären, genau wie Stewart behauptet hatte. Allerdings waren die Aufzeichnungen mit zweierlei Tinte geschrieben. Alles war mit einer Sorte Tinte geschrieben, bis auf den Zusatz, der Stewarts Behauptung belegte.

Die Ermittler entdeckten noch weitere Details, die nicht mit Stewarts Aussage zusammenpassten. Sie befragten Stewarts Sekretärin und erfuhren, dass nach Beginn der Ermittlungen zum ImClone-Verkauf Stewart diese aufforderte, die Telefonnachricht ihres Brokers im Computer zu öffnen. Dann bat Stewart die Sekretärin aufzustehen, weil sie sich selbst vor den Rechner setzen wollte. Sie markierte die Stelle, an der es hieß, ihr Broker habe wegen Sam Waksal angerufen. Dann überschrieb sie den Text, um den Hinweis auf Waksal zu entfernen. Danach hielt sie inne. Anscheinend entschied sie sich doch dagegen, die Justiz auf so plumpe Weise zu behindern und eine schwere Straftat zu begehen, noch dazu vor den Augen einer potenziellen Zeugin. Schließlich stand Stewart abrupt auf und wies ihre Sekretärin an, die soeben von ihr gelöschten Wörter wiederherzustellen.

Mir war der Fall Martha Stewart von Anfang an zuwider. Er stellte eine Ablenkung, ein schillerndes Objekt dar, während wir eigentlich so viel wichtigere Arbeit zu erledigen hatten. Die High-Tech-Blase der späten 1990er war geplatzt, und dramatische Schwankungen des Marktes hatten eine ungewöhnlich große Zahl betrügerischer Unternehmen zum Vorschein gebracht. Oder, um den bemerkenswerten Ausspruch von Warren Buffett, als der Markt einbrach, sinngemäß wiederzugeben: Die Flut war rasch zurückgewichen und hatte den Blick auf eine Menge nackter Badender freigegeben. Am Strand tummelten sich die Betrüger von Enron, WorldCom, Adelphia und so vielen anderen – Leute, die Firmen in den Bankrott gewirtschaftet, zahllose Jobs vernichtet und Milliardensummen von Investoren veruntreut hatten. Wir im New Yorker Bezirksgericht arbeiteten wie die Verrückten an diesen großen Fällen. Und es waren sehr schwierige Fälle, weil es jeweils darum ging, was die Beschuldigten sich gedacht hatten. Bei einer Anklage wegen Drogenhandel, und davon hatte ich viele durchgezogen, besteht die Aufgabe der Behörde einfach darin, die Beschuldigten mit der Transaktion in Verbindung zu bringen. Wenn FBI-Agenten ein Hotelzimmer stürmen, in dem ein Kilo Heroin mitten auf dem Tisch liegt, dann wandert jeder, der an diesem Tisch sitzt, hinter Gitter. Keiner hat die Möglichkeit zu behaupten, ihm sei nie in den Sinn gekommen, dass das eine illegale Aktivität sei. Keiner kann damit kommen, dass die eigenen Buchhalter und Anwälte das Heroin überprüft hätten und zu dem Schluss gekommen wären, es sei rechtmäßig und entspräche den geltenden Gesetzen und Vorschriften. *Nope.* Alle wandern in den Knast.

In einem Fall, wo es um Unternehmensbetrug geht, läuft es genau umgekehrt. Am Ende der Geschichte überblickt die Behörde die Transaktionen komplett. Wir wissen, wer am

Tisch saß und worum genau es bei dem Deal ging. Nur dass dann alle am Tisch behaupten, sie hätten ja absolut keine Ahnung davon gehabt, dass diese komplizierte, von Pfandrechten abgesicherte, reverse-repo-geschäftliche, auf Devisen-Swap basierende Transaktion illegal gewesen sei. Es täte ihnen so schrecklich, schrecklich leid, dass Leute dadurch ihre gesamten Ersparnisse verloren hätten, würden sie unvermeidlich behaupten, aber dass sie eine Straftat begingen, das sei ihnen nicht im Entferntesten bewusst gewesen.

Es war dann an den Ermittlern und Staatsanwälten, den Inhalt des Kopfes einer Person schlüssig einem Gericht darzulegen, dessen zwölf Geschworene sich wiederum darin einig sein sollten, dass die Behörde ihren Verpflichtungen nachgekommen war. Eine richtig harte Nuss. Nicht unmöglich, dank des großen Geschenks des 21. Jahrhunderts an die Strafverfolgung – die elektronische Kommunikation –, aber trotzdem noch hart genug. Manchmal liefern E-Mails Beweise, die »dem Kilo Heroin auf dem Tisch« entsprechen. In einem Fall, mit dem ich befasst war, mailte ein Finanzmanager einem anderen: »Ich kann nur hoffen, dass die Börsenaufsichtsbehörde SEC (United States Securities and Exchange Commission) nicht rauskriegt, was wir hier treiben.« Sein Kollege antwortete: »Vergiss die SEC, und wenn das FBI aufkreuzt, springe ich sowieso aus dem Fenster.« Gutes Material.

Aber häufiger wurde die Behörde selbst angesichts riesiger finanzieller Verluste an ihren Bemühungen gehindert, die kriminelle Absicht zu beweisen. Wenn Leute schreien, der Geschäftsführer »muss es gewusst haben« oder »sollte es gewusst haben«, dann reicht das nicht. Auch wenn der Zweifel begründet sein mag, wo bleibt der Beweis, dass ihm bewusst war, dass er eine Straftat beging? Leitende Angestellte geben sich in solchen Fällen ja gern schockiert. Schockiert, dass

Angestellte unterer Ebenen das Gesetz gebrochen haben könnten. Warum sollte ich mitten in all diesen schweren Straftaten, an deren Aufdeckung wir so hart arbeiteten, irgendetwas mit Martha Stewart zu tun haben wollen? Schließlich handelte es sich um den eher marginalen Fall der Lüge einer reichen Person, die ein paar Aktien verkauft hatte, weil ihr Freund das auch getan hatte. Wir verfügten über einige Beweise, mit denen es vielleicht für Insiderhandel reichte, sofern wir das Gesetz eng auslegten. Und wir hatten eine bewusste Behinderung der Justiz, aber längst keinen klaren Fall vor uns. Vor allem wenn ein Schwurgericht involviert war und eine sympathische Figur, nämlich die beliebteste Fernsehmoderatorin der USA. Jeder hatte schon irgendwas von ihr gelernt. Ich selbst hatte mal Basilikumblätter unter die Haut des Truthahns für Thanksgiving geschoben, auf Anregung von Martha Stewart. Wozu also die Mühe? Wen interessierte das?

Aber der Fall war nicht mehr marginal, als eines Tages der die Ermittlungen leitende Staatsanwalt in mein großes Büro mit Blick auf das Ende der Brooklyn Bridge in Manhattan und auf das Hauptquartier des NYPD gestürmt kam. Ich konnte von dort aus den ganzen Tag über sehen, wie Leute aus Brooklyn kamen oder dorthin schlenderten, und hatte den Überblick, wer das Polizeigebäude betrat und verließ. Mit einem breiten Lächeln und wie nach einem Touchdown über den Kopf gereckten Armen erzählte er mir, er könne den Sack nun zubinden.

Das letzte Puzzlestück des Falles hatte unerwartet Martha Stewarts beste Freundin, Mariana Pasternak, geliefert. Nur ein paar Tage nach dem angeblich zufälligen Aktienverkauf saßen die beiden in ihren Silvesterferien auf einem Hotelbalkon im mexikanischen Cabo San Lucas und genossen ihre Drinks. Während sie mit Blick auf den glitzernden Pazifik plauderten, berichtete Pasternak den Ermittlern, meinte Stewart, sie mache sich Sorgen um Sam Waksal. Stewart erklärte, dass sie all ihre Anteile an ImClone abgestoßen habe, nachdem sie von ihrem Broker erfuhr, dass Waksal dies bereits getan hatte. Sie fügte sogar noch hinzu: »Ist es nicht nett, Broker zu haben, die einem solche Dinge mitteilen?«

Mit anderen Worten: Martha Stewart hatte uns eine faustdicke Lüge aufgetischt, und das konnten wir ihr nun zweifelsfrei nachweisen. Würg. Ihre Lüge war dermaßen unnötig gewesen. Wie schon gesagt, hätte sie anbieten können, die fünfzigtausend Dollar, die sie sich erspart hatte, zurückzuzahlen. Das wäre für sie quasi nur Kleingeld gewesen. Dann hätte sie nur noch ihr Bedauern zum Ausdruck bringen und geloben müssen, nie mehr aufgrund von Insiderinformationen Aktien zu kaufen oder zu verkaufen. Stattdessen hatte sie sich in ein kompliziertes Täuschungsmanöver verstrickt und bei dem Versuch, ihre Spuren zu verwischen, noch andere mit hineingezogen.

Außer ihrer Fangemeinde, die sie anfeuerte, verfügte Stewart noch über aggressive Anwälte. Eines von deren zentralen Argumenten lautete, die Vorstellung sei lachhaft, dass eine Person mit einem Vermögen von Hunderten Millionen Dollar sich persönlich einschalten würde – noch dazu während sie gerade nach Mexiko jettete –, um Aktien abzustoßen, nur weil damit ein Verlust von fünfzigtausend Dollar zu vermeiden war. Die Zeit ihrer Mandantin sei für solche Lappalien zu kostbar, meinten sie. Angesichts dieses Arguments stellte ich ihren Anwälten eine Frage: Wenn Ms. Stewart sich auf ihrem Landsitz befände und an einem Sonntagmorgen – mit einem dampfenden Kaffeebecher in der Hand – den verschlungenen Weg ihrer Einfahrt hinuntergingе, um sich ihre *New York Times* zu holen, und dann einen Fünfdollarschein neben der Zeitung auf dem Boden liegen sähe, würde sie den aufheben oder sich um eine solche Lappalie nicht kümmern? Sie antworteten mir nicht. Selbstverständlich würde sie ihn aufheben. Und ebenso selbstverständlich würde sie einen Anruf bei ihrem Broker tätigen, um sich fünfzigtausend Dollar zu sparen. Die meisten von uns würden das tun, insbesondere, wenn wir mit den Gesetzen zum Insiderhandel nicht vertraut wären.

Ich bat Karen Seymour, die Leiterin der Strafkammer, zu versuchen, einen Deal auszuhandeln. Karen war davon wenig angetan, denn nun hatte sie einen aussichtsreichen Fall und befürchtete, man könnte es uns als ein Zeichen von Schwäche auslegen, wenn wir uns um eine außergerichtliche Einigung bemühten, aber sie unternahm einen Versuch. Stewarts Anwälte meinten zunächst, sie würde sich auf ein Schuldeingeständnis einlassen, dann hieß es, sie würde das nicht tun. Ich vermute, dass sie entweder testen wollten, wie entschlossen wir waren, oder dass es ihnen nicht gelungen war, ihre Mandantin davon zu überzeugen, ein Geständnis abzulegen in diesem Fall, den sie nicht gewinnen konnte. Wenn wir wollten, dass sie für ihre Straftat zur Rechenschaft gezogen würde, dann mussten wir Anklage erheben und einen Prozess gegen eine berühmte und allseits bewunderte Figur des öffentlichen Lebens führen. Obwohl der Fall so klar wie Kloßbrühe war, zögerte ich. Denn ich wusste, die Medien, die auf ihrer Seite waren, würden genau das Gleiche sagen, was ihre Anwälte mir zu verstehen gegeben hatten: dass ich diesen Fall vor Gericht brachte, um berühmt zu werden. Dass ich auf Promi-Jagd sei – die Waagschalen von Justitia antippte, um an jemandem, der im Blick der Öffentlichkeit stand, ein Exempel zu statuieren. Dass ich genau wie Rudy Giuliani sei, stets darauf aus, sich auf Kosten anderer einen Namen zu machen. Ich zögerte lange, verbrachte viele Stunden damit, in denen ich auf die Brooklyn Bridge starrte, wohlwissend, dass mit diesem Fall unvermeidlich jede Menge Kritik über mich hereinbrechen und ein wahrer Medienzirkus ausgelöst würde. Wie ich mich so um mich und mein Image sorgte, fiel mir ein junger schwarzer Geistlicher ein.

Er war Hilfs- und Jugendpfarrer an der historischen Fourth Baptist Church in Richmond, Virginia, während ich in den späten 1990er-Jahren dort der aufsichtführende Staatsanwalt war. Hauptpastor seiner Kirche war der charismatische Bürgermeister von Richmond, Leonidas B. Young. Leider war Bürgermeister Young charismatischer, als es ihm guttat. Obwohl verheiratet und Vater mehrerer Kinder, pflegte er gleichzeitig noch eine stolze Zahl von Affären mit anderen Frauen. Um diese Beziehungen trotz gewisser Potenzprobleme aufrechterhalten zu können, hatte Young sich in einer kostspieligen Operation ein mechanisches Penisimplantat geleistet. Das Implantat war ein völliger Reinfall und zog weitere Behandlungen und Kosten nach sich. Angesichts seiner Arztrechnungen und Geschenke, Reisen sowie Hotelrechnungen für seine zahlreichen Liebschaften, steckte Young in finanziellen Schwierigkeiten. Leider beschloss er, seine Position als Stadtoberhaupt zu nutzen, um an Geld zu kommen. Im Zuge dessen wandte er sich an seinen Hilfspfarrer, der ihm dabei zur Hand gehen sollte.

Damals überlegte man in Richmond, die städtischen Friedhöfe zu privatisieren. Führungskräfte eines Unternehmens, das ein Gebot für die Friedhöfe abgeben wollte, trafen sich mit Young. Der Bürgermeister ließ durchblicken, die Chancen, mit ihrem Gebot zum Zug zu kommen, würden sich beträchtlich erhöhen, wenn das Unternehmen bestimmte Leute, wie zum Beispiel seinen jungen Kollegen von der Fourth Baptist, als »Berater« engagierte. Die Firma stellte Schecks über Tausende Dollars für den Jungpfarrer und andere aus.

Bankunterlagen ergaben, dass dieser die Schecks eingelöst und das Geld an den Bürgermeister weitergeleitet hatte.

Mein Kollege Bob Trono und ich trafen uns mit dem jungen Geistlichen. Er strahlte irgendetwas aus, das bei mir das Bedürfnis weckte, ihm zu helfen. Ich schaute ihm in die Augen und sagte, dass ich ihn eigentlich für einen anständigen Menschen hielte, der etwas Gesetzwidriges getan hatte, um seinem Mentor und dem obersten Geistlichen an seiner Kirche, Bürgermeister Leonidas Young, einen Gefallen zu erweisen. Unseres Wissens hatte der Hilfspfarrer nichts von dem Geld, das sich anzueignen er Bürgermeister Young geholfen hatte, für sich behalten. Geben Sie es zu, riet ich ihm, so wird Ihnen nichts passieren. Lügen Sie jedoch, muss ich Sie anklagen. Bürgermeister Young wird sich eines Tages gegen Sie stellen, sagte ich ihm noch. Er begann zu schwitzen, beharrte aber darauf, dass die Friedhofsfirma ihn als Experten angeheuert und er kein Geld an Young weitergegeben habe.

Ich war bedrückt, als die Besprechung zu Ende ging, weil ich ahnte, was die Zukunft für den jungen Pastor aus Richmond bereithielt, der eigentlich eine Karriere vor sich gehabt hatte. Leonidas Young wurde angeklagt, des Betrugs für schuldig befunden und zu einer Gefängnisstrafe verurteilt. Im Bemühen, sein Strafmaß zu verringern, bezichtigte er den Hilfspastor, einer seiner Geldwäscher gewesen zu sein. So kam es, wie es kommen musste: Der junge Geistliche wurde angeklagt und verurteilt, weil er im Zuge der Ermittlungen gelogen hatte. Im Prozess, bei dem Bob Trono die Anklage vertrat, sagte Leonidas Young gegen ihn aus. So wurde der junge Pastor wegen seiner Lüge zu fünfzehn Monaten Haft verurteilt. Ich nenne seinen Namen in diesem Buch nicht, weil ich hoffe, dass er nach seinem Gefängnisaufenthalt zu einem guten und glücklichen Leben gefunden hat.

Während ich also aus meinem Bürofenster in Manhattan starrte und mich an den jungen Geistlichen erinnerte, schämte ich mich plötzlich. Er war ein Unbekannter. Wahrscheinlich war ich außerhalb von Richmond der einzige Mensch, der auch nur seinen Namen kannte. Und jetzt als Bundesanwalt in New York zögerte ich, gegen Martha Stewart Anklage zu erheben, weil ich damit Kritiker auf den Plan rufen würde. Ich erwog sogar, sie davonkommen zu lassen, gerade weil sie reich und berühmt war. Was für ein Versagen der Justiz. Und was für ein Feigling ich doch war.

Ich bat Dave Kelley, herauszufinden, wie viele Menschen im vergangenen Jahr in den USA angeklagt worden waren, weil sie Ermittler der Bundesbehörde belogen hatten. Wie viele »normale Leute« hatten gelogen und dann teuer dafür bezahlt? Die Antwort lautete: zweitausend. Kelley erklärte mir, ich solle aufhören, zu zweifeln; die Anklage wäre der richtige Weg, und ich solle es anpacken. Er hatte recht. Ich trug meinem Team auf, Martha Stewart anzuklagen, und entschied, dass Karen Seymour den Fall vor Gericht vertreten sollte.

Die Anklage von Martha Stewart war meine erste Erfahrung damit, wie es ist, viel Hass auf sich zu ziehen und eine hitzige Debatte auszulösen, und zwar wegen einer sorgsamen und wohlüberlegten Entscheidung. Die Leute begriffen einfach nicht, wie ich aus einer Mücke einen Elefanten machen konnte, nur um Martha Stewart zu ruinieren. Ich war wohl völlig außer Kontrolle geraten und traf Entscheidungen, die kein vernünftiger Mensch gutheißen mochte. Der Sturm der Entrüstung war geradezu belebend; außerdem war ich überzeugt davon, dass wir auf die richtige Weise die richtige Entscheidung getroffen hatten. Das Ganze sollte sich auch als gute Übung für eine Zukunft erweisen, die ich damals noch nicht erahnen konnte. Stewart wurde zu fünf Monaten im Bundesgefängnis von Alderson, West Virginia, verurteilt.

Die Stewart-Erfahrung machte mir wieder bewusst, wie sehr das Rechtssystem ein System der Ehre ist. Wir können ja nicht immer einschätzen, ob Leute lügen oder uns Dokumente vorenthalten, deshalb müssen wir, immer dann, wenn wir in der Lage sind, den Beweis zu führen, dies auch tun – als eine an alle gerichtete Botschaft. Die Leute müssen die Folgen von Lügen fürchten, sonst kann dieses Rechtssystem nicht funktionieren.

Es gab einmal eine Zeit, da fürchteten die meisten Menschen, in die Hölle zu kommen, wenn sie einen auf Gott geschworenen Eid brachen. Diese göttliche Abschreckung gibt es in unseren modernen Gesellschaften nicht mehr. Stattdessen müssen die Leute nun fürchten, ins Gefängnis zu kommen. Sie müssen fürchten, dass ihr Leben auf den Kopf gestellt wird. Sie müssen fürchten, ihr Foto in Zeitungen und auf Websites wiederzufinden. Die Leute müssen fürchten, dass ihr Name auf ewig mit einer kriminellen Handlung assoziiert wird, wenn wir weiterhin ein Land sein wollen, in dem Rechtsstaatlichkeit herrscht. Martha Stewart hatte dem Rechtssystem ins Gesicht gelogen. Um die Rechtsstaatlichkeit zu schützen und eine Kultur zu stärken, in der man die Wahrheit sagt, musste sie angeklagt werden. Ich bin mir sicher, dass Martha Stewart, sollte sich noch mal die Gelegenheit dazu ergeben, kein zweites Mal Ermittler der Bundesbehörde anlügen wird. Leider sollte das bei vielen anderen, die meinen Weg noch kreuzten, anders sein: Sie würden das gleiche dumme Verhalten wiederholen.

Als Bundesanwalt in New York berichtete ich an den Stellvertretenden Justizminister in Washington. Die Nummer zwei im Ministerium ist der Deputy Attorney General – oft DAG abgekürzt. Jeder in der Organisation, mit Ausnahme des kleinen persönlichen Stabs des Justizministers, berichtete an den DAG, der wiederum den Justizminister über alles ins Bild setzte. Eine verrückte Organisationsstruktur, wie es sie nur in der Regierung gibt. Aber ich nahm an, dass es ein spannender Job sein könnte.

Im Sommer 2003 besuchte mich Larry Thompson, der diese Stelle damals innehatte, in Manhattan. Er war ausgebrannt und erzählte mir, er werde im Herbst ausscheiden. Er beabsichtigte, mich im Weißen Haus unter George W. Bush als seinen Nachfolger für das Amt des Stellvertretenden Justizministers zu empfehlen. Ob ich daran interessiert sei.

Meine Antwort lautete: Ja. Ich liebte den Job eines Bundesanwalts, aber New York war nach wie vor kein idealer Ort für mich oder meine Familie. Wegen der Lebenshaltungskosten wohnten wir fünfzig Meilen nördlich von meinem Büro. Das Pendeln war mühsam und machte es schwer, Patrice und die Kinder so oft zu sehen, wie ich es eigentlich wollte. So verpasste ich zahlreiche Aufführungen des Schultheaters, Sportveranstaltungen und Elternsprechtage. Einmal verließ ich mein Büro um vier, damit ich es rechtzeitig zu einem Baseballspiel der Little League um sechs schaffte, doch wegen des höllischen Verkehrs entging mir fast das ganze Match. Das machte mir zu schaffen. So wollte ich nicht leben. Wenn wir mit den Kindern nach Washington umzögen, dann hätte ich zwar einen Job, der mich stark beanspruchen würde, aber gleichzeitig konnte ich mir täglich drei bis vier Stunden Pendeln ersparen. Natürlich war es auch gefährlich, dem politischen Herzen des Landes so viel näher zu kommen. Ein New Yorker Journalist brachte die Ansichten vieler meiner Kollegen auf den Punkt, als er in einem Artikel mit der auf einen bekannten Filmtitel anspielenden Überschrift *Mr. Comey Goes to Washington* ausführte, es bestünde kein Zweifel, dass ich mir auch in Washington meinen Humor bewahren, die schwierigere Frage sei, ob ich dort meine Seele verlieren würde. Ich gestehe, dass mich diese Sorge auch umtrieb, aber trotz allem würde der Umzug für meine Familie das Beste sein. Und so schlimm würde es schon nicht werden.

Also fuhr ich nach Washington, um mich mit Alberto Gonzales, dem Rechtsberater des Weißen Hauses unter Präsident George W. Bush, zu treffen. Wir unterhielten uns in seinem Büro im ersten Stock des West Wing. Das war nicht mein erster Besuch in einem der Büros des Rechtsberaters im Weißen Haus. 1995 hatte ich kurz für den Senatsausschuss gearbeitet, der Investitionen von Bill und Hillary Clinton in ein Immobilienprojekt namens Whitewater in Arkansas und damit zusammenhängende Fragestellungen untersuchte. Eines der Themen war der Suizid von Vince Foster, dem stellvertretenden Rechtsberater des Weißen Hauses unter Präsident Clinton, und der Umgang mit den Dokumenten, die er in seinem Büro zurückgelassen hatte. Während meiner fünf Monate im Juristenteam des Ausschusses wurde ich beauftragt, den ersten Stock des West Wing aufzusuchen, um die Büroräume in Augenschein zu nehmen, in denen Foster gearbeitet hatte. Eine der Fragen des Ausschusses lautete, ob die First Lady Hillary Clinton oder jemand, den sie beauftragt hatte, nach seinem Tod in Fosters Büro war und Dokumente entwendet hatte. Ich verließ das Ermittlungsteam, lange bevor man zu Ergebnissen kam, doch erinnere ich mich noch daran, die Entfernung zwischen Hillary Clintons Büro im ersten Stock und den Räumen des Rechtsberaters mit Schritten abgemessen zu haben.

Auch im Frühling 2001 hatte ich den West Wing aufgesucht. Als Staatsanwalt in Richmond war ich für Terrorismusermittlungen zuständig und wartete auf die entsprechende Anklageschrift, um den Iran für die Finanzierung und Ausführung des schrecklichen Anschlags von 1996 auf ein saudi-arabisches Quartier, in dem Angehörige der Air Force untergebracht waren, vor Gericht stellen zu können. Damals kamen neunzehn Amerikaner ums Leben, und Hunderte wurden verletzt. Eine solche Anklage würde außenpolitische Folgen nach sich ziehen. Daher hatte die neue Regierung Bush ein Team höherer Sicherheitsberater zusammengerufen, um sich die Erklärung von Justizminister John Ashcroft dazu anzuhören, warum die Anklage gegen den Iran wohlbegründet sei. Ashcrofts Stab befand, ich solle ihn ins Weiße Haus begleiten, aber während der Besprechung im Situation Room draußen warten. Nur für den Fall, dass ich als Quelle für Details gebraucht würde. Ich war ganz entspannt und genoss meinen ersten Besuch des Situation Room, da ich ja nichts vorzutragen hatte und nicht einmal an der Besprechung teilnahm. Ich konnte mich einfach umsehen und alles in mich aufsaugen. Dieser Zustand sollte jedoch nicht lange andauern, denn schon bald war ich mitten im Geschehen, und das Wasser stand mir bis zum Hals.

Minuten nachdem sich die Tür zu dem gesicherten Konferenzraum geschlossen hatte, ging sie bereits wieder auf, und heraus kam der Außenminister Colin Powell.

»Wer ist der ermittelnde Staatsanwalt? Sind Sie der Staatsanwalt?«, schnauzte er und starrte mich durchdringend an.

»Ja, Sir«, stammelte ich.

»Kommen Sie rein«, befahl er. Anscheinend hatte die Besprechung nicht gut angefangen.

General Powell scheuchte mich in den kleinen Konferenzraum und zeigte auf einen Platz am Tisch, direkt gegenüber von ihm und Verteidigungsminister Donald Rumsfeld. Die Nationale Sicherheitsberaterin Condoleezza Rice saß am Kopfende. Ich nahm zwischen dem angespannt wirkenden Justizminister und FBI-Direktor Louis Freeh Platz. In den kommenden zwanzig Minuten quetschten mich die beiden willensstarken Minister hinsichtlich meines Falles und meiner Beweise aus, während ich meinen Anzug durchschwitzte. Als ihnen die Fragen ausgingen, wurde ich hinausgeschickt. Ich verließ den Raum wie betäubt, die Besprechung ging weiter. Einige Wochen später erhielt ich die Bewilligung für die Anklage gegen den Iran, der mutmaßlich hinter dem Anschlag auf die Khobar Towers steckte.

Und jetzt war ich wieder hier. Im Erdgeschoss des West Wing befinden sich prächtige Büros mit hohen Decken, unter anderem natürlich das Oval Office. Mir kam es immer so vor, als hätten die Architekten dafür den Räumen darunter und darüber etwas von der Deckenhöhe weggenommen, vor allem von denen im Untergeschoss. Dort unten, wo ich im späteren Verlauf meiner Karriere noch so viel Zeit in Besprechungen zur nationalen Sicherheit verbringen sollte, waren die Türrahmen gerade mal zwei Meter hoch. Um da durchzupassen, pflegte ich meinen Kopf diskret zu beugen, als würde ich einem unsichtbaren Begleiter zunicken. Ich hatte keine Ahnung, wie genau abgestimmt meine Kopfbewegung war, bis ich einmal unter der Regierung von George W. Bush mit eleganten frisch besohlten Schuhen durch die Tür treten wollte. Anscheinend machte mich dieses Schuhwerk einen Zentimeter größer als sonst. In Eile, um mich zur Besprechung mit dem Präsidenten im Situation Room nicht zu verspäten, neigte ich wie üblich den Kopf und stieß mir die Stirn so heftig, dass ich ins Taumeln geriet. Ein Beamter vom Secret Service fragte besorgt, ob alles in Ordnung sei. Ich bejahte und ging weiter, obwohl ich Sternchen sah. Nachdem ich mich zum Präsidenten und seinem Sicherheitsteam gesetzt hatte, spürte ich, wie meine Kopfhaut feucht wurde. Anscheinend blutete ich. Ich tat das Nächstliegende: Ständig neigte ich den Kopf in verschiedene Richtungen, damit das Blut nicht unter meinen Haaren hervorsickerte. Weiß der Himmel, was Präsident

Bush bei diesem Anblick von mir dachte, aber bluten sah er mich jedenfalls nicht.

Im oberen Stock, wo Gonzales sein Büro hatte, war es kaum weniger beengt. Die kleinen Fenster schienen fast unter der niedrigen Decke zu kleben. Ich war erleichtert, als wir uns setzten. Gonzales, der Rechtsberater des Weißen Hauses, hatte schon für Bush gearbeitet, als der noch Gouverneur von Texas war. Dieser herzliche, freundliche Mann sprach so leise und ruhig, dass es schon fast wehtat. In den meisten Gesprächen mit ihm traten zwischendurch peinliche Pausen ein. Ich erinnere mich nicht daran, dass er mir bei meinem »Bewerbungsgespräch« für das Amt des Stellvertretenden Justizministers viele Fragen gestellt hätte. Er sagte, das Weiße Haus suche jemanden, der »stark genug ist, um John Ashcroft die Stirn zu bieten«. Er wollte wissen, ob ich mir das zutraute.

Mir kam die Frage befremdlich vor in Bezug auf den Justizminister, der ja vom Präsidenten selbst in sein Amt berufen wird. Aber er klärte mich rasch auf, dass Washington eine Stadt ist, wo jeder die verschiedenen Loyalitäten und Motive der anderen in Zweifel zieht, insbesondere wenn diese Leute sich nicht im selben Raum befinden. Ashcroft war ein Konservativer, der erwogen hatte, im Jahr 2000 für die Präsidentschaft zu kandidieren, also im selben Jahr, als George W. Bush gewählt wurde. Auch wenn ich das von meinem Posten in New York aus nicht habe sehen können, habe es doch Spannungen zwischen dem Weißen Haus und Ashcroft gegeben, weil der Justizminister an seiner eigenen politischen Zukunft arbeitete und seine Interessen sich nicht komplett mit denen Präsident Bushs deckten. Ich wusste nicht, ob an diesen Aussagen überhaupt irgendwas dran war, aber ich versicherte dem Rechtsberater des Weißen Hauses, dass ich mich von niemandem einschüchtern lassen und stets versuchen würde, das

Richtige zu tun. Diese Antwort schien ihn, zumindest damals, zufriedenzustellen. Gonzales und die hohen Tiere im Weißen Haus unter Bush befanden mich für geeignet. Ich traf mich auch kurz mit Ashcroft, der mich bereits gut kannte. Im Dezember 2003 bezog ich schließlich ein Büro im Justizministerium, und meine Familie zog um in die Washingtoner Vorstadt.

Zur Position des Stellvertretenden Justizministers gehörte ein Stab von ungefähr zwanzig Juristen, die das Arbeitspensum stemmen und sich um die verschiedenen Anfragen von Hunderten anderen kümmern sollten, die direkt an mich berichteten. Obwohl ich damals schon fünfzehn Jahre als Strafverfolgungsbeamter hinter mir hatte, war diese Stelle meine erste Gelegenheit, fast täglich mit Kabinettsmitgliedern zusammenzuarbeiten. Mein direkter Vorgesetzter war natürlich John Ashcroft, den ich Gonzales' Andeutungen zum Trotz als herzlich und korrekt kennenlernte und als jemanden, der mehr für seinen Job als für seine persönlichen Ambitionen lebte. Wir pflegten einen freundlichen Umgang, standen uns aber trotzdem nicht sehr nah, was ich auf unseren Altersunterschied von achtzehn Jahren und unsere sehr unterschiedliche Art zurückführte. Ashcroft lachte zwar gern und mochte Mannschaftssportarten – ich spielte einmal ein raues Basketballmatch gegen ihn, bei dem ich ihm trotz größter Anstrengung nicht gewachsen war –, aber er war in mehrerlei Hinsicht recht förmlich. Als zutiefst religiöser Mensch tanzte, trank oder fluchte er nicht und missbilligte einige meiner manchmal etwas drastischen Redewendungen.

Einmal nahm er mich nach einer Besprechung in seinem Büro noch beiseite, um mich sanft für die Sprache zu tadeln, derer ich mich gerade bedient hatte. Er erklärte mir, er betrachte das Amt, das er innehabe, als ihm vom amerikanischen Volk anvertraut. Dem konnte ich nur aus vollem

Herzen zustimmen. Er fuhr fort: »In Anbetracht dessen möchte ich Sie bitten, mehr auf Ihre Sprache zu achten.«

Ich sah ihn verständnislos an, da ich mich an keinerlei Schimpfwörter erinnern konnte, die ich in der Besprechung vorhin verwendet hatte. Ich fluchte sowieso nicht viel, nur gelegentlich, zur Betonung und um eine stärkere Wirkung zu erzielen.

»Was habe ich denn gesagt?«, fragte ich verwundert.

Man sah, wie sehr die Vorstellung, meine Worte zu wiederholen, ihm widerstrebte. Es musste das Sch-Wort gewesen sein, aber wie konnte ich das vergessen haben?

»Es reimt sich auf ›word‹«, sagte Ashcroft schließlich.

Ich zermarterte mir das Hirn bei der Suche nach kurzen Worten, auf die diese Beschreibung zutraf. Dann fiel es mir wieder ein. Irgendwann im Laufe der Diskussion über einen Fall hatte ich »turd« (Scheißhaufen) gesagt, genauer gesagt als Teil der Redewendung »turd in the punch bowl« (gewaltig hervorstechen). Ich konnte ein Grinsen kaum unterdrücken, entschuldigte mich und versprach, in Zukunft besser aufzupassen.

Meine Funktion verschaffte mir gelegentlich auch das Privileg eines Besuchs im Oval Office. Erstmals Ende 2003, als ich Justizminister Ashcroft bei Präsident Bushs täglicher Besprechung zur Terrorbedrohung vertrat. Nach dem 11. September fand jahrelang, sofern Präsident Bush in der Stadt war, jeden Morgen solch ein Treffen mit den Spitzen der Institutionen zur Terrorismusbekämpfung – darunter das FBI und das Justizministerium – statt. Aus verschiedenen Gründen war ich vor diesen Besprechungen nervös. Natürlich wollte ich weder mich persönlich noch mein Ministerium blamieren, indem ich irgendetwas Dummes sagte. Vor allem aber war es ein Treffen mit dem Präsidenten der Vereinigten Staaten in einem Büro, das in der Geschichte meines Landes quasi als heiliger Boden gilt. Und außerdem gab es 2003, also zwei Jahre nach dem 11. September, kein Thema mit höherer Priorität.

Es handelte sich um meine erste Begegnung mit dem mächtigsten Mann der freien Welt. Als ich dort saß, konnte ich kaum fassen, wie hell erleuchtet der Raum war. Ringförmig angeordnete Lampen waren so in die Decke eingelassen, dass sie strahlten wie die Mittagssonne. Ich hatte bei dieser Besprechung nichts zu sagen, außer jemand würde mich dazu auffordern, also ließ ich den Blick über die Gesichter schweifen, die mir aus dem Fernsehen vertraut waren – der Präsident, Vizepräsident Dick Cheney, FBI-Direktor Bob Mueller, die Nationale Sicherheitsberaterin Condoleezza Rice und der Heimatschutzminister Tom Ridge.

In dem Moment traf mich schlagartig eine Erkenntnis: Das sind ja Menschen wie du und ich. Irgendwie hatte ich immer gedacht, an diesem Ort würden die Besseren zusammenkommen, doch es war nur diese Gruppe von Leuten – mich eingeschlossen –, die versuchten, aus der Welt schlau zu werden. Ich meine das keinesfalls als Beleidigung der Teilnehmer, die allesamt talentierte Köpfe waren. Aber wir waren eben auch nur Menschen, gewöhnliche Menschen in außergewöhnlichen Funktionen in schwierigen Zeiten. Ich bin mir nicht sicher, was ich erwartet hatte, aber nun traf ich die Spitze der Pyramide, und das waren nur wir. Ich empfand das einerseits als tröstlich, andererseits als ein wenig furchterregend. Plötzlich kam mir eine Zeile aus einem Song von Bob Dylan in den Sinn: »What looks large from a distance, close up ain't never that big.«

Einer der ersten Fälle, mit dem ich mich in meiner neuen Rolle im Justizministerium befasste, hatte auch mit Lügen gegenüber der Justiz zu tun. Im Juni 2003, also einige Monate nach der Invasion im Irak, hatte der Reporter Robert Novak in einem Artikel den Namen einer verdeckt agierenden Mitarbeiterin des Auslandsgeheimdienstes CIA (Central Intelligence Agency) genannt. Diese Enthüllung fand nur wenige Tage nach Veröffentlichung eines Kommentars des Ehemanns der CIA-Agentin in einer Tageszeitung statt. Darin war einer der Hauptgründe der Bush-Regierung für den Krieg im Irak infrage gestellt worden, und zwar, dass Saddam Hussein versuche, sich nukleares Material anzueignen. Nun blühten Spekulationen, wonach Angehörige der Regierung Bush Novak den Namen der CIA-Mitarbeiterin illegal genannt hatten, um sich für diesen negativen Artikel zu rächen.

Novak berief sich in seinem Artikel auf zwei Informanten in der Bush-Regierung. Als der Skandal sich ausweitete, wurde bald offensichtlich, dass mindestens drei, wenn nicht sogar sechs Leute aus Bushs Team mit Reportern über die verdeckt agierende CIA-Mitarbeiterin gesprochen hatten. Richard Armitage, Stellvertretender Außenminister, war einer derjenigen, die offen zugaben, ihren Namen Novak gegenüber erwähnt zu haben. Tatsächlich hatte er kurz nach Beginn der Ermittlungen im Justizministerium angerufen. Dort erklärte er, es sei nicht seine Absicht gewesen, Geheiminformationen weiterzugeben; er habe sich mit Novak nur über den neuesten Klatsch ausgetauscht und sei sich dessen nicht bewusst gewesen. Bei Novaks zweitem Informanten handelte es sich um Präsident Bushs politischen Chefberater Karl Rove. Der hatte sich ebenfalls mit Novak unterhalten, wobei Novak erwähnte, der Autor des kritischen Kommentars über den Irak sei mit einer CIA-Agentin verheiratet. Daraufhin erwiderte Rove etwas wie »Ach, das haben Sie also auch gehört«. Auch wenn das wohl journalistisch nicht ganz einwandfrei ist, fasste Novak diese Äußerung als Bestätigung dessen auf, was er von Armitage erfahren hatte.

Doch es gab auch Anzeichen dafür, dass ein dritter hochrangiger Beamter, nämlich Lewis »Scooter« Libby, der Stabschef des Vizepräsidenten, mit mehreren Reportern über die CIA-Agentin gesprochen hatte. Zu dem Zeitpunkt, als ich Stellvertretender Justizminister wurde, war Libby bereits vom FBI befragt worden und hatte genau das zugegeben; er sagte allerdings, er habe selbst nur durch einen Reporter von der CIA-Agentin erfahren. Wie Armitage beharrte Libby darauf, nur Klatsch und Tratsch weiterverbreitet zu haben und nicht proaktiv den Namen der verdeckten Ermittlerin gestreut und diese so enttarnt zu haben. Pech für Libby war, dass der von ihm genannte Reporter – Tim Russert, der Chef des Büros von NBC News in Washington – ebenfalls vom FBI vernommen wurde und aussagte, Libby hätte gelogen. Er, Russert, hätte Libby den Namen der Geheimagentin nicht genannt. Drei Jahre später kam ein Geschworenengericht zum selben Schluss: Libby hatte das FBI belogen.

Dies war eine meiner frühen Erfahrungen in Washington und damit, wie Voreingenommenheit das Urteil der Menschen beeinflusst. Für Demokraten war offensichtlich, dass hochrangige Mitglieder der republikanischen Regierung die Justiz unterwanderten, um ihren Kritikern zu schaden oder diese zu bestrafen. Aus Perspektive der Republikaner war ebenso klar, dass es sich hier um eine Hexenjagd gegen Leute handelte, die einen harmlosen Fehler begangen hatten. Mein Job würde mindestens eine dieser Gruppierungen oder Seilschaften sehr unzufrieden machen.

Das Gesetz, das die Enttarnung der Identität eines Geheimagenten verbietet, kommt nur zur Anwendung, wenn ein spezifischer und böswilliger Vorsatz vorliegt. Gemäß der relevanten Rechtsprechung genügte es jedoch nicht, nachzuweisen, dass die an der Enttarnung beteiligten Leute dumm oder nachlässig handelten. Wir mussten beweisen, dass diese

Männer vom Undercover-Status der CIA-Mitarbeiterin *wussten* und außerdem wussten, dass die Offenlegung ihres Namens gegen das Gesetz verstieß. Basierend auf unseren Erkenntnissen zum damaligen Zeitpunkt, war es unwahrscheinlich, dass wir zweifelsfrei würden beweisen können, dass Armitage oder Rove im Gespräch mit Novak und anderen Reportern mit der nötigen kriminellen Absicht gehandelt hatten. Novak unterstützte deren Version, es habe sich um Tratsch oder einen Fehler gehandelt. Und aller Wahrscheinlichkeit nach würden die Beweise nicht reichen, um etwas anderes zu belegen.

Das brachte das Justizministerium in eine heikle Lage. Obwohl die Leute, die in dem Fall ermittelten, Profis waren, wusste ich, dass es, wenn die Beweise nicht reichten, sehr schwer für ein vom Republikaner John Ashcroft geführtes Ministerium werden würde, eine Untersuchung gegen seine Kollegen im Kabinett glaubwürdig abzuschließen, ohne eine Anklage zu befürworten. Wir würden aber auch nicht allein aus dem Grund, den Vorwurf eines Interessenkonflikts zu vermeiden, Anklage erheben wollen. Erschwerend kam hinzu, dass Karl Rove eine von John Ashcrofts Wahlkampagnen damals in seinem Heimatstaat Missouri geleitet hatte, bevor Ashcroft Justizminister wurde. Und zu allem Überfluss war Scooter Libby, dessen Verhalten noch der Aufklärung bedurfte, ein Regierungsbeamter im Weißen Haus, mit dem Ashcroft und hohe Beamte des Justizministeriums häufig zu tun hatten.

Glaubwürdigkeit ist das Fundament des Justizministeriums. Das amerikanische Volk muss sehen, dass die Justiz unabhängig von politischer Meinung, Hautfarbe, Klassen- und Religionszugehörigkeit oder irgendeinem anderen der vielen Kriterien geleitet wird, worin sich die Menschen unterscheiden. Wir mussten alles in unserer Macht Stehende tun, um den Ruf des Ministeriums zu schützen, den es als fair und unparteiisch, als vertrauens- und glaubwürdig genoss. Ashcroft verstand das. Als ich ihn traf, um meine Empfehlung mit ihm zu diskutieren, er solle sich wegen Befangenheit aus dem Fall zurückziehen, stimmte er mir zu. Ich ernannte sogleich Patrick Fitzgerald, den damaligen Bundesanwalt in Chicago, zum leitenden Sonderermittler. Obwohl Fitzgerald aus politischen Motiven ernannt wurde und ein enger Freund von mir war, genoss er den Ruf eines Unabhängigen und war in Chicago auch weit genug weg, um nicht als Teil der Führungsriege betrachtet zu werden. Ich ging sogar noch einen Schritt weiter: Nachdem auch ich ein von Präsident Bush Ernannter in leitender politischer Funktion war, delegierte ich all meine Befugnisse als geschäftsführender Justizminister an Fitzgerald. Ich blieb zwar sein Vorgesetzter, aber er bedurfte nicht meiner Genehmigung, um Schritte in dem Fall zu unternehmen, was die Unabhängigkeit der Untersuchung deutlich machte.

Im Dezember 2003 hielt ich eine Pressekonferenz ab, um die Ernennung bekannt zu geben. Das Justizministerium gibt regelmäßig Pressemitteilungen heraus, um wichtige Entwicklungen seiner Arbeit publik zu machen; darunter fallen Entscheidungen, Anklage zu erheben, laufende Prozesse oder ergangene Urteile. Bei erheblichem öffentlichem Interesse bestätigt das Ministerium Ermittlungen und vermeldet den Abschluss relevanter Ermittlungen ohne Anklageerhebung. Jedes Mal, wenn ein Sonderermittler ernannt wird, um die Aktivitäten einer Regierung unter die Lupe zu nehmen, ist das eine große Neuigkeit. Und wie vorherzusehen, stieß meine Entscheidung im Weißen Haus unter Bush nicht gerade auf Begeisterung. Eine Woche nach Bekanntgabe vertrat ich den Justizminister bei einer Kabinettssitzung mit dem Präsidenten. Traditionell flankieren der Außen- und der Verteidigungsminister den Präsidenten am Tisch im Kabinettszimmer im West Wing des Weißen Hauses. Justiz- und Finanzminister nehmen gegenüber, links und rechts vom Vizepräsidenten Platz. Das bedeutete, ich hatte in Vertretung des Justizministers links neben Vizepräsident Dick Cheney zu sitzen. Ich, der ich gerade einen Sonderstaatsanwalt ernannt hatte, um gegen seinen Freund, seinen wichtigsten und engsten Berater, Scooter Libby, zu ermitteln.

Während wir auf den Präsidenten warteten, kam ich zu dem Schluss, mich höflich verhalten zu müssen. Also sprach ich Cheney an: »Mr. Vice President, ich bin Jim Comey aus dem Justizministerium.«

Ohne sich zu mir umzudrehen, sagte er: »Ich weiß. Ich habe Sie im Fernsehen gesehen.« Dann starrte Cheney weiter geradeaus, als wäre ich gar nicht da. Wir warteten danach schweigend auf den Präsidenten. Mein altes Büro mit Blick auf die Brooklyn Bridge war in diesem Moment schrecklich weit weg.

Zu Beginn hatte ich Fitzgerald versichert, dass es sich wahrscheinlich um eine Aufgabe von fünf oder sechs Monaten handeln würde. Es gab zwar einiges zu tun, aber die Sache würde kinderleicht sein. Im Laufe der kommenden vier Jahre erinnerte er mich mehrmals daran, denn er wurde von den Republikanern heftig attackiert. ==Rechtsgerichtete Medien stellten ihn als eine Art wahnsinnigen Kapitän Ahab dar, der an einem Fall festhielt, der von vornherein zum Scheitern verurteilt war.== Fitzgerald hatte exakt das getan, womit ich gerechnet hatte, als er die Aufgabe übernahm. Er ermittelte, um zu verstehen, wer genau aus der Regierung mit der Presse über die CIA-Agentin gesprochen hatte und was diejenigen sich währenddessen gedacht hatten. Nach sorgsamer Untersuchung überraschten mich seine Erkenntnisse hinsichtlich Armitage und Rove nicht. Die Sache mit Libby –

zugegeben eine ungeklärte Sache von beträchtlichem Ausmaß, als ich ihm den Fall übergab – erwies sich jedoch als kompliziert.

Libby hatte nicht nur bezüglich seiner Interaktion mit Tim Russert gelogen, als er behauptete, er habe den Namen der Geheimagentin von ihm. Vielmehr bezeugten acht hohe Regierungsbeamte, dass sie mit Libby über den Namen der Agentin gesprochen hatten. Weitere Beweise ergaben, dass Libby selbst die Initiative ergriffen und mit Reportern über die CIA-Agentin geredet hatte. Und zwar auf Verlangen des Vizepräsidenten, um Artikeln, die sich kritisch mit der Begründung der Regierung für die Invasion im Irak auseinandersetzten, »etwas entgegenzusetzen«. Warum Libby – ein Jurist, der seinen Abschluss an der Columbia Law School gemacht hat – log, ist unklar. Vielleicht wollte er nicht zugeben, dass die erste undichte Stelle das Büro des Vizepräsidenten gewesen war – was für eine Blamage. Oder er hatte vor einem wütenden Präsidenten Bush nicht zugeben wollen, dass er selbst eine der undichten Stellen gewesen war.

Fitzgerald brauchte drei Jahre, bis er Anklage erheben, den Fall verhandeln und Libby schließlich überführen konnte: der Falschaussage in einer Ermittlung auf Bundesebene, des Meineides und der Behinderung der Justiz. Eingefleischte Republikaner jaulten, er schikaniere Libby nur, weil die Staatsanwaltschaft das zugrunde liegende Vergehen niemals beweisen könnte – das bewusste Enttarnen eines Geheimagenten in dem Wissen um die Gesetzwidrigkeit dieses Tuns. Natürlich handelte es sich hierbei um dieselben Republikaner, die leidenschaftlich die Überzeugung vertreten hatten, dass Präsident Bill Clintons Lügen unter Eid hinsichtlich seiner Affäre mit einer Praktikantin einfach verfolgt werden mussten, weil Behinderung der Justiz und Meineid einen Anschlag auf den Kern unseres Rechtssystems darstellen. Gleichzeitig entdeckten Demokraten, die sechs Jahre zuvor den Fall Bill Clinton noch als alberne Lüge über Sex abgetan hatten, im Fall Libby plötzlich ihre tiefe Sorge aufgrund der Behinderung der Justiz – sofern es sich bei den Behinderern um Republikaner handelte.

Ich selbst sollte in den kommenden Monaten erleben, wie groß die Versuchung war, dem Druck nachzugeben, die Vorschriften zu umgehen und bequeme Ausnahmen von Gesetzen zu machen, wenn diese der Agenda des Präsidenten im Weg standen. Und diese Versuchung wurde genährt von der Dringlichkeit eines Themas und dem Wesen der Leute in der Umgebung des Präsidenten – Leute ohne Weitblick oder Verständnis dafür, welche Bedeutung es für das Land hat, Dinge rechtmäßig zu tun, egal wie unbequem das sein mag. Es sollten schmerzhafte, anstrengende Lektionen darüber sein, dass Loyalität gegenüber Institutionen wichtiger ist als Zweckmäßigkeit und Politik. Und für mich die weitere Vorbereitung auf eine Zukunft, von der ich noch nichts ahnte.

6

AUF DEM GLEIS

*Wenn du den Kopf behältst, wo alles ringsherum
den Kopf verliert und dir die Schuld gibt ...*
RUDYARD KIPLING, IF

10. März 2004, nach 19 Uhr. Ein weiterer harter Arbeitstag als geschäftsführender Justizminister der Vereinigten Staaten. Ich hatte den Posten für den erkrankten John Ashcroft übernommen und war mitten ins Zentrum bösartiger Grabenkämpfe mit dem Weißen Haus unter Bush geraten. Es sollte bald noch schlimmer kommen.

Ich saß mit meinen Personenschützern in einem schwarzen gepanzerten Suburban, wir fuhren auf der Constitution Avenue in Richtung Westen, vorbei an Museen, am Washington Monument und am Südrasen des Weißen Hauses. Hohen Staatsbeamten steht je nach Bedrohungslage Personenschutz zu. Als Bundesanwalt in New York hatte ich noch keinen, erst nach dem 11. September wurde der Stellvertretende Justizminister routinemäßig im gepanzerten Wagen und geschützt von bewaffneten U.S. Marshals gefahren.

Es war ein langer Tag gewesen, ich war müde und wollte nach Hause. Da klingelte mein Handy. David Ayres war dran, Justizminister John Ashcrofts Stabschef. Ayres gehört zu den Leuten, die umso ruhiger werden, je heftiger es stürmt. Seine Stimme klang eiskalt, offenbar war ein sprichwörtlicher Hurrikan im Anmarsch. Er hatte gerade mit Janet Ashcroft telefoniert, die am Bett ihres Mannes im George Washington University Hospital Wache hielt. Der Justizminister war kurz zuvor mit akuter Bauchspeicheldrüsenentzündung eingeliefert worden und lag mit übelsten Schmerzen auf der Intensivstation.

Ayres berichtete, dass die Telefonzentrale des Weißen Hauses gerade versucht hatte, einen Anruf von Präsident Bush zu Ashcroft durchzustellen. Ich wusste genau, was dahintersteckte. Auch die kluge Janet Ashcroft wusste es, sie war eine ebenso scharfsinnige und gestandene Juristin wie ihr Mann.

Sie hatte abgelehnt. Ihr Mann sei zu krank, mit dem Präsidenten zu sprechen, hatte sie erklärt. Aber Bush war nicht zu bremsen, er werde dann eben seinen Berater Alberto Gonzales und seinen Stabschef Andrew Card ins Krankenhaus schicken, es gebe eine lebenswichtige Angelegenheit der inneren Sicherheit zu besprechen. Janet Ashcroft hatte sofort Ayres angerufen und der mich.

Nach dem Gespräch sagte ich zu meinem Fahrer: »Ed, ich muss sofort ins George Washington University Hospital.« Meine Stimme war ungewohnt scharf und klang so dringlich, dass der Mann vom U. S. Marshal Service sofort das Blaulicht einschaltete und losraste, als ob er mit seinem gepanzerten Wagen in ein Formel-1-Rennen geraten wäre. In einem Rennen befand ich mich in der Tat, nämlich einem Wettlauf mit der Zeit gegen zwei der höchsten Mitarbeiter des Präsidenten in einer der wildesten und unwahrscheinlichsten Episoden meiner gesamten Laufbahn.

Das Amt des Stellvertretenden Justizministers, das ich seit 2003 innehatte, war in den Jahren nach dem 11. September unglaublich aufreibend. Mir war es immer wichtig, dafür zu sorgen, dass meine Mitarbeiter die Freude am Job nicht verlieren, und zwar umso mehr, je aufreibender der Arbeitsplatz war. Lachen ist eine Ausdrucksform der Freude, und ich bin überzeugt, dass, wenn ich es richtig angehe und meinen Leuten die Sinnhaftigkeit ihrer Arbeit vermittle und ihnen Freude am Arbeitsplatz verschaffe, dort auch gern gelacht wird. Außerdem ist Lachen ein guter Indikator dafür, dass jemand sich selbst nicht allzu wichtig nimmt.

In meiner Zeit als Stellvertretender Justizminister organisierte ich voller Vergnügen Ausflüge für die Mitarbeiter. Wenn ich zu einer großen Runde im Weißen Haus fuhr, nahm ich nach Möglichkeit jemanden aus meinem Team mit, der noch nie da gewesen war. Normalerweise war das ein Haufen Spaß für alle. Nur einmal ging es beinah furchtbar in die Hose.

Zu Präsident Bushs Schwerpunktvorhaben gehörte es, rechtskonforme Möglichkeiten zu schaffen, damit alle Ministerien und Behörden Zuschüsse für Glaubensgruppen bewilligen konnten. Die meisten hatten eigens eine Unterabteilung dafür, auch das Justizministerium. 2004 rief Bush die Behördenleiter zum Rapport über den Fortgang zusammen. Ich sollte »federführend« fürs Justizministerium an der Sitzung teilnehmen. Kurz davor erfuhr ich, dass jeder Federführende eine »Begleitung« mitbringen durfte, einen seiner Mitarbeiter zu seiner Unterstützung.

Ich wusste gut Bescheid über das Fachgebiet und brauchte eigentlich keine Unterstützung, aber mir fiel ein, dass einer meiner besten Mitarbeiter noch nie im Weißen Haus gewesen war. Bob Trono und ich hatten zusammen als Staatsanwälte in Richmond, Virginia, gearbeitet, er war Ankläger beim Korruptionsprozess gegen den Bürgermeister Leonidas Young gewesen und hatte auch die Ermittlungen gegen den jungen Hilfspastor geleitet, der für Young gelogen hatte. Ich hatte Bob nach Washington geholt und ihm die Aufsicht über den U. S. Marshals Service und die Bundesbehörde für Gefängnisse übertragen. Zwei bedeutende Säulen des Justizministeriums, die das Weiße Haus aber nur selten auf dem Schirm hatte. Ich dachte, da mal hinzukommen, würde Bob Spaß machen.

Bob war über meinen Vorschlag jedoch gar nicht erfreut. Er hatte absolut keine Ahnung von unseren Religionsfördermaßnahmen und fühlte sich bei der Vorstellung, ausgerechnet zu dem Thema an einem Tisch mit dem Präsidenten der Vereinigten Staaten zu sitzen, nicht gerade wohl. Ich erwiderte, ich würde das Reden komplett übernehmen und brauchte keine Hilfe von ihm. Erst nach etwas Hin und Her aus Protest und Beschwichtigung stimmte er schließlich widerstrebend zu. »Keine Angst«, sagte ich, »ich bin da firm. Ich bringe dich nicht in die Bredouille.«

Zwei Umstände, abgesehen von mir, brachten Bob dann doch in die Bredouille. Erstens wurde ich kurz vor Beginn der Sitzung unerwartet zu einer Besprechung in den Situation Room des Weißen Hauses beordert, und die zog sich länger hin als erwartet. Zweitens, Präsident Bush – der nicht mit im Situation Room war – hatte die lästige Angewohnheit, Besprechungen überpünktlich zu beginnen. Das war nicht ganz so unerquicklich wie Präsident Clintons notorisches Zuspätkommen, aber ein Präsident, der gern mal überpünktlich erscheint, zwingt alle anderen, auch extra früh da zu sein. Am Anfang meiner Zeit als Stellvertretender Justizminister habe ich einmal eine morgendliche Präsidentenrunde zum Thema Terrorismus verpasst, obwohl ich eine Viertelstunde früher da war. Ich war noch schnell auf die Toilette gleich neben dem Oval Office (in meiner Familie bekannt als »das feinste Töpfchen im ganzen Land«) gegangen, und als ich herauskam, war die Tür zum Oval Office geschlossen und die Besprechung bereits im Gange. Ich hatte keine Ahnung, was die

Etikette für solche Fälle vorsieht, und ich war noch neu; so probierte ich gar nicht erst, doch noch ins Oval Office zu kommen, sondern ging weg.

Bob war inzwischen unruhig und setzte sich ganz hinten vor die Wand des Roosevelt Room, fernab vom eigentlichen Geschehen. Er konnte den freien Platz am Tisch und die Klappkarte mit meinem Namen auf beiden Seiten sehen. George W. Bush betrat, wie zu erwarten war, den Raum etwas zu früh und mit ungeduldiger Miene. Der arme Bob.

Bush konnte sehr ungeduldig sein, und seine Überpünktlichkeit machte mich wahnsinnig. Seinem ausgeprägten, manchmal diabolischen Sinn für Humor dagegen konnte ich mich nicht entziehen. Damals, 2004, steckte er gerade mitten im Kampfgetümmel um die Wiederwahl, und sein Herausforderer von den Demokraten, John Kerry, trommelte gegen ihn mit dem Vorwurf, er sei der Präsident eines wirtschaftlichen Aufschwungs »ohne Jobs«.

Bei einer der morgendlichen Terrorismus-Runden erzählte FBI-Direktor Bob Mueller dem Präsidenten, dass ein mutmaßlicher Al-Qaida-Aktivist namens Babar, den wir fest im Visier hatten, gerade einen Zweitjob in New York bekommen hatte.

Mueller, der nicht eben als Witzbold bekannt war, setzte eine Kunstpause und drehte sich zu mir. Dann fuhr er fort: »Und Jim hat bloß gesagt ...«

Bush sah mich an, Vizepräsident Cheney sah mich an. Ich erstarrte. Der FBI-Direktor und ich hatten uns vor der Sitzung kurz über Babars Zweitjob unterhalten, und ich hatte unter uns einen Witz gemacht. Darauf, dass ich den auch dem Präsidenten, der leicht aus der Haut fuhr, erzählen sollte, war ich nicht gefasst.

Die Zeit blieb stehen. Ich sagte nichts.

Der Präsident drängelte: »Also, Jim, was haben Sie gesagt?«

Ich wartete kurz, dann platzte ich leicht panisch heraus: »Soll noch mal einer sagen, dass Sie keine Jobs geschaffen haben – der Kerl hat gleich zwei.« Zu meiner großen Erleichterung lachte Bush aus vollem Herzen. Cheney verzog keine Miene. Auf dem Weg aus dem Oval Office zupfte ich Bob Mueller am Ärmel.

»Sie wollen mich wohl umbringen«, sagte ich grinsend, »tun Sie so was nie wieder.«

»Ach, das war doch lustig«, erwiderte er und zog eine Grimasse, die bei ihm als Lächeln durchging. Ein Witzbold war der FBI-Direktor wahrlich nicht, die meisten Leute empfanden seine Strenge und Schärfe eher als einschüchternd. In der Firma ging das Gerücht um, bei einer Knieoperation kurz nach dem 11. September habe er die Narkose abgelehnt und lieber auf einen Ledergürtel gebissen. Aber ich kannte ihn besser. Ich wusste, dass er einen trockenen, leicht düsteren Humor besaß. Gerade hatte ich den wieder einmal erleben dürfen.

»Aber es war vertraulich, Bob. Es war ein Witz unter uns.« Er sah es ein und fand es trotzdem weiterhin lustig. Jetzt, mit Abstand, sehe ich, dass er recht hatte.

Die diabolische Seite des Präsidenten Bush bekam ich eines kalten Wintermorgens mit. Die Stadt lag unter einer frischen Schneedecke, draußen war es eisig, Bush saß drinnen im Oval Office, im gewohnten Lehnsessel neben der Standuhr und mit dem Kamin im Rücken. Anscheinend wollte er demnächst mit dem Hubschrauber Marine One irgendwo hinfliegen, und in der Nähe des Rosengartens wartete der übliche Pressepulk, allesamt dick eingemummelt, um über den Abflug zu berichten.

Ich hatte gerade mit meinem Bericht über einen Terrorismusfall angefangen, als ich Marine One ankommen hörte.

Das Knattern wurde lauter. Der Präsident hob die Hand, ohne mit der Wimper zu zucken, und sagte: »Einen Augenblick, Jim.«

Er behielt die Hand oben, damit ich weiter schwieg, drehte seinen Sessel ein wenig seitwärts und sah aus dem Fenster auf den Südrasen mit dem versammelten Pressekorps. Ich drehte mich auch um und folgte seinem Blick. Der Hubschrauber wirbelte beim Landen den Schnee auf, ein wahrer Tipp-Ex-Blizzard ging auf die Reporter nieder. Manche sahen jetzt aus wie Schneemänner. Verlegene Schneemänner. Ohne eine Miene zu verziehen, wandte Bush sich wieder mir zu und ließ die Hand sinken. »Okay, weiter.«

Vielleicht hatte er wirklich einen leichten Hang zur Gemeinheit – die Szene draußen machte ihm sichtlich Spaß –, aber ihm war einfach auch klar, dass Humor in unserem Geschäft mit diesem irrsinnigen Druck und diesem hohen Einsatz unentbehrlich ist. Wir konnten sehr wohl in einer Minute todernst über Terrorismus reden, und in der nächsten dröhnte das ganze Oval Office von Gelächter. Nur so ließ sich das Ganze durchhalten – man musste immer auch für ein bisschen Spaß sorgen. Mein Freund Bob Trono allerdings fand bei seinem Treffen mit dem Präsidenten damals im Weißen Haus gar nichts erfreulich oder komisch.

»Auf wen warten wir?«, fragte Bush, als er fünf Minuten vor der Zeit den Roosevelt Room betrat.

Irgendjemand antwortete, Comey sei noch unten im Situation Room.

»Dann soll Jim später nachkommen«, sagte Bush, »wir fangen jetzt an.«

Bob Trono spürte, wie ihm der Schweiß den Nacken hinunter lief. Behörde für Behörde trugen die Federführer ihre Berichte vor. *Arbeit. Wohnungsbau. Bildung und Erziehung. Landwirtschaft.* Mein Stuhl war noch immer leer. Bob bekam allmählich Ohrensausen, ihm dämmerte, dass er dem Präsidenten nicht mal irgendwelchen Bockmist hätte erzählen können. Er hatte null Ahnung, weder von Bock noch von Mist. *Kriegsveteranen. Gesundheit.* Ihm wurde schwindelig, er hörte sein Herz durchs Jackett hämmern. *Wirtschaft. Handel.* Jetzt sickerte der Schweiß im Nacken schon durch den Hemdkragen. Da flog die Tür auf und ich stürmte herein wie die Kavallerie.

»Hallo, Jim, perfektes Timing«, sagte Bush, »wir kommen gerade zum Justizministerium.«

Ich nahm Platz und lieferte meinen Sermon ab, der Präsident dankte allen fürs Kommen, Ende der Sitzung. Bob sah nicht gerade glücklich aus. »Ich bringe dich um«, raunte er mir zu.

Vielleicht verstehe ich unter »Spaß« etwas anderes als die meisten Menschen, aber es gab im Justizministerium ein paar Ecken, die sich zu schwarzen Löchern ausgewachsen hatten, die jede Freude verschlingen konnten. Abteilungen, in denen die Stimmung so tief gesunken war und das ständige bürokratische Gerangel mit anderen Behörden und mit dem Weißen Haus so tiefe Wunden geschlagen hatte, dass ich fürchtete, wir könnten sehr bald einige unserer besten, fähigsten Juristen verlieren. So eine Ecke war das Office of Legal Counsel, die Rechtsabteilung des Justizministeriums, zuständig für höchstrichterliche Vorgaben für die gesamte Exekutive. Unsere Justiziare waren begabte Juristen – ich habe sie immer gern als abgeschotteten Mönchsorden bezeichnet –, die die kompliziertesten Rechtsfragen von anderen Exekutivbehörden vorgelegt bekamen. Sie hatten jedes einzelne vorgeschlagene Vorhaben gründlich zu prüfen und nach Maßgabe all dessen, was Gerichte, der Kongress und alle vorher damit befassten Justiziariate dazu geäußert hatten, ein Gutachten über die rechtliche Zulässigkeit zu erstellen. Es war harte Arbeit, denn meistens hatten sie kaum Vorlagen, auf die sie die Gutachten stützen konnten. Noch härter wurde es, wenn sie nicht mit Kollegen darüber diskutieren konnten, weil das Thema vertraulich war.

Unser Chefjustiziar hieß Jack Goldsmith. Er war früher Juraprofessor gewesen, er hatte ein Engelsgesicht und von Haus aus ein sonniges Gemüt. Aber nach nur vier Monaten im neuen Amt und der Masse an Problemfällen war das engelhafte Strahlen matt geworden. Seine Vorgänger hatten einen Stapel Rechtsgutachten hinterlassen, die gleich nach dem 11. September 2001 in aller Eile erstellt worden waren. In allen waren die aggressiven Antiterrorismus-Maßnahmen von CIA und NSA (National Security Agency) für rechtlich abgesichert erklärt worden. Präsident und Geheimdienste hatten sich über zwei Jahre lang darauf gestützt. Goldsmith befand die Gutachten in vielerlei Hinsicht für absolut falsch. Und die Debatten darüber in der Regierung Bush nahmen allmählich hässliche Züge an.

Die größten Einwände hatte Goldsmith gegen das seinerzeit streng geheime NSA-Projekt mit dem Codenamen Stellar Wind. Damit überwachte die NSA ohne Gerichtsbeschluss verdächtige Terroristen und Zivilisten innerhalb der Vereinigten Staaten, aber Goldsmith und Patrick Philbin, ein weiterer brillanter Hausjurist, waren zu dem Schluss gekommen, dass die Autorisierung des Projekts durch ihre Vorgänger auf zweifelhafter Grundlage erfolgt war. Mittlerweile hielt jedoch die gesamte Regierung Bush Stellar Wind für ein zuverlässiges geheimdienstliches Instrument zur Terrorabwehr. Bush wusste anscheinend gar nicht, dass die NSA ihre Aktivitäten auch auf Bereiche ausdehnte, die nicht nur nicht autorisiert oder rechtlich zweifelhaft waren, sondern nach Goldsmiths und Philbins Befund sogar eindeutig gesetzwidrig.

Mir war durchaus klar, dass alle unter immensem Druck gestanden hatten. Es war erst zwei Jahre her, dass durch den Terrorangriff in unserem Land dreitausend unschuldige Menschen ermordet worden waren, an einem einzigen, klaren blauen Morgen. Der 11. September hatte nicht nur unser Land, sondern auch das Leben von uns Staatsdienern verändert. Wir schworen, wir würden alles Machbare tun, um noch einen solchen Aderlass zu verhindern. Wir würden Behörden umstrukturieren, das FBI neu aufstellen, Barrieren niederreißen, neue Instrumente entwickeln und Informationsschnipsel zusammenführen, was auch immer half, um weiteres beinah unbeschreiblich großes Leid zu verhindern. Ground Zero schwelte noch, als ich Bundesanwalt in New York wurde. Dort lagen Tausende Tote. Spätabends stand ich oft am Zaun und sah den Feuerwehrleuten zu, während sie die Trümmer nach Vermissten absuchten. Mir brauchte niemand zu sagen, wie dringend wir Terrorismus bekämpfen mussten, aber mir war auch klar, dass wir es auf die richtige Weise zu tun hatten. Nach Recht und Gesetz.

Goldsmith und Philbin hatten dem Weißen Haus ihre Bedenken mitgeteilt, das heißt, ihren direkten Kontaktleuten Alberto Gonzales, dem Berater des Präsidenten, und David Addington, dem Berater des Vizepräsidenten. Addington war die treibende Kraft, gelernter Jurist, groß gewachsen, mit Bart und einem Hauch Südstaatenakzent in der dröhnenden Stimme. Was Weltbild und Temperament anging, war er exakt Cheneys Spiegelbild. Deppen konnte er nicht ausstehen, und wer ein Depp war, bestimmte er nach Belieben. Goldsmith und Philbin erklärten ihm, dass die rechtliche Grundlage für Stellar Wind nicht haltbar war, was Addington in Harnisch brachte, dann versuchten sie hartnäckig, ihn davon zu überzeugen, dass ich, frisch im Amt als Stellvertretender Justizminister, über Stellar Wind informiert werden solle. Ich müsse mich auch »einlesen«, damit ich mir selbst ein Bild machen könne. Addington hielt vehement dagegen. Er hatte seit der Entwicklung und Genehmigung von Stellar Wind die Zahl derer, die es im Detail kannten, auf das absolute Minimum zu beschränken geschafft – auf etwa ein paar Dutzend in der gesamten Regierung. Im Justizministerium waren bis dato nur vier Personen in Stellar Wind »eingelesen«, mein Vorgänger als Stellvertretender Justizminister gehörte nicht dazu. Ein derart kleiner Kreis war unüblich, wenn nicht beispiellos bei Maßnahmen von so weitreichender Bedeutung, bei einer solchen Herausforderung für die Grenzen der Rechtsstaatlichkeit. Addington hatte sogar dafür gesorgt, dass die Unterlagen zu Stellar Wind nicht in den normalen Vorgang für Präsidentenakten kamen. Der Chefjurist des *Vize*präsidenten bewahrte also vom Präsidenten unterzeichnete Verfügungen in einem Safe in seinem Büro auf. Schließlich und erst nach erheblichem Druck gab Addington nach, ich durfte informiert werden.

Mitte Februar 2004 saß ich im Justizministerium in einem abhörsicheren Konferenzraum mit dem NSA-Direktor persönlich zusammen und bekam das lang erwartete Briefing zum als streng geheim eingestuften Überwachungsprogramm. Air Force General Michael Hayden war ein liebenswürdiger Mann, stets tadellos gekleidet, mit Nickelbrille und Glatze. Er hatte viel Sinn für deftige Sprüche und Football, vor allem die Pittsburgh Steelers. Kaum hatten wir Platz genommen, brachte Hayden eine Eröffnung, die ich nie vergessen werde: »Ich bin so froh, dass Sie jetzt auch Einsicht in dieses Programm kriegen«, sagte er, »wenn John Kerry tatsächlich Präsident wird, bin ich dann wenigstens nicht allein am grünen Tisch.«

Bei Kongressanhörungen sitzt man häufig an einem grünbezogenen Tisch, aber dass er als Erstes darauf anspielte, war kurios. Was würde er mir gleich noch sagen? Weshalb fand er es nötig, mir zu erklären, er freue sich, dass ich mit ihm gemeinsam vom Kongress gegrillt werden würde, wenn erst mal ein neuer Präsident im Amt wäre? Und warum in aller Welt sagte er das dem zweithöchsten Beamten des Justizministeriums? Aber für mehr als einen kurzen Gedanken daran hatte ich keine Zeit, denn General Hayden legte sofort los, mit einem Gemisch aus deftig-volkstümlichen Aphorismen und NSA-Jargon, gleichzeitig amüsant und beruhigend. Das Problem mit Hayden-Briefings war allerdings, wie sich später herausstellte, dass sie wirklich wohltönend vor sich hin plätscherten, aber wenn man hinterher versuchte zu sortieren, was man gerade gehört hatte, inhaltlich kaum etwas hergaben.

Als Hayden das Justizministerium wieder verlassen hatte, atmeten Jack Goldsmith und Patrick Philbin hörbar auf. Jetzt durften auch sie mir erklären, wie das ganze Programm eigentlich funktionierte und warum es zum größten Teil völlig verkorkst war, sowohl in rechtlicher wie in praktischer Hinsicht. Die NSA trieb da Dinge ohne jede rechtliche Grundlage, beharrten sie, sie agierte sogar gegen ein schon vor einer Generation vom Kongress erlassenes Gesetz zur elektronischen Überwachung innerhalb der Vereinigten Staaten. Wenn der Präsident die NSA-Überwachung in ihrer jetzigen Form verlängerte, war er ein Gesetzesbrecher. Die NSA trieb noch andere Dinge, die in den vorigen Präsidentenverfügungen gar nicht vorkamen und die folglich niemand je autorisiert hatte. Das war nicht General Haydens Schuld. Er war kein Jurist und kein Technokrat und unterlag selbst – ebenso wie Justizminister Ashcroft, der nicht mal mit seinem persönlichen Stab darüber sprechen durfte – strengen Auflagen, mit wem er sich über das Programm beraten durfte. Stellar Wind war als nur kurzfristige Maßnahme in einer nationalen Notstandslage angelegt, und selbst Addington wusste, dass sie dem Präsidenten außergewöhnlich viel Macht einräumte. Deshalb gelten Präsidentenverfügungen immer nur für einen kurzen Zeitraum, meistens etwa sechs Wochen. Die aktuelle Verfügung war bis zum 11. März befristet. Goldsmith hatte dem Weißen Haus mitgeteilt, er könne eine Verlängerung nicht befürworten.

Ich musste sicherstellen, dass auch mein Chef all die Informationen bekam, die ich jetzt hatte. Justizminister Ashcroft hatte die letzten gut zwei Jahre immer hinter Stellar Wind gestanden, er musste unbedingt erfahren, dass das ein Fehler gewesen war und nicht so weitergehen durfte. Donnerstagmittag, am 4. März 2004, berichtete ich ihm unter vier Augen, warum das Programm problematisch war und wir keine Verlängerung zulassen sollten. Wir saßen bei einem Arbeitsessen zusammen, an einem kleinen Tisch in seinem Büro. Ich hatte mir ein Sandwich mitgebracht. (Putenschinken oder Thunfisch, wie üblich. Ich hatte damals so viel zu tun, dass meine Assistentin Linda Long mein Portemonnaie verwaltete und mir auf Zuruf entweder das eine oder das andere holte.) Der Minister hatte etwas Schickeres von seinem Koch, und das war gut so, denn ich brauchte die Salz- und Pfefferstreuer und das Besteck für eine kleine Vorführung. Damit demonstrierte ich ihm, welche Teile wir mit Fug und Recht befürworten konnten und bei welchen das einfach nicht ging, die also unbedingt gestrichen oder verändert werden mussten. Ashcroft hörte aufmerksam zu. Am Schluss erklärte er, dass ihm meine Analyse einleuchtete und wir das Programm so ändern sollten, dass es rechtlich abgesichert war. Ich erzählte ihm noch, dass wir das Weiße Haus auf dem Laufenden gehalten hatten, und sicherte ihm zu, das Ganze in seinem Auftrag umzusetzen.

Nach dem Essen machte sich Ashcroft auf den Weg nach Alexandria, Virginia, auf der anderen Seite des Potomac, zu einer Pressekonferenz im dortigen Bezirksgericht. Aber dazu kam er nicht. Er kollabierte kurz vorher und wurde mit Blaulicht zurück nach D.C. ins George Washington University Hospital gebracht, mit einer akuten Bauchspeicheldrüsenentzündung, einer außerordentlich schmerzhaften, lebensbedrohlichen Erkrankung. Zu der Zeit saß ich in einer Linienmaschine nach Phoenix zu einem Treffen mit Regierungsvertretern. Vom Zustand des Justizministers erfuhr ich erst, als ich aus dem Flugzeug stieg. Mein Stabschef Chuck Rosenberg rief an und erzählte, Ashcroft sei außer Gefecht, ich sei jetzt geschäftsführender Justizminister und müsse sofort zurück nach Washington kommen. Sie würden mir eine Regierungsmaschine schicken.

Gleich am Freitag setzte ich mich mit Goldsmith und Philbin zusammen. Sie hatten dem Weißen Haus die Stellungnahme des Justizministeriums zu Stellar Wind mitgeteilt. Das Programm lief in einer Woche aus, und wir würden die Verlängerung in der jetzigen Form nicht mittragen. Am Wochenende wurde Goldsmith zu Gonzales und Addington zitiert, bei dem Treffen kam jedoch nichts heraus. Gonzales war wie gewohnt freundlich, Addington wie gewohnt grimmig. Keiner von beiden konnte Goldsmith klarmachen, wieso wir falschliegen sollten. Goldsmith hatte sie auch informiert, dass ich jetzt die Geschäfte des Justizministers führte.

Am Dienstag, dem 9. März, wurde ich ins Weiße Haus zitiert, ins Büro von Bushs Stabschef Andrew Card. Card war ein sympathischer Mann und eher schweigsam, jedenfalls in den Sitzungen, an denen ich teilgenommen hatte. Er sah seine Rolle darin, sicherzustellen, dass alles, was der Präsident an Zuarbeit brauchte, reibungslos lief. Er war kein Berater, zumindest soweit mir bekannt. Ich hatte Goldsmith und Philbin dabei. Der Vizepräsident saß als Sitzungsleiter am Kopfende des Tischs. Ich bekam den Platz links neben ihm. Mit am

Tisch saßen Hayden, Card, Gonzales, Mueller und leitende CIA-Beamte. Goldsmith und Philbin fanden Platz am anderen linken Ende. David Addington lehnte hinter dem Tisch an der Fensterbank.

Im ersten Teil demonstrierten NSA-Mitarbeiter anhand von Karten die Wirksamkeit der Überwachungsmaßnahmen im Zusammenhang mit einem geplanten Al-Qaida-Anschlag in Großbritannien. Die gesammelten Geheimdienstinformationen hatten eine Link-Liste erbracht, aus der hervorging, wie die Mitglieder einer terroristischen Zelle Kontakt hielten. Das war keine Kleinigkeit. Natürlich wusste ich darüber Bescheid, aber genau deswegen bezweifelte ich auch, dass man zur Beschaffung solcher Links das NSA-Programm brauchte. Wir hatten andere legale Mittel. Aber ich sagte nichts. Unsere Bedenken bezogen sich schließlich nicht auf die Nützlichkeit von Stellar Wind, darüber hatten andere zu entscheiden. Wir hatten lediglich sicherzustellen, dass es auf einer korrekten rechtlichen Grundlage stand.

Nachdem die NSA-Analysten ihre Karten wieder eingerollt und den Raum verlassen hatten, ergriff Cheney das Wort. Ich saß so dicht neben ihm, dass sich unsere Knie fast berührten, Addington war außerhalb meines Blickfelds hinter ihm. Der Vizepräsident sah mich sehr ernst an. Mir sei doch sicher klar, wie wichtig das Programm sei. Er sagte tatsächlich: »Ihretwegen werden Tausende Menschen sterben.«

Die Luft im Raum wurde dünn. Der Zweck der ganzen Sitzung war eindeutig, mich in die Enge zu treiben, auch wenn das niemand so sagte. Dass einen der Vizepräsident der Vereinigten Staaten beschuldigte, leichtsinnig – sogar absichtlich, so jedenfalls klang es – den nächsten 11. September heraufzubeschwören, das war schon atemberaubend.

Andere Meinungen wollte er nicht hören. Er schien nicht zu akzeptieren, dass es überhaupt eine andere Meinung gab, obwohl das unübersehbar so war. Er hatte recht, alle anderen unrecht, und von einem Haufen hasenfüßiger, vermutlich linker Juristen ließ er sich doch nichts anderes einreden. Mir schwirrte der Kopf vor Wut, das Blut schoss mir in die Wangen, aber ich fing mich wieder.

»Das hilft mir nicht weiter«, sagte ich, »das macht mir zwar ein schlechtes Gewissen, ändert aber nichts an unserem Rechtsgutachten. Ich stimme Ihnen zu, dass die Sache sehr wichtig ist. Aber wir haben die Pflicht zu formulieren, was vom Recht abgedeckt ist, und dieses Programm, so, wie es ist, ist nicht abgedeckt.«

Cheney war frustriert, und er hatte auch allen Grund dazu. 2001 hatte die Rechtsabteilung des Justizministeriums das Programm abgesegnet, in den zweieinhalb Jahren danach hat der Justizminister mehrfach bestätigt, dass es rechtskonform sei. Wie ich dazu komme, bei etwas so Wichtigem jetzt plötzlich die Position zu wechseln.

Ich konnte seinen Verdruss nachvollziehen und sagte ihm das auch, fügte aber hinzu, dass das Gutachten von 2001 fehlerhaft und damit »augenscheinlich ungültig« war. »Kein Jurist dürfte sich darauf stützen.«

Von der Fensterbank her kam Addingtons schneidende Stimme: »Ich bin Jurist, und ich habe mich darauf gestützt.«

Ich sah dem Vizepräsidenten weiter in die Augen. »Kein *guter* Jurist.«

Normalerweise bin ich nicht so boshaft. Aber Addington erinnerte mich an jemanden. Er kam mir vor wie einer, der gern andere schikaniert, so ähnlich wie die Ekelpakete, die mich in der Highschool immer auf dem Kieker hatten, oder sogar wie ich selbst, als ich das Zimmer von dem armen Erstsemester im College zerlegt hatte. Das gefiel mir überhaupt nicht. Ich hockte gemeinsam mit Goldsmith und Philbin jetzt schon seit ein paar Monaten praktisch im Schützengraben. Ich hatte mit angesehen, wie sehr Addingtons Drohungen und Schikanen die beiden grundanständigen Menschen ausgelaugt hatten. Meiner Meinung nach war allein seine Arroganz verantwortlich für den ganzen Schlamassel, in dem wir steckten, meine beiden Mitarbeiter jedenfalls waren gute Leute. Ich hatte die Nase voll. Deshalb meine boshafte Bemerkung. Kein Wunder, dass die Sitzung kurz danach ergebnislos beendet wurde.

Ashcrofts Stabsleiter David Ayres hielt mich auf dem Laufenden über den Zustand unseres Chefs, und der war sehr ernst. Der Justizminister lag auf der Intensivstation, mit entsetzlichen Schmerzen und einer Erkrankung, die in schweren Fällen zu Organversagen und zum Tod führen kann. Just am Tag meiner Sitzung mit dem Vizepräsidenten war er operiert worden.

Am Mittwoch herrschte seltsame Ruhe an der Stellar-Wind-Front, obwohl die Präsidentenverfügung am nächsten Tag auslief. Und dann, gegen Abend, kam ein Anruf von Ayres, er gab mir Janet Ashcrofts dringende Nachricht weiter – Andy Card und Al Gonzales planten ein Umgehungsmanöver. Sie waren bereits auf dem Weg ins Krankenhaus, und ich musste überlegen, was nun zu tun war.

Auch ich fuhr ins George Washington University Hospital und rief von unterwegs meinen Stabschef Chuck Rosenberg an. Zu ihm und seinem Urteil hatte ich volles Vertrauen. Ich berichtete ihm, was los war, und bat ihn, auch ins Krankenhaus zu kommen. »Und bringen Sie möglichst viele von unseren Leuten mit.« Ich bin nicht sicher, aber ich glaube, das war ein Reflex aus meiner Zeit als Bundesanwalt in New York. Wenn damals ein Staatsanwalt Probleme in einem Prozess hatte, kam immer eine Durchsage: »Alle Mann in Saal X!« Niemand wusste, worum es ging, aber wir sprangen alle vom Schreibtisch auf und liefen los. Ein Kollege brauchte Unterstützung, also nichts wie hin.

Wo immer mein Reflex herkam, Chuck Rosenberg setzte sich sofort in Bewegung. Er klapperte meine Mitarbeiter ab, und in Windeseile war ein Dutzend Juristen unterwegs zum Krankenhaus, ohne zu wissen, warum, außer dass ich sie dort brauchte. Danach rief ich FBI-Direktor Mueller an, der gerade mit seiner Frau und einem der Kinder im Restaurant saß. Ich wollte Mueller unbedingt als Zeugen dabeihaben. Wir standen uns nicht besonders nahe und hatten uns auch nie außerhalb der Arbeit getroffen, aber ich wusste, dass Bob unsere Rechtsposition verstand und respektierte und dass ihm unser Rechtsstaat am Herzen lag. Sein ganzes Leben drehte sich darum, Dinge rechtlich korrekt zu tun. Als ich ihm die Situation erklärte, sagte er, er werde gleich da sein.

Mein Wagen hielt mit quietschenden Bremsen in der Krankenhausauffahrt. Ich sprang hinaus und lief die Treppen zur Intensivstation hoch, erleichtert, dass ich vor Card und Gonzales da war. Ashcroft lag in einem Zimmer ganz am Ende eines Flurs. Er war schwach beleuchtet und von anderen Patienten geräumt, nur ein halbes Dutzend FBI-Agenten in Schlips und Kragen waren zum Schutz des Justizministers postiert. Ich nickte ihnen zu und ging sofort ins Krankenzimmer. Ashcroft lag im Bett, vollgepumpt mit Medikamenten. Seine Haut war aschfahl, er schien mich nicht zu erkennen. Ich gab mir alle Mühe, ihn über die Vorgänge zu informieren und daran zu erinnern, dass es um das Thema ging, das wir beim Mittagessen besprochen hatten, kurz vor seinem Zusammenbruch. Ich war nicht sicher, ob er irgendetwas davon aufnahm.

Dann ging ich auf den Flur und besprach mich mit dem Leiter von Ashcrofts FBI-Personenschutzteam. Ich wusste, Card und Gonzales würden mit eigenen Personenschützern kommen, denen vom Secret Service, und befürchtete, so unglaublich das heute auch klingen mag, dass sie versuchen würden, mich gewaltsam fortzuschaffen, um allein mit Ashcroft reden zu können. Gleichzeitig rief ich Bob Mueller auf dem Handy an. Er war auf dem Weg.

»Bob«, sagte ich, »Sie müssen Ihre Leute unbedingt anweisen, unter keinen Umständen zuzulassen, dass ich aus Ashcrofts Zimmer entfernt werde.«

Mueller bat mich, mein Telefon seinem Special Agent zu reichen. Das tat ich. Der FBI-Mann hörte zu, sagte knapp: »Jawohl, Sir«, und gab mir das Handy zurück.

Dann sah er mich an, grimmig entschlossen: »Sie werden den Raum nicht verlassen, Sir. Hier haben wir die Hoheit.«

Ich ging zurück zu Ashcroft. Inzwischen waren auch Goldsmith und Philbin eingetroffen. Ich saß auf einem Sessel rechts neben dem Bett und starrte auf Ashcrofts linke Kopfseite. Er hatte die Augen geschlossen. Goldsmith und Philbin standen hinter mir. Ich wusste damals nicht, dass Goldsmith den Stift gezückt hielt und haarklein alles notierte, was er sah und hörte. Janet Ashcroft stand auf der anderen Bettseite und hielt ihrem halb bewusstlosen Mann den rechten Arm. Wir schwiegen und warteten.

Kurz danach ging die Tür auf, und Gonzales und Card traten ins Zimmer. Gonzales hielt einen großen braunen Umschlag vor dem Bauch. Beide postierten sich auf meiner Seite, in Höhe von Ashcrofts Bein. Ich hatte zwei der engsten Vertrauten von Präsident Bush in greifbarer Nähe, auf Armlänge. Ich weiß noch, dass ich in Erwägung zog, einzugreifen, falls sie versuchten, Ashcroft eine Unterschrift abzunötigen. Aber allein die Idee daran kam mir verrückt vor. Würde ich am Krankenbett des Justizministers wirklich mit diesen Männern ringen?

Gonzales eröffnete: »Wie geht es Ihnen, General?«

»Nicht gut«, brummelte Ashcroft zurück.

Gonzales erklärte, er und Card seien hier auf Anweisung des Präsidenten wegen eines nationalen Sicherheitsprogramms, das sich nicht aufschieben lasse, dessen Verlängerung lebenswichtig sei, sie hätten die Kongressführung informiert, dort verstehe man die Bedeutung, wolle die Verlängerung und sei bereit, mit uns zusammenzuarbeiten, um eventuelle rechtliche Probleme auszuräumen. Er hielt inne.

Und dann tat Ashcroft etwas, das mich fast umhaute. Er stemmte sich mit den Ellbogen im Bett hoch, fixierte die Männer des Präsidenten aus müden Augen, und dann hielt er Card und Gonzales eine Standpauke im Schnellfeuerstil. Man habe ihn in die Irre geführt über die Tragweite dieses Programms, stieß er hervor. Man habe ihm die nötige rechtliche Unterstützung verwehrt durch diese »Einlese«-Beschränkungen. Dann verkündete er, er habe jetzt, nachdem er endlich informiert sei, ernsthafte Bedenken bezüglich der rechtlichen Grundlage etlicher Teile des Programms. Er sank ermattet zurück aufs Kissen und rang nach Luft. »Aber das ist jetzt egal, denn ich bin nicht der Justizminister«, sagte er und zeigte mit einem Finger seiner zitternden linken Hand auf mich, »der Justizminister sitzt da.«

Eine ganze Weile herrschte Schweigen im Zimmer. Schließlich brachte Gonzales zwei Worte hervor: »Gute Besserung.«

Die beiden gingen zur Tür, ohne mich eines Blickes zu würdigen. Kaum hatten sie uns den Rücken gekehrt, schnitt Janet Ashcroft eine Grimasse und streckte die Zunge raus.

Etwa fünf Minuten nachdem Card und Gonzales das Krankenhaus verlassen hatten, kam Bob Mueller ins Zimmer. Er beugte sich zu Ashcroft hinunter und sprach mit ihm – in sehr persönlichen Worten, die jeden, der den stoischen Mueller kannte, überrascht hätten.

»Im Leben jedes Menschen kommt ein Augenblick, in dem Gott ihn auf die Probe stellt«, sagte er, »diese Probe haben Sie heute Abend bestanden.« Ashcroft gab keine Antwort. Der Justizminister habe, schrieb Mueller in seinen Notizen am selben Abend, »matt, kaum sprechfähig, eindeutig überanstrengt« auf ihn gewirkt.

Die ganze Szene hatte mich sehr mitgenommen. Mein Herz raste, mir war schwindelig. Und bei Bob Muellers zartfühlenden Worten hätte ich fast geweint. Das Recht hatte standgehalten.

Gonzales und Card allerdings waren noch nicht mit mir fertig. Einer der Personenschützer holte mich ins Nebenzimmer, wo das FBI eine vorübergehende Kommandozentrale aufgemacht hatte. Card war am Telefon. Der Stabschef des Präsidenten war noch immer benommen von Ashcrofts Ansage und stinksauer. Er bestellte mich ein, sofort.

Ich war so wütend, dass sie ernsthaft versucht hatten, einen kranken Menschen, der vielleicht im Sterben lag, zu einem Rechtsbruch zu verleiten, dass ich mich nicht mehr zurückhalten konnte. »Nach dem Benehmen, das ich gerade erlebt habe, werde ich nicht ohne Zeugen mit Ihnen sprechen.«

Er wurde noch ungehaltener. »Was für ein Benehmen?«, protestierte er. »Wir wollten ihm nur gute Besserung wünschen.«

Diese Lüge war reines Gift, aber ich ließ mich nicht aus der Ruhe bringen. Ich wiederholte noch einmal langsam und deutlich: »Nach dem Benehmen, das ich gerade erlebt habe, werde ich nicht ohne Zeugen mit Ihnen sprechen.« Und dann fiel mir spontan noch ein: »Und ich lege Wert darauf, dass der Generalstaatsanwalt der Vereinigten Staaten dieser Zeuge ist.«

»Sie weigern sich also, ins Weiße Haus zu kommen?«, fragte Card verblüfft.

»Nein, Sir. Ich komme, sobald ich den Generalstaatsanwalt erreicht habe und er mich begleiten kann.« Wir legten auf. Auf Generalstaatsanwalt Ted Olson war ich aus demselben Grund gekommen wie vorher auf Bob Mueller. Ted war wie Bob kein enger Freund, aber ich mochte und schätzte ihn, und was noch wichtiger war, das taten auch der Präsident und der Vizepräsident. Ich brauchte jemanden von seinem Kaliber, dem Stand, den Ted bei ihnen hatte. Außerdem hatte ich keinen Zweifel, dass er die Rechtslage so einschätzte wie wir. Auch er saß in einem Restaurant beim Abendessen, als ich ihn anrief. Er war sofort bereit, ins Justizministerium zu kommen und mit mir ins Weiße Haus zu fahren.

Um kurz nach 23 Uhr, es fing gerade an zu nieseln, fuhr ich gemeinsam mit dem Generalstaatsanwalt im gepanzerten Fahrzeug der U.S. Marshals am Weißen Haus vor. Wir gingen die teppichbelegte Treppe im West Wing hinauf, Cards Büro lag nur ein paar Schritte vom Oval Office entfernt. Er erwartete uns vor der Tür und bat Olson, kurz draußen zu warten, er wolle erst mal mit mir reden. Er schien sich beruhigt zu haben, und mein Instinkt sagte mir, jetzt lieber keinen Streit über Olsons Anwesenheit anzufangen.

Unter vier Augen erklärte mir Card, er hoffe sehr, dass sich alle wieder beruhigten. Er habe »Gerede über Kündigungen« gehört. Später erfuhr ich, dass Goldsmith seinen Vorgesetzten, der wie die meisten nicht »eingelesen« war, gebeten hatte, ein Kündigungsschreiben für ihn aufzusetzen. Der Vorgesetzte hatte einen Freund im Weißen Haus angerufen und der Freund dann anscheinend Card. Bushs Stabschef hatte begriffen, dass eine Katastrophe im Anmarsch war, desaströse Schlagzeilen und ein politischer Skandal mitten in einem Wahljahr.

»Ich finde es nicht richtig, wenn jemand mit Kündigung droht, um etwas durchzukriegen«, sagte ich. Meiner Meinung nach soll man sich vielmehr alle Mühe geben, Streitfragen rein sachlich zu entscheiden. Kündigen soll man erst, wenn man damit nicht durchdringt.

Die Bürotür ging auf, und Gonzales kam herein. Er brachte Olson mit, den er vor der Tür hatte sitzen sehen. Dann besprachen wir den Stand der Dinge, zu viert und in Ruhe. Eine Übereinkunft erzielten wir nicht, und weder Card noch Gonzales erklärten, was sie an Ashcrofts Krankenbett gesucht hatten, aber das emotionale Klima war nicht mehr so hitzig. Wir vertagten uns.

Jahre später erfuhr ich endlich auch, wie meine Mitarbeiter den Abend erlebt hatten. Die meisten hatten mitbekommen, dass etwas Übles im Gange war, wussten aber nichts Genaues und waren zum Krankenhaus gerast. Mein Stabschef Chuck Rosenberg war hinterher um das ganze Krankenhaus herumgelaufen, um sein Auto zu finden. Er hatte möglichst schnell bei mir sein wollen, war in aller Eile aus dem Familienwagen gesprungen und hatte sich nicht gemerkt, wo er ihn geparkt hatte. Um halb drei Uhr nachts war er mit dem Taxi heim nach Virginia gefahren. Rosenberg trank keinen Alkohol, seine Frau war irritiert, dass er den Wagen nicht gefunden haben wollte, und erst recht, als er auch noch sagte, er könne ihr das »vielleicht eines Tages erklären«. Es dauerte Jahre, bis sie es erfuhr. Zum Glück fand er den Wagen gleich am nächsten Morgen wieder.

Meine Lieblingsgeschichte stammt von Dawn Burton, meiner stellvertretenden Stabschefin. Sie war gegen 19 Uhr durch die Büros im vierten Stock gelaufen, um ein paar Leute auf einen Feierabenddrink zusammenzutrommeln. Mehrmals bekam sie zu hören, es sei gerade zu viel zu tun, also ging sie wieder in ihr Büro und arbeitete auch weiter. Kurz danach platzte ein Kollege herein: »Schnapp dir den Mantel, wir treffen uns alle in der Garage.« Sie rief kurz: »Klar!«, und lief los. Unten wurde sie in einen Wagen geschoben, der schon mit Kollegen vollgeladen war. Dann folgte eine quälende, sehr schweigsame Fahrt zum George Washington University Hospital. Später lief Dawn zusammen mit ihren Kollegen im Flur vor Ashcrofts Zimmer auf und ab, und niemand hatte eine Ahnung, warum sie da waren. Als alle das Krankenhaus verließen, schlug sie noch einmal vor, gemeinsam etwas trinken zu gehen, aber an diesem Abend war niemand mehr dazu aufgelegt.

Als ich in den frühen Morgenstunden des 11. März endlich nach Hause kam, war alles dunkel und still. Patrice und unsere fünf Kinder schliefen schon lange. Patrice war seit Tagen klar, dass ich ein knallhartes Problem am Hals hatte und dass es dabei massive Konflikte mit dem Weißen Haus gab. Mit ihr darüber reden durfte ich nicht, bei Gesprächen über Geheimsachen müssen beide Seiten nicht nur die betreffende Sicherheitsfreigabe haben, sie müssen die Informationen auch von Berufs wegen benötigen. Auf Patrice traf beides nicht zu. Dass ich mich gegenüber meiner Familie und meinen engsten Freunden so abschotten musste, machte alles noch aufreibender. Das gilt für viele Paare, bei denen Geheimdienstarbeit im Spiel ist. Ich schlief nur noch wenig und sehr unruhig, aber meine Frau durfte nicht wissen warum. Ich ging als erstes in die Küche, um eine Kleinigkeit zu essen. Patrice hatte einmal eine Passage aus meiner Berufungsanhörung beim Senat ausgedruckt. Die Anhörung war noch keine sechs Monate her, Patrice und die Kinder hatten hinter mir gesessen, als ich von den Senatoren ausgequetscht wurde, wie ich mich als Stellvertretender Justizminister in einem eventuellen Konflikt mit dem Weißen Haus verhalten würde. Es ging um den ganzen Zusammenhang politisch kontroverser Ermittlungen und wie ich damit umzugehen gedachte, aber

Patrice hatte nur ein paar Sätze von mir an den Kühlschrank gepinnt:

> *Mir geht es dabei nicht um Politik. Mir geht es nicht um Eigennutz. Mir geht es nicht um Freundschaftsdienste. Mir geht es allein darum, richtig zu handeln. Bei etwas, das nach meiner Überzeugung grundsätzlich falsch ist, würde ich nie mitmachen. Ich meine, natürlich treffen wir alle rechtspolitische Entscheidungen, mit denen nicht jeder einverstanden ist, aber ich werde ausschließlich tun, was rechtens ist.*

Nur ein paar Stunden später war ich wieder wach und hörte in den Nachrichten, dass es einen Terroranschlag auf einen Pendlerzug in Madrid gegeben hatte. Wir waren den ganzen Tag beschäftigt mit dem schrecklichen Ereignis und versuchten gemeinsam mit der CIA und anderen Geheimdiensten alles, um herauszufinden, ob ähnliche Anschläge auch in unserem Land drohen könnten. Wir trafen uns gleich morgens beim FBI, danach fuhr ich mit Mueller zur Lagebesprechung ins Oval Office. Der Präsident, der Vizepräsident und die ranghöchsten Mitarbeiter waren dabei. Stellar Wind wurde nicht erwähnt.

Nach der Sitzung hielt ich Fran Townsend im Flur an. Ich kannte sie aus der gemeinsamen Zeit beim New Yorker Bezirksgericht, inzwischen war sie die Stellvertreterin von Condoleezza Rice, der Nationalen Sicherheitsberaterin des Präsidenten. Rice hatte bei der Besprechung mit dem Vizepräsidenten am Dienstag nicht teilgenommen. War womöglich nicht einmal die Sicherheitsberaterin in das NSA-Programm »eingelesen«? Und wäre sie, falls sie es inzwischen kannte, eine Stimme der Vernunft?

Ich erklärte Fran Townsend, ich würde gern wissen, ob ihre Chefin mit einem bestimmten Begriff vertraut sei. Fran sah mich verdutzt an, aber ich ließ nicht locker.»Stellar Wind«, sagte ich, »ich muss unbedingt wissen, ob Ihre Chefin den Begriff kennt.« Sie versprach, es herauszufinden. Später am selben Tag rief sie an und sagte, ihre Chefin kenne ihn, sei völlig auf dem Laufenden und habe nichts weiter dazu zu sagen. Von Rice konnte ich also keine Unterstützung erwarten.

Zurück im Justizministerium, bestätigten mir auch Goldsmith und Philbin, dass das Weiße Haus in Sachen Stellar Wind in Schweigen verfallen war. Wir warteten ab. Am späten Nachmittag kamen sie in mein Büro. Der Präsident hatte das Projekt verlängert, entgegen unseren Warnungen. Die neue Verfügung enthielt jedoch ein paar signifikante Änderungen. Dort, wo die Unterschrift des Justizministers hätte stehen müssen, stand jetzt die des Präsidentenberaters Al Gonzales. Addington hatte noch ein paar Sätze hinzugefügt, mit denen auch NSA-Maßnahmen genehmigt wurden, die in seinen früheren Entwürfen für die Präsidentenverfügung noch gar nicht vorgekommen waren.

Das war's für uns. Ich wusste, dies würde mein letzter Abend im Staatsdienst sein. So wie der des FBI-Direktors. Mueller konnte ebenso wenig wie ich weiter einer Regierung dienen, die drauf und dran war, dem FBI Beihilfe zu Aktivitäten ohne jede rechtliche Grundlage abzuverlangen.

Ich setzte mein Kündigungsschreiben auf und erzählte Patrice, dass ich am nächsten Tag den Dienst quittieren würde. Wieder durfte ich ihr keine Einzelheiten nennen.

Freitag, 12. März, ein düsterer Morgen. Ich war schon vor dem Frühstück aufgestanden und ins Büro gefahren. Ich hörte nicht, wie Patrice den Kindern erklärte:»Daddy bekommt vielleicht einen neuen Job, aber alles wird gut.« Bob Mueller und ich erledigten unsere gewohnte Frühbesprechung zum Antiterrorkampf in der FBI-Zentrale und fuhren danach zum Gefährdungslagebericht ins Oval Office. Wir standen eine Weile schweigend am Fenster, sahen hinaus in den Rosengarten und warteten darauf, dass die Tür neben der Standuhr aufging und wir zur Morgenbesprechung beim Präsidenten hineindurften. Ich versuchte, mir den Anblick einzuprägen, ich würde ihn wohl nie wieder sehen. Dann ging die Tür auf.

Die Runde hatte etwas Surreales. Wir sprachen über Madrid und Al-Qaida und alles Mögliche, nur nicht über die internen Zusammenstöße, die gerade die Regierung ins Wanken zu bringen drohten. Dann standen wir auf und gingen zur Tür. Mueller lief vor, ich ging gerade um das Sofaende herum, als ich die Stimme des Präsidenten hörte.

»Jim«, sagte er, »kann ich Sie kurz sprechen?«

Ich machte kehrt, und Präsident Bush führte mich durchs Oval Office über einen kleinen Flur in das private Esszimmer. Wir setzten uns an einen kleinen Tisch mit einem Stuhl auf jeder Seite, der Präsident mit dem Rücken zum Fenster, ich auf den Platz am nächsten zur Tür.

»Sie sehen nicht gut aus«, fing Bush an, und dann erklärte er, in seiner unverblümten Art: »Noch einen, der umkippt, können wir nicht gebrauchen.« Ein, zwei Tage zuvor war ein Kollege aus einer anderen Behörde auf dem Weg aus dem West Wing in Ohnmacht gefallen.

»Ich schlafe kaum zurzeit«, gab ich zu, »ich fühle mich erdrückt von einer enormen Last.«

»Und die würde ich Ihnen gern von den Schultern nehmen.«

»Liebend gern, Mr. President. Aber das können Sie gar nicht. Ich habe das Gefühl, ich stehe auf einem Bahngleis, ein Zug kommt angerast, und gleich überrollt er mich und meine Karriere, aber ich komme einfach nicht runter von dem Gleis.«

»Warum nicht?«

»Weil wir kein einziges wasserdichtes Argument gefunden haben, mit dem wir bestimmte Teile des Stellar-Wind-Programms befürworten könnten.«

Wir diskutierten Einzelheiten, insbesondere die problematischen Teile. Zum Schluss sagte ich: »Wir dürfen es einfach nicht für legal erklären.«

»Aber«, erwiderte der Präsident, »ich gebe der Exekutive vor, was legal ist.«

»Das tun Sie, Sir. Aber nur ich kann sagen, was wir als Justizministerium für rechtens erklären können. Im Fall von Stellar Wind können wir das nicht. Wir haben uns alle Mühe gegeben, aber wie Martin Luther sagt: ›Hier stehe ich, ich kann nicht anders.‹«

»Wenn Sie damit nur nicht erst in letzter Minute rausgerückt wären.«

Ich war schockiert. »Wenn Ihre Mitarbeiter Ihnen das so gesagt haben, Mr. President, dann wurden Sie falsch informiert. Wir haben das schon vor Wochen mitgeteilt.«

Bush hielt inne, als müsste er die Enthüllung erst mal verdauen. »Können Sie mir noch bis etwa 6. Mai Zeit geben, damit ich das auf legislativer Ebene hingebogen kriege? Stellar Wind ist wirklich wichtig. Wenn ich das nicht schaffe, blase ich das Programm ab.«

»Das dürfen wir nicht, Mr. President. Und das sagen wir seit Wochen.«

Jetzt hielt ich inne und holte Luft, und dann überschritt ich meine rein juristischen Befugnisse und gab dem Präsidenten einen politischen Rat. »Mr. President, ich denke, ich sollte Ihnen noch etwas sagen. Das amerikanische Volk wird auf die Barrikaden gehen, wenn herauskommt, was wir hier machen.«

Zum ersten Mal schien Bush verärgert. »Das lassen Sie mal meine Sorge sein«, sagte er scharf.

»Jawohl, Sir. Ich fand nur, das musste gesagt werden.«
Wieder gab es eine Pause, und ich wusste, das Gespräch war zu Ende. Ich hatte bereits am Mittwochabend seinem Stabschef erklärt, dass ich nichts von Kündigungsdrohungen bei Streitereien halte. Ich war immer dafür, einen Streit mit guten sachlichen Argumenten auszufechten, erst nach der Entscheidung kann jeder sehen, ob er geht oder bleibt. Aber vorher zu verkünden, man werde sich gleich den Ball schnappen und nach Hause gehen, wenn man mit seiner Position nicht durchkomme, hat immer etwas von Schummeln.
Trotzdem wollte ich Bush irgendwie helfen. Ich mochte den Mann, mir war an seinem Erfolg gelegen, aber er schien gar nicht wahrzunehmen, dass da ein Sturm aufzog. Die gesamte Führungsebene des Justizministeriums war drauf und dran zu kündigen, während er sich gerade um die Wiederwahl bewarb. Einen solchen Aufruhr hatte es nicht einmal in den schlimmsten Watergate-Zeiten gegeben. Ich musste ihm das sagen, musste ihn warnen, aber ich wollte auch meine Regeln nicht verletzen. Ich unternahm einen zweiten schwachen Versuch:
»Sie sollten wissen, dass Bob Mueller noch heute Vormittag kündigen wird.«
Wieder schwieg er eine Weile. »Danke, dass Sie mir das gesagt haben.« Dann gab er mir die Hand und geleitete mich zurück durchs Oval Office. Ich lief die Treppe hinunter, im Erdgeschoss des West Wing wartete Bob Mueller schon auf mich. Ich war gerade dabei, mein Gespräch mit dem Präsidenten zu rekapitulieren, als ein Mann vom Secret Service kam und sagte, der Präsident wolle Mueller sofort oben sehen.
Zehn Minuten später kam Bob zurück. Wir gingen zu seinem gepanzerten Suburban und setzten uns nach hinten. Er bat den Fahrer auszusteigen. (Der Fahrer erzählte mir später,

er habe sofort gewusst, dass etwas Besonderes los war, er sei in zehn Jahren Fahrdienst nie gebeten worden auszusteigen.) Dann berichtete er, dass er in etwa dasselbe mit dem Präsidenten besprochen habe wie ich. Dass er ihm versichert habe, unter diesen Umständen nicht FBI-Direktor bleiben zu können, und ihn beschworen habe, auf uns zu hören. Bush habe ihn daraufhin angewiesen: »Sagen Sie Jim, er soll alles tun, was nötig ist, um das Ganze so hinzubiegen, dass die Justiz damit leben kann.«

Das war eine präsidiale Anordnung. Mehr brauchten wir nicht. Damit konnten wir den Vizepräsidenten, Card und Gonzales umgehen, sogar Addington mitsamt seinem Safe voller Geheimverfügungen. Wir fuhren zurück ins Justizministerium und informierten die Leitungsebene. Zuallererst mussten wir dafür sorgen, dass sich mehr gute Juristen »einlesen« durften. Ted Olson steckte gerade in Vorbereitungen für ein Verfahren vor dem Supreme Court, deshalb rückte sein Stellvertreter Paul Clement nach, dazu noch ein paar von den brillanten Justiziaren der »Mönchsabteilung«. Zum Team stießen außerdem CIA- und NSA-Juristen. Addington konnte nicht verhindern, dass wir den Kreis erweiterten.

Das Team arbeitete das ganze Wochenende hindurch an einem Entwurf für eine neue Präsidentenverfügung, die die Befugnisse der NSA enger auslegte. Ich beschloss, ein vertrauliches Memorandum mit einer Zusammenfassung der Probleme und unseren Verbesserungsvorschlägen ans Weiße Haus zu schicken. So war unsere Position für alle Zeiten im Präsidentenarchiv, und gleichzeitig kamen wir in aller Form der Anweisung des Präsidenten an Mueller nach; unser Memo führte ja nur auf, was nötig war, *damit die Justiz damit leben kann*. Ein bisschen hinterlistig war es auch, denn so hatten wir auf Dauer vollständig dokumentiert, was sie alles ausbaldowert hatten. Aber jetzt war genau der richtige Zeitpunkt für ein bisschen Hinterlist. Goldsmith und Philbin brachten unser Memo am späten Sonntagabend persönlich zu Gonzales nach Hause. Das Ganze ging einigen Leuten im Weißen Haus gehörig auf den Senkel.

Dienstagmorgen rief Gonzales an, ein Memo an uns vom Weißen Haus sei unterwegs. Und wir sollten nicht überreagieren, das Weiße Haus lege größten Wert auf die Zusammenarbeit mit uns. Ich weiß nicht, ob ich *über*reagierte, jedenfalls reagierte ich, und zwar heftig. Das Memo war ein großer gereckter Mittelfinger und trug eindeutig Addingtons Handschrift. Wir lägen mit allem völlig falsch und maßten uns präsidentielle Befugnisse an. Unsere Vorschläge wurden sämtlich abgeschmettert, sie seien weder rechtlich noch sachlich vonnöten. Es fehlte nicht viel, und wir hätten auch noch zu lesen bekommen, dass unsere Mütter Huren seien.

Ich zog mein Kündigungsschreiben aus der Schublade und änderte das Datum auf den 16. März. Scheiß auf diese Leute. Sie hatten Bushs Anweisung an Bob Mueller einfach ignoriert und setzten weiter auf eine rechtswidrige Anordnung des Präsidenten. Wieder sagte ich Ashcrofts Stabschef, ich würde kündigen. Ayres bat mich zu warten. Er sei sicher, Ashcroft würde mit uns allen gemeinsam zurücktreten wollen, sei aber noch zu schwach. Ob wir ihm ein paar Tage Zeit lassen könnten? Natürlich. Ich legte meine Kündigung wieder in die Schublade.

Zwei Tage danach erließ Bush eine neue Verfügung, ohne Vorankündigung. Sie enthielt sämtliche Änderungen, die wir angemahnt hatten, also alles, was das Mittelfinger-Memo für unnötig erklärt hatte. Im Text stand auch, der Präsident habe die Veränderungen aus internen Gründen vorgenommen. Nicht etwa, weil wir ihm gesagt hatten, er müsse das oder unsere Rechtsauffassung verlange das. Das war zwar kindisch, aber uns ziemlich egal. Jetzt, durch diese Verfügung, war Stellar Wind so angelegt, dass unsere Rechtsabteilung es mit Fug und Recht befürworten durfte. Und das geschah dann auch in einem weiteren Memo, das Goldsmith und Philbin Anfang Mai anfertigten.

Die Stellar-Wind-Krise war vorüber.

Ab jetzt wurde es richtig heftig.

7
BESTÄTIGUNGSFEHLER

In Schwierigkeiten bringt dich nicht das,
was du nicht weißt; in Schwierigkeiten bringt dich das,
was du sicher weißt, was aber dummerweise nicht so ist.

MARK TWAIN

Im April 2004 gelangten, während Jack Goldsmith und sein Team im Justizministerium noch immer daran arbeiteten, das Überwachungsprogramm der NSA auf festere rechtliche Füße zu stellen, widerwärtige Bilder an die Öffentlichkeit, die die Misshandlung von Gefangenen in Abu Ghraib zeigten, einem US-Militärgefängnis im Irak. Zu sehen waren auf den Bildern grausame Praktiken, mit denen eine kleine Gruppe US-amerikanischer Uniformträger irakische Häftlinge sadistisch quälte. Einige Bilder zeigten entkleidete Gefangene mit über den Kopf gezogenen Kapuzen; auf einem der eindrücklichsten Bilder waren nackte menschliche Körper zu sehen, die zu einer Pyramide aufgeschichtet waren. Andere Bilder zeigten, wie wütende Hunde auf mit Handschellen gefesselte Häftlinge losgelassen oder wie wehrlose Gefangene von amerikanischen Soldaten und Soldatinnen verhöhnt und ausgelacht wurden.

Sehr schnell tauchte in den Berichten über diese Verfehlungen ein Wort auf: Folter. Sechs oder sieben Monate vor einer umkämpften Präsidentenwahl an die Öffentlichkeit gelangt, machten die Bilder der Regierung Bush erheblich zu schaffen.

Der Verteidigungsminister entschuldigte sich in einem landesweit übertragenen Auftritt vor dem Kongress bei den Häftlingen und ihren Familien und versprach eine gründliche Aufklärung der Missstände. Der Außenminister verglich die Quälereien von Abu Ghraib mit dem Massaker im vietnamesischen My Lai, einem Vorgang, der seinerzeit zum Kippen der öffentlichen Meinung gegen den Vietnam-Krieg beigetragen hatte. Und es standen noch weitere Enthüllungen bevor.

Angesichts der weltweiten Empörung über die auf den Bildern dokumentierten »Folterpraktiken« der US-Regierung brach bei der CIA verständlicherweise große Nervosität aus, hatte sie doch in den Jahren 2002 und 2003 im Verborgenen jenes Programm durchgeführt, bei dem Gefangene geschlagen, ausgehungert, gedemütigt und einem simulierten Ertränkungstod ausgesetzt worden waren. Es handelte sich um Personen, die nach Meinung der CIA Kenntnisse über terroristische Anschläge gegen die Vereinigten Staaten besaßen und in sogenannten »Geheimgefängnissen« außerhalb des amerikanischen Staatsgebiets gefangen gehalten wurden. In der Anlaufphase des Programms, im Sommer 2002, hatte die CIA das Justizministerium um Rat gefragt, um herauszufinden, wie weit man im Rahmen des geltenden Rechts beim Ausquetschen dieser Terrorverdächtigen gehen konnte.

Im Juni 2004, zwei Monate nach dem Auftauchen der Fotos aus Abu Ghraib, suchte mich Jack Goldsmith auf, um mir seinen Wissensstand über das Verhörprogramm der CIA darzulegen. Er hatte schon ein halbes Jahr vorher schwerwiegende Probleme festgestellt und den Geheimdiensten mitgeteilt, dass sie auf die bisherigen rechtlichen Einschätzungen nicht bauen könnten; jetzt, nach den Nachjustierungen an Stellar Wind, hatte er seine Analyse fertiggestellt und war zu der Gewissheit gelangt, dass die Rechtsposition des Justizministeriums nicht zu halten war. Für das Verhörprogramm der CIA galt – wie für Stellar Wind –, dass die früheren juristischen Bewertungen, die es als zulässig eingestuft hatten, grob fehlerhaft gewesen waren. Im Übrigen war er zu der Überzeugung gelangt, die CIA sei mit ihrem Verhörprogramm, genau wie zuvor bei Stellar Wind, sogar noch über das hinausgegangen, was nach der fehlerhaften rechtlichen Bewertung zulässig gewesen wäre. Hier braute sich der nächste Skandal zusammen, das nächste Thema nach Abu Ghraib, das in Windeseile durch alle Medien ging, nachdem jemand einen geheimen Entwurf des Justizministeriums für ein Rechtsgutachten über Foltermethoden der Presse zugespielt hatte. Politische Geheimagenda oder rechtsstaatliche Prinzipien – dieser Konflikt führte zu weiterem heftigen Streit innerhalb der Bush-Regierung.

1994 hatte der US-Kongress ein Gesetz verabschiedet, das den Begriff »Folter« anders bewertete, als die meisten von uns ihn verstehen. Im Zuge der Ratifizierung der UN-Konvention gegen Folter verständigte sich der Kongress auf eine für das amerikanische Rechtswesen verbindliche Definition, die den Folterbegriff einengte auf die vorsätzliche Zufügung schwerer psychischer oder physischer Schmerzen oder Qualen. Vieles von dem, was die meisten von uns als Folter bezeichnen würden, erfüllt womöglich nicht ganz den Tatbestand der Zufügung »schwerer Schmerzen« oder »schwerer Qualen«. Aber einen Menschen auf unbestimmte Zeit in eine sargähnliche Kiste einzusperren oder ihn tagelang nackt an die Zimmerdecke zu ketten, würde wohl fast jeder von uns als Folter einstufen. Doch nach der Definition von 1994, die voraussetzt, dass die zugefügten Qualen »schwer« sein müssen, könnte ein Richter oder Staatsanwalt durchaus zu dem Schluss gelangen, dass solche Praktiken noch nicht den gesetzlichen Tatbestand der Folter erfüllen.

Im Jahr 2002, nach den Anschlägen vom 11. September, wollte die CIA gefangen genommene Anführer von Al-Qaida durch Anwendung »physischer Zwangsmittel« dazu bringen, die Namen anderer Terroristen zu verraten, Pläne zu Anschlägen zu offenbaren; damit, so hoffte man, ließe sich das Leben Unschuldiger retten. Der Geheimdienst fragte beim Justizministerium an, ob die Verhörmethoden, die ihm vorschwebten – Mittel wie das »Einsargen«, Schlafentzug oder das simulierte Ertrinken auf dem »waterboard« –, gegen das gesetzliche Verbot der Folter verstießen. Die CIA fragte die juristischen Berater aus dem Justizministerium nicht etwa: »Ist das eine gute Idee?« Sie ersuchte sie lediglich um Auskunft darüber, wo die Grenzen des rechtlich Zulässigen lagen.

Diese Anfrage an das Justizministerium erging, wie schon zuvor im Falle von Stellar Wind, in einer Zeit, in der Krisenstimmung herrschte und die politische Führung glaubte, mit weiteren Anschlägen im Stil des 11. September rechnen zu müssen. Vertreter der CIA und andere aus den Reihen der Regierung Bush versicherten den Juristen des Justizministeriums, der Einsatz physischer Zwangsmittel bei der Vernehmung von Al-Qaida-Anführern sei nicht nur wirksam, sondern unerlässlich, weil man damit – und nur damit – unzählige Menschenleben retten könne. Mit diesem Argument unter starken moralischen Druck gesetzt, erstellte ein Jurist aus dem Justizministerium – derselbe, der schon das fehlerhafte Gutachten zu Stellar Wind angefertigt hatte – fast im Alleingang eine rechtliche Stellungnahme, in der er die Definition von Folter eher weit auslegte. Zugleich äußerte er aber in einer separaten Stellungnahme die Auffassung, die Verhörtaktiken, die die CIA bei ihrem ersten hochrangigen Gefangenen, Abu Subaida, anzuwenden plante, fielen nicht unter das gesetzliche Folterverbot. Die CIA erhielt somit grünes

Licht, gegen Subaida die gesamte Palette ihrer Zwangsmittel einzusetzen, von demütigenden Ohrfeigen über Schlafentzug bis hin zum »waterboarding«. Zu dem Zeitpunkt Ende 2003, als Jack Goldsmith zum Leiter der Rechtsabteilung im Justizministerium und ich zum Stellvertretenden Justizminister berufen wurde, hatte die CIA unter Verweis auf diese rechtliche Einschätzung ihre aggressiven Verhörmethoden bereits gegen etliche Terrorverdächtige in diversen »Geheimgefängnissen« außerhalb der Vereinigten Staaten eingesetzt.

Die Aussicht auf einen weiteren Dauerclinch gegen dieselbe mächtige Gruppierung im Weißen Haus erfüllte mich nicht gerade mit Vorfreude. Das Ringen um das Überwachungsprogramm der NSA hatte viel Kraft gekostet, nicht nur mich, sondern auch meine Familie. Ich hatte um meinen Job fürchten müssen, über Patrice und mir schwebte das Damoklesschwert einer ohne Tilgung abgeschlossenen Hypothek auf unserem Haus, und wir waren als Eltern von fünf Kindern, die sich mit Riesenschritten dem Collegealter näherten, finanziell nicht gut gepolstert. Als Bundesanwalt in New York und danach als Stellvertreter Justizminister verdiente ich, wie auch später als FBI-Direktor, ungefähr so viel wie ein Berufsanfänger in seinem ersten Jahr bei einer New Yorker Anwaltskanzlei. Natürlich gibt es viele, die mit einem Einkommen dieser Größenordnung Kinder aufziehen; vielleicht war auch unsere Finanzplanung nicht die beste. Trotz alledem war ich mir mit Goldsmith darin einig, dass die Rechtsauslegung zum Thema Folter, auf die sich die Regierung stützte, schlicht falsch war. Deshalb ging ich zu Justizminister Ashcroft und erklärte ihm in einem Vieraugengespräch, dass und warum ich es für sinnvoll hielt, einen radikalen Schnitt zu machen und die bislang gültige Einschätzung des Justizministeriums zur Rechtmäßigkeit dieser Methoden zurückzuziehen. Er stimmte mir zu.

Uns war beiden klar, dass wir damit CIA-Mitarbeiter bloßstellten, die bis dahin, gestützt auf eine Rechtsauffassung, die jetzt revidiert wurde, die harte Gangart gefahren hatten. Diese Verhörspezialisten waren keine Juristen, es war ihr gutes Recht, sich auf das Urteil staatlicher Rechtsberater zu verlassen. Jetzt stellte sich heraus, dass sie auf der Grundlage einer fehlerhaften Rechtsauffassung des Justizministeriums gehandelt hatten und dass sie gut beraten waren, nicht so weiterzumachen. Ein neues Rechtsgutachten musste erarbeitet werden, das auf soliden juristischen Beinen steht und auf Tatsachen gegründet ist.

Auch wenn es nicht unsere Aufgabe war, den Nutzen des Verhörprogramms für unser Land zu beurteilen, waren Goldsmith und ich doch mit den Verhörpraktiken des FBI vertraut. Dort war man schon lange zu dem Schluss gelangt, dass der Einsatz von Zwangsmitteln bei Verhören nichts brachte, weil die so erlangten Informationen überwiegend unbrauchbar oder unzuverlässig waren. Anstelle solcher Methoden hatte das FBI jahrzehntelang die Kunst der »vertrauensbildenden Vernehmung« perfektioniert – das Bemühen um den Aufbau eines persönlichen Vertrauensverhältnisses zu Häftlingen, aus denen man Informationen herausholen wollte. Dem FBI war es immer wieder gelungen, Terroristen, Mafiamitgliedern und Serienmördern rechtzeitig lebensrettende Angaben zu entlocken. Daher nahmen wir das, was man uns über die Wirksamkeit der Zwangsmittel der CIA erzählte, mit großer Skepsis auf. Mich erinnerte vieles davon an das aufplusternde Gehabe junger Falken – aggressiv auftrumpfender Regierungsbürokraten, die jede Menge Spielfilme gesehen, aber nie im Auge eines Wirbelsturms gestanden hatten.

Die führenden Leute der CIA und die einflussreichen Regierungsmitglieder, die hinter ihnen standen, wie Vizepräsident Dick Cheney, waren da ganz anderer Meinung. Die treibende Kraft hinter ihrem Verhalten war eine der stärksten und zugleich bedenklichsten Triebkräfte, mit denen wir Menschen ausgestattet sind: der Bestätigungsfehler, wie die Kognitionspsychologie es nennt. Evolutionsbedingt ist unser Gehirn darauf programmiert, Informationen vorzuziehen, die mit dem übereinstimmen, woran wir glauben. Wir suchen uns die Tatsachen und Argumente zusammen, die unsere Überzeugungen stützen. Noch schwerer wiegt, dass der Bestätigungsfehler uns dazu verleiten kann, die Augen zu verschließen vor Tatsachen, die an unseren Überzeugungen rütteln, die unseren festgefügten Auffassungen widersprechen. In einer komplizierten, sich rasch wandelnden, zusammenwachsenden Welt macht der Bestätigungsfehler uns zu komplizierten Zeitgenossen. Es fällt uns einfach sehr schwer, unsere Meinung zu ändern.

Es waren aber auch noch andere als nur evolutionäre Faktoren im Spiel. Der Präsident, der Vizepräsident und die Leute um sie herum waren auch Gefangene unserer politischen Kultur, einer Kultur, in der Unschlüssigkeit als nicht tragbar und Zweifel als Zeichen von Schwäche gilt. Damals wie heute stehen politische Führungskräfte unter einem besonders großen Druck, sich ihrer Sache sicher zu sein, einem Druck, der sie in ihren evolutionsbedingten Bestätigungsfehlern bestärkt.

In einer gesunden Organisation gilt natürlich, dass Zweifel nicht gleichbedeutend sind mit Schwäche, sondern eher mit Klugheit, denn Menschen sind gerade dann am gefährlichsten, wenn sie nicht den geringsten Zweifel daran haben, dass ihre Sache die einzig gerechte und ihr Wissensstand der einzig wahre ist. Die Rede ist hier nicht von Zweifeln wie »Soll ich lieber die karierte oder die gestreifte Krawatte umbinden?«. Entscheidungen müssen oft rasch gefällt werden, selbst die schwierigsten. Und gerade diese oft auf dürftigster

Informationsgrundlage. Gerade bei solchen Entscheidungen ist es deshalb wichtig, sich klarzumachen, dass sie falsch sein könnten. Demut, die sich in Zweifeln ausdrückt, sorgt dafür, dass der Entscheider bis zum letztmöglichen Augenblick für neue, bessere Informationen offenbleibt.

Man muss dem Präsidenten und Vizepräsidenten fairerweise zugutehalten, dass unsere moderne Kultur es Menschen in Führungspositionen – und insbesondere in politischen Führungspositionen – unglaublich schwer macht, sich diese Offenheit zu bewahren, selbst Leuten, die stark und selbstbewusst genug sind, um mit Bescheidenheit aufzutreten. Zweifel oder gar Fehler zuzugeben, bedeutet das Karriereende. So wollen wir es doch, nicht wahr? Wir wollen starke, selbstsichere Führungspersönlichkeiten. Stellen wir uns einen von uns anerkannten Politiker vor, der uns nach Ende seiner Amtszeit erklärt, er habe zwar nicht vorsätzlich etwas Falsches getan, sei aber sicher, viele Fehler begangen zu haben, bete darum, dass niemand unter seinen Fehlern leiden möge, und hoffe, dass wir alle seine Momente der Schwäche und Inkompetenz vergessen und verzeihen. Würden wir diesen Schwächling nicht mit Schimpf und Schande aus der Stadt jagen? Und doch hat der erste Präsident der Vereinigten Staaten in seiner Abschiedsrede 1796 genau das gesagt:

Auch wenn ich mir im Rückblick auf die Ereignisse meiner Regierungszeit keiner absichtlichen Fehler bewusst bin, sind mir meine Mängel doch allzu sehr bewusst, als dass ich es nicht für sehr wahrscheinlich hielte, möglicherweise viele Fehler begangen zu haben. Worin sie auch bestanden haben mögen, ich bitte den Allmächtigen inständig, die Übel, zu denen sie geführt haben mögen, abzuwenden oder zu mildern. Ich werde auch die Hoffnung mitnehmen, dass mein Land niemals aufhören möge, sie mit Nachsicht zu betrach-

ten; und dass, nachdem ich fünfundvierzig Jahre meines Lebens mit aufrichtigem Eifer seinem Dienst gewidmet habe, die Mängel unzulänglicher Fähigkeiten dem Vergessen anheimfallen mögen, so wie ich selbst schon bald der ewigen Ruhe.

Innerhalb der Regierung Bush hatten Dick Cheney, David Addington und andere entschieden, dass »erweiterte Verhörmethoden« – die nach den Maßstäben jedes normalen Menschen den Tatbestand der Folter erfüllen – funktionierten. Sie konnten einfach nicht zugeben – konnten es wohl vor allem sich selbst nicht eingestehen –, dass die Erkenntnisse, die ihrer Auffassung widersprachen, Hand und Fuß hatten. So hielten sie an ihrer Überzeugung fest, derzufolge Leute, die sich der Beibehaltung dieser Praktiken in den Weg stellten – Juristen wie ich –, in fahrlässiger Weise Menschenleben aufs Spiel setzten.

Ich konnte verstehen, warum Leute wie Vizepräsident Cheney frustriert waren, als das Justizministerium seine Rechtsauffassung änderte. Tatsächlich ließ sich aber ein großer Teil der Verantwortung für die ursprüngliche, fehlerhafte rechtliche Bewertung ebenjenen politischen Entscheidern wie dem Vizepräsidenten zuschreiben – mächtigen Politikern, die von vornherein genau wussten, wie die Dinge zu laufen hatten, und die von einer kleinen Gruppe von Juristen schnelle Antworten forderten. Mit ihrem Verhalten hatten sie just die Probleme heraufbeschworen, mit denen wir uns dann herumschlagen mussten.

Aus meiner Sicht stellte sich die Sache einfach dar: Das Justizministerium der Vereinigten Staaten hatte sich in seiner Rolle als Berater des Präsidenten und seiner Regierung in Sachen Überwachung und Verhörmethoden schwere rechtliche Fehleinschätzungen geleistet. Wenn das Ministerium dem Land und künftigen Präsidenten – auch einem Präsidenten Bush – weiterhin nützliche Dienste leisten wollte, musste es seine Fehler korrigieren. Darauf zu verzichten, nur um sich nicht mit wütenden Politikern anlegen zu müssen, würde bedeuten, dass sich das Justizministerium auf die Seite der regierenden Partei schlug, bereit, zu sagen und zu tun, was immer nötig war, um der eigenen Seite zum Sieg zu verhelfen.

Es hat gute und vernünftige Gründe, dass die führenden Köpfe des Justizministeriums vom Präsidenten ernannt werden, unter beratender Einbeziehung des Senats, der die Ernannten bestätigen muss. Das Ministerium hat in politischen Fragen erhebliche Ermessensspielräume – etwa bei der Entscheidung darüber, welche Kriminalitätsformen vorrangig bekämpft werden sollen oder wie gegen Kartellbildungen vorgegangen werden soll – und sollte in Bezug auf diese politischen Weichenstellungen dem Volkswillen Rechnung tragen, wie er sich in der Wahl des Präsidenten äußert. Dieser Konstellation ist aber insofern eine Spannung inhärent, als politische Führungspersönlichkeiten an der Spitze des Justizministeriums stehen, die Behörde aber unparteiisch sein muss.

Die Verfassung und der Rechtsstaat sind keine parteipolitischen Machtinstrumente. Justitia trägt eine Augenbinde. Sie sollte nicht darunter hervorblinzeln, um zu sehen, welches Urteil die politische Obrigkeit von ihr erwartet.

Ich besuchte einmal eine Stelle an der Küste von North Carolina, wo zwei vorgelagerte Inseln einander fast berühren. In dem engen Kanal zwischen ihnen treffen die Strömungen des Atlantischen Ozeans auf das Wasser der ausgedehnten flachen Lagune, die sich zwischen den Inseln und dem Festland ausbreitet. Es kommt an dieser Stelle zu Turbulenzen, und die hereinkommenden Wellen überschlagen sich, obwohl die Küste noch kilometerweit entfernt ist. Ich stelle mir gern vor, wie die führenden Leute des Justizministeriums an dieser Stelle stehen, zwischen den turbulenten Gewässern der politischen Welt und dem friedlichen Wasser der unpolitischen Lagune. Ihre Aufgabe ist es, auf die politischen Anordnungen des Präsidenten und der Bürger, die ihn gewählt haben, zu reagieren, zugleich aber die unpolitische Arbeit der Tausenden von Ermittlern, Strafverfolgern und Sachbearbeitern zu beschützen, die das Fundament und den Kern der Institution bilden. Solange die führenden Leute die reißenden Strömungen einschätzen können, werden sie ihnen standhalten; straucheln sie jedoch, wird die Lagune überspült, und das Ministerium ist nur noch ein Organ der Politik. Es büßt dann seine Funktion als unabhängige Institution im öffentlichen Leben Amerikas ein, und die Wächter der Gerechtigkeit versinken in den Fluten.

Am Abend nach einem langen Arbeitstag im Frühjahr 2004 musterte mich Patrice eindringlich. Offenbar spürte sie, dass ich in etwas hineingeraten war, das mir schwer zu schaffen machte. Sie verfolgte alles, was die Medien über den Umgang mit terrorverdächtigen Häftlingen brachten. »Folter ist Unrecht«, sagte sie, »mach dich nicht zum Folterknecht.«

»Wie bitte?«, entgegnete ich aufgebracht. »Du weißt, dass ich über diese Dinge nicht reden darf.«

»Ich verlange nicht, dass du darüber redest«, sagte sie, »nur, dass du dich nicht zum Folterknecht machen lässt.« Sie wiederholte diese Ermahnung im Lauf des folgenden Jahres immer wieder.

Die Vorstellung, ich könnte ein »Folterknecht« sein, ließ mich in vielen Nächten nicht ruhig schlafen. Die Bilder nackter, in einer kalten, grell erleuchteten Zelle endlose Tage lang mit den Händen an die Decke geketteter Männer, die ihren Darminhalt in eine Windel entleeren und nur von den Ketten befreit werden, um weiteren Quälereien bis hin zum »waterboarding« zugeführt zu werden, ließen sich nicht aus meinem inneren Auge vertreiben.

Im Juni 2004 widerrief Goldsmith mit meiner Rückendeckung in aller Form die Rechtsgutachten, in denen das Justizministerium 2002 und 2003 die harten Verhörpraktiken als zulässig bewertet hatte. Wie nicht anders zu erwarten, fiel die Reaktion des Rechtsberaters des Vizepräsidenten, David Addington, wütend aus. Bei einer Sitzung, an der ich nicht teilnahm, zog er ein Stück Karton aus der Tasche, auf dem nach seiner Aussage alle unter Verschluss gehaltenen rechtlichen Bewertungen aufgelistet waren, die das Justizministerium seit dem 11. September geschrieben hatte, und forderte Goldsmith sarkastisch auf, ihm zu erklären, zu welchen von ihnen das Ministerium noch stand. Ich erinnerte Goldsmith daran, dass der Zorn Addingtons für uns ein zunehmend zuverlässiger Indikator dafür war, dass wir uns auf dem richtigen Weg befanden. Nicht dass ich glaube, dass Jack sich danach auch nur einen Deut besser fühlte. Und auch Patrick Philbin konnte aus dieser Überlegung keinen Trost schöpfen. Addington ließ Philbin in einem Vieraugengespräch wissen, er halte ihn für schuldig, mit der Rücknahme der Rechtsgutachten zu Stellar Wind und den Folterverhören seinen Amtseid verletzt zu haben, in dem er sich verpflichtet hatte, die Verfassung der Vereinigten Staaten zu achten und zu verteidigen. Er legte Philbin den Rücktritt nahe und versprach ihm, persönlich dafür zu sorgen, dass er andernfalls nirgendwo mehr im Staatsdienst auf eine Beförderung hoffen könne.

Jack Goldsmith war da schon einen Schritt weiter. Nach neun Monaten an der Spitze der Rechtsabteilung im Justizministerium waren Aufbruchsstimmung und Engelsglanz bei ihm verflogen. Er hatte brutale Schlachten um elektronische Überwachung und Verhörmethoden hinter sich. Gleichzeitig mit dem formellen Widerruf der Folterverhör-Gutachten gab Jack bekannt, dass er wieder an die Universität gehen werde.

Die Ausarbeitung eines neuen Rechtsgutachtens zu Verhörpraktiken fiel nunmehr Dan Levin zu, dem neuen geschäftsführenden Chef der Rechtsabteilung. Auch er war ein talentierter und akribischer Jurist, ein Mann, hinter dessen ernster Miene sich ein ziemlich schwarzer Humor verbarg. Etwas wie Engelsglanz ging von Levin ganz und gar nicht aus. In seiner früheren Rolle als Assistent von Bob Mueller im FBI, wo Mueller als »der Direktor« firmierte, war Levin mit seiner eher finsteren Ausstrahlung von manchen hinter vorgehaltener Hand als »der Begräbnisdirektor« betitelt worden. Levin stürzte sich in die Herkules-Aufgabe, eine neue Rechtsauffassung des Justizministeriums zu den sogenannten »erweiterten Verhörtechniken« auszuarbeiten. Was ich zu der Zeit nicht wusste, war, dass er sich im wahrsten Wortsinn hineinstürzte: Er unterzog sich freiwillig einer »waterboarding«-Behandlung. Es war, wie er mir später sagte, das schlimmste Erlebnis seines Lebens.

Ende Dezember 2004 legten Levin und die Rechtsabteilung endlich das neue Rechtsgutachten zu Verhörpraktiken vor. Es war ein eindrucksvolles Stück gelehrter Denkarbeit – ausführlich, gut durchdacht und eng angelehnt an die Angaben der CIA darüber, welche Methoden real wie gut funktionierten. Das Gutachten leistete etwas Bedeutsames, das die meisten, die die für die Öffentlichkeit freigegebene lange Textfassung lasen, übersahen. Levin gelangte zu dem Schluss, das vorsätzliche Zufügen schwerer *psychischer* Qualen sei eine eigenständige Kategorie unzulässiger Praktiken gemäß dem Gesetz gegen Folter. Das war der springende Punkt. Die ursprünglichen rechtlichen Einschätzungen des Justizministeriums aus dem Jahr 2002 hatten sich ganz überwiegend mit der Zufügung schwerer *körperlicher* Schmerzen befasst. Jetzt wurde mit einem Schlag klar (zumindest mir und Levin), dass bei der kumulierten Anwendung von Verhörtechniken der CIA die Grenze zur Illegalität sehr schnell überschritten werden konnte, weil »psychische Qualen« ein weit gefasster Begriff war. Einen nackten, unterkühlten, unter schwerem Schlafentzug leidenden und unterernährten Menschen an eine Wand zu knallen, seinen Körper in unnatürlichen Posen zu fixieren, ihn mit Ohrfeigen zu traktieren, ihn simuliertem Ertrinken auszusetzen und ihn dann in eine sargartige Kiste zu zwängen, konnte ohne Weiteres zu einer schweren psychischen Traumatisierung führen, besonders wenn die CIA eine solche Behandlung mehrmals wiederholte.

Zwei Arbeitsschritte mussten sich an Levins grundsätzliche Ausarbeitung anschließen: Zum einen mussten die Verhörtechniken der CIA einzeln unter Anlegung der von Levin formulierten Maßstäbe überprüft werden. Das würde wohl ziemlich reibungslos gehen, denn jede einzelne Verhörtechnik schien, für sich betrachtet, kaum geeignet, dem Opfer schwere physische oder psychische Qualen zuzufügen. Die zweite Aufgabe war die, bei der es ans Eingemachte gehen würde: Die CIA und das Weiße Haus wollten die von Levin definierten Maßstäbe auf die »kumulierten Auswirkungen« aller Verhörtechniken anwenden. Daran führte schon deshalb kein Weg vorbei, weil bei keinem Häftling nur eine einzige Technik angewendet wurde. In den »Geheimgefängnissen« unterwarfen die Verhörspezialisten der CIA die Leute einer ganzen Palette brutaler Praktiken. Diese konnten sich sehr schnell zu einer »schweren psychischen Qual« summieren und damit zu einem verbotswidrigen Tatbestand. Es würde schwierig sein, das Programm aufrechtzuerhalten, wenn man vom Justizministerium eine Stellungnahme zu den »kumulierten Wirkungen« anforderte.

Levin verbrachte lange Arbeitstage damit, detailliert zu dokumentieren, was bei den Verhören in jenen »Geheimgefängnissen« tatsächlich vor sich ging. Um das Rechtsgutachten im Jahr 2002 durchzubringen, waren die Verhörpraktiken gegenüber dem Justizministerium als Maßnahmen dargestellt worden, die strengen Regeln unterliegen und mit fast chirurgischer Präzision in einer klinischen Umgebung durchgeführt würden. Obwohl Levin 2004 Himmel und Hölle in Bewegung gesetzt hatte, um in Erfahrung zu bringen, was genau in diesen Gefängnissen vorging, ähnelten seine Bemühungen noch immer dem Versuch, einen Wackelpudding an die Wand zu nageln.

Auch wenn ich Dan Levin nie auf diesen Punkt ansprach, vermute ich doch, dass er meine Hoffnung teilte, das gesamte Verhörprogramm der CIA werde unter dem Gewicht dieser Anforderungen zusammenbrechen. Es war aber natürlich nicht unsere Aufgabe, dies herbeizuführen. Für uns Beamte des Justizministeriums erschöpfte sich unser Auftrag darin, die Faktenlage, wie sie uns von der CIA unterbreitet wurde, juristisch zu bewerten. Auch wenn unsere inneren Stimmen brüllten, dass hier unter dem Verweis auf angebliche Verhörerfolge grauenhafte Dinge getan wurden, durften wir diese Stimmen nicht nach außen dringen lassen. Eine jedoch hallte immer wieder in mir nach: »Lass dich nicht zum Folterknecht machen.«

Nach der Wiederwahl von George W. Bush 2004 hatte John Ashcroft, wie alle Kabinettsmitglieder, dem Präsidenten sein förmliches Rücktrittsschreiben überreicht. Das entsprach einer Tradition, die es dem Präsidenten erlaubte, zu Beginn einer neuen Amtszeit personelle Veränderungen in der Regierung vorzunehmen. Es durfte dabei natürlich gehofft werden, dass Minister, die gute Arbeit geleistet hatten, gefragt würden, ob sie bleiben wollten. Zu Ashcrofts Überraschung nahm der Präsident sein Rücktrittsgesuch an. Und wie um ihm einen weiteren Nadelstich zu versetzen, gab Bush den Namen des Nachfolgers nur wenige Stunden später öffentlich bekannt. Die Wahl, die der Präsident getroffen hatte, empfanden wir alle im Justizministerium als eine schallende Ohrfeige.

Am 10. November 2004 gab Präsident Bush bekannt, dass sein Kandidat für das Amt des Justizministers Alberto Gonzales war. Ich würde als neuen Chef einen Mann vorgesetzt bekommen, der aktiv gegen das eingetreten war, was ich als Pflicht und Verantwortung des Justizministeriums betrachtete: dem Gesetz Geltung zu verschaffen, wie es im Buch stand, und nicht, wie die Regierung es sich zurechtlegte. Einen Mann, dem es offenbar mehr darauf ankam, seinen Boss zufriedenzustellen, als sich mit unangenehmen Wahrheiten zu befassen. Warum Bushs Wahl auf Gonzales fiel, weiß ich nicht, doch vermute ich, dass ihm dabei der uralte Denkfehler amerikanischer Präsidenten unterlief, vor dem ich Jahre später Donald Trump zu warnen versuchte: Weil »Probleme« oft aus der Richtung des Justizministeriums kommen, glauben manche Präsidenten, eine enge Beziehung zum Justizminister könnte ihnen Probleme ersparen. Tatsächlich tritt meist das Gegenteil davon ein.

Am Nachmittag jenes 10. November war ich, da Patrice Geburtstag hatte, zu Hause, als mein Handy klingelte. Zu meiner Überraschung war der Anrufer Gonzales. Er sagte, er melde sich, um mich wissen zu lassen, wie sehr er sich darauf freue, mit mir zusammenzuarbeiten, und er hoffe auf meine weitere Mitarbeit, er werde meine Hilfe brauchen. Ich gratulierte ihm zu seiner Berufung und sagte, ich freue mich ebenfalls auf die Zusammenarbeit mit ihm. Es war das, was ich in der Situation zu sagen für richtig hielt, zumal ich gegen Gonzales persönlich trotz unserer Meinungsverschiedenheiten in der Vergangenheit nichts hatte. Wenn er Justizminister werden sollte, würde ich ihm helfen, ein erfolgreicher Minister zu sein. Meine Hauptsorge war nicht die, dass er Übles vorhaben könnte, sondern die, dass er sich als schwacher Minister entpuppen und eine leichte Beute für Addington und Cheney werden könnte, nach deren Überzeugung der Krieg gegen den Terror eine flexible Auslegung des geschriebenen Rechts, wenn nicht gar dessen Missachtung, rechtfertigte.

Wie ich später erfuhr, hatte Präsident Bush Gonzales gleich nach der Bekanntgabe seiner Ernennung zu sich gerufen und ihm vorgeschlagen, Kontakt mit mir aufzunehmen. Was ich mir damals nicht klarmachte, war, dass ich mit meinem – bis dahin niemals preisgegebenen – Wissen über die Szene an Ashcrofts Krankenbett in den Augen der Regierung Bush so etwas wie eine Zeitbombe war, die jeden Moment hochgehen konnte. Unter diesem Vorzeichen fassten sie mich mit Samthandschuhen an, doch mir war klar, dass das Amt des Stellvertreters von Alberto Gonzales nicht das Richtige für mich war. Im Frühjahr 2005 kündigte ich an, ich werde im August den Dienst quittieren. Wir hatten einen neuen Justizminister, der, so meine Begründung, einen Stellvertreter seiner eigenen Wahl brauchte. Ich war amtsmüde und enttäuscht darüber, auf wen die Wahl zum neuen Justizminister gefallen war. Ohne den Rückhalt, den Ashcroft mir gegeben hatte, hatte ich keine Lust mehr auf weitere, wohl nicht zu gewinnende Machtkämpfe. Wichtiger noch war, dass sich meine Finanzlage nicht gebessert hatte und unsere älteste Tochter an der Schwelle zum Studium stand. Es war Zeit, zu gehen. Ich übersandte dem Präsidenten mein Rücktrittsschreiben – mit Wirkung zum August, um einen geordneten Übergang zu gewährleisten.

Gerade als ich mich anschickte, meinen Schreibtisch im Justizministerium zu räumen, begann Vizepräsident Cheney bei Gonzales auf die baldige Vorlage der beiden ausstehenden Gutachten zu drängen, die er für die rechtliche Absicherung der Verhörpraktiken brauchte. Das Justizministerium hatte nicht nur einen neuen Chef, sondern auch einen neuen geschäftsführenden Leiter der Rechtsabteilung, einen intelligenten und liebenswürdigen Juristen namens Stephen Bradbury. Steve, der keinen geheimdienstpolitischen Erfahrungshintergrund hatte, wartete zwar noch auf seine offizielle Nominierung für das ihm angetragene Amt als Justiziar, sah sich aber schon jetzt gedrängt, die beiden Gutachten fertigzustellen, und zwar so, wie Cheney und seine Leute es haben wollten. Als Patrick Philbin und ich seine Einschätzungen hörten, waren wir enttäuscht: Sie waren oberflächlich, ohne jeden bindenden Bezug zu einem konkreten Fall – in unseren Augen ein zutiefst unverantwortlicher Ansatz.

Wir hatten angeregt, dass Bradbury sich den Fall eines erst jüngst von der CIA verhörten Häftlings vorknöpfen solle. Wir wussten, dass es einen Terrorverdächtigen gab, der sich im Gewahrsam der CIA befand und dessen Vernehmung abgeschlossen war. Wir hatten Bradbury vorgeschlagen, präzise zu beschreiben, was die Vernehmer mit diesem Häftling angestellt hatten, und sich dann eine Meinung darüber zu bilden, ob diese Verhörpraktiken sich noch unterhalb der Schwelle zur Folter bewegten. Nur auf diesem Weg konnte man zu einem verantwortbaren Urteil gelangen. Zufällig handelte es sich bei diesem Beispiel um eines, bei dem die Gesamtheit dessen, was dem Häftling widerfahren war, nach unserer Meinung nicht genügte, um den Tatbestand der Zufügung schwerer Qualen zu erfüllen, wie das Gesetz ihn definierte und wie das Justizministerium ihn nach Maßgabe dieses Gesetzes ausdeutete, auch wenn jeder normal denkende Mensch zu dem Schluss gekommen wäre, dass der Mann gefoltert worden war. Ein unseren Maßstäben genügendes Gutachten wäre also wohl zu dem Ergebnis gelangt, dass die dem Häftling widerfahrenen Verhörpraktiken vom Gesetz gedeckt waren. Das war aber nicht das, was der Vizepräsident erwartete. Er wollte von Bradbury eine pauschale rechtliche Würdigung der Rechtmäßigkeit eines hypothetischen Szenarios – eines »typischen« CIA-Verhörs und nicht einer konkreten Beschreibung dessen, was die CIA tatsächlich mit einem realen menschlichen Wesen veranstaltet hatte.

Ich suchte Justizminister Gonzales auf, um ihm zu erläutern, weshalb ich es für unverantwortlich hielt, ein Rechtsgutachten auf einer solchen hypothetischen Grundlage zu erstellen – und bekam sogleich den Unterschied zu spüren zwischen dem Justizminister, den ich kannte und respektiert hatte, John Ashcroft, und seinem Nachfolger. Achselzuckend beklagte sich Gonzales darüber, dass der Vizepräsident enormen Druck auf ihn ausübte und sogar den Präsidenten angestiftet hatte, beim Justizministerium anzufragen, wann die Gutachten fertig seien. Ich äußerte Verständnis für den Druck, unter dem Gonzales stand, betonte aber zugleich, dass es so etwas wie ein »idealtypisches Verhör« nicht gab. An Verhören seien immer reale Vernehmer beteiligt, die auf reale Häftlinge reagierten, sie ohrfeigten, sie halb erfrieren ließen, sie in Kisten sperrten und vieles andere in Variationen und Kombinationen, die jedes Verhör zu einem einzigartigen Ereignis machten. Man konnte unmöglich ein »vorausschauendes« Gutachten erstellen, ohne den Eindruck zu erwecken, es handle sich um einen vom Justizministerium ausgestellten Blankoscheck. Ich warnte Gonzales, dass eines Tages, wenn dies alles öffentlich würde, der Eindruck entstehen könnte, hier habe ein Justizminister dem Druck des Weißen Hauses nachgegeben und etwas getan, das wir alle später zutiefst bereuen würden.

Wenn es etwas gibt, das die Leute in Washington zum Handeln bewegt, dann ist es die Furcht vor negativen Schlagzeilen. In diesem Sinne brachte das, was ich ihm sagte, Gonzales zum Nachdenken. Es sah fast so aus, als hätte er darüber noch nie nachgedacht. »Darin stimme ich Ihnen zu, Jim«, sagte er schließlich. Er wies mich an, mich mit Bradbury zusammenzusetzen und die Möglichkeit eines anderen Ansatzes zu prüfen.

Meine Erleichterung hielt nicht lange an. Am Abend des folgenden Tages telefonierte ich mit dem Stabschef des Justizministeriums. Von ihm erfuhr ich, dass die Gutachten zu Verhörtechniken schon am nächsten Tag beglaubigt und versandt würden. Es blieb keine Zeit mehr. Ich wandte ein, der Justizminister habe mir gestern noch genau das Gegenteil versichert. Der Stabschef antwortete, die Dinge hätten sich eben geändert.

Bradbury beglaubigte und unterschrieb die beiden Gutachten, die genau so blieben, wie er und das Weiße Haus sie haben wollten. Eine Woche später leitete das Weiße Haus den Prozess der biografischen Recherche (»background check«) ein, Voraussetzung für Bradburys förmliche Nominierung zum Stellvertretenden Justizminister. Der Machtkampf um die Rechtshoheit war vorbei.

Jetzt, da wir nicht mehr mit der Rechtsaufsicht in Sachen Folter betraut waren, fühlte ich mich frei, einen Schritt zu tun, den ich mir bis dahin verkniffen hatte. Ich wandte mich an den Justizminister mit der Bitte um die Erlaubnis, vom Nationalen Sicherheitsrat NSC (National Security Council) einen politischen Gesamtüberblick über das Verhörprogramm anzufordern. Im typischen Fall führt eine solche Anforderung zur Erstellung eines umfassenden Berichts durch das Deputies Committee des NSC, dem ich ebenso angehörte wie meine Rangkollegen aus den anderen maßgeblichen Ministerien und Behörden der Regierung Bush. Im Deputies Committee wurden oft politische Themen und schwierige Fragen durchgekaut, bevor die Ressortchefs sich persönlich mit den Problemen befassten. Es war ein Personenkreis, in dem ich sicher sein konnte, meine Argumente darlegen zu können. Wir würden dort eine aufrichtige, ressortübergreifende Diskussion darüber führen, ob wir mit Menschen so umgehen durften, wie wir es taten. Leider bekam ich dann doch nicht die Möglichkeit dazu.

Wie ich wenig später erfuhr, hatte man die von mir angestoßene Diskussion über Gefahrenabwehr und Folter von der Ebene des Deputies Committee überraschend auf die Ebene des Principals Committee hochverlagert, in dem ausschließlich die obersten Chefs der wichtigsten Behörden aus dem Bereich der nationalen Sicherheit vertreten sind, Leute wie der Verteidigungsminister, der Außenminister, der CIA-Direktor und der Justizminister. Das bedeutete, dass meine Leute und ich Alberto Gonzales instruieren mussten, unsere Bedenken und Einwände vorzubringen, denn außer ihm durfte kein Vertreter des Justizministeriums an der Runde teilnehmen. Na dann.

Als Pat Philbin und ich uns mit Gonzales zusammensetzten, um ihn auf die für den 31. Mai 2005 im Weißen Haus anberaumte Erörterung vorzubereiten, konfrontierte uns der Justizminister gleich zu Beginn mit einer unheilvollen Nachricht. Er sagte, Condi Rice, die Nationale Sicherheitsberaterin gewesen war, als das Verhörprogramm ins Leben gerufen worden war, und die jetzt die Nachfolge von Colin Powell im Außenministeramt angetreten hatte, sei »nicht an einer Diskussion über Details interessiert«. Rice habe, so fügte er erläuternd hinzu, ihre Position so umrissen:»Wenn das

Justizministerium sagt, es ist legal, und die CIA sagt, es ist wirksam, dann ist Ende Gelände. Dann braucht es keine eingehende politische Diskussion mehr.«

Wohl wissend, dass ich nie mehr die Gelegenheit erhalten würde, meine Argumente den Mitgliedern des Nationalen Sicherheitsrats vorzutragen, taten Philbin und ich unser Bestes, Gonzales für ein Plädoyer im Sinne des Justizministeriums zu wappnen. Einer unserer Einwände lautete: Nur weil etwas als legal eingestuft wird – auf Grundlage einer Rechtsmeinung, mit der wir nicht übereinstimmen – und angeblich eine Wirkung erzielt, heißt das nicht, dass es unbedenklich ist. Wieder erinnerte ich ihn daran – in der Hoffnung, er werde seine Kollegen im Kabinett daran gemahnen –, dass unsere Verhörmethoden und die fragwürdige rechtliche Grundlage, die wir für sie in Anspruch nahmen, eines Tages an die Öffentlichkeit gelangen und dass dann der Präsident und das Land sehr schlecht dastehen würden. Ausdrücklich wies ich darauf hin, dass von einem dieser CIA-»Verhöre« Videoaufnahmen existierten.

Ich zeigte Gonzales eine Liste, die ich auf ein postkartengroßes Stück dicken cremefarbenen Karton geschrieben hatte. Es war eine Aufzählung all dessen, was einem Menschen in Übereinstimmung mit dem aktuell laufenden und vom Justizministerium unter seinem Chef Gonzales autorisierten CIA-Verhörprogramm angetan werden durfte: Von dem Karton ablesend, zeichnete ich ihm das Bild eines Menschen, der tagelang nackt in einem ungeheizten Raum stehen muss, die Hände an der Decke angekettet, mit einer Windel um die Lende, in die er seine Notdurft verrichtet, mit ohrenbetäubender Heavy-Metal-Musik beschallt und pausenlos mit grellem Licht bestrahlt. Man löst dann seine Kette, nur um ihm Schläge ins Gesicht und in den Bauch zu versetzen, ihn mit Wucht an die Wand zu stoßen, ihn mit kaltem Wasser abzuspritzen und ihn anschließend zu Körperhaltungen und Posen zu zwingen, die seine Muskeln und Sehnen extrem strapazieren, dies alles, obwohl sein Körper dank einer stark kalorienreduzierten Flüssigdiät schon äußerst geschwächt ist. Wenn er nicht mehr bewegungsfähig ist, sperrt man ihn stundenlang in eine Kiste von der Größe eines Sargs und kettet ihn danach wieder an die Decke. Und natürlich wird in besonderen Fällen zusätzlich noch eine Lektion in »waterboarding« verabreicht.

»So sieht es aus«, sagte ich dem Justizminister, indem ich meinen Karton hochhielt, »auf die Details kommt es an.« Ich bat ihn dringend, dafür zu sorgen, dass alle Mitglieder des Nationalen Sicherheitsrats mit diesen Details konfrontiert würden, während sie über die zukünftige Verhörpolitik unseres Landes entschieden.

Gonzales legte eine lange Denkpause ein, wie er es oft tat. Er dankte mir dann dafür, dass ich diese Dinge zu seiner Kenntnis gebracht hatte, und fragte, ob er meinen Karton mit der handgeschriebenen Liste behalten und bei der Besprechung benutzen könne. Ich reichte ihn ihm hinüber, ging hinaus und betete darum, etwas bewirkt zu haben.

In den Stunden unmittelbar nach der Sitzung des Principals Committee hörte ich nichts. Am späten Nachmittag war ich bei einer Sitzung, in der es um politische Richtlinien für Gerichtsurteile ging und an der auch der Justizminister teilnahm. Vor den Ohren der anderen berichtete er mir ungefragt, die Besprechung im Weißen Haus sei sehr gut verlaufen; er habe den anderen Principals genau die Dinge gesagt, um die ich ihn gebeten hatte, doch leider hätten sie sich ausnahmslos für die Beibehaltung der gegenwärtigen Verhörpolitik ausgesprochen.

Es gab also keinen Kurswechsel: Die CIA konnte mit ihrem Programm der »erweiterten Vernehmungen« fortfahren. Menschen, die sich im Gewahrsam der US-Regierung befanden, würden weiterhin brutalen und grauenhaften Praktiken ausgesetzt werden. Meinen Karton bekam ich nie zurück. Zwei Monate später verließ ich den Staatsdienst. Nie würde ich wieder dahin zurückkehren.

8

IN HOOVERS SCHATTEN

Die wichtigste Eigenschaft einer Führungspersönlichkeit ist zweifellos persönliche Integrität. Ohne diese ist kein echter Erfolg möglich, ob bei einem Gleisarbeitertrupp oder auf dem Footballfeld, in der Armee oder im Büro.

DWIGHT D. EISENHOWER

Im Frühsommer 2013 befand ich mich plötzlich an einem Ort, von dem ich gedacht hatte, ich würde ihn mit Sicherheit nie wiedersehen.

An dem strahlend schönen Tag, an dem Präsident Barack Obama im Rosengarten des Weißen Hauses meine Ernennung zum FBI-Direktor und Nachfolger von Bob Mueller bekannt geben wollte, standen der Präsident, Mueller und ich allein im Oval Office und warteten darauf, in den Garten hinauszutreten, wo die Journalisten bereits versammelt waren.

Gerade als wir in Sichtweite der Kameras kamen, hielt uns der Präsident an. Mit ernstem Gesichtsausdruck musterte Obama mich und meinte: »Jim, eins muss ich Ihnen noch sagen.«

Ich schaute wohl ziemlich verwirrt drein, denn der Präsident deutete sofort mit einer Kopfbewegung zu Mueller hinüber und fügte hinzu: »Bob hat mir vor einiger Zeit etwas versprochen, und dieses Versprechen sollten Sie mir auch geben.« Was konnte er von mir wollen? Der Präsident hatte mir versichert, ich würde völlig unabhängig arbeiten können. Verlangte er nun etwa geheime Zusicherungen von mir?

Der Präsident machte eine kurze Pause, wie um die Bedeutung dieses Augenblicks zu unterstreichen. Dann fuhr er fort: »Bob hat mir immer erlaubt, im Fitnessbereich des FBI Basketball zu spielen. Und das müssen Sie unbedingt auch tun.«

Ich lachte. »Natürlich, Mr. President. Der Fitnessbereich *gehört* Ihnen ja in gewisser Weise.«

Obwohl ich Basketball mag, war mir in dem Moment schon klar, dass ich nie mit dem Präsidenten spielen würde. Ich spiele auch gern Golf, trotzdem würde ich mich nie mit dem Präsidenten auf eine Partie treffen. Der FBI-Chef kann mit dem Präsidenten nicht auf dieser Ebene verkehren. Der Grund dafür liegt eigentlich auf der Hand. Zumindest dachte ich das.

Nachdem ich das Justizministerium unter der Regierung von George W. Bush im August 2005 verlassen hatte, war ich in die Privatwirtschaft gegangen. Ich hatte fünf Kinder, die bald im Abstand von jeweils zwei Jahren ans College gehen würden, und in den fünfzehn Jahren im Staatsdienst hatte ich nicht so gut verdient, dass ich Ersparnisse hätte anhäufen können. Es war also an der Zeit, etwas Geld zu verdienen. Zunächst war ich fünf Jahre als leitender Justiziar bei dem Rüstungsunternehmen Lockheed Martin tätig, dann drei Jahre in derselben Funktion für ein Investmentunternehmen namens Bridgewater Associates in Connecticut. Anfang 2013 verließ ich Bridgewater und begann als Fellow an der juristischen Fakultät der Columbia University, denn Unterrichten finde ich außerordentlich bereichernd. Schwerpunkt meiner Dozententätigkeit war nationale Sicherheit.

Im März jenes Jahres rief mich ganz unerwartet Justizminister Eric Holder an und fragte, ob ich mich nicht um den Posten des FBI-Direktors bewerben wolle. Er gab mir zwar keine feste Zusage, ließ aber durchblicken, er würde sich wohl kaum persönlich bei mir melden, wenn ich nicht in der engeren Wahl wäre.

Ich war einigermaßen überrascht von diesem Vorschlag. Vielleicht, weil ich so an die Seilschaftenmentalität in Washington, D.C. gewöhnt war, dass ich kaum glauben konnte, ein Demokrat würde für ein derart wichtiges Amt jemanden ins Auge fassen, der bereits von seinem republikanischen Vorgänger ernannt worden war. Außerdem belegten die öffentlichen Parteispendenlisten klar und deutlich, dass ich für Präsident Obamas politischen Gegner gespendet hatte.

Und so richtig begeistert war ich nicht von der Aussicht, denn für meine Familie würde dieser Posten eine enorme Belastung darstellen. Ich nannte Holder keine Gründe, aber Patrice schrieb zu jener Zeit an ihrer Doktorarbeit und arbeitete im Rahmen ihrer Promotion als Beraterin in einer ambulanten Klinik für psychisch Kranke in Bridgeport. Eines unserer Kinder war gerade in der Abschlussklasse der Highschool, wir hatten damit begonnen, Pflegekinder in unsere Familie aufzunehmen, und die damit verbundenen Verpflichtungen endeten nicht damit, dass sie unser Haus wieder verließen. Holder bat mich, ich solle es mir in Ruhe überlegen. Ich meinte, ich würde einmal darüber schlafen, aber die Antwort wäre vermutlich eher Nein.

Als ich am nächsten Morgen aufwachte, war Patrice nicht im Schlafzimmer. Ich ging nach unten und fand sie am Küchentisch vor dem Laptop. Sie suchte nach Kaufangeboten für Häuser in der Region um Washington, D.C.

»Was treibst du denn da?«, fragte ich.

»Ich kenne dich, seit du neunzehn warst. Das ist genau deins. Das liegt dir. Also geh hin und tu dein Bestes.« Dann schwieg sie kurz, ehe sie hinzufügte: »Sie werden dich wohl sowieso nicht nehmen.« Sie mochte Präsident Obama, hatte ihn auch gewählt, doch sie dachte, die Aufforderung, mich zu bewerben, habe nur den einen Grund, der Form Genüge zu tun. Später gestand sie mir, sie habe einfach nicht gewollt, dass ich jahrelang mit Trauermiene durch die Gegend lief und mir ausmalte, was hätte sein können. Sie glaubte wie ich, dass der Präsident wohl kaum jemanden ernennen würde, der unter der Bush-Regierung Dienst getan hatte.

Nach ersten Vorstellungsgesprächen mit seinen Mitarbeitern lernte ich Präsident Obama im Oval Office kennen. Er saß an derselben Stelle, wo Präsident Bush immer gesessen hatte – in einem Lehnsessel mit dem Rücken zum Kamin, gleich neben der Standuhr. Ich setzte mich links von ihm aufs Sofa, auf das Polster, das ihm am nächsten war. Kathy Ruemmler, die Rechtsberaterin des Weißen Hauses, setzte sich mir gegenüber.

Ich war Präsident Obama zuvor noch nie begegnet. Zwei Dinge an ihm beeindruckten mich besonders: zum einen, wie viel dünner er in Wirklichkeit aussah, zum anderen seine Konzentrationsfähigkeit. Als Ruemmler und ich vor dem Oval Office auf den Beginn des Meetings warteten, hatte ich den Präsidenten an seinem Schreibtisch stehen sehen. Er telefonierte. Kathy erklärte, dass er mit dem Gouverneur von Oklahoma sprach. Einige Tage zuvor war ein Tornado historischen Ausmaßes über den Bundesstaat hinweggefegt, es hatte zwei Dutzend Todesopfer und Hunderte Verletzte gegeben. Obama legte auf, winkte mich in den Raum, redete kurz über die Tragödie in Oklahoma und ging dann sofort zu einem anderen Thema über – dem FBI.

Seine Stimme wurde beinahe feierlich, als er erklärte, warum er die Berufung des FBI-Direktors so ernst nahm. »In gewisser Weise sind dieser Posten und der Oberste Gerichtshof die beiden wichtigsten Personalentscheidungen, die ein Präsident treffen kann, denn hier entscheide ich für die Zukunft«, erklärte er, »Sie werden noch dort sein, nachdem ich längst weg bin.« Er seinerseits halte die lange Amtsperiode des FBI-Chefs für einen Segen und hoffe, dass ich, sollte ich das Amt übernehmen, einem späteren Präsidenten zur Seite stehen würde. Er zum Beispiel, fuhr er fort, sei in seinen Anfängen als noch unerfahrener Präsident zu militärischen Entscheidungen gedrängt worden, weil die führenden Militärs entsprechend Druck ausgeübt hätten. Ohne es direkt zu sagen, klang es so, als bedauere er, zu jener Zeit keinen erfahrenen Ratgeber an seiner Seite gehabt zu haben. Er jedenfalls fände es gut, wenn ich einem späteren, vielleicht ebenso unerfahrenen Präsidenten helfen könnte, Entscheidungen über Fragen der nationalen Sicherheit auf eine bessere Grundlage zu stellen.

Wir sprachen darüber, dass die Notwendigkeit, die Weitergabe geheimer Informationen genau zu untersuchen, und die Gewährleistung der Pressefreiheit grundsätzlich in einem gewissen Widerspruch zueinander stünden. Die Bemühungen des Justizministeriums, solche Nachrichtenleaks aufzuspüren, waren damals in aller Munde, und die Presse lief Sturm gegen das angeblich »harte Durchgreifen der Obama-Regierung«. Wir unterhielten uns nicht über einzelne Fälle, aber ich vertrat die Auffassung, dass ein vernünftiges Gleichgewicht in diesem Fall nur durch verantwortungsbewusste Führung erreicht werden konnte. Es stimmte einfach nicht, wenn behauptet wurde, Ermittler würden niemals Informationen bei Journalisten einholen. Aber ebenso übertrieben war die Behauptung, die Pressefreiheit sei gefährdet, wenn wir im Falle solcher Leaks strafrechtliche Ermittlungen anstellten. Wir konnten sehr wohl die Pressefreiheit und geheime Informationen zugleich schützen.

Was mich aber am meisten überraschte – und mich von Patrice' Ansicht, das Vorstellungsgespräch hier sei reine Zeitverschwendung, abweichen ließ –, war, welche Auffassung der Präsident von den Aufgaben eines FBI-Chefs hatte. Es stellte sich heraus, dass Präsident Obama dieses Amt ganz anders sah, als ich oder die meisten seiner Parteigänger angenommen hatten. Er sagte: »Ich will vom FBI keine Hilfe in Dingen der Politik. Ich brauche Kompetenz und Unabhängigkeit. Ich muss nachts ruhig schlafen können in dem Gefühl, dass der Laden gut geführt wird und das amerikanische Volk geschützt ist.« Anders als ich gedacht hatte, war es vermutlich zu meinem Vorteil, dass ich politisch von ihm unabhängig war.

Ich antwortete, dass ich das auch so sähe. Das FBI solle unabhängig von politischen Einflüssen operieren. Ebendas solle ja durch die zehnjährige Amtszeit des Direktors gewährleistet sein.

Unmittelbar nach meinem Treffen mit Präsident Obama rief ich Patrice an und konnte mir einen Klugscheißer-Kommentar nicht verkneifen: »Deine Annahme, es fehle diesen Leuten an Urteilsvermögen, ist wohl unbegründet.« Ich hatte ein gutes Gefühl nach dem Gespräch mit Obama, daher nahm ich die Ernennung an, als sie mich erreichte. Meine Familie würde die nächsten zwei Jahre in Connecticut bleiben, um alles abzuwickeln, was wir dort an Verpflichtungen hatten. Und ich hatte natürlich vor, meine zehnjährige Dienstzeit als FBI-Direktor bis zum Jahr 2023 zu erfüllen. Was hätte dem auch entgegenstehen sollen?

Nachdem Präsident Obama entschieden hatte, dass ich der Kandidat seiner Wahl war, hatte er mich zu meiner Überraschung, noch vor der offiziellen Bekanntgabe, ein zweites Mal zu sich ins Oval Office eingeladen. Wir saßen wieder so wie bei der ersten Begegnung, und auch diesmal war Kathy Ruemmler dabei. Der Präsident eröffnete das Gespräch damit, dass er mir erklärte, warum ich hier war: »Sobald Sie einmal Direktor des FBI sind, werden wir uns nicht mehr so einfach wie jetzt unterhalten können.« Er spielte darauf an, dass unsere Regierungschefs seit über vierzig Jahren wissen, dass der Präsident der USA und der Direktor des FBI Abstand halten müssen. Das FBI muss nicht selten Ermittlungen über hohe Regierungsbeamte anstellen, was den Verlauf der Präsidentschaft entscheidend beeinflussen kann. Um glaubwürdig zu sein – sowohl faktisch als auch in der öffentlichen Wahrnehmung –, dürfen weder das FBI noch sein Direktor enge Kontakte mit dem Präsidenten pflegen. Daher unterhielten wir uns ein letztes Mal so ungezwungen wie ehemalige Studienkollegen. Präsident Obama und ich diskutierten über Themen, die nicht in den Arbeitsbereich des FBI-Direktors fallen, zum Beispiel über die Frage, ob man Drohnen einsetzen dürfe, um Terroristen zu töten. Was mich tief beeindruckte, war vor allem seine Gabe, bei einer so hochkomplexen Frage ganz unterschiedliche Standpunkte korrekt zu erfassen. Und er wollte mich wohl noch einmal in Augenschein nehmen, prüfen, wie ich Probleme durchdachte, bevor er meine Ernennung offiziell machte.

Als ich aus der Tür trat, meinte ich zu Kathy Ruemmler noch, wie sehr mich diese hoch spannende Diskussion erstaunt hätte: »Ich kann kaum glauben, dass jemand mit einer so schnellen Auffassungsgabe tatsächlich zum Präsidenten gewählt wurde.«

Präsident Obama und ich führten danach nie wieder eine nicht dienstliche Unterhaltung.

Ich hatte nur sechs Vorgänger, die dem FBI seit 1935, als das Federal Bureau of Investigation seinen offiziellen Namen erhielt, als Direktoren vorgestanden hatten. Der erste, der legendäre J. Edgar Hoover, hatte die Organisation fast fünfzig

Jahre lang geführt (und davor das Bureau of Investigation, den Vorläufer des FBI). Hoover etablierte eine Kultur, bei der seine Person im Mittelpunkt stand und die das FBI und seine Agenten für lange Zeit prägte. Jahrzehntelang regierte Hoover mit eiserner Hand und jagte allen Politikern eine Heidenangst ein. Er hatte von vielen »persönliche Akten« angelegt, was er ihnen auch deutlich machte. Er speiste und trank mit Präsidenten und Senatoren, bot ihnen sogar die Dienste des FBI an, wenn es seinen Zwecken förderlich war, und schüchterte sie damit ein, wenn es ihm opportun erschien.

Innerhalb des FBI war der Direktor also der absolute Dreh- und Angelpunkt. Hoovers Führungsstil brachte dem FBI enormen Ruhm und damit Aufmerksamkeit und Macht. Doch er schuf auch ein Arbeitsklima, in dem das Hauptziel der Agenten und ihrer Vorgesetzten war, Hoover möglichst nicht aufzufallen. Sag ihm, was er hören will, und geh danach wieder an die Arbeit. Diese Mentalität war schwer zu verändern, selbst Jahrzehnte nach Hoovers Tod.

Bevor ich 2013 als FBI-Direktor vereidigt wurde, hospitierte ich eine Woche lang bei Bob Mueller. Bob, ein ehemaliger Marinesoldat, war als FBI-Direktor ziemlich alte Schule. Mit »Gefühlsduseleien«, wie er das nannte, hatte er nichts am Hut. In den schlimmen Tagen nach dem 11. September 2001 überzeugte seine Frau ihn, dass er sich um seine Leute kümmern müsse. Schließlich stünden sie gerade unter enormem Stress. Daraufhin ging Bob am nächsten Morgen – so wurde mir berichtet – sehr früh ins Büro. Pflichtbewusst rief er jeden einzelnen seiner Abteilungsleiter an, die gerade mal zehn Sekunden Fußweg von ihm entfernt saßen, und fragte sie: »Na, wie geht's denn?« Und als jeder von ihnen höflich antwortete: »Danke, gut, Sir«, hängte er ein.

Mueller nahm seine Aufgabe, mich auf seine Nachfolge vorzubereiten, sehr ernst, was für ihn typisch war. Am ersten

Morgen meiner Hospitanz erklärte er mir, er hätte Gespräche mit den einzelnen Abteilungsleitern arrangiert. Ich sollte sie zu Gesprächen unter vier Augen treffen, damit sie mir die spezifischen Herausforderungen und Möglichkeiten ihrer Ressorts erläutern könnten. Nach jeder dieser Sitzungen, so Mueller ohne auch nur den Anflug eines Lächelns, würde er sich dann mit mir treffen: »Um Ihnen zu sagen, was dort wirklich läuft.« Das schockierte mich. Das FBI soll schließlich die Wahrheit herausfinden. Warum also sollte mir der Direktor nach dem Treffen mit den Abteilungsleitern sagen, »was dort wirklich läuft«. Bob nahm also entweder an, dass seine ranghöchsten Beamten nicht wussten, was im FBI vorgeht, oder dass sie dies mir, ihrem neuen Boss, nicht sagen würden. Ich vermutete, er ging von Letzterem aus.

Meiner Erfahrung nach zögern viele Angestellte, ihrem Chef die Wahrheit zu sagen und nichts als die Wahrheit – aus teilweise durchaus nachvollziehbaren Gründen. Ich hörte förmlich die Stimmen abgebrühter FBI-Veteranen aus dem Film *Departed – Unter Feinden*: »Was soll das denn bringen? Das kann dir doch nur schaden. Chefs sind wie Pilze: Lass sie im Dunkeln und füttere sie mit Scheiße.« Ich bewunderte Bob, gerade auch wegen der Art, wie er das FBI nach dem 11. September geprägt und verändert hatte. Er hatte die trennenden Mauern niedergerissen und das FBI über sein Erbe als landesweite Detektei hinauswachsen lassen. Bob hatte die Organisation zu einem vollwertigen Mitglied der Nachrichtendienste gemacht. Er hatte gezeigt, dass es ein Fehler wäre, das FBI einzig auf Ermittlungen in normalen Strafsachen zu beschränken und für die Antiterrorbekämpfung eine eigene Einheit zu gründen. Er hatte das FBI in beiden Aufgabenbereichen stark gemacht. Ich hatte größten Respekt vor seiner Leistung, aber ich wollte einen offeneren Führungsstil signalisieren.

Am 4. September 2013 wurde ich offiziell als siebenter Direktor des FBI vereidigt. Nach einer kurzen Verzögerung, weil der Kongress sich nicht über den aktuellen Haushalt einigen konnte und die Regierungsbehörden wegen fehlender Mittel ihre Arbeit eine Zeit lang einstellen mussten, hielten wir im Oktober im FBI-Hauptquartier eine öffentliche Berufungsfeier ab. Präsident Obama war bei der Zeremonie selbst zugegen, und ich konnte mir ein Bild davon machen, was ihn zu einer so überzeugenden Führungsfigur machte.

Natürlich waren auch Patrice und die Kinder da. Die beiden älteren Töchter hatten ihren Freund mitgebracht, und wir ließen uns alle mit dem Präsidenten auf dem Erinnerungsfoto verewigen. Obama erinnerte sich, was wir ihm über die Familie erzählt hatten. Er lächelte für das erste Foto, dann aber sagte er mit einem Augenzwinkern: »Hey, warum machen wir nicht noch ein Foto ohne die Jungs? Man weiß ja nie!« Er schien einen Scherz zu machen, und tatsächlich war niemand beleidigt. Doch mir war klar, dass er umsichtig war wie nur wenige. Was, wenn die Dinge zwischen den Mädchen und ihren Freunden nicht so liefen, wie es jetzt aussah? Würde, dass sie mit auf dem Foto waren, den Comeys dann für immer ein Stachel im Fleisch sein? Also winkte er die Jungs launig aus dem Bild, und wir lachten alle. (Zu meiner großen Freude darf ich mitteilen, dass einer der Jungs heute schon mein Schwiegersohn ist und der andere es bald sein wird.)

Sicher, es war eine Kleinigkeit, doch Präsident Obama ließ hier einen Sinn für Humor erkennen, eine gewisse Einsicht und die Gabe, auf sein Umfeld einzugehen, die ich später an ihm noch schätzen lernte. Dies sind durchweg wesentliche Eigenschaften für einen guten Führungsstil. Vor allem der Sinn für Humor ist ein guter Indikator für das Ego, sozusagen der »Lackmustest«. Und diese Balance zwischen Selbstvertrauen und Bescheidenheit ist für effektives Führen unentbehrlich. Aufrichtiges Lachen erfordert ein gewisses Selbstvertrauen, denn wir alle sehen ein klein bisschen dämlich aus, wenn wir lachen. Das macht uns verwundbar, was unsichere Menschen nicht ertragen können. Außerdem drücken wir mit unserem Lachen häufig unsere Anerkennung für etwas Witziges aus, das ein anderer gesagt hat. Sie gehen da nicht auf den anderen zu und sagen ihm, dass er komisch war. Sie lachen einfach und erkennen ihn damit an. Auch dies ist unsicheren Menschen nicht möglich.

Auch Präsident Bush hatte einen ausgeprägten Sinn für Humor, doch der ging oft auf Kosten anderer. Er neckte Menschen, wobei er den Bogen manchmal überspannte. Möglicherweise überspielte er damit auch eine gewisse Unsicherheit. Er spöttelte über andere immer auf eine Weise, die zeigen sollte, dass er über ihnen stand. Das war ein bisschen seltsam, da er ja Präsident der Vereinigten Staaten war. Und natürlich der beste Weg, die Leute davon abzuhalten, seine Argumente infrage zu stellen.

Präsident Obama konnte mit anderen lachen und machte sich bei so mancher Gelegenheit über sich selbst lustig, wie Bush allenfalls mal bei einer Jahrgangs-Abschlussfeier an der Universität, als er »den anderen Dreier-Studenten« sagte, sie könnten ebenfalls Präsident der Vereinigten Staaten werden. Anders als Bush aber stellte sich Obama niemals über andere, wenn er Witze machte. Das zeigte mir, wie groß sein Selbstvertrauen ist.

Der Aufgabenbereich des FBI-Direktors umfasst sehr viel mehr, als von außen sichtbar ist. Vor allem aber mehr, als in Filmen gezeigt wird, wo es ja fast immer nur um einzelne Fälle geht und darum, Verbrecher dingfest zu machen. Doch der Direktor ist Chef einer außerordentlich komplexen Organisation. Die Tage begannen früh am Morgen, wenn die Personenschützer mich abholten und zur Arbeit brachten. Ich genoss bereits als Stellvertretender Justizminister unter der Bush-Regierung Personenschutz vonseiten der U. S. Marshals, doch mein neues Team bestand aus speziell ausgebildeten FBI-Agenten. Das Team war sehr viel größer und die Bewachung umfassender, weil die Gefahrenlage für den FBI-Chef größer ist.

Wie die U. S. Marshals, die mich als Stellvertretenden Justizminister beschützten, wurden die für mich zuständigen Special Agents des FBI bald Teil der Familie. Was gut ist, denn wir stellten sie auf eine harte Probe, wie dies nur unter Familienmitgliedern möglich ist. Einmal waren wir in Iowa, weil irgendjemand aus Patrice' Familie heiratete. Ich ging früh zu Bett, während Patrice noch aufblieb und mit den Kindern und den Neffen und Nichten Karten spielte. Wie immer wurde mein Hotelzimmer genauestens untersucht, mit allen möglichen Alarmvorrichtungen ausgestattet, und ich war, wenn ich mich im Hotel bewegte, ständig von FBI-Agenten umgeben. Und wie immer bekam ich so ein Ding mit einem Knopf, den ich im Notfall drücken sollte. Das Teil war mir unheimlich, daher legte ich es im Hotel immer so weit wie möglich von mir weg, damit ich nachts nicht versehentlich auf den Knopf drückte. An jenem Abend platzierte ich es auf ein Sideboard im vorderen Zimmer und legte mich dann weit entfernt davon schlafen.

Allerdings hatte ich Patrice nicht gesagt, dass ich das gute Stück auf das Sideboard gelegt hatte. Eben vor diesem Sideboard zog sie sich um zwei Uhr morgens leise um, um mich nicht zu wecken. Sie muss wohl etwas auf den Knopf gelegt haben, jedenfalls hämmerte fünf Sekunden später jemand gegen unsere Tür. Sie öffnete die Tür einen Spalt und sah den Chef unseres Sicherheitsteams draußen stehen. Er nahm eine

etwas merkwürdige Position ein und trug nur T-Shirt und Boxershorts. Die Hand hielt er hinter dem Rücken versteckt. Er wirkte angespannt.
»Ist alles in Ordnung, Ma'am?«
»Ja. Ich mache mich gerade zum Schlafengehen fertig.«
»Sind Sie auch ganz sicher, dass alles in Ordnung ist, Ma'am?«
»Ja.«
»Könnte ich vielleicht den Direktor sehen?«
»Er schläft im anderen Zimmer.«
»Würden Sie bitte einmal nach ihm sehen?«
Patrice ging zur Schlafzimmertür, sah nach mir und berichtete: »Ich sehe ihn. Er schläft. Es geht ihm gut.«
»Danke, Ma'am. Bitte entschuldigen Sie die Störung.«
Was Patrice nicht sehen konnte und was man mir am nächsten Morgen berichtete, war, dass sich rechts und links von der Tür eine Reihe von Agenten gegen die Wand drückten, die Waffen hinter ihrem Rücken versteckt. Sie hatte den Knopf betätigt. Mein Fehler.

Innerhalb des FBI wird die Waffenkultur voller Stolz gepflegt. Waffen in den Händen der *good guys* waren ein wesentlicher Bestandteil des FBI-Lebens. Bei jedem Mitarbeiter-Meeting waren mindestens achtzig Prozent der Teilnehmer bewaffnet. Irgendwann habe ich mich daran gewöhnt, unter dem Jackett ein Schulterhalfter hervorblitzen zu sehen, wann immer der stellvertretende Direktor vor meinem Schreibtisch Platz nahm. Schließlich ist der stellvertretende Direktor der höchstrangige Special Agent der ganzen Organisation und daher immer bewaffnet, außer er ist auf dem Weg ins Weiße Haus. Natürlich hätte auch ich als FBI-Chef eine Waffe tragen können, aber ich fand, das würde mein Leben nur komplizieren. Bob Mueller sah das auch so. Außerdem war ich ja den ganzen Tag von Bewaffneten umgeben. Wäre ich in den

Händen des FBI nicht sicher gewesen, hätte unser Land ein ernsthaftes Problem gehabt. Sean Joyce, der mein erster stellvertretender Direktor war, erwarb sich einen gewissen Ruf innerhalb der Organisation, weil er eine sehr spezielle Art hatte, auf die E-Mail eines Bürokraten zu reagieren, der alle Mitarbeiter aufforderte, sofort in Deckung zu gehen, sobald ein »aktiver Schütze« am Arbeitsplatz auftauche. Sean drückte auf den Allen-antworten-Button und schrieb, dass jeder Special Agent, der sich dieser Anweisung folgend in Sicherheit bringe, statt dem »aktiven Schützen« entgegenzutreten, sich als gefeuert zu betrachten habe.

Bei der morgendlichen Fahrt zur Arbeit saß ich lesend auf dem Rücksitz des vollgepanzerten schwarzen Suburban und bereitete mich auf die ersten beiden Besprechungen des Tages vor. Zuvor hatte ich an meinem Schreibtisch schon die Anträge des Justizministeriums auf elektronische Überwachung in sicherheitsrelevanten Fällen gelesen, die das FBI betrafen. Jeder Antrag muss vom Direktor persönlich oder in dessen Abwesenheit von seinem Stellvertreter genehmigt werden. Jeder Antrag war ein Papierstapel von gut zwei Zentimetern Dicke. Und der Stapel der Anträge erreichte an so manchem Morgen eine Höhe von mehr als dreißig Zentimetern. Nachdem ich die Anträge durchgesehen und abgezeichnet hatte, las ich die Zusammenfassung der als geheim eingestuften nachrichtendienstlich relevanten Informationen, um mich in puncto Terrorismusbekämpfung und Bedrohungen durch ausländische Geheimdienste auf den neuesten Stand zu bringen. Schließlich gehörte auch das zum Aufgabengebiet des FBI. Danach las ich die Berichte über die nicht geheimen Aspekte unserer Arbeit. Sobald ich meine Hausaufgaben gemacht hatte, traf ich mich mit meinem Führungsteam. Zunächst mit etwa sechs bis zehn der höchstrangigen FBI-

Beamten, mit denen ich die heikelsten nachrichtendienstlichen Angelegenheiten besprach. Danach kam ein Treffen, zu dem ein größerer Kreis zugelassen war.

Ich stellte der Gruppe Fragen und holte Berichte ein über die alltägliche Arbeit des FBI: Personalfragen (auch eventuelle Verletzungen unserer Agenten), den Haushalt, Terrorismusbekämpfung, Gegenspionage, Massenvernichtungswaffen, Cyberkriminalität, Kriminalfälle (wie Kidnapping, Serienkillerverbrechen, Verbrecherbanden, Korruptionsfälle), die Arbeit des Geiselrettungsteams, Informationsaustausch mit dem Kongress, Pressearbeit, Gesetzesänderungen, Ausbildungs- und Fortbildungsprogramme, das forensische Labor, internationale Beziehungen und so weiter. Meist traf ich mich danach mit dem Justizminister, um ihn oder sie in den wichtigsten Fragen auf den neuesten Stand zu bringen.

Unter der Regierung Obama arbeitete ich mit zwei Justizministern zusammen – Eric Holder und Loretta Lynch. Beide waren hochintelligente und umgängliche Juristen, die ich gern mochte. Holder stand Präsident Obama und dessen Kabinett nahe und verfolgte die politischen Auswirkungen der ministerialen Entscheidungen ganz genau. Als ich FBI-Chef wurde, war seine Beziehung zu den Republikanern im Kongress schon vergiftet. Er musste sich vor dem republikanisch geführten Repräsentantenhaus wegen »Missachtung des Kongresses« verantworten, weil er das Parlament nicht informiert hatte, als das ihm unterstehende ATF Waffen an Drogenkartelle verkaufte mit dem Zweck, diese nachzuverfolgen und so einen Waffenhändlerring auszuheben. Leider verlor sich die Spur der Waffen in dieser als »Fast and Furious« bezeichneten Operation bald. Das Gefühl der Missachtung beruhte längst auf Gegenseitigkeit.

Loretta Lynch war ein ruhigerer Typ, außerdem neu in Washington. Sie redete nicht viel, und wenn, dann schien sie ihre Worte genau vorbereitet zu haben. Es dauert immer eine gewisse Zeit, bis man sich an ein Amt mit hoher Verantwortung gewöhnt hat. Lynch, denke ich, hatte diese Zeit nicht. Und wo Holder eine enge Beziehung zu seinem Stellvertretenden Justizminister pflegte, blieb Lynchs Beziehung zu ihrer Stellvertreterin Sally Yates distanziert und bemüht. Fast, als würde sie mit ihrem Stab nicht genügend Austausch pflegen.

Meine Tage waren sowohl geprägt von Krisensituationen als auch von der disziplinierten Umsetzung unserer Programmschwerpunkte. So versuchte ich, den Umgang des FBI mit Führungsfragen, Cyberkriminalität, ethnischer Vielfalt und nachrichtendienstlicher Arbeit zu verändern. Damit die Arbeit fokussiert voranging, bedurfte es regelmäßiger Impulse vom Direktor. Das FBI ist einem international aufgestellten Unternehmen sehr ähnlich. Schließlich arbeiten die FBI-Mitarbeiter in über achtzig Ländern in aller Welt und in sämtlichen Bundesstaaten. Das hieß, dass ich sehr viel reisen musste, wollte ich die Menschen im FBI sehen, ihnen zuhören und mit ihnen reden.

In meinen ersten fünfzehn Monaten als FBI-Chef besuchte ich alle sechsundfünfzig FBI-Büros in den Vereinigten Staaten und mehr als ein Dutzend in Übersee. Ich tat das, um den FBI-Leuten vor Ort zuzuhören und sie verstehen zu lernen. Wie sind sie? Was wollen sie? Was brauchen sie? Ich hörte ihnen lange Stunden zu. Das Erste, was mir dabei auffiel, war: Gut zwei Drittel der FBI-Beamten sind keine Agenten mit der Lizenz zum Waffentragen. Sie sind eine unglaublich vielfältige Truppe talentierter Menschen aus allen Lebensbereichen, die im FBI tätig sind als Analysten, Linguisten, Computerwissenschaftler, Unterhändler bei Geiselnahmen, Überwachungsspezialisten, Forensiker, Fachkräfte in der Opferbetreuung, Bombentechniker und in zahlreichen anderen Rollen. Und auch das Drittel, das als Special Agents dient – darunter auch die eintausend Menschen, die sich nach dem 11. September aus Liebe zu ihrem Land zum Dienst beim FBI gemeldet hatten –, ist ähnlich vielfältig: Darunter finden sich ehemalige Polizisten und Marinesoldaten, aber auch Lehrer, Chemiker, Therapeuten, Geistliche, Buchhalter, Softwarespezialisten und Leistungssportler. Viele von ihnen sehen aus, wie man sich einen filmreifen FBI-Agenten vorstellt: große, attraktive Männer und Frauen in Businesskleidung. Aber es gibt sie sozusagen in allen Formen und Größen. Manche tragen Bürstenschnitt, andere Pferdeschwanz. Der eine hat ein Knöchel-Tattoo, die andere trägt Hijab. Der eine misst fast zwei Meter zehn, die andere unter einen Meter fünfzig. Was sie alle antreibt, ist das klare Gefühl, eine Mission zu haben. Sie halfen mir, das Leitbild der Organisation danach auszurichten, was sie bereits im Herzen trugen: Sie leben, um »das amerikanische Volk zu schützen und die Verfassung der Vereinigten Staaten zu bewahren«.

Diese geballte Ladung Talent beeindruckte mich tief. Gleichzeitig aber zeigte sich eine Entwicklung, die mir zunehmend Sorgen bereitete. Seit dem 11. September meldeten sich immer mehr Weiße zu den Special Agents. Als ich FBI-Chef wurde, waren dreiundachtzig Prozent der Special Agents Weiße. Wie ich meinen Leuten erklärte, habe ich kein Problem mit Weißen, doch dieser Trend untergräbt unsere Effizienz. In einem Land, das sich ethnisch immer stärker ausdifferenziert, was ich persönlich wunderbar finde, können wir unsere Arbeit weniger gut erledigen, wenn alle Beamten aussehen wie ich. Denn aus dreiundachtzig werden sehr schnell hundert Prozent, wenn das FBI bekannt wird als »die Behörde, in der nur Weiße arbeiten«. Ich sagte meinen Leuten, dass sich die Herausforderungen und Chancen dieser Situation in einem Satz zusammenfassen ließen, den meine

Tochter geäußert hatte, als ich ihr von unserem Minderheitenproblem erzählte: »Papa, das liegt daran, dass du einfach ›The Man‹ bist. Wer arbeitet schon gern für ›The Man‹?«

Meine Tochter hatte recht, wenn auch nicht ganz. Denn wenn die Leute wüssten, wie die Männer und Frauen des FBI wirklich sind, wie ihre Arbeit tatsächlich aussieht, dann würden sie gerne zu uns kommen. Fast niemand verlässt das FBI wieder, wenn er einmal Special Agent geworden ist. Ob weiß oder schwarz, ob latino- oder asiatischstämmig, ob Mann oder Frau – die jährliche Kündigungsquote ist in all diesen Gruppen gleich: 0,5 Prozent. Sobald jemand die Arbeitsumgebung im FBI kennenlernt und dessen Mission, wird er süchtig danach. Die Mitarbeiter bleiben bis zur Rente, obwohl sie nur das Gehalt eines normalen Regierungsbeamten erhalten und unglaublich unter Stress stehen. Unsere Herausforderung, sagte ich den FBI-Leuten, besteht darin, Menschen mit anderer Hautfarbe und Frauen (deren Quote seit Jahren nicht mehr als zwanzig Prozent erreicht hatte) zu zeigen, was unsere Arbeit wirklich ausmacht, damit sie Lust bekommen, daran mitzuwirken. Das ist doch wirklich keine Zauberei. Fähige Leute gibt es da draußen ja genug. Sie wissen nur einfach nicht, was ihnen entgeht. Wir schrieben uns also auf die Fahnen, den Leuten genau das zu zeigen, und tatsächlich begann unser Engagement nach gut drei Jahren, Wirkung zu zeigen. Während meines dritten Jahres an der FBI-Spitze hatten wir in der Ausbildungsstätte in Quantico mehr als achtunddreißig Prozent nicht-weiße Neu-Agenten. Unsere Anforderungen waren dieselben geblieben. Wir hatten uns nur einfach mehr Mühe gegeben, den Leuten zu zeigen, wie ihr Leben bei uns aussehen konnte – und das wirkte durchaus ansteckend.

Meine Reisen innerhalb und außerhalb der USA zeigten mir noch etwas: Den Führungspersönlichkeiten des FBI fehlten oft die Führungsqualitäten. In der Privatwirtschaft hatte ich gelernt, dass die besten Unternehmen Führungstalent mit Gold aufwiegen – man geht auf die Jagd nach Talenten, prüft sie, bildet sie aus und macht sich Gedanken darüber, wie man sie fördern kann. Führungstalent ist in einer solchen Umgebung gleichbedeutend mit Gewinn. Beim FBI hingegen machte man sich darüber fast keine Gedanken. Jahrzehntelang verließ die Organisation sich darauf, dass gute Leute sich freiwillig auf Führungsposten bewarben und dann die ganzen Umzüge, die Abwesenheit von der Familie und die regelmäßigen Aufenthalte in Washington irgendwie hinnahmen. Glücklicherweise bewarben sich tatsächlich viele gute Leute. Doch diese Form der »Unternehmenspolitik« lud geradezu ein zum Missbrauch: Manche bewarben sich auch um einen Führungsposten, weil sie ihren aktuellen Job nicht gut machten und ihm entkommen wollten. So wurden auch Leute für eine Beförderung vorgeschlagen, weil ihr Boss sie loswerden wollte. Aus meinen Gesprächen mit den Beamten hörte ich heraus, dass wir einige großartige Führungspersönlichkeiten hatten, einige miserable und zwischendrin alles Mögliche. Für eine so wichtige Organisation wie das FBI reichte das nicht.

Also sagte ich meinen Leuten, dass ich ein ehrgeiziges Ziel hatte: Das FBI würde eines Tages die Führungskräfte-Schmiede Nummer eins im Lande sein. Dann würden private Unternehmen händeringend darauf warten, dass FBI-Leute in Rente gingen (was für Special Agents mit fünfzig Jahren Pflicht ist), um sie für Leitungspositionen engagieren zu können. Das FBI würde so gut darin werden, Leute mit Führungsqualitäten aufzuspüren und auszubilden, dass alle Probleme, die der Staatsdienst ihren Familien aufbürdete, am Ende ausgeglichen würden durch die zweite Karriere in der Privatwirtschaft. Ich sagte unseren Beamten, dass das Militär zwar eine großartige Organisation war, es aber keinen Grund gäbe, warum nicht das FBI den Großteil der Unternehmensführer in den USA ausbilden sollte. Ich erklärte den Leuten, dass wir einen Katalog wichtiger Führungsqualitäten aufstellen, dass wir jene Menschen finden und ausbilden würden, die diese Eigenschaften mitbrächten, und für all jene, die ihre Führungsposition nicht richtig ausfüllten, Möglichkeiten schaffen würden, sich zu verbessern. Andernfalls würden wir sie von ihrem Amt entbinden.

Mit breiter Unterstützung vonseiten aller Mitarbeiter wollte ich das Thema Führungsqualität im FBI von nun an so lange zur Sprache bringen, bis wir auf allen Ebenen und in allen Funktionen hervorragend besetzt wären. Wir würden die Lehrmeinung vertreten, dass große Führungspersönlichkeiten sich durch bestimmte Eigenschaften auszeichnen: 1) Sie sind integer und respektvoll. 2) Sie haben genug Selbstvertrauen, um bescheiden zu sein. 3) Sie sind sowohl freundlich als auch rigoros, je nachdem, wie die Umstände es erfordern. 4) Sie haben nichts zu verbergen. 5) Sie wissen, dass jeder Mensch in seiner Arbeit einen Sinn sehen muss. Und wir würden propagieren, dass 6) wichtig ist, was sie sagen, aber noch wichtiger, was sie tun, denn ihre Leute beobachten sie ständig. Kurz gesagt: Wir wollten ethisch integre Führungskräfte haben und ausbilden.

Ich kannte mich in diesen Dingen einigermaßen aus, denn als ich zum FBI stieß, hatte ich Jahrzehnte damit zugebracht, Führungspersönlichkeiten zu beobachten, über sie zu lesen und selbst Menschen zu führen. Aus meinen Lernschritten, aus meinen Fehlern wusste ich, welche Art von Führung ich akzeptieren würde und also auch selbst ausüben wollte. Daher versuchte ich auch gleich, mit gutem Vorbild voranzugehen.

An meinem ersten Arbeitstag als FBI-Chef saß ich in einem Vortragssaal vor einer Kamera und sprach zu allen

Beamten über meine Erwartungen an sie und ihre Erwartungen an mich. Ich saß dabei auf einem Stuhl, mit Krawatte, aber ohne Jackett. Und ich trug ein blaues Hemd. Für Außenstehende ist das vielleicht keine große Sache, aber Bob Mueller trug zwölf Jahre lang (der Kongress hatte seine zehnjährige Amtszeit um zwei Jahre verlängert) jeden Tag ein weißes Hemd. Nicht an manchen Tagen, nicht an den meisten Tagen, sondern wirklich jeden Tag. Das war Teil seiner Kultur, und ich dachte, der Wechsel der Farbe sei ein erster, zarter Hinweis darauf, dass nun ein anderer Wind wehte. Ich erwähnte das Hemd nicht, aber die Leute bemerkten es.

Ich legte an diesem Tag – und später noch oft – die fünf Punkte dar, um die sich meine Erwartungen kristallisierten. Jeder neue Beamte bekam sie zu hören, und ich wurde nicht müde, sie zu wiederholen, wo immer ich innerhalb der Organisation hinkam:

- Ich erwartete, dass die Leute Freude an ihrer Arbeit haben. Sie sind Teil einer Organisation, die sich für das Gute einsetzt, die die Schwachen beschützt, Menschen aus Gefahrensituationen rettet und Kriminelle dingfest macht. Das ist ein Beruf mit hohem moralischem Anspruch. Diese Aufgabe zu erfüllen, sollte für jeden eine Quelle der Freude sein.
- Ich erwartete, dass die Beamten den Menschen mit Respekt begegnen und ihre Würde achten, ganz egal, mit wem sie es zu tun haben.
- Ich erwartete, dass die Beamten den Vertrauensvorschuss, den die Organisation genießt, bewahren und die Glaubwürdigkeit aufrechterhalten, die ihnen ihre Arbeit überhaupt erst ermöglicht.
- Ich erwartete, dass die Beamten hart arbeiten, denn das sind sie den Steuerzahlern schuldig.

- Ich erwartete, dass sie sich engagiert darum bemühen, neben der Arbeit noch ein Privatleben zu haben.

Gerade der letzte Punkt war mir wichtig, weil ich mir Sorgen machte, dass viele FBI-Beamte zu hart arbeiteten, eben weil sie ihrer Mission gerecht werden wollten. Außerdem litten sie auch unter vielem, was sie in ihrem Beruf zu sehen bekamen. Ich erzählte ihnen, was ich in dem Jahr gelernt hatte, in dem ich Dick Cates in Madison, Wisconsin, zusehen konnte. Ich erwartete von ihnen, dass sie sich aktiv darum bemühten, ein Leben neben der Arbeit zu haben, anderen Interessen nachgingen, andere Aktivitäten pflegten, sich mit anderen Menschen als nur den Arbeitskollegen trafen. Ich erläuterte, dass ein gesundes Urteil vonnöten war, wenn man Macht auf gesunde Weise ausüben wollte. Denn jeder FBI-Beamte hatte die Macht, Gutes zu tun, oder anderen zu schaden, wenn er diese Macht missbrauchte. Daher wünschte ich mir von meinen Beamten in erster Linie ein gesundes Urteil. Und damit meinte ich die Fähigkeit, ein Problem aus mehreren Blickwinkeln zu betrachten, auch durch die Augen eines Menschen, der gänzlich anders ist als man selbst. Ich sagte ihnen, ich wüsste zwar nicht genau, warum, aber ich sei mir sicher, dass ein gesundes Urteilsvermögen auch darauf aufbaue, dass man das Arbeitsumfeld von Zeit zu Zeit verlasse und sich entspanne. Schon allein die physische Distanz mache eine andere Perspektive überhaupt erst möglich, die sie dann wieder in die Arbeit einbringen könnten.

Schließlich wurde ich persönlich. »Jeder von euch hat Menschen in seinem Leben, die er als seine ›Lieben‹ bezeichnen würde. Warum? Weil man von *euch* erwartet, dass ihr *diese Menschen* liebt.« In unserem Beruf, warnte ich, gebe es eine Krankheit, die man die »Späteritis« nennen könnte. »Vielleicht sagt ja auch ihr euch: ›Ich versuche, dieses Land zu verteidigen, damit ich mich später meiner Frau, meinen Kindern, meinen Eltern, meinen Geschwistern, meinen Freunden widmen kann.‹ Aber dieses Später gibt es nicht«, erklärte ich. »In diesem Beruf werdet ihr aus nächster Nähe erleben, dass guten Menschen schlimme Dinge passieren. Ihr braucht die Möglichkeit, euch umzudrehen und nach Hause zu gehen, wo ihr sie vergessen könnt. Und da muss dann auch jemand sein. Also befehle ich euch, jemanden zu lieben. Weil es das Richtige ist und weil es euch guttun wird.«

Dann fügte ich noch etwas hinzu, was ich von Stellar Wind und dem Kampf gegen die Foltermethoden der Bush-Regierung gelernt hatte. Wenn jemand müde ist, ist sein Urteil beeinträchtigt. Wer sich nur noch dahinschleppt, kann sich nicht in eine andere Zeit oder an einen anderen Ort versetzen und das Problem aus dieser Perspektive betrachten. Also befahl ich meinen Leuten noch etwas: Schlaf. »Wenn ihr schlaft, schafft euer Gehirn die neurochemischen Grundlagen für euer Urteil. Es stellt Verbindungen her und bringt Sinn in all die Informationen, die ihr tagsüber aufgeschnappt habt. Müde Menschen haben nicht das sicherste Urteil.« Außerdem sei Schlafen gar nicht so schlimm, wie man vielleicht annehmen möchte, fügte ich mit einem Lächeln hinzu: »Warum nicht etwas Multitasking? Schlaft einfach mit Leuten, die ihr liebt. Unter angemessenen Umständen natürlich.«

Eines Tages im Laufe dieser ersten Woche spazierte ich gegen Mittag aus meinem riesigen Büro heraus, durch meinen riesigen Konferenzraum und am Schreibtisch von Bob Muellers rechter Hand vorbei, die sich bereit erklärt hatte, noch einige Monate bei mir zu arbeiten. Sie hatte diese Aufgabe schon seit Jahrzehnten inne und war wirklich eine wertvolle Informationsquelle für mich. Allerdings war sie an einen anderen Führungsstil gewöhnt.

»Wo gehen Sie hin?«, fragte sie.

»Ein Sandwich holen«, antwortete ich.

»Warum das?«

»Weil ich hungrig bin. Ich gehe nur schnell in die Cafeteria.«

»Aber was, wenn jemand Sie anspricht?«, wandte sie entsetzt ein.

»Ich *hoffe* doch, dass jemand mit mir redet.«

Wann immer ich während meiner drei Jahre, acht Monate und fünf Tage als FBI-Chef die Möglichkeit hatte, ging ich den langen Flur und die Treppen hinunter zur Cafeteria im FBI-Hauptquartier. Dabei trug ich nie Jackett. Ich bat meine Bodyguards, weit genug wegzubleiben, sodass die Leute dachten, ich sei alleine unterwegs. Schließlich sollten die FBI-Leute nicht denken, ich müsse vor ihnen geschützt werden.

Wie meine Stimmung auch immer war, ich bemühte mich auf meinen Wegen stets um eine aufrechte Haltung, einen federnden Gang und ein Lächeln für meine Mitarbeiter. Denn wenn der Direktor des FBI die Cafeteria betritt, richten sich Hunderte Augen auf ihn. Und in jedem Augenpaar steht dieselbe Frage zu lesen: »Wie ist die Lage?« Daher mussten mein Gesicht und mein Körper vor allem eins ausstrahlen: »Uns geht's super. Alles wird gut.«

Ich stellte mich immer ganz normal in die Schlange, selbst wenn ich es eilig hatte oder mich eigentlich gern vorgedrängt hätte. Ich stand und wartete wie alle anderen auch, wenn jemand vor mir Panini orderte (die aus irgendeinem Grund immer besonders lange dauerten). Meiner Ansicht nach war es sehr wichtig, den Leuten zu zeigen, dass ich nichts Besseres war. Also reihte ich mich ein.

Das Anstehen erlaubte mir außerdem, mit den Leuten ins Gespräch zu kommen. Ich drehte mich zu meinem Hintermann um und bat ihn, mir seine Geschichte zu erzählen. Vor allem interessierte mich natürlich, was er oder sie über seinen Job beim FBI dachte. Aus diesen Gesprächen lernte ich viel. Eine meiner Lektionen war: Ich war nicht der Big Boss, für den ich mich hielt. Als ich meine Stellung seit ungefähr einem Jahr innehatte, drehte ich mich mal wieder um und sprach den Mann hinter mir an. Er erzählte mir, er arbeite in der IT-Abteilung. Er meinte, er sei seit drei Jahren beim FBI, und am besten gefalle ihm, dass er viel mehr Erfahrung sammeln könne und mehr Verantwortung übertragen bekam, als man einem Berufsanfänger in der Privatwirtschaft je zutrauen würde. Nach einem kurzen, etwas peinlichen Schweigen fragte er mich höflich: »Und Sie?«

»Ich bin der Direktor«, antwortete ich.

Er legte den Kopf zur Seite und sah mich an: »Der Direktor? Wovon?«

»Mann«, antwortete ich. »Ich bin der Direktor des FBI. Ihr Chef.«

Noch eine Schweigeminute. Dann kam es: »Ach! Sie sehen online ganz anders aus.«

Als ich die Geschichte abends Patrice erzählte, musste sie lachen. »Das sollte dir *jeden* Tag passieren«, war ihr ganzer Kommentar.

Bevor ich FBI-Direktor wurde, arbeitete ich bei Bridgewater Associates – ein Investmentunternehmen, das sich um eine Kultur vollkommener Transparenz und Ehrlichkeit bemüht. Dort lernte ich, dass ich mitunter ein selbstsüchtiger und schlechter Chef sein konnte. Vor allem dann, wenn ich meinen Leuten nicht verdeutlichte, dass sie sich verbessern mussten. Die besten Führungskräfte sind sowohl freundlich als auch rigoros. Mitarbeiter entwickeln sich nur weiter, wenn sie beides ausstrahlen. Ray Dalio, der Gründer von Bridgewater, ist der Auffassung, dass es so etwas wie negatives oder positives Feedback nicht gibt. Es gibt nur exaktes Feedback, und wir sollten einander so viel wert sein, dass wir uns dabei um größtmögliche Exaktheit bemühen. Wenn ich schwierigen Gesprächen aber aus dem Weg gehe, wenn ich den Leuten nicht sage, wo sie offensichtlich zu kämpfen haben und wie sie sich weiterentwickeln können, nehme ich ihnen die Chance zu wachsen. Mein Herumgeeiere war also nicht nur feige, es war auch egoistisch. Wenn mir meine Mitarbeiter wirklich am Herzen liegen – wenn ich eine Atmosphäre persönlicher Wertschätzung schaffen möchte –, dann sollte ich mich um Ehrlichkeit bemühen, selbst dort, wo es mir schwerfällt. Aber natürlich muss ich auch eine geeignete Situation finden, diese Botschaft rüberzubringen. Für jedes Gespräch gibt es den richtigen Zeitpunkt und die richtige Art und Weise. Wenn jemand um seine Mutter trauert, ist Ehrlichkeit im Hinblick auf seine Arbeit vielleicht nicht gerade die beste Strategie. Aber ich bin es mir schuldig, für dieses Gespräch einen Modus zu finden.

Eine erfolgreiche Führungskraft hat Brüllen kaum nötig. Gewöhnlich schafft sie ein Arbeitsumfeld, in dem die Mitarbeiter selbst am meisten leiden, wenn ihre Leistungen enttäuschen. Zuneigung und Zerknirschung sind wesentlich bessere Antriebskräfte als Angst. Große Trainerpersönlichkeiten in den Mannschaftssportarten sagen nach einem schlechten Spiel meist nur ganz ruhig: »Das war wohl kaum unsere Bestleistung, oder?« Und schon schmelzen die Spieler dahin. Sie lieben ihren Trainer. Sie wissen, dass er sie liebt, und werden ihr Möglichstes tun, um ihn nicht zu enttäuschen. Die Menschen fühlen sich zu solchen Führungsgestalten hingezogen, so wie ich mich vor Jahren für Harry Howell hätte vierteilen lassen. Ein Vorgesetzter, der seine Leute anschreit oder sie runterputzt, wird auf lange Sicht nicht die besten Talente an sich binden.

Beim FBI redete ich häufig über LeBron James. Obwohl ich den Mann nicht persönlich kenne, spreche ich aus zwei Gründen über ihn. Zum einen ist er meiner Ansicht nach aktuell der beste Basketballer der Welt. Zum anderen ist er nie mit sich zufrieden. Ich habe mal gelesen, dass er die Spielpausen stets dazu nutzt, irgendeinen Aspekt seines Spiels zu verbessern. Auf den ersten Blick hört sich das irre an. Er ist ohnehin schon besser als alle anderen. Wenn man sich aber in seine Lage versetzt, dann ist es absolut nachvollziehbar: Er vergleicht sich nicht mit anderen Spielern, sondern misst sich an sich selbst. Die besten Führungsfiguren scheren sich nicht um ihre »Benchmark«. Sie vergleichen sich nicht mit anderen. Sie halten sich niemals für gut genug und treiben sich zu immer besseren Leistungen an.

Zu Beginn meiner Zeit als FBI-Chef, als ich erklärte, die Führungskultur des FBI verbessern zu wollen, legte mir jemand mal eine Statistik auf den Tisch, derzufolge wir in puncto Führungsstärke die zweitbesten Umfrageergebnisse unter den siebzehn Behörden der US-Nachrichtendienste hätten. Ich schickte die Statistik zurück mit den Worten, dass mich das nicht interessiere. Ich vergleiche uns nicht mit den anderen. Ich vergleiche uns mit uns, und dabei zeigt sich, dass wir nicht annähernd gut genug sind. Eine freundliche und rigorose Führungspersönlichkeit schätzt ihre Leute so hoch, dass sie ihnen zutraut, ihr Spiel weiter zu vervollkommnen. Sie entfacht in ihnen ein Feuer, das sie immer besser und besser werden lässt.

Ich wusste, dass es weitere Bereiche gab, in denen wir uns verbessern konnten. Daher empfahl ich allen Mitarbeitern, Martin Luther Kings »Brief aus dem Gefängnis in Birmingham« zu lesen, in meinen Augen einer der wichtigsten Texte, die ich je gelesen habe. Inspiriert von dem Theologen Reinhold Niebuhr, entwickelt King in diesem Brief Strategien, um in einer letztlich ungerechten Welt Gerechtigkeit zu finden. Ich war zum ersten Mal im College darüber gestolpert und habe Kings Brief seitdem immer mal wieder gelesen. Ich wusste, dass der Umgang mit dem Civil Rights Movement und mit King im Besonderen eines der dunklen Kapitel der FBI-Geschichte war. Aus ebendiesem Grund wollte ich hier etwas unternehmen. Ich ordnete an, dass es in Quantico ein Seminar zu diesem Thema geben soll. Des Weiteren wollte ich, dass alle unsere Agenten und Analysten sich mit diesem Kapitel auseinandersetzten. Sie sollten lernen, wie aus dem legitimen Wunsch, sich vor kommunistischer Infiltration der Regierung zu schützen, eine von Hass getriebene Kampagne aus Schikanen und gesetzwidrigen Angriffen auf die Anführer des Civil Rights Movement hatte werden können, die keinerlei demokratischer Kontrolle unterzogen wurde. Ich wollte ihnen zeigen, dass auch wohlmeinende Menschen völlig in die Irre gehen können. Ich wollte, dass allen bekannt ist, dass das FBI Martin Luther King einen Brief geschrieben hatte, in dem man ihn erpresste und ihm nahelegte, Suizid zu begehen. Ich wollte, dass sie in Kenntnis dieser Geschichte das King Memorial in der Hauptstadt besuchten und vor dem Rund der Granitmauern seine Worte studierten, über die Werte des FBI nachdachten und über unsere Verantwortung, uns immer weiter zu verbessern.

Unsere Abteilung für Ausbildungsinhalte beim FBI hat diese Aufgabe glänzend gemeistert. Alle angehenden FBI-Beamten beschäftigen sich nun mit diesem schmerzlichen Kapitel unserer Geschichte. Am Ende des Seminars besuchen sie dann gemeinsam mit ihrem Ausbildungsleiter das Memorial. Dort wählen sie eines der King-Zitate aus, zum Beispiel: »Dulden wir Ungerechtigkeit an einem Ort, ist die Gerechtigkeit weltweit bedroht.« Oder: »Was ein Mensch wirklich wert ist, zeigt sich nicht in den Momenten der Annehmlichkeiten und des Komforts, sondern in Zeiten der Herausforderung und Kontroverse.« Dann gilt es, einen Essay zu schreiben und zu zeigen, inwiefern sich Martin Luther Kings Worte mit den Werten des FBI decken. In dem Kurs sagt man den Beamten nicht, was sie zu denken haben. Sie lernen nur, dass sie nachdenken müssen – über die Geschichte und die institutionalisierten Werte unseres Landes. Als ich mich kürzlich danach erkundigte, war dieses Seminar eines der beliebtesten in Quantico.

Damit auch wirklich klar wurde, für wie wichtig ich diese Botschaft hielt, besorgte ich mir die Kopie eines Memos vom Oktober 1963 von FBI-Chef J. Edgar Hoover an den damaligen Justizminister Robert F. Kennedy. In diesem Memo bittet Hoover um die Erlaubnis, King mit elektronischen Mitteln überwachen zu dürfen. Das Memo ist nur fünf Sätze lang und enthält keinerlei aussagekräftige Fakten. Ganz unten auf der Seite erteilt Kennedys Unterschrift die Erlaubnis, King ohne zeitliche und räumliche Begrenzung zu überwachen. Ich habe das Memo unter die Glasplatte meines Schreibtischs gelegt. An ebenjene Stelle, wo mich Morgen für Morgen die Anträge auf Überwachung vonseiten des FBI und des Justizministeriums erwarten. Wie Hoover musste auch ich jeden einzelnen Antrag abzeichnen. Der Unterschied ist: Unsere Anträge werden vom Gericht geprüft, und die Akten sind mitunter eine Handspanne dick. Wie ich meinen Leuten immer erkläre: Es ist ein unglaublicher Aufwand, diese Art von Überwachung genehmigt zu bekommen. Und das ist gut so.

Dass ich das Hoover-Memo an so prominenter Stelle platziert habe, stellt keine Kritik an Hoover oder Kennedy dar. Es geht mir dabei vielmehr um die Bedeutung von Auflagen und demokratischer Kontrolle. Ich hege keinerlei Zweifel, dass Hoover und Kennedy überzeugt waren, das Richtige zu tun. Was ihnen fehlte, war eine Instanz, an der sie diese Überzeugung überprüfen konnten. So etwas gab es zu jener Zeit einfach nicht. Es ist manchmal schmerzlich, sich so nackt im Spiegel zu sehen, aber es ist der einzige Weg, in Zukunft etwas zu verändern.

Die FBI-Leute reagierten durchweg sehr positiv auf diese und andere Initiativen. Das ließ sich schon an ihrer jährlichen Einschätzung meiner Leistung ablesen. Einige Ehemalige aber fragten sich wohl, weshalb ich die Organisation »angreife«, die ich selbst leitete. Weil Transparenz fast immer der beste Weg ist. Probleme, schmerzliche Erfahrungen, Hoffnungen und Zweifel auf den Tisch zu legen, damit man ehrlich darüber reden und daran arbeiten kann, ist der beste Führungsstil. Nur wenn wir uns unserer Schwierigkeiten bewusst sind, haben wir die Möglichkeit, sie auf gesunde Weise zu lösen. Verdrängtes Leid wird mit den Jahren nicht leichter. Erinnern wir uns aber unserer Fehler und gehen mit ihnen offen und ehrlich um, so ist es auch weniger wahrscheinlich, dass wir sie wiederholen.

Präsident Harry Truman sagte einmal: »Das einzig Neue auf der Welt ist die Geschichte, die du noch nicht kennst.« Menschen neigen dazu, dieselben dummen Dinge, dieselben schlechten Dinge immer wieder und wieder zu tun. Einfach weil wir zu leicht vergessen.

9

WASHINGTONER ZUHÖREN

Lass mich trachten, nicht ... dass ich verstanden werde, sondern dass ich andere verstehe.

FRIEDENSGEBET, FRANZ VON ASSISI

Eric Garner. Tamir Rice. Walter Scott. Freddie Gray. Dies sind die Namen von schwarzen Bürgern, die 2014 und 2015 bei Begegnungen mit der Polizei gestorben sind. Die Geschehnisse wurden auf Video festgehalten, die Videos verbreiteten sich übers Internet und versetzten Gemeinden in Brand, die schon seit jeher von der leicht entflammbaren Substanz namens Diskriminierung und Schikanen infiltriert waren. Insbesondere *ein* Todesfall – bei dem kein Video von den Schüssen existiert – erschütterte das Land. Am 9. August 2014 wurde in Ferguson, Missouri, ein junger Schwarzer namens Michael Brown von einem weißen Polizisten erschossen; das Ereignis hatte wochenlange Unruhen in der Stadt zur Folge und lenkte die Aufmerksamkeit ganz Amerikas wie nie zuvor auf den Einsatz tödlicher Gewalt seitens der Polizei gegen Schwarze.

In den Monaten nach den Schüssen brachten die Ermittlungen einige wichtige Tatsachen ans Licht. Innerhalb der Polizei von Ferguson hatte sich ein gegen Afro-Amerikaner gerichtetes diskriminierendes Verhaltensmuster etabliert, und die gesamte Stadtverwaltung beteiligte sich – etwa bei Verwarnungsgeldern oder Kautionen – an der Unterdrückung schwarzer Bürger. Wie in vielen amerikanischen Städten würde die Polizei ihr Verhalten grundlegend ändern müssen, bevor Afro-Amerikaner ihr wieder trauen konnten. Michael Browns tragischer Tod war der Funke, der das Pulverfass entzündete, das durch repressives Verhalten der Polizei in dieser Gemeinde gefüllt worden war.

Am Ende jedoch befand das Justizministerium, dass für eine Anklage gegen den Polizisten, der Michael Brown erschossen hatte, die Beweise nicht ausreichten. FBI-Agenten klopften in ganz Ferguson an Hunderte von Türen und fanden heraus, dass es nicht nur an Beweisen fehlte, sondern auch, dass frühe Medienberichte über die Schießerei sachlich falsch und irreführend gewesen waren.

Im Gegensatz zu dem, was weite Teile der Öffentlichkeit gehört oder gesehen zu haben glaubten, gab es sichere Beweise dafür, dass Michael Brown sich nicht ergeben hatte, als er erschossen wurde, und DNA-Analysen bewiesen zweifelsfrei, dass er den Beamten angegriffen und versucht hatte, ihm die Waffe zu entreißen. In gewisser Hinsicht spielten diese – Monate nach Michael Browns Tod gewonnenen – Erkenntnisse des FBI keine Rolle mehr; alle Welt hatte bereits unzutreffende Meldungen gehört und glaubt, Brown sei niedergeschossen worden, als er mit erhobenen Händen kapitulierte. Bis die Wahrheit sich Gehör verschaffen konnte, war die Fehlinformation schon mehrmals um den Erdball gewandert.

Das Fazit des Justizministeriums war wichtig, kam aber zu spät. Als das Ministerium im Frühjahr 2015 seine Arbeit abschloss und einen detaillierten Bericht über die Untersuchung und ihre Ergebnisse veröffentlichte, hatten bereits etliche in den Medien kursierende Videos von Begegnungen zwischen Polizisten und Afro-Amerikanern das Thema Polizeigewalt dramatisch in den Blickpunkt gerückt. Millionen sahen gewalttätige Polizeieinsätze, unter anderem NYPD-Beamte, die Eric Garner mit einem Würgegriff töteten, oder Polizisten in Cleveland, die den zwölfjährigen Tamir Rice in einem Stadtpark erschossen. Millionen hatten das Video gesehen, wie Walter Scott von einem Polizisten in South Carolina in den Rücken geschossen wurde, worauf der Polizist allem Anschein nach den Tatort manipulierte, um seine Tat zu verschleiern. Millionen sahen die Polizisten in Baltimore, die Freddie Gray für eine Fahrt, die er nicht überleben sollte, in einen Polizeiwagen zerrten. Diese tragischen Todesfälle prägten das Bild der Polizei, sie überdeckten Millionen professionell einwandfrei durchgeführter Polizeieinsätze, mit der Folge, dass sich im Lande eine außerordentliche Wut auf alle uniformierten Gesetzeshüter aufbaute.

In dieser heiklen Phase wurden im Dezember 2014 zwei NYPD-Beamte von einem Killer exekutiert, der für sich in Anspruch nahm, Vergeltung zu üben, indem er »Schweinen Flügel verlieh«. Präsident Obama bat mich, ihn auf einem der beiden NYPD-Begräbnisse zu vertreten. Als ich in einem kleinen Brooklyner Bestattungsinstitut mit der Familie von Officer Wenjian Liu sprach, hing die Trauer so schwer im Raum, dass kaum Luft zum Atmen blieb. Draußen standen Tausende Polizisten mit versteinerten Mienen im eisigen Wind.

Seit Ferguson hatte ich mehrmals den Schmerz und Zorn schwarzer Gemeinden gespürt, jetzt bekam ich den Schmerz und Zorn der Polizisten zu spüren. Sie fühlten sich weder sicher noch geschätzt in den Vierteln, die sie zu beschützen versuchten; man traute ihnen nicht mehr über den Weg.

In den USA leben die Strafverfolgung und die schwarzen Communities seit Langem in Parallelwelten – mal mit mehr, mal mit weniger Berührungspunkten; jede gefilmte Tötung eines Zivilisten durch die Polizei und jeder Mord an einem Polizisten machen den Graben zwischen beiden Welten tiefer.

Ich überlegte, was ich tun oder sagen könnte, um diesem Zustand abzuhelfen und die Lage zu entspannen. Das FBI war ein Bundesamt, doch wir hatten auch sehr viel mit Polizeiarbeit auf lokaler Ebene zu tun, etwa als Ausbilder von Gruppenleitern oder als Ansprechpartner für uniformierte Einheiten. Ich konnte zweierlei tun. Ich konnte meinen hohen Bekanntheitsgrad als Direktor ausnutzen und in der Hoffnung, damit einen konstruktiveren Dialog anzustoßen, ein paar Dinge sagen, von denen ich überzeugt war. Anschließend könnte ich die landesweite Präsenz des FBI dazu benutzen, diesen Dialog voranzutreiben. Und so hielt ich im Februar 2015 an der Georgetown University einen Vortrag über vier »bittere Wahrheiten«, die wir alle wissen sollten.

Erstens, sagte ich, müssen wir Strafverfolger die Wahrheit anerkennen, dass wir in den USA lange Zeit einen Status quo zementiert haben, der die Unterdrückung von Afro-Amerikanern fortschrieb; wir müssen unsere Geschichte anerkennen, weil die Menschen, denen wir dienen und die wir schützen, diese Geschichte nicht vergessen können. Zweitens müssen wir alle anerkennen, dass wir unausgesprochene Vorurteile in uns tragen, die, wenn wir nicht aufpassen, Unterstellungen und Ungerechtigkeiten zur Folge haben können. Drittens, die Arbeit geht nicht spurlos an Polizisten vorüber, die immer wieder zu Einsätzen gerufen werden, die mit der Festnahme von Schwarzen enden; das kann unsere Wahrnehmung verzerren und zynisch machen. Und viertens, sagte ich, müssen wir alle anerkennen, dass die Polizei nicht die Hauptursache der gewaltigen Probleme in den schlimmsten Stadtvierteln im ganzen Land ist, sondern dass die wahren Ursachen und Lösungen so bitter sind, dass man es sich lieber leicht macht und nur über die Polizei spricht. Dann wies ich alle sechsundfünfzig FBI-Büros im Land an, Begegnungen zwischen Polizei und Communities zu organisieren; dort sollte über diese Erkenntnis gesprochen werden und darüber, wie das nötige Vertrauen aufgebaut werden kann, damit beide Seiten wieder zusammenfinden. Es fällt schwer, andere ins Gesicht hinein zu hassen, und das FBI könnte die Leute von Angesicht zu Angesicht zusammenführen.

Die öffentliche Reaktion auf die Georgetown-Rede war positiv. Als weißer FBI-Direktor mit langjähriger Erfahrung bei der Strafverfolgung konnte ich Dinge über Entwicklungen und Vorurteile innerhalb der Polizei aussprechen, die andere nicht aussprechen konnten, und viele Polizeichefs dankten mir unter vier Augen. Aber die Fronten blieben verhärtet, und dann, Mitte 2015, zeigte sich etwas Rätselhaftes. Im Spätsommer berichteten landesweit mehr als vierzig Großstädte dem FBI von starken Anstiegen der Mordrate seit Ende 2014. Besonders ungewöhnlich an den Zahlen war, dass der Anstieg der Mordrate nicht einheitlich war und keinem erkennbaren Muster folgte. Etwa zwanzig der sechzig Großstädte meldeten überhaupt keinen Anstieg, einige sogar eine Abnahme. Und beides – Städte mit enormen Zuwächsen und solche, wo sich nichts verändert hatte – war gleichmäßig über die amerikanische Landkarte verteilt.

Das heißt, auch zur Zeit meiner Georgetown-Rede schnellte die Zahl der Morde mancherorts nach oben, und die meisten Opfer waren schwarze junge Männer. Die Städte mit den größten Zuwächsen hatten Probleme mit Gangs und Drogenkriminalität; allen gemeinsam waren große, geschlossene, von armen Schwarzen bewohnte Viertel, in denen junge schwarze Männer von anderen jungen schwarzen Männern ermordet wurden.

Ich hörte von einigen Polizeichefs, dass die Zuwächse auf Verhaltensänderungen beider Seiten, Polizei und Bürger, beruhen könnten, möglicherweise verursacht durch Narrative, die durch die allgegenwärtigen Videos befeuert wurden. Ich hatte keine gesicherten Daten, und um die Lage genauer zu bewerten, fehlte es mir an Fachwissen, aber ich war entschlossen, das Thema öffentlich anzuschneiden. Das Land würde es sich zu leicht machen, wenn es den Tod so vieler Schwarzer ignorierte und das Problem einfach abtat, weil es »die anderen« betraf. Jemand musste etwas sagen, um eine Debatte über diese Entwicklung anzustoßen. Ich hoffte inständig, dass ich mich irrte, dass es irgendeine simple Erklärung für diese Zahlen gab oder dass es sich einfach um einen weit gestreuten statistischen Ausreißer handelte.

Zur selben Zeit arbeiteten die Obama-Regierung und ein interessantes Bündnis aus liberalen Demokraten und libertären Republikanern gemeinsam daran, das Strafmaß für eine Reihe von Gesetzesverstößen nach Bundesrecht zu reduzieren. Dies war eins der wenigen Gebiete, auf denen einige selbst ernannte Tea-Party-Republikaner und Präsident Obama sich einig werden konnten. Das Vorhaben machte mir keine Kopfschmerzen, die einzelnen Vorschläge schienen mir recht maßvoll und vernünftig. Eine landesweite Debatte über plötzlich ansteigende Mordraten – und deren mögliche Ursachen – war das Letzte, was die Befürworter einer Strafrechtsreform jetzt brauchen konnten. Das war mir klar. Aber ich konnte unmöglich schweigen, wenn es um den Tod so vieler junger Schwarzer ging und darum, dass verändertes menschliches Verhalten dabei möglicherweise eine Rolle spielte.

Also griff ich Ende Oktober 2015 in Chicago das Thema noch einmal auf. Ich sprach davon, wie die Welten von Polizei und schwarzer Community immer weiter auseinanderdrifteten und wie konkurrierende Narrative dazu beitrügen. Zur Verdeutlichung meiner These führte ich zwei populäre Twitter-Hashtags an:

> Ein anschauliches Beispiel für dieses Auseinanderstreben liefern mir die Hashtags *#blacklivesmatter* und *#policelivesmatter*. Selbstverständlich liefern diese Hashtags und das, wofür sie stehen, einen Beitrag zu einer wichtigen Diskussion. Doch immer wenn jemand *#blacklivesmatter* als gegen die Polizei gerichtet interpretiert und immer wenn jemand *#policelivesmatter* als gegen die Schwarzen gerichtet interpretiert, wird der Graben noch tiefer. Ich sehe die Kluft immer breiter werden, beschleunigt von jedem weiteren Vorfall, jedem weiteren Video und jedem weiteren Hashtag. Und das ist eine schreckliche Situation.

Zu den ansteigenden Mordraten sagte ich: »So wie die beiden Welten sich voneinander entfernen und in manchen Städten vielleicht, aber nur vielleicht, gerade *weil* sie sich voneinander entfernen«, sehen wir in prekären Stadtteilen enorme Anstiege der Mordraten, und die Toten sind fast ausschließlich junge Schwarze. Ich sagte, Kommunen, Wissenschaft und Polizei müssen Antworten verlangen. Ich skizzierte ein paar Theorien, die ich gehört hatte – Waffen, Drogen, Gangs, Freilassung von Strafgefangenen –, und sagte, nichts davon erkläre die räumliche und zeitliche Verteilung des Anstiegs der Mordraten: überall in den Vereinigten Staaten und alle zur selben Zeit.

Dann berichtete ich von einer anderen Theorie: »Fast niemand äußert es offiziell, doch überall im Land sprechen es Polizisten und gewählte Beamte leise vor sich hin. Ich meine die eine Theorie, die mir, meinem gesunden Menschenverstand, die räumliche und zeitliche Verteilung einleuchtend erklärt. Es ist unter allen Erklärungen, die ich gehört habe, die einzige, die mir vernünftig scheint: In der Polizeiarbeit könnte sich etwas geändert haben.«

Ich sagte: »Ich bin mir nicht sicher, ob das stimmt. Ich bin mir nicht sicher, dass es, selbst wenn es stimmt, alles erklärt. Aber mir drängt sich der Eindruck auf, dass die Einstellung der Polizei sich im letzten Jahr geändert hat und dass genau dies manches von dem erklärt, was wir jetzt beobachten.« Ich schloss mit einem Appell:

> *Wir müssen herausfinden, was da geschieht, und etwas dagegen unternehmen, und zwar jetzt. Manche sagen, es sei noch zu früh, wir haben erst Oktober, wir sollten noch bis Ende des Jahres warten und uns dann mit der Kriminalitätsstatistik befassen. Ich weigere mich zu warten. Erstens in Anbetracht der polizeilichen Informationen, die wir aus allen Großstädten bekommen, und zweitens, weil es hier nicht um Punkte in einer Statistik geht, sondern um Menschenleben. Die Polizeiführung darf nicht zögern, ihre Leute zu guter Polizeiarbeit anzuhalten. Und unter gut verstehe ich entschlossen, fair und professionell. Genauso wichtig: Die Kommunen dürfen nicht zögern, ihre Polizisten aufzufordern und dabei zu unterstützen, gute Arbeit zu leisten. Und darauf zu bestehen, dass diese Polizisten den nötigen räumlichen und zeitlichen Spielraum und den Respekt bekommen, den sie brauchen, um effizient und professionell arbeiten zu können.*

Ich wusste, diese Bemerkungen würden einige Leute in der Obama-Regierung ärgern, aber meiner festen Überzeugung nach sollte der FBI-Direktor sich zu Strafrechtsfragen wie dieser unabhängig äußern dürfen. Unabhängigkeit, so hatte mir Präsident Obama gesagt, sei sein Auswahlkriterium bei der Suche nach einem FBI-Direktor gewesen. Fragen, die sich um Kriminalität, Rassismus und Strafverfolgung drehen, sind kompliziert und emotionsgeladen, aber man kommt einer Lösung nicht näher, wenn man nicht darüber redet.

In einem Punkt hatte ich recht. Alle, sogar noch viel mehr, als ich erwartet hatte, regten sich über meine Bemerkungen auf. Ich wollte auf ein ernstes Problem hinweisen, es differenziert betrachten und eine Diskussion über mögliche Ursachen und Lösungen anstoßen. Ich wollte ein Gespräch über ein schwieriges Thema herbeiführen. Ich wollte Leute anspornen, unangenehme Fragen zu stellen, nachzubohren, Daten zu sammeln, auf die genaue Untersuchung dieser Daten zu drängen. Ich hoffte, vielleicht sogar zu einer Verhaltensänderung beizutragen und Leben zu retten, indem ich sowohl für bessere Polizeiarbeit als auch für mehr Zusammenhalt in den Gemeinden eintrat. Stattdessen bekam ich wieder einmal das amerikanische Stammesdenken vorgeführt.

Polizeigewerkschaften klagten, ich gebe den Polizisten die Schuld und beschimpfe sie als Feiglinge. Aus den Reihen der Linken hieß es, ich führe ohne jeden Beweis einen »Ferguson-Effekt« ins Feld, und das könne einfach nicht sein. Sie sagten, ich sperre mich gegen eine Kontrolle der Polizei. Von rechts hieß es, das Land werde von einer Mordepidemie heimgesucht, und schuld daran sei Präsident Obama. Allzu wenige Leute fragten: »Was ist wahr?« Allzu wenige befassten sich mit den verschiedenen Möglichkeiten und fragten, was denn nun los sei, selbst wenn sie glaubten, ich sei nicht mehr ganz dicht. Stattdessen taten sich die einzelnen Gruppen zusammen und schlossen die Reihen. Fast niemand wagte es, öffentlich die Frage zu stellen: »Was beunruhigt den Mann eigentlich so, und was genau hat er gesagt?«

Einer tat es – mitten auf dem Marktplatz. Kaum war ich aus Chicago zurück, berichtete mir mein Stabschef, der Präsident wolle mich im Oval Office sprechen. Worüber, und wer sonst noch dabei sein sollte, wurde nicht gesagt. Tatsächlich waren es dann nur wir beide.

Bis ich meine Frau kennenlernte, wusste ich gar nicht, was Zuhören bedeutet. Und zumindest meiner Erfahrung nach wissen es die meisten Leute in Washington bis heute nicht. Für sie ist Zuhören eine kurze Zeit des Schweigens, während jemand anderer spricht, bevor man selbst sagt, was man sich vorgenommen hat. Wir sehen diese Wortwechsel in fast jeder »Diskussion« im Fernsehen. Da sitzt der Kandidat und wartet, bis das Licht auf ihn fällt, dann steht er auf und sagt seine vorformulierten Argumente auf, und anschließend sagt ein anderer seine vorformulierten Argumente auf. Die Worte erreichen nur die Ohren, dringen aber nicht ins Bewusstsein. Das nenne ich das »Washingtoner Zuhören«.

In meiner Ehe habe ich gelernt, dass das, was ich für Zuhören hielt, eigentlich kein Zuhören ist. Wie so viele dachte ich, Zuhören bedeute, still dazusitzen, während ein anderer redet, und sich das Gehörte durch den Kopf gehen zu lassen.

Ein Irrtum. Echtes Zuhören ist tatsächlich zunächst einmal jenes Schweigen und das bewusste Aufnehmen der Worte des anderen, aber es gehört noch mehr dazu, etwas ziemlich Verrücktes: Man signalisiert dem anderen mit seiner Körpersprache, mit Mienenspiel und stimmlichen Lauten: »Ich will hören, was du zu sagen hast, ich muss erfahren, was du weißt, ich will alles hören, was du mir erzählen kannst.« Zwei gute Freunde, die miteinander sprechen, sind der schlimmste Albtraum eines Stenografen. Ihre Stimmen überlagern sich. Während der eine spricht, macht der andere Geräusche – »Aha.« »Ooh.« »Ich weiß.« »Ja, ja, genau, ja. So sind sie.« Sie hören einander auf eine Weise zu, wo jeder sowohl dem anderen etwas mitteilt als auch sich selbst von dem anderen etwas mitteilen lässt. Hin und her, ein Geben und Nehmen. Sie ziehen an einem Strang. Das ist echtes Zuhören.

Ich wollte beim FBI gute Arbeit leisten und verbrachte daher viel Zeit mit Zuhören, worum wir alle uns ja ständig bemühen. Führungskräfte tun sich besonders schwer damit, denn um es richtig zu tun, müssen wir uns öffnen und unsere Autorität aufs Spiel setzen. Barack Obama hatte mich zu meiner Überraschung zum FBI-Direktor ernannt. Und jetzt überraschte er mich abermals. Er war ein außerordentlich guter Zuhörer, einen besseren habe ich nicht kennengelernt. Bei verschiedenen Begegnungen mit dem Präsidenten erlebte ich ihn unablässig bemüht, so viele Gesichtspunkte wie möglich in das Gespräch einzubeziehen, wobei er häufig die in der Sitzordnung abgebildete Hierarchie – die höheren Chargen am Tisch, die unteren Ränge in Sesseln an der Wand – überging. Ich erinnere mich an eine Besprechung im Situation Room über ein geheimes Technologieprojekt, wo Präsident Obama einem Computercrack aus dem Silicon Valley, der ohne Krawatte an der Wand saß, die Frage stellte, was er von der Diskussion halte, die die formell gekleideten Direktoren der militärischen und sonstigen Geheimdienste gerade am Tisch geführt hatten. Der struppige Bursche widersprach daraufhin mehreren von uns. Obama suchte immer nach anderen Sichtweisen. Vielleicht hatte er das von seinem Leben als Professor: jemanden in der letzten Reihe aufzurufen. Dies führte oft zu chaotischen Debatten, erlaubte ihm aber, Ansichten zu hören, die in der Bush-Regierung durch Unterwürfigkeit oder Furcht vor Spott verwässert worden wären. Unter Bush wäre niemand ohne Krawatte in den Situation Room gelangt, und hätte sich doch jemand in die letzte Reihe geschmuggelt, wäre er nicht zum Sprechen aufgefordert worden, und wenn er trotzdem gesprochen hätte, hätte man sich über seine Kleidung lustig gemacht.

Obama besaß die Fähigkeit, wirklich über etwas zu diskutieren und Gesprächsbedingungen zu schaffen, unter denen ihm Ansichten vorgetragen wurden, die nicht mit den seinen übereinstimmten. Er saß seinen Gesprächspartnern zugewandt und ließ ihnen Zeit, ihren Standpunkt ungestört vorzutragen. Wortlos, aber mit Mienen und Gesten und leisen Lauten spornte er sein Gegenüber an, sich auszusprechen. Und er hörte sehr genau zu, wie sich an den Fragen zeigte, die er anschließend stellte: Fragen, die ihm beim Zuhören gekommen waren.

Präsident Obama war auch stets bereit, Dinge zu diskutieren, von denen man nicht wusste, ob er sie überhaupt hören wollte. Dies habe ich selbst erlebt, nachdem ich meine umstrittenen Bemerkungen über Polizei und Hautfarbe gemacht hatte. Im Weißen Haus hatten sie für beträchtliche Unruhe gesorgt. Als ich nach der Rückkehr aus Chicago zu Präsident Obama ins Oval Office kam, fiel mir auf, dass er seine Stabsmitarbeiter und die Leute vom Justizministerium eigens aus dem Raum geschickt hatte. Es sollte unser erstes Vieraugengespräch in den bisherigen sechsundzwanzig Monaten meiner Amtszeit als FBI-Direktor werden. Als ich neben der großen Standuhr zur Tür hinging und niemanden sonst erblickte, fürchtete ich schon, Obama werde mir eine Strafpredigt halten. Er saß in seinem üblichen Lehnsessel rechts neben dem Kamin. Ich nahm auf dem Sofa links neben ihm Platz.

Es gab keine Strafpredigt. Vielmehr bemerkte er gleich zu Anfang: »Ich habe Sie hergebeten, weil ich Ihren Verstand und Ihren Mut zu schätzen weiß und verstehen möchte, was Sie sehen und denken.« Wir sprachen dann etwa eine Stunde lang miteinander. Wobei ich das »miteinander« betonen möchte. Es war ein echtes Zwiegespräch, ein Geben und Nehmen.

Der Präsident stellte eine Frage, die zu einer längeren Antwort einlud: »Was beobachten Sie, und was macht Ihnen Sorgen?« Ich sprach etwa zehn Minuten. Ich erläuterte die Sache mit der räumlichen und zeitlichen Verteilung – über vierzig der sechzig größten Städte im Land erlebten einen Anstieg der Tötungsdelikte an schwarzen jungen Männern, überall gleichzeitig, aber ohne Zusammenhang mit anderen Tendenzen der Kriminalitätsstatistik und geografisch in der Nähe anderer großer Städte, die keine gesteigerte Mordrate aufwiesen. Mich beunruhige, sagte ich, dass man sich im Rest des Landes nichts daraus mache, weil das Problem ausschließlich Schwarze und deren Wohngegenden betreffe. Ich erwähnte auch, dass die Zuwächse mit Verhaltensänderungen infolge der Verbreitung von Internetvideos zusammenhängen dürften. Ich sagte, ich wolle das öffentlich ansprechen und die Frage aufwerfen, ob Polizei und Communities dabei seien, in kleinen Schritten voneinander zurückzuweichen, was am Ende zu einer großen Entzweiung führen könnte. Meine Hoffnung sei, dass eine offene Diskussion über diese Frage eine Verhaltensänderung anstoßen könne, falls meine Beobachtung denn richtig sei.

Als ich fertig war, dankte er mir für meine Bemerkungen und wies dann auf einige Dinge hin, die ich öffentlich gesagt hatte und mit denen er nicht einverstanden war. Zum Beispiel hatte ich von »jäten und säen« gesprochen, um zu veranschaulichen, was ich für notwendig hielt – die *bad guys* herausreißen und in den Raum, der durch die Festnahmen frei werde, etwas Gesundes pflanzen. Er fragte: »Können Sie verstehen, wie sich das für Schwarze anhört, wenn man junge Männer in ihrer Community mit Unkraut vergleicht?« Er erklärte, Schwarze ärgerten sich häufig über einen Kompromiss, den zu schließen sie durch ihre Lebensumstände gezwungen seien: Die Sicherheit, die ihnen die Polizei biete, sei ihnen durchaus willkommen, aber keineswegs die Zustände, die die Anwesenheit der Polizei in ihren Wohngegenden nötig machen – schlechte Schulen, wenig Arbeit, Drogensucht und kaputte Familien.

Ich antwortete, mir sei nicht in den Sinn gekommen, dass Schwarze meine Worte so interpretieren könnten. Ich hatte mir nicht die Zeit genommen, darüber nachzudenken, wie die Redewendung »jäten und säen« – die bei uns in der Polizei seit Jahrzehnten üblich ist – bei anderen ankommen könnte, insbesondere bei Schwarzen in schwierigen Zeiten. Ich hatte die Welt nur aus meiner Perspektive betrachtet. Ein Schwarzer – in diesem Fall der Präsident der Vereinigten Staaten – half mir, die Welt mit anderen Augen zu sehen.

Wir sprachen über die Auswirkung des enorm hohen Anteils schwarzer Männer in den Strafanstalten auf die schwarzen Communities und darüber, wie schlecht unser Land die Häftlinge darauf vorbereitet, in ein produktives Leben zurückzukehren. Ich stimmte zu, dass die hohe Zahl von Schwarzen im Gefängnis eine Tragödie ist, wies aber auch darauf hin, wie das Wort »Masseninhaftierung« – ein Ausdruck, mit dem Präsident Obama die aus seiner Sicht übermäßig vielen Gefängnisstrafen in unserem Land kritisiert hatte – bei denjenigen von uns ankommt, die einen großen Teil ihres Lebens dem Kampf gegen das Verbrechen in Problemvierteln gewidmet hätten. Bei mir beschwört der Ausdruck »Masseninhaftierung« Bilder aus japanischen Internierungslagern im Zweiten Weltkrieg herauf, wo zahllose Menschen hinter Stacheldraht zusammengepfercht waren. Ich fand das Wort unzutreffend und im Grunde kränkend für die vielen gute Leute bei der Polizei, die alles daransetzten, den Menschen in Problemvierteln zu helfen. Unzutreffend in dem Sinne, dass keine »Massen« inhaftiert wurden: Jeder Beschuldigte wurde einzeln angeklagt, einzeln von einem Anwalt vertreten, einzeln von einem Gericht für schuldig erklärt, einzeln verurteilt und, wenn seine Revision erfolglos war, einzeln eingesperrt. Am Ende landeten zwar eine Menge Leute im Gefängnis, aber eben alles Einzelfälle, keine »Massen«, sagte ich. Und kränkend, erklärte ich, sei das Wort, weil es die Bemühungen von Polizisten, Agenten und Strafverfolgern – und auch der schwarzen Community selbst –, schwer geprüfte Wohngegenden zu retten, als unrechtmäßig erscheinen lasse.

Er bat mich zu verstehen, dass Polizei und Gerichte von Schwarzen ganz anders wahrgenommen würden und dass man ihnen kaum einen Vorwurf machen könne, wenn für sie die Inhaftierung so vieler Schwarzer – zahlenmäßig ein Vielfaches in Relation zu ihrem Anteil an der Bevölkerung – mit dem Begriff »massenhaft« zusammenfiele.

Am Ende unseres Gesprächs war ich klüger. Und ich hoffte, dass ich vielleicht auch ihm geholfen hatte, die Dinge aus einer anderen Perspektive zu sehen. Unsere Diskussion war das absolute Gegenteil vom Washingtoner Zuhören gewesen: Beide hatten wir die Gelegenheit genutzt, uns um Verständnis für die Sichtweise des Gegenübers zu bemühen und uns, wenn nötig, davon überzeugen zu lassen.

Präsident Obama hätte sich auf ein solches Gespräch niemals eingelassen, wenn er nicht genug Selbstvertrauen gehabt hätte, Bescheidenheit zu zeigen. Möglich, dass er als Führungskraft eine Spur zu viel Selbstvertrauen hatte. Dies zeigte sich, als ich mit dem größten Problem meiner Amtszeit zu tun bekam – der Datenverschlüsselung.

Bevor ich FBI-Direktor wurde, entwendete Edward Snowden, ein externer Mitarbeiter der National Security Agency, eine riesige Menge geheimer Daten über die Aktivitäten der NSA und übermittelte einen großen Teil davon an die Presse. Von allen anderen Folgen abgesehen, war dies natürlich ein verheerender Schlag für die Möglichkeiten unseres Landes, nachrichtendienstliche Informationen zu sammeln. Eine weitere Folge bestand darin, dass im Jahr nach diesen Enthüllungen feindliche Akteure in aller Welt ihre Kommunikation auf Mittel und Kanäle verlegten, die durch starke Verschlüsselung geschützt waren, was staatliche Überwachungsmaßnahmen erheblich erschwerte, auch die richterlich angeordnete elektronische Überwachung, wie sie vom FBI betrieben wurde. Mit Schrecken mussten wir mit ansehen, wie terroristische Netzwerke, die wir lange Zeit überwacht hatten, nach und nach vom Radar verschwanden.

Im September 2014 – unsere rechtsstaatlichen Überwachungsmöglichkeiten schwanden nun schon seit einem Jahr dahin – gaben Apple und Google bekannt, ihre mobilen Endgeräte auf standardmäßige Verschlüsselung umzustellen. Die Ankündigung war so formuliert, als sei es von besonderem sozialem Wert, die Geräte vor richterlich angeordneter Überwachung zu schützen. Ich ärgerte mich maßlos. Ich konnte einfach nicht verstehen, wie kluge Menschen über die sozialen Kosten hinwegsehen konnten, die daraus entstanden, wenn Richter in bestimmten Fällen daran gehindert wurden, die Überwachung elektronischer Geräte anzuordnen. Die Ankündigung von Apple und Google kam am Vorabend einer meiner vierteljährlichen Sitzungen mit dem Pressekorps zu Fragen des FBI und des Justizministeriums. Ich hatte nicht geplant, über Datenverschlüsselung zu reden, aber es ging nicht anders. Ich musste meiner Enttäuschung über die Umstellung auf standardmäßige Verschlüsselung Ausdruck verleihen:

Ich glaube unverbrüchlich an den Rechtsstaat, ich glaube aber auch, dass niemand in diesem Land über dem Gesetz steht. Es macht mir Sorgen, dass Unternehmen etwas verkaufen, das Kunden ausdrücklich erlaubt, sich über das Gesetz zu stellen.

Mit diesen Bemerkungen stürzte ich mich in eine unglaublich komplizierte und emotionale Auseinandersetzung.

Die Kluft zwischen dem FBI und Unternehmen wie Apple erklärt sich großenteils daraus, wie jede der Seiten die Welt sieht, und aus den jeweils mit diesen Weltbildern einhergehenden Beschränkungen. Und offen gesagt, hören die beiden Seiten einander selten richtig zu. Die Chefs der Computerfirmen blicken nicht in die Finsternis, mit der das FBI konfrontiert ist. Wir sind täglich auf der Jagd nach Leuten, die Terroranschläge planen, Kinder missbrauchen und organisierte Verbrechen begehen. Wir sehen die Menschheit von ihrer schlechtesten Seite, tagein, tagaus. Die Männer und Frauen beim FBI leben mit unvorstellbar grauenvollen Dingen und versuchen, etwas dagegen zu tun. Ich war entsetzt, dass die Computertypen das nicht sahen. Vor dem »Going Dark«-Team des FBI, das hier nach Lösungen für das Schwinden von Überwachungsmöglichkeiten durch Verschlüsselung sucht, scherzte ich gelegentlich: »Natürlich sehen die Typen in Silicon Valley die Dunkelheit nicht – wo die leben, scheint immer die Sonne, und alle sind reich und smart.« In ihrer Welt diente Technologie dazu, Menschen immer besser miteinander zu verbinden. Wer schickt seiner Oma nicht gern Katzenfotos? Oder bestellt per App Kaffee, der dann schon bereitsteht, wenn man zu Starbucks hineinspaziert? Das war im Scherz gesagt, im Ernst aber fand ich, dass die Computerleute nicht einzuschätzen wussten, welchen Preis es kostete, wenn die Guten von den Strafverfolgungsbehörden trotz richterlicher Anordnung nicht mehr imstande waren, Beweismaterial gegen die Bösen zu sammeln. Andererseits müssen wir uns die berechtigte Kritik gefallen lassen, dass wir angesichts der täglichen Dunkelheit vor unseren Fenstern wohl zu viele Gedanken an diesen Preis verschwendeten.

Da also beide Seiten aufgrund ihrer Stellung in der Welt parteiisch sind, hielt ich es für wesentlich, dass weder Apple noch das FBI die Lösung dieser Frage diktieren sollten; das amerikanische Volk sollte entscheiden, wie es leben möchte. Aber was genau das in der Praxis bedeutet, ist unglaublich schwer zu beantworten. Der Konflikt zwischen privater und öffentlicher Sicherheit im Kontext mit der Datenverschlüsselung berührt nicht nur die private und die öffentliche Sicherheit, sondern es geht hier auch um Technologie, Recht, Wirtschaft, Philosophie, Innovation, internationale Beziehungen und wahrscheinlich noch manches andere.

Die Privatsphäre der Bürger ist für unsere Regierung ein außerordentlich hohes Gut, doch sind Abstriche immer dann zu machen, wenn die Regierung bei entsprechender Beweislage zum Schutz der Gemeinschaft ins Private eindringen muss. Kein größerer Teil Amerikas ist für die Justiz jemals vollständig tabu gewesen. Präsident Obama war nach Herkunft und von Natur aus ein bürgerlicher Liberaler, aber er sah die Dunkelheit und erkannte, dass es gefährlich ist, Privatsphäre als absoluten Wert zu betrachten, wie er im Frühjahr 2016 in Austin, Texas, öffentlich erklärte:

> *Aber die Gefahren sind real. Es ist wichtig, Recht und Ordnung und eine zivilisierte Gesellschaft aufrechtzuerhalten. Es ist wichtig, unsere Kinder zu schützen. Und daher warne ich vor einer absoluten Betrachtungsweise. Schließlich machen wir ständig Kompromisse. ... Und die Vor-*

stellung, unsere Daten seien irgendwie anders und könnten von unseren anderen Kompromissen losgelöst betrachtet werden, halte ich für falsch.

Er stürzte sich auf das Thema und gab bei den Mitarbeitern im Weißen Haus erstmalig eine Untersuchung des Konflikts zwischen Privatsphäre und Sicherheit in Auftrag. Bei einer von mehreren Sitzungen, die er persönlich im Situation Room leitete, sagte er, ein Unternehmen dürfe nicht das letzte Wort haben, wenn es um die Entscheidung gehe, ob wir auf Verhältnisse zusteuern sollen, in denen weite Teile des amerikanischen Lebens dem Zugriff der Justiz entzogen wären. Dies würde unser aller Leben tief greifend verändern; eine solche Entscheidung dürfe nur von den Bürgern der Vereinigten Staaten getroffen werden.

Leider lief Präsident Obama die Zeit davon. Die Regierung machte zwar einige Fortschritte in dieser Sache – unter anderem wurde eine Machbarkeitsstudie erstellt, die zeigte, dass es möglich war, sichere Handys zu bauen, auf die die Strafverfolger in bestimmten Fällen dennoch zugreifen könnten –, schied dann aber aus dem Amt, ohne dass über die nächsten Schritte, insbesondere das weitere gesetzgeberische Vorgehen, entschieden worden wäre.

Eines ist mir aus diesen Gesprächen geblieben. Im Sommer 2016 saß ich im Situation Room des Weißen Hauses, wo der Präsident mit mehreren hochrangigen Mitarbeitern über das Thema Verschlüsselung beriet. Situation Room ist eigentlich der Name diverser Büros und Konferenzräume, in denen dem Präsidenten und seinem Nationalen Sicherheitsrat zugearbeitet wird. Es ist aber auch der Name für den Konferenzraum, in dem der Präsident normalerweise seine Besprechungen zur nationalen Sicherheit abhält. In Wirklichkeit sieht der Raum ganz anders aus als im Fernsehen. Er ist sehr klein.

Wenn die lederbezogenen Bürosessel auf ihren Rollen dicht zusammengeschoben werden, können etwa zehn Personen mit dem Präsidenten am Tisch sitzen, fast auf Tuchfühlung.

Die Sitzordnung war jeweils durch Namensschildchen festgelegt, die von Angestellten auf den Tisch gestellt wurden. Ich habe an Dutzenden Besprechungen unter drei Präsidenten teilgenommen und durchschaue immer noch nicht, nach welchen Kriterien die Schilder verteilt werden. Manchmal fanden zwei Sitzungen unmittelbar nacheinander statt, und ich musste mich umsetzen, weil mein Namensschild für die zweite Sitzung woanders hingestellt worden war. Dem Präsidenten gegenüber saß übrigens nie jemand, weil das den Bildschirm und die Kamera blockiert hätte, womit auswärtigen Mitarbeitern die Teilnahme an der Konferenz ermöglicht wurde; übrigens waren die auf dem Bildschirm immer nur von der Hüfte aufwärts zu sehen. (Ich selbst wurde einmal aus Hawaii zugeschaltet und trug zu diesem Anlass Jackett und Krawatte, sonst aber nur eine Badehose.) Gelegentlich wurden am anderen Ende des Tischs gegenüber dem Präsidenten kleine Holzstühle aufgestellt, die »Kinderstühle«, wie ich sie nannte; und da ich kein Kabinettsmitglied war, musste ich häufig dort Platz nehmen. Manchmal boten mir freundliche Kollegen ihren Erwachsenenstuhl an, weil die FBI-Giraffe auf dem winzigen Stuhl einfach zu lächerlich aussah. An den Wänden war Platz für weitere zehn oder zwölf Teilnehmer, aber der Raum war so eng, dass sie mit den Knien fast an die Stühle davor stießen.

Und da saßen wir also jetzt in den letzten Tagen der Obama-Regierung und debattierten über Verschlüsselung. Gegen Ende der Sitzung ergriff der Präsident das Wort. Offenbar hatte er eine Erleuchtung. »Das ist wirklich schwierig«, sagte er in die Runde, »normalerweise finde ich für alles eine Lösung, aber das hier ist wirklich schwierig.«

Die Bemerkung löste bei mir zweierlei aus, was ich jedoch für mich behielt. Meine erste Reaktion war: »Im Ernst jetzt?« Eine Heerschar kluger Köpfe hatte sich jahrelang mit dieser unglaublich komplizierten Materie herumgeschlagen. Die zweite Reaktion war Verblüffung über das atemberaubende Selbstvertrauen des Präsidenten. Ich jedenfalls hatte nicht den Eindruck, dass er sich aufplusterte. Und selbstironisch oder sarkastisch, wie Präsident Bush sich manchmal gegeben hatte, war das auch nicht. Vielmehr glaubte er wirklich, dass er, Barack Obama, für jedes noch so schwierige Problem eine Lösung finden konnte. Im aktuellen Fall gelang es ihm nicht, und das überraschte ihn. Wow, dachte ich.

Was sollte ich davon halten? So viel Selbstvertrauen – die Überzeugung, er persönlich könne die schwierigsten Probleme lösen – ist bei einem Vorgesetzten nicht unbedingt eine positive Eigenschaft, da es dazu führen kann, dass er sich anderen Perspektiven verschließt. Ich hatte das an mir selbst beobachtet. Eine meiner Schwächen, vor allem in jüngeren Jahren, war allzu großes Selbstvertrauen, die Neigung, übereilte Schlüsse zu ziehen und allzu sehr daran festzuhalten. Oder allzu rasch eine Entscheidung zu treffen, in der Meinung, »entscheidungsfreudig« zu sein, während ich in Wahrheit nur impulsiv und überheblich war. Damit kämpfe ich, seit ich denken kann. An Obama hingegen hatte ich auch die Bescheidenheit beobachtet, von anderen lernen zu wollen, was in Kombination mit einem starken Selbstvertrauen selten zu finden ist. Ich weiß immer noch nicht, was ich davon halten soll, und erinnere mich an kein zwischen uns verhandeltes Thema der inneren Sicherheit, bei dem er ein Ungleichgewicht zwischen Selbstvertrauen und Bescheidenheit an den Tag gelegt hätte. Vielmehr arbeitete Präsident Obama stets daran, seinen Leuten die Befangenheit zu nehmen und sich von ihnen sagen zu lassen, was er wissen wollte.

Beim FBI gab ich mir Mühe, es ebenso zu halten und nie zu vergessen, dass wir alle unterhalb unserer Vorgesetzten stehen. Egal wie »flach« die Hierarchien einer Organisation sind, es gibt sie doch, und jeder weiß, was das bedeutet. Selbst wenn alle im Raum Kapuzenshirts, zerfetzte Jeans und Flipflops tragen. Selbst wenn wir alle auf Sitzsäcken hocken, Studentenfutter knabbern und Ideen auf einem Whiteboard sammeln: Wenn einer im Raum der Chef ist, sind sich dessen alle bewusst. Einer im Raum steht »über« den anderen, ob eigens darauf hingewiesen wird, spielt keine Rolle.

Nach oben sprechen erfordert Mut. Man muss dazu ein verbreitetes Übel überwinden – den Hochstapler-Komplex. Wir alle haben mehr oder weniger mit der Vorstellung zu kämpfen, dass andere Leute, wenn sie uns wirklich kennen würden, wenn sie uns so kennen würden, wie wir selbst uns kennen, eine schlechte Meinung von uns bekämen. Das ist der Hochstapler-Komplex – die Furcht, uns als das unvollkommene Wesen zu entlarven, das wir in Wirklichkeit sind. Wer das so gar nicht von sich selbst kennt, ist ein Dummkopf und liest am besten nicht weiter.

Offen mit seinesgleichen zu reden, birgt das Risiko, sich bloßzustellen. Nach oben zu sprechen, mit einem Vorgesetzten, ist noch weniger geheuer. Und mit dem obersten Chef zu reden, ist beängstigend. In einer vielschichtig aufgebauten paramilitärischen Organisation wie dem FBI, über der in ihren ersten fünf Jahrzehnten ein einziger Mann, J. Edgar Hoover, gethront hat, ist der Höhenunterschied beträchtlich. Und es wird noch komplizierter, denn die Sprecher dazu zu bringen, ihren Hochstapler-Komplex zu überwinden, ist nur ein Teil der Lösung. Auch die Vorgesetzten selbst müssen ihren Hochstapler-Komplex überwinden – ihre Furcht, nicht hundertprozentig perfekt zu sein.

Ich versuchte, beim FBI eine Atmosphäre zu fördern, in der die Leute mir die Wahrheit sagten. Ich tat manches, was ihnen wahrscheinlich komisch vorkam, aber das war alles sorgfältig überlegt. Als Erstes verzichtete ich bei den regelmäßigen Besprechungen auf formelle Kleidung. Mir war aufgefallen, dass Leute, die zum Direktor kamen, sich immer kleideten wie für eine Beerdigung. Ich selbst trug bei internen Sitzungen nie ein Jackett, aber das reichte nicht. Wer formell gekleidet ist, denkt und handelt auch förmlich, das heißt: nicht frei. Und das ist keine gute Voraussetzung für ertragreiche Gespräche. Einfach war es nicht, den Dresscode zu ändern.

Ich bat meine ranghöchsten Mitarbeiter, etwa zwanzig Männer und Frauen, zu den morgendlichen Besprechungen kein Jackett zu tragen, es sei denn, sie hätten unmittelbar anschließend Termine, zu denen sie korrekt gekleidet sein müssten. Anfangs kamen sie meinem Wunsch nach, aber nach drei Wochen trugen fast alle wieder Jacketts. Ich wiederholte meine Aufforderung, und diesmal hielten sie sich sechs Wochen lang daran. Ich ließ nicht locker.

Um eine vertrauensvolle Atmosphäre zu schaffen, ermunterte ich meine Leute, etwas Privates von sich zu erzählen. Ich bat eine komplette Versammlung ranghoher FBI-Führungskräfte, der Gruppe etwas von sich zu erzählen, das die anderen überraschen würde, fügte aber zur allgemeinen Belustigung hinzu, es solle sich dabei besser nicht um etwas handeln, was ihre Sicherheitsfreigabe gefährden könnte. Wochen später forderte ich sie auf, mir von ihren Lieblingssüßigkeiten zu Halloween zu erzählen. Im November sollten sie mir ihr Lieblingsessen zu Thanksgiving nennen, im Dezember, was sie sich zu Weihnachten wünschten. Das mag kindisch erscheinen, als Taktik eines Lehrers, Grundschulkinder zum Reden zu bringen, doch Kinder sind offen und haben erstaunliches Vertrauen untereinander. Und wir hatten ein wenig mehr kindliches Verhalten nötig, denn Kinder erzählen einander weit häufiger die Wahrheit, als Erwachsene es tun. Und Wahrhaftigkeit und gute Zuhörer um mich herum hatte ich nötig wie nie zuvor, als das FBI 2016 ganz unverhofft zwischen die Fronten der Präsidentschaftskandidaten Hillary Clinton und Donald Trump geriet.

10

PRÜGELKNABE

*Sich mitten auf die Straße zu stellen, ist sehr gefährlich:
man kann von beiden Seiten überfahren werden.*

MARGARET THATCHER

Ich habe Hillary Clinton nie kennengelernt, aber ich hatte es immer wieder versucht. Als ich im Januar 2002 mit dem Amt des Bundesanwalts in New York Süd betraut wurde, bat ich meine Assistentin, einen Vorstellungstermin bei der zweiten Senatorin des Staates New York zu arrangieren. Ich hielt es für eine Selbstverständlichkeit, dass man als Bundesanwalt – ich war einer von vieren, die die Bundesjustiz im Staat New York vertraten – die beiden Senatoren dieses Staates persönlich kannte, und außerdem wollte ich nicht unhöflich sein. Den anderen Senator für New York, Chuck Schumer, hatte ich im Zuge der Anhörungen vor meiner Bestätigung durch den Senat kennengelernt, Senatorin Clinton jedoch aus irgendeinem Grund nicht. Nach mehreren Anläufen und dem mehrfachen Austausch von Anfragen und Absagen mit Clintons Büro gaben wir auf. Wir machten damals keine große Affäre daraus, aber ein wenig befremdet war ich doch.

Bis zum heutigen Tag weiß ich nicht, warum das Treffen mit Hillary Clinton nie zustande kam. Mag sein, dass es an organisatorischen Reibungsverlusten in ihrem Büro lag; vielleicht spielte aber auch der Umstand eine Rolle, dass ich sieben Jahre zuvor fünf Monate lang für den Senatsausschuss tätig gewesen war, der wegen einer Reihe von Vorwürfen gegen die Clintons zum Komplex »Whitewater« ermittelte. Ich arbeitete damals noch bei der Anwaltskanzlei in Richmond und wurde von dem Ausschuss als Rechtsbeistand auf Basis eines Stundenhonorars beschäftigt. Der Schwerpunkt meiner Ermittlungsarbeit lag auf dem Suizid des stellvertretenden Rechtsberaters des Weißen Hauses, Vincent Foster, dessen in seinem Büro sichergestellte Dokumente ich auswertete. Mein Gastspiel beim Whitewater-Untersuchungsausschuss war so unbedeutend und so kurz – ich legte mein Mandat nieder, als im August 1995 unser Sohn Collin starb –, dass ich mir kaum vorstellen kann, dass die Senatorin deswegen meine Versuche der Kontaktaufnahme abblockte.

Eher könnte ich mir einen anderen Grund für die mir Anfang 2002 gezeigte kalte Schulter vorstellen: Meine Behörde, das Bezirksgericht New York Süd, hatte zu der Zeit den Auftrag, federführend die Umstände der Begnadigung des abgetauchten Erdölhändlers Marc Rich (gewährt in den letzten Stunden vor Ende von Bill Clintons Amtszeit als Präsident) zu untersuchen. Rich und sein Mitangeklagter Pincus Green waren 1983 vom damaligen Bundesanwalt Rudy Giuliani wegen fünfundsechzig verschiedener Straftatbestände angeklagt worden. Unter den Anklagepunkten fanden sich Steuerhinterziehung, Überweisungsbetrug, Schutzgelderpressung und Handel mit einem Feind der Vereinigten Staaten – dem Iran – zu einem Zeitpunkt, da dieser Dutzende amerikanische Staatsbürger als Geiseln festgehalten hatte. Rich setzte sich kurz vor der Anklageerhebung (in dem bis dahin schwersten Fall von Steuerhinterziehung in der US-Geschichte) ins Ausland ab. Er fand sichere Zuflucht in der Schweiz, die es ablehnte, Ausländer, denen »nur« Steuervergehen angelastet wurden, auszuliefern.

Fast zwei Jahrzehnte später unterzeichnete Präsident Clinton an seinem letzten Amtstag einen höchst ungewöhnlichen Gnadenerlass für Rich – ungewöhnlich deshalb, weil die Begnadigung einem geflüchteten Angeklagten erteilt wurde, meines Wissens ein beispielloser Vorgang. Ungewöhnlich und verdächtig war auch, dass die Begnadigung nicht den üblichen Weg über das Justizministerium als begutachtende Instanz genommen hatte. Als Einziger hatte der damalige Stellvertretende Justizminister Eric Holder den Erlass zu Gesicht bekommen, und der schickte, ohne bei den Strafverfolgern zurückzufragen, die mit dem Fall vertraut waren, ans Weiße Haus die kryptische Rückmeldung, er sei in der Sache »neutral, mit zustimmender Tendenz«. Die Redaktion der *New York Times* nannte die Begnadigung »einen schockierenden Missbrauch staatlicher Macht«. Unter dem Eindruck von Vorwürfen und Vermutungen, die Begnadigung sei eine Gegenleistung für Spendenzusagen der Ex-Ehefrau von Marc Rich für Bill Clintons Präsidialbibliothek gewesen, hatte meine Amtsvorgängerin Mary Jo White ein Ermittlungsverfahren in Gang gesetzt, das der Frage nachging, ob Belege für einen solchen korrupten Kuhhandel vorlagen. Als ich im Januar 2002 mein Amt dort antrat, erbte ich das Ermittlungsverfahren, über das die Medien bereits berichtet hatten.

Ich hatte schon einen Bezug zu dem Fall, weil ich ein Jahrzehnt zuvor in meiner Tätigkeit als Staatsanwalt in New York die Fahndung nach dem flüchtigen Marc Rich geleitet hatte. Rich hatte sich die Dienste prominenter Anwälte gesichert, darunter des späteren Stabschefs von Dick Cheney, Scooter Libby. 1992 flog ich zusammen mit anderen Strafverfolgungsbeamten nach Zürich, um mit Rich – nachdem seine Anwälte signalisiert hatten, dass er bereit sei, sich zu stellen – über die Modalitäten seiner Rückkehr zu verhandeln. In Begleitung meines Vorgesetzten, des damaligen US-Bundesanwalts Otto Obermaier, traf ich mich mit Rich und seinem Mitangeklagten Pincus Green in der Präsidentensuite eines Luxushotels mit Blick über den Zürichsee. Als wir mit Rich die praktische Umsetzung seines Angebots, sich den Behörden in New York zu stellen, besprechen wollten, stellten wir fest, dass er nicht die Absicht hatte, sich ohne Vorbedingungen zu ergeben. Er wollte einen Deal mit uns machen, der ihm eine Haftstrafe ersparen sollte. Er hielt uns einen langen Vortrag über das viele Gute, das er für die Gesellschaft getan hatte, und zählte auf, was alles für ihn sprach. »Ich möchte keinen Tag im Gefängnis verbringen«, erklärte er kategorisch. Mein Chef Obermaier entgegnete: »Ein solches Versprechen werden wir Ihnen nicht geben.« Er erklärte ihm, dass wir mit Leuten, die sich der Justiz durch Flucht entzogen hatten, grundsätzlich nicht über rechtliche Fragen verhandelten, und sagte ihm, er sei herzlich eingeladen, vor dem zuständigen Gericht in New York zu erscheinen und alle seine Argumente vorzutragen. Wir verfügten über keine Handhabe, Rich auf Schweizer Boden zu verhaften, und so reisten wir wieder ab und versuchten weiterhin, ihn zu schnappen, wenn er auf Reisen ging.

Bill Clinton hatte dieser Fahndung mit einem Federstrich ein jähes Ende gesetzt. Jetzt war es an mir als Bundesanwalt, herauszufinden, ob das ein gekaufter Federstrich war. Ich konnte mir vorstellen, dass Senatorin Clinton allein deshalb wenig Lust auf ein Treffen mit mir haben mochte, auch wenn wir das Verfahren mangels ausreichender Beweise bald einstellten. Unsere Wege würden sich, so vermutete ich, wohl kaum noch einmal kreuzen.

Am 6. Juli 2015 erhielt das FBI eine Ermittlungsempfehlung aus dem Hause des Generalinspekteurs für die Geheimdienste, einer vom Kongress geschaffenen unabhängigen Dienststelle mit dem Aufgabenschwerpunkt, in den unüberschaubaren Weiten der amerikanischen Geheimdienste Risiken und verwundbare Stellen aufzuspüren. Die Empfehlung warf die Frage auf, ob Außenministerin Hillary Clinton in der Zeit, in der sie für ihren E-Mail-Verkehr ihr privates Konto benutzt hatte, mit als geheim eingestuften Informationen vorschriftswidrig umgegangen war. Am 10. Juli eröffnete das FBI ein Ermittlungsverfahren. Das Justizministerium der Regierung Obama, geleitet zu der Zeit von Loretta Lynch, stellte für das Verfahren Ermittler ab. Wie Hunderte andere Ermittlungsverfahren wurde auch dieses auf einer Entscheidungsebene des FBI in Gang gesetzt, die weit unter der meinen lag. Ich erfuhr davon erst, als mein Stellvertreter mich darüber in Kenntnis setzte.

Die Tatsachen lagen in dem Fall offen zutage: Hillary Clinton hatte ihr persönliches E-Mail-Konto benutzt, unter Verwendung eines Servers und einer E-Mail-Adresse, die sie selbst gewählt hatte, und hatte über dieses E-Mail-Konto dienstlichen Schriftverkehr abgewickelt. Sie hatte den Server mehrere Monate nach ihrem Amtsantritt als Außenministerin in Betrieb genommen. Davor, in den ersten Monaten ihrer Amtszeit, hatte sie mithilfe eines BlackBerry und einer bei AT&T angemeldeten E-Mail-Adresse kommuniziert; von dort war sie in ihre eigene Domain Clintonemail.com umgezogen. In Ausübung ihres Amtes tauschte sie E-Mails mit Beamten des Außenministeriums aus. Dabei wurden, wie der Generalinspekteur feststellte, in einer größeren Anzahl von E-Mails – mindestens mehreren Dutzend – als geheim eingestufte Themen berührt.

Die E-Mails von Hillary Clinton und die damit befassten FBI-Ermittlungen sind seither gedreht und gewendet und von allen Seiten beleuchtet worden, doch dabei gerät oft aus dem Blick, was eigentlich Gegenstand der Ermittlungen war.

Es ging nicht in erster Linie darum, dass Clinton für ihren Dienstgebrauch eine nicht staatliche E-Mail-Adresse verwendet hatte. In dem Bemühen, zu verschleiern, wie schwer die Vorwürfe wogen, verweisen ihre Verteidiger oft auf die Tatsache, dass einer ihrer Vorgänger, Colin Powell, ebenfalls einen nicht staatlichen E-Mail-Anbieter, nämlich AOL, verwendete – als wäre das für das Ermittlungsverfahren von Belang gewesen. Es geht tatsächlich vollkommen an der Sache vorbei. Ich habe nie ein Indiz dafür gesehen, dass Powell über sein E-Mail-Konto bei AOL irgendwelche Informationen verbreitet hätte, die zu der Zeit der Geheimhaltung unterlagen; dagegen war das bei Außenministerin Clinton in vielen Fällen so.

Im Rahmen unseres Ermittlungsauftrages galt es, zwei Fragen zu beantworten. Die erste lautete, ob als geheim eingestufte Dokumente aus abgeschirmten Systemen nach draußen getragen oder ob der Geheimhaltung unterliegende Themen außerhalb abgeschirmter Systeme angesprochen wurden. Wenn ja, lautete die zweite Frage: Was dachte sich die Zielperson des Ermittlungsverfahrens in dem Moment, als sie mit geheim zu haltenden Informationen dermaßen fahrlässig hantierte?

Für die Einstufung einer Information oder eines Dokuments als geheim gibt es mehrere Grade, je nachdem wie groß das Schadenspotenzial der jeweiligen Informationen im Falle ihres Bekanntwerdens ist. Informationen, die dem niedrigsten Geheimhaltungsgrad »vertraulich« angehören, können der nationalen Sicherheit der Vereinigten Staaten Schaden zufügen, wenn sie nach draußen gelangen. Als »geheim« eingestufte Informationen oder Materialien können im Falle der Weitergabe nach außen der nationalen Sicherheit »schweren« Schaden zufügen. Als »streng geheim« werden Informationen oder Dokumente eingestuft, von denen zu befürchten ist, dass sie, wenn sie nach außen dringen, »außerordentlich schwere« Schäden für die Sicherheit der Vereinigten Staaten anrichten können. Eine Palette abgestufter administrativer Sanktionen dient der Durchsetzung der Geheimhaltungsvorschriften. In sehr ernsten Fällen besteht auch die Möglichkeit einer Strafverfolgung. Mehrere Gesetze enthalten den Straftatbestand des Diebstahls sicherheitsrelevanter Informationen oder deren Weitergabe an Personen ohne autorisierten Zugang zu diesen Informationen. Zur Anwendung kommen diese Gesetze meistens dort, wo jemand Spionage für einen anderen Staat betreibt oder geheime Informationen an Journalisten weitergibt. Häufiger angewandt wird jedoch ein Artikel, demzufolge es strafbar ist – und mit bis zu einem Jahr Freiheitsentzug geahndet wird –, geheime Informationen aus den dafür vorgesehenen Aufbewahrungsorten oder Systemen zu entfernen, sie »fehlzuleiten«. Selbst bei dieser mildesten Form der Verfehlung hat das Justizministerium lange darauf gepocht, dass die Ermittler triftige Belege dafür vorlegen müssen, wonach dem Beschuldigten *bewusst war*, dass er einen verbotenen Umgang mit geheim zu haltenden Informationen gepflegt hatte.

Im Fall von Außenministerin Clinton lautete die Antwort auf die erste Frage – ob ein fehlerhafter Umgang mit geheim zuhaltenden Informationen gepflegt wurde – ganz eindeutig: Ja. Insgesamt stießen die Ermittler auf sechsunddreißig E-Mail-Konversationen, in denen Themen erörtert wurden, die zum betreffenden Zeitpunkt als »geheim« eingestuft waren. Achtmal innerhalb von vier Jahren unterhielten sich Clinton und ihre Mitarbeiter in Tausenden ausgetauschter E-Mails über als »streng geheim« klassifizierte Angelegenheiten, manchmal in verschlüsselter Sprache, manchmal im Klartext. Sie schickten einander keine Geheimdokumente zu, doch darauf kam es nicht an. Zwar verfügten sämtliche

Absender und Empfänger der E-Mails über die notwendigen Sicherheitsfreigaben und erfüllten das Kriterium, die Informationen von Berufs wegen zu benötigen, doch eigentlich muss jeder, der je eine Sicherheitsfreigabe erhalten hat, wissen, dass es einen Verstoß gegen die Gebote des Umgangs mit als geheim eingestuftem Material darstellt, wenn man über ein nicht abgeschirmtes System solche Informationen austauscht. Diese Konversationen über streng geheime Themen waren, auch wenn sie nur einen kleinen Bruchteil der Clinton-E-Mails ausmachten, nach allem, was wir wissen, unzulässig. Oder um es anders auszudrücken: Es wurden sechsunddreißig Konversationen über Themen gefunden, die im Falle des Bekanntwerdens unserer nationalen Sicherheit »schweren« Schaden, und acht, die ihr womöglich »außerordentlich schweren« Schaden zufügen könnten. Somit rückte die zweite Frage in den Blickpunkt: Was dachte sich Hillary Clinton dabei, als sie das tat? War sie nur leichtsinnig, oder steckten kriminelle Absichten dahinter? Konnten wir beweisen, dass sie etwas getan hatte, wovon sie wusste, dass es nicht rechtens war?

Zu wissen und zu beweisen, was im Kopf eines Menschen vor sich geht, ist immer schwierig. Was mir von Anbeginn dieses Ermittlungsverfahrens vor Augen stand, war der nicht lang zurückliegende Fall des ehemaligen CIA-Direktors David Petraeus, den wir wenige Monate vorher zum Abschluss gebracht hatten. Petraeus hatte 2011 mehrere Notizbücher, die gleichsam eine Schatzkammer hochgradig sensibler, streng geheimer Informationen darstellten – unter anderem Gedächtnisprotokolle zu Gesprächen mit Präsident Obama über streng geheime Programme –, einer Autorin anvertraut, mit der er eine Affäre hatte. Im Gegensatz zu den Personen, mit denen Hillary Clinton korrespondierte, verfügte diese Frau nicht über die notwendigen Sicherheitsfreigaben und über keinen legitimen Informationsanspruch. Der Hammer war, dass Petraeus amtierender CIA-Direktor war – der oberste Bewahrer unserer Staatsgeheimnisse. Er wusste genauso gut wie jeder andere Staatsdiener, dass er etwas Verbotenes tat. Er erlaubte der Frau sogar, wichtige Seiten aus Geheimdokumenten zu fotografieren. Und dann, wie um zu unterstreichen, dass er ganz genau um die Unrechtmäßigkeit seines Tuns wusste, stritt er bei seiner Vernehmung durch FBI-Beamte die Dinge ab, die er getan hatte.

Trotz dieser eindeutigen und schwerwiegenden Beweise für ein weitaus schlimmeres Fehlverhalten als das, was sich Außenministerin Clinton zuschulden hatte kommen lassen, und trotz seiner nachweislichen Falschaussagen gegenüber dem FBI ließ das Justizministerium es zu, dass seine Anwälte einen strafmildernden Deal aushandelten und Petraeus letzten Endes nur eines minder schweren Vergehens angeklagt wurde. Im April 2015 erklärte er sich schuldig und akzeptierte eine Geldstrafe von vierzigtausend Dollar sowie eine auf zwei Jahre zur Bewährung ausgesetzte Freiheitsstrafe.

Der relativ milde Anklagevorwurf, den sich Petraeus trotz seines fahrlässigen Umgangs mit als geheim eingestuftem Material einhandelte, bewegte sich im Rahmen vergleichbarer Präzedenzfälle; ich setzte mich jedoch bei Justizminister Holder mit Nachdruck dafür ein, gegen Petraeus auch ein Strafverfahren wegen seiner Falschaussagen gegenüber dem FBI zu eröffnen. In der Rückschau auf Fälle wie die von Martha Stewart, Leonidas Young und Scooter Libby stellte ich die Frage, wie wir es, wenn wir darauf verzichteten, pensionierte Generäle und CIA-Direktoren für unverfrorenes Lügen bei Vernehmungen durch FBI-Ermittler zur Verantwortung zu ziehen, rechtfertigen konnten, Tausende andere für genau dasselbe Fehlverhalten einzubuchten. Ich war überzeugt und bin es bis heute, dass bei Petraeus andere Maßstäbe angelegt wurden und dass dies mit seiner Klassenzugehörigkeit zu tun hatte. Ein Normalbürger, unbekannt und ohne Geld – sagen wir, ein junger schwarzer Baptistenpfarrer aus Richmond –, wäre für dasselbe Vergehen mit einem Strafverfahren wegen Falschaussage überzogen und ins Gefängnis geschickt worden.

Das endlose Getrommel in den konservativen Medien und deren Sensationshascherei mit »Enthüllungen« ohne großen inhaltlichen Nährwert konnten nicht darüber hinwegtäuschen, dass es im Verfahren gegen Hillary Clinton, zumindest soweit wir es am Anfang überblicken konnten, nicht annähernd um so schwere Verfehlungen ging, was Umfang und Geheimhaltungsstufe des fahrlässig gehandhabten Materials betraf, wie bei General Petraeus. Auch wenn Clinton offenkundig einige als geheim eingestufte Themen über ein nicht staatliches, nicht abgeschirmtes System verbreitet hatte, verfügten doch allem Anschein nach sämtliche Empfänger ihrer E-Mails über ausreichende Sicherheitsfreigaben und waren legitime Glieder der Informationskette. Ohne im Geringsten das Ergebnis der Ermittlungen vorwegzunehmen, leiteten wir das Verfahren gegen Clinton doch in der Erwartung ein, dass die Beamten im Ministerium wohl kaum Anklage erheben würden. Natürlich konnte es auch anders kommen, falls wir beispielsweise auf eine E-Mail stoßen würden, in der jemand aus dem Staatsdienst die Außenministerin ausdrücklich darauf hinwies, dass ihr Handeln nicht geltenden Rechtsvorschriften entsprach, falls wir ihr eine Behinderung der Justiz nachweisen konnten oder falls sie uns, wie Petraeus, bei einer Vernehmung vorsätzlich die Unwahrheit sagte. Stets würde es darum gehen, den Nachweis für einen Gesetzes- oder Regelverstoß jenseits aller berechtigten Zweifel zu führen – eine sehr viel strengere Anforderung, als sie für Fernseh-Diskussionsrunden oder Spiegelfechtereien im Kongress galt.

Im durch und durch vom Freund-Feind-Denken geprägten Washington konnte es nicht ausbleiben, dass prominente Republikaner sogleich mit dem Vorwurf hausieren gingen, man könne von der Regierung Obama nicht erwarten, dass sie ernsthafte Ermittlungen gegen die voraussichtliche Präsidentschaftskandidatin der Demokraten und frühere Ministerin in Obamas Kabinett zulasse. Viele Republikaner, die auf selbst ernannte Rechtsexperten und Investigativjournalisten hörten oder auf sachlich falsche oder irreführende Meldungen in den Medien reagierten, waren sich sicher, dass die ehemalige Außenministerin die schlimmsten Verbrechen gegen die nationale Sicherheit begangen hatte, seit die Rosenbergs in den 1950er-Jahren Geheimdokumente über unsere Atomwaffen an die Sowjets geliefert hatten und dafür mit dem Tode bestraft worden waren. Auf der anderen Seite stellten die Demokraten den Fall von Anfang an als Bagatelle dar und behaupteten sogar, die Prüfung der E-Mails erfolge gar nicht im Rahmen eines »Ermittlungsverfahrens«, sondern es handle sich um eine »Durchsicht« oder etwas ähnlich harmlos Klingendes.

Vom Wahlkampfapparat Hillary Clintons erheblich unter Druck gesetzt, nahm die *New York Times* nachträgliche Korrekturen an einem von ihr am 23. Juli 2015 veröffentlichten Artikel vor, in dem es geheißen hatte, das Justizministerium erwäge die Aufnahme strafrechtlicher Ermittlungen zu Clintons Umgang mit ihrem E-Mail-Verkehr. Infolge des hartnäckigen Gegenhaltens der Clinton-Mannschaft druckte die *Times* nacheinander zwei Richtigstellungen zu ihrem ursprünglichen Artikel: Die erste besagte, es gebe keine gegen Clinton persönlich gerichteten Ermittlungen, die zweite, die einen Tag später folgte, betrieb Begriffskosmetik: Was der Generalinspekteur für die Geheimdienste, hieß es darin, ans FBI übermittelt habe, sei keine »strafrechtliche Ermittlungsempfehlung« gewesen, sondern ein »Antrag auf eine Sicherheitsprüfung«. Dass die *New York Times* diese Richtigstellungen für nötig hielt, ändert nichts daran, dass der ursprüngliche Artikeltext der Wahrheit deutlich näher kam. Es traf zwar zu, dass in der an das FBI ergangenen Empfehlung des Generalinspekteurs das Wort »strafrechtlich« nicht vorkam, doch war zum Zeitpunkt des Erscheinens des Artikels tatsächlich ein ausgewachsenes strafrechtliches Ermittlungsverfahren angelaufen, in dessen Mittelpunkt das Verhalten der Außenministerin stand. Wir verzichteten darauf, die *New York Times* auf ihren Fehler hinzuweisen und dem Clinton-Lager öffentlich zu widersprechen, weil das Verfahren noch nicht den Reifestand erreicht hatte, bei dem es gemäß unserer gängigen Praxis angezeigt gewesen wäre, öffentlich zu bestätigen, dass Ermittlungen am Laufen waren. Wie auch immer, dieses erbitterte Ringen um begriffliche Nuancen war nur ein kleiner Vorgeschmack auf das, was kommen würde, und viele im FBI wussten das.

»Sie wissen, dass Sie in der Tinte sitzen, oder?«

Der stellvertretende FBI-Direktor im Sommer 2015 war ein offenherziger, kluger und mit makaberem Humor gesegneter Ermittlungsbeamter namens Mark Giuliano.

Ich verzog die Lippen zu einem dünnen Grinsen und sagte: »Jupp. Keiner kommt da lebend raus.«

Es war natürlich nicht das erste Mal, dass ich dabei war, einige sehr mächtige Leute gegen mich aufzubringen, wenn nicht gar zur Weißglut zu reizen. Mehr, als ich es mir zu der Zeit vorstellen hätte können, waren Martha Stewart, Scooter Libby, Stellar Wind und die Folterpolitik der Regierung Bush Lektionen gewesen, die mich auf das, was nun auf mich zukam, vorbereitet hatten. In allen diesen Fällen hatten wir unser Bestes getan, um trotz des großen Drucks, unter dem wir standen, Einflüsterungen von Dritten an uns abprallen und uns einzig von geltendem Recht und von den Tatsachen leiten zu lassen. Auch rückblickend betrachtet, war ich der Meinung, dass wir das Richtige getan hatten.

Das Ermittlungsverfahren gegen Hillary Clinton (oder die Prüf- oder Ermittlungsempfehlung, wie die Wortführer auf beiden Seiten des politischen Spektrums den Vorgang zu nennen beliebten) war schon jetzt als eines der bestimmenden Themen des anlaufenden Präsidentschaftswahlkampfs gesetzt. Was Giuliano angedeutet hatte – und was auch mir völlig klar war –, war, dass das FBI in diesem Szenario nur verlieren konnte. Im Zentrum von Marks Galgenhumor stand ein Galgen. Ganz gleich zu welchem Ergebnis unsere ehrliche Arbeit führen würde, die Glaubwürdigkeit der Behörde – und meiner Person – würde Schaden nehmen; offen war lediglich die Frage: wie großen? So seltsam es klingen mag: In der Tinte zu sitzen, zu wissen, dass man zur Zielscheibe werden wird, egal was man tut, beschert einem eine gewisse Freiheit. Die Hälfte der Amerikaner wird so oder so aufheulen, also kann man beruhigt die Kritiker ausblenden und einzig die Tatsachen und das Gesetz darüber entscheiden lassen, welche Hälfte. Freilich kam ich zu der Zeit nie auf den Gedanken, wir könnten mit unserer Arbeit *beide* Hälften auf die Palme bringen.

Um den Fall abzuarbeiten, stellte die Spionageabwehr-Abteilung des FBI eine rund zwanzigköpfige Expertengruppe zusammen, bestehend aus Ermittlungsbeamten, Analysten und Hilfskräften. Ihren Gepflogenheiten entsprechend, verlieh die Abteilung dem Verfahren einen irreführenden Codenamen: Midyear Exam. Die Gruppe, mit der ich von da an regelmäßig zu tun hatte, reichte von höchstrangigen FBI-Mitarbeitern bis zu dem leitenden Ermittlungsbeamten und dem Analysten, die gemeinsam das Tagesgeschäft verrichteten; dazu gehörten ferner Juristen aus drei verschiedenen Ebenen der Rechtsabteilung des FBI. Ich nannte diese aus zwölf Personen bestehende Kerntruppe gewöhnlich das »Midyear-Team«. Ich hielt keinen persönlichen Kontakt zu diesen Ermittlern, Analysten und Hilfskräften der Arbeitsebene und traf sie nur, wenn ich ihnen in regelmäßigen Abständen für ihre engagierte Arbeit dankte.

Im Verlauf der nächsten anderthalb Jahre stützte ich mich auf die Arbeit des »Midyear-Teams«, wann immer es galt, in dem Verfahren Entscheidungen zu treffen – wobei die Verantwortung für die Entscheidungen letztlich immer bei mir lag. Es gab in der Gruppe eine gewisse Fluktuation, bedingt durch die Pensionierung des einen oder anderen altgedienten Beamten, doch ungeachtet dessen blieb die Gruppe, was sie war: eine Ansammlung besonders kluger und starker Persönlichkeiten, die sich öfter in die Haare gerieten, so wie man es vielleicht von Geschwistern kennt. Mir gefiel das. Eine der jüngeren Juristinnen hatte die Angewohnheit, ihren Unmut über Äußerungen, die ihr nicht gefielen, durch hörbares Schnauben anzuzeigen und dem Redenden – ganz gleich, wer es war – aggressiv ins Wort zu fallen. Das brachte viele ihrer Kollegen gegen sie auf. Ich fand es hinreißend. Ich wollte sie im Team haben, weil ich wusste, dass sie sich nicht darum scherte, wer welchen Rang bekleidete. Ihre Direktheit war immer produktiv, selbst da, wo sie unrecht hatte. Ich wollte ihre Sicht der Dinge hören und konnte mich darauf verlassen, dass sie sie unaufgefordert darlegen würde, auch wenn sie dafür einem ranghöheren Mitglied der Gruppe das Wort abschneiden musste. Ihre Zwischenrufe belebten und bereicherten jedes Gespräch.

Zweifellos hatte jeder, dessen Rat ich suchte, seine eigenen politischen Ansichten und Vorlieben. Sie waren schließlich alle Menschen. Sie hatten außerdem Ehepartner, Freunde und Familienmitglieder, die sich ebenfalls Gedanken über Politik machten. Ich merkte jedoch nie etwas von solchen persönlichen Neigungen. Nie erlebte ich, dass auch nur ein Einziger aus der Gruppe eine Position vertrat, bei der man den Eindruck haben konnte, sie resultiere aus eigenen politischen Vorlieben. Und damit nicht genug: Ich bekam auch nie ein Argument oder eine Wertung zu hören, die ich als Ausdruck politischer Voreingenommenheit hätte interpretieren können. Niemals. Wir debattierten, argumentierten, hörten einander zu, reflektierten, gaben alles, spielten *Advocatus Diaboli* und manchmal kam es sogar vor, dass wir in Gelächter ausbrachen, während wir wichtige Entscheidungen ausbrüteten. Ich wies die Gruppe an, mich stets detailliert auf dem Laufenden zu halten, damit ich dafür sorgen konnte, dass alle jederzeit über die Ressourcen verfügten, die sie brauchten, und den bestmöglichen Schutz vor Druck von außen genossen. Und es gab mir die Chance, die wichtigen Entscheidungen fundiert zu treffen, was letzten Endes meine Aufgabe war.

Meine erste Entscheidung musste ich in der Frage treffen, ob wir uns öffentlich zu dem Fall äußern sollten. Das FBI hatte nach bewährter Gepflogenheit davon abgesehen, die Aufnahme eines Ermittlungsverfahrens zum Umgang von Außenministerin Clinton mit ihrem E-Mail-Verkehr zu bestätigen, auch nachdem wir die Ermittlungen im Juli eingeleitet hatten. Ende September 2015, fast drei Monate nach Beginn der Ermittlungen, erschien uns die Auskunft »kein Kommentar« zunehmend unsinniger. Den Anstoß zu den Ermittlungen hatte schließlich eine öffentliche Ermittlungsempfehlung aus dem Hause des Generalinspekteurs gegeben. In den Wahlkampagnen beider Parteien und im Kongress wurde offen über unsere Arbeit geredet. Ermittler waren unterwegs, führten Gespräche mit Personen, die mit dem Fall in Verbindung standen und von denen einige wiederum mit der Presse über die Vorgänge redeten. Und aus dem Kongress kamen Forderungen nach einer amtlichen Bestätigung dafür, dass wir die E-Mail-Affäre untersuchten, vor allem auch weil die Presse die Sache an die große Glocke hängte.

Im Regelwerk des Justizministeriums und des FBI gibt es anerkannte Ausnahmen von unserer Kein-Kommentar-Politik: in Bezug auf Ermittlungsverfahren von besonders großem öffentlichen Interesse oder in Fällen, in denen unsere Ermittlungsarbeit für die Öffentlichkeit klar erkennbar ist. Wir hatten uns dieser Ausnahmen in meiner Amtszeit als Direktor schon mehrere Male bedient; so hatten wir etwa strafrechtliche Ermittlungen zu der Frage bestätigt, ob Organisationen der sogenannten Tea-Party-Bewegung gezielt und unrechtmäßig mit Steuerprüfungen überzogen wurden, oder hatten amtlich bestätigt, dass wir strafrechtliche Ermittlungen wegen der möglichen Verletzung von Bürgerrechten in Ferguson, Missouri, eingeleitet hatten. In jedem dieser Fälle, wie in vielen anderen, in die ich im Verlauf meiner Karriere eingebunden war, war das Ministerium zu der Überzeugung gelangt, die Öffentlichkeit habe einen Anspruch zu erfahren, dass berufene Vertreter der Justiz sich um die Aufklärung der umstrittenen Vorgänge kümmerten.

Zufällig hatten sowohl Justizministerin Loretta Lynch als auch ich für Anfang Oktober Pressekonferenzen anberaumt, und es war zu erwarten, dass wir beide mit Fragen danach bombardiert würden, ob das Justizministerium aus der Ermittlungsempfehlung, die es vom Generalinspekteur für die Geheimdienste erhalten hatte, Konsequenzen gezogen hatte. Wenn wir schon bestätigen wollten, dass ein Ermittlungsverfahren lief, hielt ich dies für einen vernünftigen Zeitpunkt dafür. Deshalb vereinbarte ich für Ende September ein Treffen mit der Justizministerin, um diese Option zu besprechen.

Ranghohe Beamte des Ministeriums und des FBI nahmen an dieser Unterredung teil, die in einem Konferenzraum auf der Direktionsetage des Justizministeriums stattfand.

Ich kannte Loretta Lynch seit den frühen 1990er-Jahren, als wir als Strafverfolger in New York gemeinsam an einem Fall gearbeitet hatten. Wir hatten damals gegen Drogenhändler in Manhattan ermittelt und herausgefunden, dass sie sich verschworen hatten, einen Bundesrichter in Brooklyn zu ermorden, wo Lynch als Staatsanwältin tätig war; so hatten wir uns für die Aufklärung des Falles zusammengetan. Daher kannte ich sie als intelligente Juristin und ehrliche Haut, als jemanden, der bereit ist, sich die Standpunkte anderer anzuhören. Bei dem Treffen Ende September 2015 erklärte ich, wir seien nach meiner Meinung an einem Punkt angelangt, an dem ich gut beraten wäre, im Zuge meiner regelmäßigen vierteljährlichen Pressekonferenz, angesetzt für den 1. Oktober, amtlich zu bestätigen, dass wir mit Ermittlungen in der Clinton-E-Mail-Affäre begonnen hatten, was ohnehin schon die ganze Welt wisse. Weitergehende Details wolle ich jedoch nicht nennen.

Justizministerin Lynch pflichtete mir bei, dass dies ein vernünftiger Schritt wäre, fügte aber im selben Atemzug hinzu: »Nennen Sie es ›eine Angelegenheit‹.«

»Warum sollte ich das tun?«, fragte ich.

»Nennen Sie es einfach ›eine Angelegenheit‹«, gab sie zurück.

Mir schoss der Gedanke durch den Kopf, dass diese vorgeschlagene Sprachregelung eine auffällige Ähnlichkeit mit der semantischen Rangelei zwischen der Wahlkampforganisation von Hillary Clinton und der *New York Times* im Juli hatte. Seither arbeitete das Clinton-Team mit einer ganzen Palette von Euphemismen, immer bestrebt, den Ausdruck »Ermittlungsverfahren« zu vermeiden. Nun hatte es den

Anschein, als wolle die Justizministerin mich anweisen, auf diese Strategie des Clinton-Lagers einzuschwenken. Ihrer autoritären Antwort entnahm ich, dass sie keine rechtliche Begründung für ihren Formulierungsvorschlag hatte, zumindest keine, die sich aus unseren Praktiken oder Traditionen ableiten hätte lassen. Andernfalls hätte sie doch wohl eine Begründung geliefert.

Das FBI befasst sich nicht mit »Angelegenheiten«. Der Begriff hat in unserem Vokabular keine Bedeutung, und ihn zu gebrauchen, als ob er eine hätte, war in meinen Augen eine Irreführung der Öffentlichkeit. Es war vermutlich ein Fehler, dass ich in dem Moment nicht entschiedener widersprach. Ihre Aufforderung war mir zu schwammig, als dass ich darauf hätte eingehen wollen, noch dazu, da es auf meine erste Kraftprobe mit einer neuen Chefin hinausgelaufen wäre. Zudem vertraute ich darauf, dass die Presse und die Öffentlichkeit keinen großen Unterschied zwischen einer »Angelegenheit« und einem »Ermittlungsverfahren« sehen würden. Vielleicht schätzte die Ministerin das auch so ein. Was ich weiß, ist, dass die an der Besprechung beteiligten FBI-Leute, als wir uns anschließend unterhielten, Lynchs Aufforderung an mich als ein unverhüllt politisches Manöver bewerteten. So sah es auch mindestens einer der hochrangigen Teilnehmer aus dem Ministerium selbst: George Toscas, damals die Nummer drei in der Abteilung für Nationale Sicherheit und ein Mann, der mir sympathisch war, warf unserer FBI-Riege beim Hinausgehen ein Grinsen zu und sagte sarkastisch: »Nun seid ihr also das Federal Bureau für Angelegenheiten.«

Bei meiner Pressekonferenz am 1. Oktober 2015 hielt ich mich an die Weisung der Justizministerin. Als ein Reporter eine Frage zum »Ermittlungsverfahren« stellte, erklärte ich, wir verfolgten die Angelegenheit aufmerksam. Ich sagte, ich sei zuversichtlich, dass wir »das Personal und die Ressourcen für die Angelegenheit so bereitgestellt haben, wie wir es in unserer Arbeit immer tun, sodass wir in der Lage sind, die Aufgaben professionell, zügig und unabhängig zu erledigen«.

Ich folgte der Anweisung meiner Chefin. Ich sprach von »der Angelegenheit«. Wie erwartet, übersah die Presse geschlossen die sprachliche Differenzierung und berichtete, ich hätte die Existenz eines Ermittlungsverfahrens bestätigt. Von da an nannte ich die Sache beim Namen: Wir führten ein Ermittlungsverfahren, und mehr würde ich dazu nicht sagen. Bis mir viele Monate später nichts anderes übrig blieb.

Die Ermittler vom Midyear-Exam-Team arbeiteten den ganzen Winter über emsig und suchten nach Belegen, die uns helfen würden, herauszufinden, was Außenministerin Clinton sich gedacht haben mochte, als sie sich ein eigenes E-Mail-System eingerichtet und es benutzt hatte. Sie lasen jede E-Mail, die sie finden konnten, suchten nach E-Mails in den Posteingangsordnern von Personen, an die Clinton geschrieben haben könnte, machten die Leute ausfindig, die das E-Mail-System eingerichtet hatten, es betreuten und die mobilen Endgeräte dafür bereitstellten, und sie vernahmen alle, die ihr im Ministerium zuarbeiteten. Der leitende Ermittler und der Analyst besprachen sich mit mir ungefähr alle zwei Wochen und brachten mich auf den neuesten Stand der Arbeit des Teams, die zu wesentlichen Teilen darin bestand, mühevoll elektronische Datensätze zu rekonstruieren. So stießen Ermittler beispielsweise auf einen ausrangierten Server, auf dem sich früher Clintons persönliche E-Mail-Domain befunden hatte; die gesamte E-Mail-Software war jedoch von Wartungsleuten routinemäßig gelöscht worden, als der Server durch einen neuen ersetzt worden war. Beim Löschvorgang waren Tausende E-Mails zu Millionen winziger elektronischer Fragmente geschreddert worden. Mit unglaublicher Akribie und Kunstfertigkeit setzte das FBI-Team dieses eigentlich hoffnungslos zerfetzte Puzzle größtenteils wieder zusammen.

Trotz allem sah es Anfang 2016 so aus, als würden wir nicht zu einem Ermittlungsergebnis kommen, das eine Anklage rechtfertigte. Wir hatten noch viel Arbeit vor uns und mussten die Außenministerin vernehmen – etwas, das sich die Ermittler, wie in solchen Fällen üblich, für die Schlussphase des Verfahrens aufhoben, für den Moment, wo wir alle auffindbaren Informationen beisammenhaben würden. Noch waren keine Beweise aufgetaucht, aus denen man eine Anklage hätte zimmern können. Wir wussten, dass das Justizministerium ohne hieb- und stichfeste Beweise für vorsätzliche Rechtsbrüche niemals ein Strafverfahren eröffnen würde – das war auch in der Vergangenheit in vergleichbaren Fällen noch nie vorgekommen. Versehentliche Fehlleistungen, Schlampereien und selbst extreme Fahrlässigkeit im Umgang mit als geheim eingestuftem Material waren keine Tatbestände, die strafrechtlich verfolgt wurden. Noch nie. Natürlich konnte für einen im Dienst befindlichen staatlichen Beamten eine so hochgradige Verfehlung ernste Folgen nach sich ziehen, etwa den Entzug des Zugangs zu Geheimmaterial oder sogar die fristlose Kündigung, aber mit einer strafrechtlichen Verfolgung musste niemand rechnen.

Wenn die Ermittlungen so weiterliefen, würden wir uns bald der Aufgabe gegenübersehen, das Verfahren so abzuschließen, dass das amerikanische Volk nicht den Glauben an Integrität, Kompetenz und politische Neutralität unseres Justizwesens verlor. Extreme Clinton-Hasser in der Medienlandschaft würden wir natürlich niemals davon überzeugen können, aber hoffentlich doch eine Mehrheit der fair und vorurteilslos denkenden Amerikaner.

Dann ergab sich Anfang 2016 jedoch etwas, das dieses Szenario nachhaltig infrage stellte. Etwas, wovon die amerikanische Öffentlichkeit bis zum heutigen Tag nichts weiß. Es wurden uns zu der Zeit Materialien vorgelegt, die in den Besitz der US-Regierung gelangt waren. Sie stammten aus einer geheimen Quelle – sowohl die Quelle als auch das Material, um das es ging, unterliegen auch heute noch der Geheimhaltung. Wäre das Material an die Öffentlichkeit gelangt, so hätten es die politischen Widersacher der Regierung, obwohl seine Authentizität noch nicht überprüft war, ganz sicher dazu genutzt, ernsthafte Zweifel an der unabhängigen Amtsführung der Justizministerin im Zusammenhang mit den Clinton-Ermittlungen zu säen.

Was mich betraf, so war mir keine einzige Situation bekannt, in der Justizministerin Lynch in die Ermittlungen eingegriffen hätte. Ich hatte mit ihr seit unserem Wortwechsel in Sachen »Angelegenheit« Ende September nicht mehr über das Verfahren gesprochen. Ihre mir damals erteilte Weisung hatte mir zwar Unbehagen bereitet, doch erhielt ich in der Folge keinerlei Hinweis darauf, dass sie Kontakt zu mit dem Verfahren befassten Ermittlern oder Strafverfolgern gehabt hätte. Was mir Sorge bereitete, war, dass jetzt Geheiminformationen aufgetaucht waren, die eines Tages – wenn auch wahrscheinlich erst in Jahrzehnten – an die Öffentlichkeit gelangen würden und dann dazu genutzt werden konnten, die Integrität des Ermittlungsverfahrens zu diskreditieren und, wichtiger noch, die Unabhängigkeit des FBI infrage zu stellen.

Einen Beitrag zur Erschwerung des Problems leistete bedauerlicherweise Präsident Obama. Schon am 11. Oktober 2015 hatte er in einem Interview im Rahmen der TV-Sendung *60 Minutes* Dinge gesagt, die geeignet waren, die Glaubwürdigkeit des Justizministeriums im Hinblick auf die

Clinton-Ermittlungen zu untergraben. So hatte er den Umgang Clintons mit ihren dienstlichen E-Mails als einen »Fehler« bezeichnet, der jedoch die nationale Sicherheit der USA nicht gefährdet habe. Später, am 10. April 2016, hatte er dem Sender Fox News gesagt, Clinton sei zwar vielleicht zu sorglos gewesen, habe aber nie in der Absicht gehandelt, die nationale Sicherheit zu gefährden. Mit seiner Wortwahl suggerierte der Präsident, die Regierung praktiziere womöglich ein unverhältnismäßiges Übermaß an Geheimhaltung. Präsident Obama ist ein intelligenter Mann, der sich sehr gut mit Recht und Gesetz auskennt. Ich weiß bis zum heutigen Tag nicht, warum er sich öffentlich zu dem Verfahren äußerte und Hillary Clinton in Schutz nahm, bevor gesicherte Erkenntnisse vorlagen. Wenn der Präsident sich schon ein abschließendes Urteil in der Sache gebildet hatte, konnte sich jeder unbeteiligte Beobachter mit Recht fragen, ob das Justizministerium überhaupt noch eine andere Wahl hatte, als sich seinem Urteil anzuschließen. In Wahrheit wusste der Präsident – jedenfalls meinem Kenntnisstand nach – über die Ermittlungen nicht mehr und nicht weniger als jeder, der die Berichterstattung darüber in den Medien verfolgte. Wir hatten ihm nie über den Stand unserer Arbeit berichtet. Auch wenn er die Medien noch so aufmerksam verfolgte, konnte er nichts wissen, weil bis zu diesem Moment überhaupt nichts nach außen gedrungen war. Mit seinen Äußerungen machte er uns alle anfällig für zersetzende Attacken, falls das Verfahren eingestellt und keine Anklage erhoben würde.

Als ich im Frühjahr 2016 den Abschluss der Ermittlungen näher kommen sah – mit einer Beweislage, die für die Eröffnung eines Strafverfahrens wohl nicht ausreichen würde –, drängte ich die Stellvertretende Justizministerin, meine unmittelbare Vorgesetzte, sich Gedanken darüber zu machen, wie das Endspiel der Partie aussehen mochte, wenn wir den

Fall tatsächlich abschließen würden, ohne Anklage zu erheben. Sally Yates hatte eine Laufbahn als Staatsanwältin absolviert, und wir hatten über die Jahre hinweg gelegentlich miteinander zu tun gehabt; sie und einer meiner besten Freunde hatten zusammen im Bezirksgericht in Atlanta gearbeitet, und Sally hatte sich dabei den Ruf einer hartnäckigen, besonnenen und unabhängigen Strafverfolgerin erworben. Alles, was ich als FBI-Direktor beobachten konnte, stimmte mit diesen Vorschusslorbeeren überein. Weil wir es aber hier nicht mit einem durchschnittlichen Fall zu tun hatten und weil 2016 kein normales Jahr war, äußerte ich in meinem Gespräch mit Yates den Gedanken, wir müssten vielleicht mehr Transparenz als sonst üblich walten lassen, um das Zutrauen unserer Landsleute zum amerikanischen Justizwesen zu stärken und dessen Institutionen vor Anfeindungen zu schützen. Ich sagte ihr, ich hoffe, dass sie einige Leute beauftragen werde, herauszufinden, welche Möglichkeiten dafür nach geltendem Recht bestanden. Ich erhielt nie eine Rückmeldung.

Ein Strafverfolger, der nach fast einem Jahr Ermittlungsdauer noch nicht erkannt hat, auf welches Ergebnis das Verfahren zuläuft, ist unfähig. Staatsanwälte beginnen üblicherweise mit der Niederschrift ihres Abschlussberichts, bevor ein Ermittlungsverfahren ganz abgeschlossen ist, zumindest wenn sich das Ergebnis abzeichnet; die Kompetenten unter ihnen machen sich auch schon frühzeitig Gedanken darüber, wie man ein Verfahren anständig zu Ende bringt, bei dem absehbar ist, dass es nicht zu einer Anklageerhebung führen wird. Natürlich verschließt man sich nie einem anderen Ausgang für den Fall, dass sich die Beweislage doch noch entscheidend ändert, aber kompetente Köpfe denken voraus.

An einem Wochenende Anfang Mai schrieb ich den Entwurf zu einem Sachstandsbericht nieder; darin legte ich die

Ermittlungsbefunde mit einer die Grenzen des rechtlich Möglichen strapazierenden Offenheit dar, immer davon ausgehend, dass es beim aktuellen Erkenntnisstand bleiben würde. Falls wir nicht unverhofft auf eine E-Mail mit einer heißen Spur stießen oder auf eine Anweisung der Außenministerin, die eindeutig auf Vorsatz schließen ließ, oder falls sie uns nicht in ihrer FBI-Vernehmung Lügen auftischte – nichts davon konnten wir mit Gewissheit ausschließen –, würde es bei diesem von mir erwarteten Ausgang des Verfahrens bleiben. Mir war klar, dass wir uns in einem so vergifteten politischen Klima, wie es zu der Zeit herrschte, weit im Voraus Gedanken darüber machen mussten, wie wir unsere Entscheidung der Öffentlichkeit präsentieren würden. Mein erster Textentwurf durchlief viele Bearbeitungsstadien, in denen immer wieder Formulierungen geändert wurden. Ich unternahm mehrere Anläufe, das Verhalten von Außenministerin Clinton möglichst treffend zu charakterisieren. Wie sie ihre E-Mails handhabe, erschien uns wirklich nachlässig und mehr als nur ein klein wenig unachtsam. In einer der Textfassungen tauchte die Formulierung »grob fahrlässig« auf, verbunden allerdings mit der Erläuterung, dieser Ausdruck dürfe nicht in derselben Weise verstanden werden, wie er in einem fast hundert Jahre zuvor verabschiedeten Strafgesetz gebraucht werde. In einem Paragrafen dieses 1917 in Kraft getretenen Gesetzes hieß es, strafbar mache sich, wer »durch grobe Fahrlässigkeit ermöglicht, dass der Geheimhaltung unterliegendes Material dem ihm zugewiesenen Aufbewahrungsort entnommen oder widerrechtlich an jemanden weitergegeben wird oder verloren geht, entwendet, unterschlagen oder vernichtet wird«.

Wenn man sich mit der Geschichte dieses Paragrafen beschäftigte, gewann man den Eindruck, dass der Kongress 1917 damit ausschließlich ein Verhalten sanktioniert sehen wollte, das einem vorsätzlichen Rechtsverstoß – und damit einem Handeln in böswilliger Absicht – nahekam, und dass bei der Formulierung des Gesetzes sehr großer Wert darauf gelegt worden war, nicht etwa einen bloß unachtsamen Umgang mit geheimem Material als Straftat zu definieren. Wie ich auf Anfrage erfuhr, hatte das Justizministerium seit 1917 nur gegen eine einzige Person nach Maßgabe dieses Paragrafen Anklage erhoben – gegen einen korrupten FBI-Beamten, der sich weit schlimmere Verfehlungen geleistet hatte als nur »grobe Fahrlässigkeit«. Nie war es zu einer Verurteilung auf Grundlage dieses Gesetzesartikels gekommen. Dieser Hintergrund bestärkte mich voll und ganz in meiner Überzeugung, dass dieser Paragraf auf den Komplex der Clinton-E-Mails keinesfalls anwendbar war und dass daher die Formulierung »grob fahrlässig« in diesem Zusammenhang (und in Hinsicht auf den alten Paragrafen) als unangemessen und potenziell verwirrend angesehen werden musste. Ich wies unser Team also an, andere Formulierungen in Betracht zu ziehen, die eine treffendere rechtliche Charakterisierung von Clintons Praktiken darstellten. Nach Prüfung mehrerer Textentwürfe legte ich mich auf »äußerst leichtfertig« als die bestmögliche Beschreibung ihres Verhaltens fest.

Den Entwurf letzter Hand meines Sachstandsberichts legte ich mehreren Mitarbeitern aus der Leitungsebene des FBI vor und bat sie, sich über drei Dinge Gedanken zu machen: über die sachliche Richtigkeit der in dem Text enthaltenen Fakten; darüber, welche politischen oder anderen Beschränkungen bei der Formulierung eines solchen Berichts zu beachten waren; und darüber, wie man den Bericht am besten dem amerikanischen Volk vorlegte. Weiter konnten wir uns nach meiner Überzeugung beim besten Willen nicht aus dem Fenster lehnen. Ich sagte den Adressaten, ich hätte noch keine endgültige Entscheidung getroffen, und forderte sie auf, diesen Textentwurf zum Ausgangspunkt unserer abschließenden Diskussionen zu machen. Was war nach den gesetzlichen Vorgaben möglich? Was sinnvoll? Wenn wir der Öffentlichkeit eine Erklärung lieferten, wie sollten wir es tun? Bei einem Auftritt Seite an Seite mit der Justizministerin? In einer schriftlichen Mitteilung an den Kongress? Alleine? Ich lud die Adressaten ein, sich dazu zu äußern.

Die führenden Köpfe des FBI kauten den Text durch, versahen ihn mit Randbemerkungen, diskutierten ihn und nahmen sich Bedenkzeit. Ich wünschte mir so viel Feedback wie möglich, mit einer großen Ausnahme: Um im Fall des Falles die Unabhängigkeit des FBI zu schützen, wollte ich das Justizministerium nicht darüber informieren, was wir taten. Wenn wir ein Exempel für die Unabhängigkeit unseres Ermittlungsverfahrens statuieren wollten, gab es dafür keine offensivere Taktik als die, unsere Entscheidung ohne jede Rücksprache oder Abstimmung mit dem Justizministerium bekannt zu geben. Ich war mir nicht sicher, wie sinnvoll das war – und hin und wieder ertappte ich mich bei dem Gedanken, es sei eine verrückte Idee –, aber es war eine Option, die uns nicht einmal mehr theoretisch offenstehen würde, wenn wir irgendjemandem vom Justizministerium in unsere Überlegungen einschalteten. Gut möglich, dass ich die Anweisung erhalten würde, an so etwas nicht einmal im Traum zu denken, und dass ich mich dann an diese Anweisung gebunden fühlen musste, wie schon im Fall der »Angelegenheit«. So sorgten wir dafür, dass alles bei uns im Haus blieb, und berieten weiterhin regelmäßig darüber, während das Ermittlungsverfahren sich seiner letzten Etappe näherte: der Vernehmung von Hillary Clinton.

Doch just an dieser Stelle geriet das Ermittlungsverfahren ins Schlingern. Ein großer Streitpunkt in dem Fall – und in der öffentlichen Debatte über ihn – war das Verfahren, mit dem Außenministerin Clinton die Auswahl traf, welche ihrer E-Mails sie dem Außenministerium aushändigen würde, nachdem dieses die Herausgabe aller dienstlichen E-Mails gefordert hatte. Nach Clintons Angaben befanden sich Ende 2014, als das Ministerium um die Herausgabe der dienstlichen E-Mails ersuchte, insgesamt rund sechzigtausend E-Mails auf ihrem persönlichen Server. Die Anwälte der Außenministerin sahen alle diese E-Mails durch, stellten ungefähr die Hälfte davon zur Verfügung und löschten alle anderen. Nach meiner Überzeugung (und der des gesamten Midyear-Teams) würde die Glaubwürdigkeit unseres Ermittlungsverfahrens leiden, wenn wir uns nicht gründlich mit diesem Auswahlprozess beschäftigten. Es ging nicht an, dass wir ihren Angaben kritiklos vertrauten. Wir mussten aus erster Hand in Erfahrung bringen, wie die Anwälte diese Auswahl getroffen hatten, und wir wollten die Datenträger und Geräte sehen, die dabei benutzt worden waren, sodass unsere Experten nach Spuren der gelöschten E-Mails suchen konnten.

Dieses Ansinnen machte die Juristen im Justizministerium aus verständlichen Gründen sehr nervös. Auf den Laptop-Computern, die die Anwälte des Clinton-Lagers für die Durchsicht der E-Mails benutzt hatten, befanden sich auch Dateien, die ihre Arbeit für andere Mandanten betrafen. Wenn wir diese Geräte unter die Lupe nahmen, bestand potenziell die Gefahr einer Verletzung des Anwaltsgeheimnisses und des Vertrauensschutzes, auf den diese anderen Mandanten ebenso Anspruch hatten wie Hillary Clinton. Die Sprecherin der Anwälte Hillary Clintons, Beth Wilkinson, trat gegenüber dem Justizministerium kämpferisch auf. Auf keinen Fall würden sie und ihre Anwaltskollegen Rechenschaft über ihre Arbeit für einen Mandanten ablegen, und ebenso wenig würden sie ihre Laptops dem FBI zur Untersuchung aushändigen. Wilkinson ließ durchblicken, dass dies ein Anliegen war, für das sie bis zum bitteren Ende kämpfen würde. Der Chefjustiziar des FBI, Jim Baker, kannte Wilkinson, und daher bat ich ihn, ein Gespräch mit ihr zu führen und ihr klarzumachen, dass wir entschlossen waren, uns Zugriff auf diese Laptops zu verschaffen. Als Baker dieser Bitte nachkam, hatte Wilkinson nichts Eiligeres zu tun, als den Juristen des Justizministeriums anzuzeigen, das FBI agiere hinter ihrem Rücken. Ein kalter Hauch legte sich auf das Verhältnis zwischen dem FBI und den Anwälten des Ministeriums.

Wir steckten in einer Sackgasse. Das FBI konnte dem amerikanischen Volk nicht guten Gewissens versichern, professionelle Ermittlungsarbeit geleistet zu haben, wenn wir nicht Himmel und Hölle in Bewegung setzten, um das für die Auswahl der dienstlichen E-Mails und die Löschung der anderen angewandte Verfahren aufzuklären. Dass wir dafür im Revier der Clinton-Anwälte wildern mussten, war für uns nicht von Belang. Ich würde dem Ermittlungsverfahren nicht meinen Abschlussstempel geben, ehe wir nicht diese Laptops gesehen und diese Anwälte vernommen hatten. Basta. Wenn Außenministerin Clinton Wert darauf legte, noch weitere zwei Jahre im Zentrum strafrechtlicher Ermittlungen zu stehen, dann bitte. Trotz der Wucht dieses Arguments hatten wir Mitte Mai 2016 noch immer keinen Zugriff auf die Laptops. Wir sahen uns mit der realen Möglichkeit konfrontiert, dass die Ermittlungen noch über den Sommer hinweg und bis nach den Parteitagen andauern würden, auf denen die Präsidentschaftskandidaten gekürt werden würden.

Im Mai suchte ich Sally Yates auf und erklärte ihr, das alles ziehe sich zu lange hin. Es seien nur noch wenige Wochen bis zu den Parteitagen, und ich sei kurz davor, die Einsetzung eines unabhängigen Sonderermittlers zu empfehlen. Meine Vorgänger hatten solches von Zeit zu Zeit getan; am meisten Aufsehen hatte dabei FBI-Direktor Louis Freeh erregt, als er dem Justizministerium schriftlich empfohlen hatte, für die Untersuchung der Fundraising-Methoden des damals amtierenden Präsidenten Bill Clinton einen Sonderankläger einzusetzen. Ich vertrat die Meinung, dem Justizministerium bleibe nicht mehr viel Zeit, das laufende Ermittlungsverfahren ohne eine schwere Einbuße an öffentlichem Vertrauen zu seiner Arbeit zu Ende zu führen. Nur die Einsetzung eines Sonderanklägers, der zweifelsfrei unabhängig von der politischen Führung des Ministeriums war, könne diese Gefahr bannen. Ich sagte, ich wisse noch nicht genau, wann ich eine dahin gehende Empfehlung aussprechen würde, aber der Tag sei nicht mehr fern, es sei denn, wir würden die Laptops bekommen.

Sally Yates verstand. Was sie unternahm, weiß ich nicht, doch das Midyear-Team spürte fast sofort einen Schub an Tatkraft und Rückenstärkung bei den Nachwuchsanwälten im Justizministerium. Plötzlich waren sie wirklich dahinter her, die Clinton-Laptops zu bekommen. Eine oder zwei Wochen später hatten sie eine Vereinbarung ausgehandelt, die uns bescherte, was wir brauchten: die Computer sowie Protokolle von Befragungen der Anwälte, die auf ihnen die Clinton-E-Mails durchgesehen und sortiert hatten. Ich weiß nicht, wie die ministerialen Anwälte die privaten Standeskollegen dazu gebracht hatten, sich auf diesen Deal einzulassen, denn das FBI war in die Verhandlungen nicht einbezogen. Wir bekamen den Zugriff, den wir verlangt hatten – und fanden auf den Laptops nichts, was uns zu einer anderen Einschätzung des Falles bewogen hätte; ich hatte jedoch die beruhigende Gewissheit, dass wir alles getan hatten, was im Sinne eines glaubwürdigen Ermittlungsverfahrens nötig war.

Während das Ringen um die Laptops der Clinton-Anwälte tobte, beschäftigte mich den ganzen Juni über noch immer die kräftezehrende Bewältigung dessen, was ich für das Endspiel der Partie hielt. Wie schließen wir das Ermittlungsverfahren zu den Clinton-E-Mails – sechs Wochen vor dem Parteitag der Demokraten – so ab, dass das Vertrauen der Öffentlichkeit in die Organe unserer Rechtsprechung und Strafverfolgung möglichst wenig Schaden nimmt? Dann geschahen zwei Dinge, die in mir wieder die verrückte Idee aufleben ließen, ganz persönlich dem amerikanischen Volk ein ungewohntes Maß an Transparenz zu servieren, und zwar ohne mich der Vormundschaft des Justizministeriums zu unterstellen.

Das eine war, dass die russische Regierung Mitte Juni begann, E-Mails zu veröffentlichen, die von Servern der Demokratischen Partei und ihrer Institutionen gestohlen worden waren. Als Anbieter und Verbreiter dieser E-Mails traten zunächst Avatare von Hackern auf, die sich DCLeaks und Guccifer 2.0 nannten. Die Veröffentlichung der gestohlenen E-Mails diente eindeutig dem Zweck, Clinton und den Demokraten zu schaden. Für mich ergab sich daraus die sehr reale Möglichkeit, dass geheimes Material zu Loretta Lynch jeden Augenblick an die Öffentlichkeit gelangen könnte, anstatt erst in Jahrzehnten aus den Archiven aufzutauchen. Wie schon weiter oben erwähnt, würde das Bekanntwerden dieses Materials – dessen Authentizität nach wie vor nicht verifiziert war – Propagandisten die Möglichkeit geben, zu behaupten, das Clinton-Lager habe mithilfe von Ministerin Lynch bestimmenden Einfluss auf die FBI-Ermittlungen genommen.

Dann, am Montag, den 27. Juni, kam es auf dem heißen Asphalt des Flughafens von Phoenix (Arizona) zu einem Treffen zwischen Bill Clinton und Justizministerin Lynch. An Bord eines FBI-Jets vom Typ Gulfstream 5 konferierten die beiden rund zwanzig Minuten lang unter vier Augen. Als ich zum ersten Mal von diesem improvisierten Treffen erfuhr, schenkte ich ihm nicht viel Beachtung. Ich hatte keine Ahnung, worüber die beiden sich unterhalten hatten. Auf jeden Fall war die Vorstellung, dieses Treffen lasse auf eine Beeinflussung unserer Ermittlungen schließen, in meinen Augen lächerlich. Hätte Bill Clinton die Absicht gehabt, der Justizministerin etwas einzuflüstern, so wäre ihm bestimmt etwas anderes eingefallen, als auf einem belebten Flughafen bei helllichtem Tag durch ein Spalier von FBI-Beamten eine Fluggasttreppe hinaufzusteigen. Außerdem war Lynch nicht die Leiterin des Ermittlungsverfahrens. Allein, keine dieser schlichten Tatsachen konnte das Heer der Fernsehkommentatoren bremsen. Je mehr sich der Feuersturm in den Medien ausbreitete, desto aufmerksamer verfolgte ich die Geschichte und musste mit ansehen, wie sich daraus eine zersetzende Propaganda entwickelte, die den Leuten einbläute, das Justizministerium unter Obama könne nicht mit der Aufgabe betraut werden, die Clinton-Mail-Ermittlungen abzuschließen. Auf dem Höhepunkt des Feuersturms wurde die Forderung laut, die Justizministerin solle auf jede Zuständigkeit für die Ermittlungen gegen Hillary Clinton verzichten. Dies lehnte sie ab, schlug dann aber am Freitag, den 1. Juli, einen sehr seltsamen Mittelweg ein, indem sie erklärte, sie würde nicht von sich aus einen Zuständigkeitsverzicht erklären, aber für ihr weiteres Verhalten auf meine Empfehlung und die der Ermittlungsbeamten im Justizministerium hören. Das Ganze lief darauf hinaus, dass die Ministerin verzichtete und gleichzeitig nicht verzichtete. Sehr seltsam, wie gesagt.

Angesichts des gequälten Sich-Wegduckens der Justizministerin kam mir erneut der Gedanke, die Einsetzung eines Sonderanklägers vorzuschlagen. Ein solcher Schritt, die Berufung eines unabhängigen Juristen von außerhalb der normalen Hierarchie, ausgestattet mit Befugnissen, die ihm ein unabhängiges Agieren ermöglichen, ist, wie schon erwähnt, eine seltene Ausnahme. Jede Zielperson eines Ermittlungsverfahrens hat ein Recht auf faire Behandlung. Ein hochkarätiges FBI-Team hatte ein Jahr lang gegen Hillary Clinton ermittelt, und alle waren ausnahmslos zu der Überzeugung gelangt, dass kein anklagefähiger Tatvorwurf übrig geblieben war. Jetzt die Einsetzung eines Sonderanklägers vorzuschlagen, würde den falschen Eindruck erwecken, dass doch Hinweise auf strafbares Verhalten vorlagen, und dieser Verdacht würde dann monatelang oder noch länger in der Luft liegen. Anders ausgedrückt, würde man dem amerikanischen Volk durch einen solchen Schritt etwas vorgaukeln.

Seit Jahren weise ich bei vielen Gelegenheiten auf den Vorrat an Vertrauen und Glaubwürdigkeit hin, der all das Gute möglich macht, was wir beim FBI und im Justizministerium leisten. Wenn wir uns zu Wort melden, sei es in einem Gerichtssaal oder bei einer Grillparty, und uns als Mitarbeiter dieser Institutionen vorstellen, glauben uns völlig fremde Menschen jedes Wort, eben weil wir von diesem Nimbus umgeben sind. Ohne ihn wären wir einfach nur eine weitere parteiische Instanz in einer tief gespaltenen Gesellschaft. Wenn wir einem Richter oder einer Geschworenenbank oder dem Kongress sagen, was wir gesehen oder herausgefunden oder erfahren haben, hören sie das nicht von einem Republikaner oder einem Demokraten. Sie hören es vom Vertreter einer Institution, die im amerikanischen Leben eine ganz eigene, herausgehobene Rolle spielt. Das FBI muss in diesem Land eine »dritte Kraft« sein, sonst wären wir verloren. Ich benutze für den Vertrauensbonus, den das FBI bei der Bevölkerung genießt, gerne und oft die Metapher »Reservoir«, weil sie einerseits das Vorhandensein eines unerschöpflich scheinenden Vorrats suggeriert, uns andererseits aber auch daran gemahnt, dass ein Loch im Staudamm ausreichen kann, den Vorrat ganz schnell dahinschwinden zu lassen. Wie konnte ich einen Dammbruch verhindern, wenn vor und über mir eine Justizministerin stand, die politisch angeschlagen war? Das FBI war unabhängig und unpolitisch, und dies musste dem amerikanischen Volk demonstriert werden. Um das Reservoir zu schützen, traf ich eine Entscheidung: Ich musste mich sichtbar von Loretta Lynch distanzieren und etwas tun, das ich mir vor 2016 nicht einmal hätte vorstellen können: möglichst bald dafür sorgen, dass das FBI dem amerikanischen Volk eigenständig und mit eigener Stimme seinen Standpunkt darlegte. Es war an mir, das zu tun, indem ich meine Empfehlung öffentlich verkündete und die dahinterstehende Logik erläuterte. Mir war klar, dass tiefe Fettnäpfe auf mich warteten: Vonseiten der Demokraten würden voraussehbare Vorwürfe auf mich niederprasseln als einen, der das Scheinwerferlicht sucht, der außer Kontrolle geraten ist und sich auf den Egotrip begeben hat. Die Republikaner würden sich von Neuem über die angebliche Inkompetenz und Korruptheit des Justizministeriums ereifern. Auch lief ich Gefahr, es mir für immer mit den führenden Leuten im Justizministerium zu verderben. Doch nach meiner Überzeugung – an der ich auch rückblickend ausdrücklich festhalte – war es die beste Lösung für das FBI und das Ministerium.

Das amerikanische Volk brauchte und verdiente Transparenz, und ich war überzeugt, ich hätte mir genügend Ansehen als unabhängiger Kopf erworben, um glaubwürdig nach vorne treten, die Treffer wegstecken und den Dammbruch verhindern zu können.

So wie ich mir die Dinge zurechtgelegt hatte, würde ich am Vormittag des 5. Juli, einem Dienstag, im FBI-Hauptquartier ans Rednerpult treten und die Einstellung des Verfahrens verkünden. Es sei denn, Hillary Clinton würde uns in ihrer zu guter Letzt für den 2. Juli 2016 anberaumten Vernehmung Lügen auftischen.

Viele Kommentatoren stellten die Frage, warum das FBI so viel Zeit bis zur Vernehmung von Außenministerin Clinton vergehen ließ, wenn sie doch die Zielperson der Ermittlungen war. Doch das genau war der Grund. Erfahrene Ermittler vermeiden es grundsätzlich, Zeugen oder Beschuldigte zu vernehmen, die mehr über die aufzuklärenden Vorgänge wissen als sie selbst. Ein solches Ungleichgewicht gereicht nicht dem Ermittler, sondern der Zielperson zum Vorteil. Besonders in Fällen von Wirtschaftskriminalität sind Ermittler besser dran, wenn sie sich detailliert in alle Vorgänge eingearbeitet haben, bevor sie den Beschuldigten vernehmen; nur dann können sie die richtigen Fragen stellen und den Zeugen oder Beschuldigten je nach Notwendigkeit mit Dokumenten oder mit Aussagen anderer Zeugen konfrontieren. So hält es das FBI in aller Regel bei Ermittlungen, und so handhabe es auch das Midyear-Team bei Hillary Clinton. Die Beamten und Analysten des FBI verbrachten ein Jahr damit, alles zu durchforsten und zu verstehen, was sie über das von der Außenministerin eingerichtete und benutzte E-Mail-System herausfinden konnten. Sie waren damit bestens dafür gerüstet, festzustellen, ob die Außenministerin in der Stresssituation des Verhörs alle Fragen wahrheitsgemäß beantwortete oder ob sie zu Lügen griff – und wenn Letzteres, ob wir ihr beweisen konnten, dass sie die Unwahrheit sagte. In Fällen von Wirtschaftskriminalität machen wir oft die Erfahrung, dass Beschuldigte lügen, um ihr Fehlverhalten zu verschleiern – und uns damit unabsichtlich eine Tür zur Anklageerhebung öffnen, selbst wenn wir ihnen das mutmaßliche Verbrechen, dessentwegen das Verfahren ursprünglich eingeleitet wurde, nicht nachweisen können. An sich ist es wenig wahrscheinlich, dass eine intelligente Zielperson, die anwaltlich gut vertreten ist, nachweisbare Lügen erzählt, doch die Fälle Stewart und Libby zeigen, dass auch das vorkommt. So war die Vernehmung Hillary Clintons gegen Ende unserer Ermittlungsarbeit von größter Bedeutung.

Die Vertreter des Justizministeriums und die Anwälte der Außenministerin wählten für die Vernehmung den Samstagvormittag des langen Wochenendes vor dem Unabhängigkeitstag und einigten sich auf das FBI-Hauptquartier in Washington als Vernehmungsort.

Über diese Vernehmung ist so viel Falschinformation verbreitet worden, dass es angebracht erscheint, das Ereignis detailliert Revue passieren zu lassen. Von der Öffentlichkeit unbemerkt, hatte der Secret Service Hillary Clinton in der Tiefgarage des FBI-Gebäudes abgesetzt. Vernommen wurde sie von einem fünfköpfigen Team aus Vertretern des FBI und des Justizministeriums. Sie selbst kam in Begleitung von fünf Mitgliedern ihrer Anwaltschaft. Keiner der teilnehmenden Clinton-Anwälte war zu dem Zeitpunkt noch Zielperson von Ermittlungen in diesem Verfahren. Die Vernehmung, die mehr als drei Stunden dauerte, fand in einem abgeschirmten Konferenzraum tief im Inneren des FBI-Hauptquartiers statt, die Federführung hatten zwei der ranghöchsten mit dem Fall befassten Sonderermittler. Abgesehen von der diskreten »Anlieferung« der Außenministerin, wurde diese wie jede andere Zielperson einer Vernehmung behandelt. Ich war nicht mit von der Partie, eine Überraschung nur für Leute, die das FBI und seine Arbeitsweise nicht kennen. Der Direktor nimmt an solchen Vernehmungen nie teil. Meine Aufgabe war es, rechtskräftige Entscheidungen in dem Verfahren zu treffen, nicht Ermittlungen durchzuführen. Für diese Aufgabe setzen wir professionelle, mit allen Wassern des vorliegenden Falles gewaschene Ermittler ein, und diese sind selbstverständlich auch erste Wahl für die Vernehmung der Zielperson. Wir lassen auch grundsätzlich bei der Vernehmung von Personen, die sich nicht in Haft befinden, kein

Aufnahmegerät mitlaufen. Vielmehr bedienen wir uns professioneller Stenografen, die alles mitschreiben. Wir nahmen Außenministerin Clinton vor der Vernehmung keinen Eid ab – auch das entsprach und entspricht unserer generellen Praxis. Bei Vernehmungen, die freiwillig erfolgen, verlangt das FBI von der Zielperson keine Eidesleistung. Dennoch hätte sich Hillary Clinton eines strafbaren Vergehens nach Bundesrecht schuldig gemacht, wenn sie bei der Vernehmung nachweislich gelogen hätte, ob unter Eid oder nicht. Lange Rede, kurzer Sinn: Ungeachtet des Lärms in den Medien und im Kongress, der in der Folge angestimmt wurde, hielten sich unsere Beamten bei der Vernehmung Clintons an die üblichen und bewährten Verfahrensweisen des FBI.

Am Nachmittag jenes Samstags telefonierte ich lange mit den leitenden Männern des Midyear-Teams und ließ mir berichten, was die Außenministerin ausgesagt hatte. Es war nichts dabei, was die erfahrenen Ermittler überraschte, die ein Jahr lang Hunderte, wenn nicht Tausende Stunden damit verbracht hatten, Hillary Clinton zu umkreisen, Tausende ihrer E-Mails zu lesen und sämtliche Personen aus ihrem nahen und weiteren Umfeld zu vernehmen. Sie hatte sich selbst als sowohl technisch als auch in Sicherheitsfragen wenig versiert beschrieben; das persönliche E-Mail-Konto hatte sie nach eigener Aussage aus Gründen der Bequemlichkeit eingerichtet, um sich den Aufwand des Navigierens zwischen einem persönlichen und einem amtlichen Konto zu ersparen. Sie war nach wie vor nicht der Meinung, dass in ihren E-Mails geheime Informationen enthalten waren. Dass sie in puncto Computertechnik eher unbedarft war, wurde aus ihrem Erinnerungsbuch »What Happened« ersichtlich, aus dem hervorgeht, dass sie offenbar glaubte, ihr privater E-Mail-Server in Chappaqua sei vor Hackerangriffen sicher gewesen, weil er in einem vom Secret Service bewachten Gebäude stand.

Hackerangriffe erfolgen freilich übers Internet und nicht durchs Kellerfenster. In ihrer Vernehmung sagte sie ferner, sie und ihre Mitarbeiter hätten nach ihrer Überzeugung sensible Themen immer mit Erfolg »sprachlich umschifft«, und bezeichnete diese Vorgehensweise als notwendig angesichts der dürftigen Kommunikations-Infrastruktur des Außenministeriums, das nicht in der Lage gewesen sei, sichere und zuverlässige E-Mail- und Telefonverbindungen für sie und ihre ranghohen Mitarbeiter bereitzustellen. Da war etwas Wahres dran, aber die bloße Tatsache, dass dies ihrem Team ständige Frustrationen bereitete, setzte nicht die Regeln für den Umgang mit geheimen Informationen außer Kraft. In ihrer Vernehmung erklärte Clinton, sie habe die Durchsicht ihrer E-Mails und das Löschen der Privat-E-Mails anderen überlassen in der Überzeugung, dass nur die E-Mails gelöscht würden, die eindeutig rein privater Natur waren. Von Versuchen, die Justiz zu behindern, habe sie keine Kenntnis.

Nach Erörterung und sorgfältiger Analyse ihrer Antworten konnten wir in ihren Aussagen nichts finden, wovon wir zweifelsfrei hätten nachweisen können, dass es eine Lüge war. Es gab im Verlauf der Vernehmung keinen Moment, in dem die Ermittler Clinton bei einer Unwahrheit ertappten. Auch räumte sie an keiner Stelle ein Fehlverhalten ein oder ließ erkennen, dass ihr die rechtliche Fragwürdigkeit ihres Umgangs mit dienstlichen E-Mails bewusst gewesen war. Unabhängig davon, ob wir alles glaubten, was sie sagte, konnten wir ihr keine Lüge nachweisen. Unsere Ermittler sahen keinen Anlass für eine Fortsetzung ihrer Arbeit – dieser Fall war zu Ende ermittelt. Jetzt musste das amerikanische Volk erfahren, was das FBI herausgefunden hatte.

Ich verbrachte den Sonntag und den Montag des langen Wochenendes mit dem Team; wir arbeiteten an der Ausformulierung unserer Erklärung. Wir beschlossen, unseren

Bericht live und persönlich zu erstatten, sodass die Menschen alles im Originalton und alles auf einmal hören konnten, und wir gaben uns große Mühe, den professionellen, unparteiischen Ton zu treffen, in dem wir unsere Erkenntnisse vortragen wollten. Wir würden uns kurz halten und keine Fragen zulassen, dabei aber trotzdem so viele Details und so viel Transparenz wie möglich vermitteln. Den Leuten einen detaillierten Einblick in unser Tun und unsere Befunde zu geben, war nach unserer Überzeugung grundlegend wichtig für die Glaubwürdigkeit des Ermittlungsverfahrens und unseres Berichts. Jedes Wort in unserer Erklärung wurde von der Rechtsabteilung des FBI daraufhin geprüft, ob es mit geltendem Recht und mit der gängigen Praxis des Justizministeriums im Einklang stand.

Am Morgen des 5. Juli war ich nervös, aus mehreren Gründen. Zum einen beschlich mich das Gefühl, ich sei drauf und dran, meiner Karriere zu schaden. Das ist okay, sagte ich mir; du bist fünfundfünfzig, hast Geld auf der Bank und zehn Jahre Amtszeit, und du willst nichts anderes mehr werden; du hast kein höheres Ziel mehr im Blick. Nervös war ich aber auch, weil ich sowohl die Justizministerin als auch ihre Stellvertreterin gernhatte und gerade dabei war, beide vor den Kopf zu stoßen, indem ich ohne Absprache mit ihnen eine öffentliche Erklärung zu einem aufsehenerregenden Fall abgeben würde – aber jede Absprache hätte den Eindruck einer politischen Einflussnahme erwecken können. Einerseits empfand ich es als meine Pflicht, sie vor der Abgabe meiner Erklärung anzurufen und ihnen zu sagen, was ich plante, andererseits würde ich ihnen nicht sagen, was ich der Öffentlichkeit zu verkünden vorhatte. Ein mulmiges Gefühl.

Als ich Sally Yates am Telefon erreichte, sagte ich ihr, ich werde demnächst eine Erklärung zum Fall Clinton abgeben und habe nicht vor, diese Erklärung mit dem Justizministerium abzustimmen. Sie hörte sich meine Mitteilung an und stellte keine Fragen. Ich habe seither nie mit ihr darüber gesprochen, glaube aber, dass Sally Yates damals verstand, was ich tat und warum ich es tat, und dass sie es gut und richtig fand. Die Reaktion von Justizministerin Lynch fiel etwas anders aus. Sie stellte eine einzige Frage: »Was werden Sie empfehlen?«

»Es tut mir leid, aber darauf werde ich nicht antworten«, entgegnete ich, »es ist sehr wichtig, dass ich das in keinster Weise mit dem Ministerium abgestimmt habe. Ich hoffe, Sie werden eines Tages verstehen, warum.« Es kam keine Antwort.

Ich legte auf und verließ mein Büro. Unterwegs machte ich kurz halt, um eine E-Mail an die gesamte FBI-Belegschaft, die ich vorsorglich abgefasst hatte, zum Versand freizugeben. Ich wollte, dass sie die Neuigkeit zuerst von mir erfuhren:

An alle:
Ich schicke euch dies in dem Moment, wo ich mich auf den Weg nach unten mache, um eine Presseerklärung über unsere Ermittlungen zu Außenministerin Clintons Handhabung eines persönlichen Mailservers während ihrer Amtszeit als Außenministerin abzugeben. Eine Kopie der Erklärung, die ich zu verlesen beabsichtige, füge ich bei. Euch wird sofort auffallen, dass ich detaillierter auf unsere Arbeitsweise eingehe, als wir es normalerweise im Hinblick auf ein Ermittlungsverfahren tun würden, bis hin zu unserer Empfehlung an das Justizministerium, keine Anklage zu erheben. Ich habe mich dazu entschlossen, weil ich glaube, dass das Vertrauen des amerikanischen Volkes zum FBI ein kostbares Gut ist, und ich möchte, dass unsere Landsleute verstehen, dass wir diese Ermittlungen kompetent, aufrichtig und unabhängig geführt haben. Leute außerhalb des FBI werden

das Ergebnis vielleicht anders bewerten, doch ich will, dass nicht der leiseste Zweifel daran bestehen bleibt, dass wir unpolitisch und professionell gearbeitet haben und dass das Ergebnis, zu dem wir gelangt sind, auf ehrlicher Überzeugung beruht, sorgfältig erwogen und allein unser Werk ist. Meine Verlautbarung habe ich mit niemandem außerhalb einer kleinen Gruppe von FBI-Beamten, die an den Ermittlungsverfahren mitgewirkt haben, abgestimmt oder durchgearbeitet. Ansonsten hat niemand in der Regierung das geringste Vorwissen darüber, was ich sagen werde, und so sollte es auch sein.

In dieser Rundmail kommt ziemlich häufig das Pronomen »ich« vor; tatsächlich sind diese Ermittlungen und ihre Ergebnisse das Produkt der Arbeit eines großen FBI-Teams, bestehend aus den besten Ermittlern, Analysten, Technikexperten, Juristen und anderen. Ich war immer nah an diesem Team dran, einfach um sicherstellen zu können, dass es die Ressourcen bekam, die es brauchte, und dass niemand sich einmischte. Das hat niemand getan. Ich bin stolz, hier die Arbeit des Teams und des FBI als Ganzes zu repräsentieren. Wir haben die Arbeit so getan, wie das amerikanische Volk es erwartet und verdient.

Ich hatte mir absichtlich eine goldfarbene Krawatte umgebunden, um nicht eine der üblichen politischen Parteifarben, Rot oder Blau, zur Schau zu tragen. Ich hatte erwogen, die ganze Erklärung auswendig zu lernen, aber da wir bis zur letzten Minute kleine Änderungen am Wortlaut vornahmen, ging das nicht. Die findigen Köpfe meines PR-Stabes schafften es, den Text auf die hintere Wand des Raums zu projizieren, sodass ich mich daran entlanghangeln konnte.

Ich musste in der Folge, auch von meiner geliebten Familie, etliche Prügel dafür einstecken, dass ich »den Seacrest gab«, also die Masche des TV-Moderators Ryan Seacrest imitierte, künstlich Spannung aufzubauen. Das war zwar nicht meine Absicht gewesen, doch ich kann nachvollziehen, was sie meinten. Mein Gedanke war der: Wenn ich gleich am Anfang erzählte, dass wir zu dem Ergebnis gelangt waren, keine Anklageerhebung zu empfehlen, würde keiner mehr anhören, was ich noch zu sagen hatte. Und was ich noch zu sagen hatte, war entscheidend für den Fortbestand des Vertrauens unserer Landsleute zum FBI und in die Kompetenz, Integrität und Unabhängigkeit seiner Arbeit.

Wie ich es nicht anders erwartet hatte, reagierten Vertreter beider Lager des verfeindeten Washingtoner Politikbetriebes wutentbrannt. Die Republikaner empörten sich darüber, dass wir in einem Fall, der in ihren Augen »offensichtlich« nach einer Anklageerhebung verlangte, zu einer gegenteiligen Empfehlung gekommen waren. Diese Reaktion war, wie gesagt, absurd. Kein vernünftig urteilender Mensch, der auch nur ein Stück weit mit den Verhältnissen in der Sphäre der Spionageabwehr vertraut ist (in der Ermittlungen und Anklageerhebungen wegen »durchgesickerter« Geheiminformationen gang und gäbe sind), wäre auf die Idee gekommen, dass hier ein Fall vorlag, den die Ermittlungsbeamten im Justizministerium strafrechtlich verfolgen würden. Die Chancen auf eine Anklageerhebung waren hier wirklich gleich null. Aus dem Lager der Demokraten kam der zornige Vorwurf, ich hätte Hillary Clinton »diffamiert«, indem ich ihr Verhalten eingehend beschrieben und kritisiert hatte, um dann doch keine Anklageerhebung zu empfehlen.

Von beiden Seiten kam der lautstarke Vorwurf, ich hätte bewährte Arbeitsgrundsätze des Justizministeriums »verletzt«. Tatsächlich hatte das Ministerium auch früher schon in Fällen, in denen das öffentliche Interesse es notwendig erscheinen ließ, Details über das Verhalten von Personen offenbart, gegen die keine Anklage erhoben wurde. So geschehen im Frühjahr 2015 im Anschluss an die FBI-Ermittlungen zur Tötung von Michael Brown in Ferguson, Missouri – damals hatten wir einen achtzig Seiten starken, detaillierten Bericht über das gesamte Ermittlungsverfahren veröffentlicht. Desgleichen im Oktober 2015, als das Ministerium in dem Fall des leitenden Finanzbeamten Lois Lerner ermittelte, der beschuldigt wurde, die Steuerfahndung gezielt auf Mitglieder der Tea-Party-Bewegung angesetzt zu haben. Hier hatten wir die Ergebnisse der Beweisaufnahme in einem ausführlichen Dossier zusammengefasst und der Öffentlichkeit vorgelegt. Das Ministerium war damals zu dem Schluss gekommen, Lerner habe »mangelnde Urteilskraft« an den Tag gelegt; eine »dilettantische Handhabung« sei jedoch »kein Verbrechen ... Was vorging, ist beunruhigend und könnte ein korrigierendes Eingreifen erfordern – aber es rechtfertigt keine Anklageerhebung.« Wie in diesen Beispielen aus der jüngeren Vergangenheit handelte es sich auch hier um einen Fall, bei dem öffentliches Interesse und öffentliches Vertrauen es zwingend geboten erscheinen ließen, dass wir der Öffentlichkeit mitteilten, was wir über das Verhalten von Außenministerin Clinton herausgefunden hatten. Ein weniger detaillierter Bericht hätte weniger glaubwürdig gewirkt und hätte den Vertrauenskredit der amerikanischen Justiz und ihrer Institutionen bei der Bevölkerung geschmälert. Was im vorliegenden Fall ungewöhnlich war, war dass der FBI-Direktor persönlich ans Rednerpult trat und die Ermittlungsergebnisse ohne Mitwirkung des Justizministeriums verkündete – in dem Bemühen, sowohl das Ministerium als auch das FBI zu schützen. Die Entscheidung, so vorzugehen, traf ich im vollen Bewusstsein dessen, dass ich mich und meine berufliche Reputation damit dem direkten Beschuss von Kritikern und Heckenschützen aus allen Winkeln des politischen Spektrums aussetzte.

Im Rückblick ist man immer schlauer, und wenn ich noch einmal in derselben Situation wäre, würde ich sicher einige Dinge anders machen. Ich würde nicht mehr »den Seacrest geben«, sondern gleich am Beginn meiner Erklärung sagen, dass wir keine Anklageerhebung empfehlen. Damals war ich der Meinung, es bestehe die Gefahr, dass die Leute, wenn sie erst einmal den Refrain gehört hatten, nicht mehr auf die Verse achten würden. Rückblickend sehe ich es eher so, dass mein rhetorischer Kniff, mir das Ergebnis bis zum Ende aufzuheben, das größere Risiko barg. Vor allem aber würde ich, wenn ich eine zweite Chance bekäme, versuchen, das Verhalten von Außenministerin Clinton anders und besser zu charakterisieren als mit dem Ausdruck »äußerst leichtfertig«. Die Republikaner stürzten sich auf den alten Gesetzesparagrafen, demzufolge sich strafbar macht, wer mit geheimen Informationen »grob fahrlässig« hantiert – ein Paragraf, den die amerikanische Justiz im Fall Clinton niemals zur Anwendung gebracht hätte. Meine Formulierung »äußerst leichtfertig« kam in der Wahrnehmung vieler Leute dem Ausdruck »grob fahrlässig« in dem alten Paragrafen sehr nahe, wobei ein umsichtiger Jurist rasch erkennen würde, dass die beiden nicht dasselbe besagen. Ich verbrachte Stunden damit, Anfragen aus dem Kongress zu dieser Formulierung zu beantworten, die zu einem Totschlagargument für all jene wurde, denen es darum ging, das FBI und das Justizministerium zu attackieren. Abgesehen von diesen zwei Punkten, würde ich – ungeachtet des politischen Geschützfeuers, dem ich seither ausgesetzt bin, und trotz der Tatsache, dass ich damit offenbar meine Entlassung provozierte – die Erklärung unverändert vortragen, denn ich bin nach wie vor überzeugt, dass dies die beste Option war, den Vertrauensvorrat des Justizministeriums und des FBI beim amerikanischen Volk ungeschmälert zu bewahren.

Nach einer abschließenden Anhörung im Kongress im September konnte ich allen kritischen Stimmen zum Trotz immerhin sagen, dass das FBI dieses verflixte Verfahren hinter sich hatte. Wir hatten Transparenz geboten, hatten versucht, dem amerikanischen Volk unsere Kompetenz, Integrität und Unabhängigkeit zu demonstrieren, und jetzt konnte der Präsidentschaftswahlkampf seinen Lauf nehmen. Monate später eröffnete mir Präsident Trump während unseres Abendessens am 27. Januar 2017, ich hätte mit meiner Presseerklärung vom Juli Hillary Clinton »gerettet«. Das lag nicht in meiner Absicht, ebenso wenig wie es in meiner Absicht lag, mit Dingen, die ich später tat, Trump zu »retten«. Das Ziel war immer, die Wahrheit ans Licht zu bringen und zu zeigen, wie größte Loyalität zu den Institutionen der Justiz aussieht.

Mein Stellvertreter hatte recht gehabt: Wir saßen wirklich in der Tinte, und es war genauso schmerzhaft wie vorausgesehen. Wir hatten vom Gift unseres politischen Systems gekostet, und ich hatte all die Prügel abbekommen, die zu erwarten gewesen waren; ich empfand jedoch auch große Erleichterung, weil das FBI und ich Hillary Clinton und ihre E-Mails endlich vom Hals hatten.

Schön wär's gewesen.

11

SPRECHEN ODER SCHWEIGEN

Sicherheit bietet der Ankläger, der Eifer mit Menschenliebe mildert, der Wahrheit sucht und nicht Opfer, der dem Recht dient und nicht Parteien und der seine Pflicht mit Demut erfüllt.

ROBERT H. JACKSON, RICHTER AM OBERSTEN GERICHTSHOF

Für die politische Klasse Washingtons schien sich alles um Clintons E-Mails zu drehen, tatsächlich aber war das FBI noch mit ganz anderen Dingen beschäftigt. Im Sommer 2016 arbeiteten wir mit Hochdruck daran, den Russen auf die Schliche zu kommen. Erkenntnisse der Nachrichtendienste ließen darauf schließen, dass die russische Regierung die Wahl auf drei verschiedenen Wegen zu beeinflussen versuchte.

An erster Stelle stand der Versuch, das Vertrauen in die amerikanische Demokratie zu untergraben – uns also in so schlechtes Licht zu setzen, dass unser Wahlverfahren für die Welt kein Vorbild mehr sein konnte.

Zweitens wollten die Russen Hillary Clinton schaden. Putin hasste sie und gab ihr persönlich die Schuld an den Moskauer Massendemonstrationen gegen ihn im Dezember 2011. Putin glaubte, Clinton habe den Demonstranten »ein Signal« gegeben, als sie vor und während der russischen Parlamentswahl in diesem Jahr öffentlich kritisierte, was sie »beunruhigende Praktiken« nannte: »Das russische Volk«, sagte sie, »hat wie jedes andere Volk das Recht, gehört zu werden und zur Wahl zu gehen.« Putin empfand das als unverzeihlichen persönlichen Angriff.

Drittens wollte Putin Donald Trump zum Sieg verhelfen. Trump hatte sich wohlwollend über die russische Regierung geäußert, und Putin hatte schon immer viel für Geschäftsleute übrig, denen ein Deal wichtiger ist als Prinzipienreiterei.

Kernstück der russischen Einmischung war die Veröffentlichung zweifelhafter E-Mails, die von Konten mehrerer zur Demokratischen Partei gehörenden Organisationen und Einzelpersonen gestohlen worden waren. Es gab auch Hinweise auf Bestrebungen der Russen, in die von den Bundesstaaten unterhaltenen Datenbanken zur Wählerregistrierung einzudringen. Ende Juli erfuhr das FBI, dass ein gewisser George Papadopoulos, außenpolitischer Berater in Trumps Wahlkampfteam, einige Monate zuvor davon gesprochen hatte, sich von der russischen Regierung E-Mails beschaffen zu lassen, die für Hillary Clinton nachteilig sein könnten. Aufgrund dieser Informationen leitete das FBI Ermittlungen ein, um herauszufinden, ob Amerikaner, darunter auch Leute, die in irgendeiner Weise mit Trumps Wahlkampagne in Verbindung standen, an den Beeinflussungsversuchen der Russen beteiligt waren.

Wie bei den Ermittlungen zu Clintons E-Mails wehrte das FBI alle Anfragen von Reportern und außenstehenden Beobachtern zu den laufenden Untersuchungen ab. Es war schlicht zu früh, wir wussten nicht, ob wir auf einer konkreten Spur waren, und wollten keine der involvierten Personen versehentlich warnen. FBI und Justizministerium bestätigten erst im März 2017 – und auch dann nur ganz allgemein –, dass es solche Ermittlungen gab.

Heikler war die Frage, ob das amerikanische Volk mitten im Präsidentschaftswahlkampf noch mehr erfahren sollte über die Bestrebungen der Russen, Einfluss auf die Wahl zu nehmen. Mit dieser Frage beschäftigten sich Präsident Obama und sein nationales Sicherheitsteam den ganzen August und September hindurch. Bei einem Treffen mit dem Präsidenten diskutierten wir, inwiefern eine Art öffentlicher »Schutzimpfung« hilfreich sein könnte. Anders gesagt: Könnten wir die amerikanische Bevölkerung durch Aufklärung über die feindliche Einflussnahme dagegen immunisieren? Ich sagte, ich sei es leid, als Verkünder schlechter Nachrichten herhalten zu müssen – insbesondere nach den Prügeln, die ich seit der Verlautbarung vom 5. Juli einzustecken hatte –, doch wenn es gar nicht anders ginge, würde ich mich ein weiteres Mal dafür hergeben. Ich wies den Präsidenten aber auch darauf hin, dass eine solche »Schutzimpfung« den Russen geradezu in die Hände spielen könnte, wenn es ihnen darum ginge, das Vertrauen in unser Wahlsystem zu untergraben. Wenn man den Amerikanern sagt, die Russen mischen sich in unsere Wahlen ein – sät man damit nicht erst recht Zweifel am Ergebnis, oder liefert man dem Unterlegenen womöglich eine Ausrede, warum er verloren hat? Eine sehr knifflige Frage. Präsident Obama sah das Dilemma und erklärte, er werde den Russen bestimmt nicht dabei helfen, das Vertrauen in unsere Wahlen zu erschüttern. Die Regierung verfolgte die Idee einer »Schutzimpfung« weiter.

Während das Obama-Team beratschlagte, entwarf ich eine für die Presse bestimmte Stellungnahme unter meinem Namen und legte sie einige Tage darauf der Regierung vor. Darin erklärte ich, was die Russen mit der Verbreitung gestohlener E-Mails bezweckten, wies auf die Hackerangriffe auf Wählerdatenbanken hin und stellte diese Aktivitäten in den Zusammenhang früherer Versuche zur Wahlbehinderung seitens der Russen. Ich wollte das als Warnung an das amerikanische Volk verstanden wissen. Aber es kam zu keiner Entscheidung. Obamas Team beriet sich wie immer sehr sorgfältig und gründlich, und sehr lange. Ich nahm an, ein wesentlicher Punkt bei diesen Erwägungen war die von Demoskopen vertretene Überzeugung, dass Donald Trump keine Chance habe. Im September, während einer Sitzung zu den russischen Umtrieben, sagte Präsident Obama mit Blick auf das allgemein erwartete Wahlergebnis, Putin habe »auf das falsche Pferd gesetzt«. Warum sollen wir das Vertrauen in unsere Wahlen aufs Spiel setzen, schien er zu denken, wenn die Russen am Ende damit doch nichts bewirken? Und wozu Donald Trump einen Vorwand liefern, Obama vorzuwerfen, er habe dem amerikanischen Volk Angst gemacht? Er würde ja sowieso verlieren.

Anfang Oktober kam Obamas Team dann doch zu dem Schluss, eine Art offizieller Erklärung seitens der Regierung könnte nicht schaden. Jim Clapper, Direktor der Nationalen Nachrichtendienste, und Jeh Johnson, der Heimatschutzminister, waren bereit, die Sache zu unterschreiben. Die FBI-Führungsetage und ich selbst sahen keinen Grund, dabei mitzumachen. Inzwischen berichteten die Medien ausführlich über eine russische Kampagne zur Beeinflussung der Wahl. Etliche namenlose Regierungsbeamte wurden in diesen Berichten als Quellen genannt. Prominente Abgeordnete gaben den Medien gegenüber Erklärungen ab, sie seien über die russische Einmischung informiert worden. Kandidatin Clinton selbst sprach von Versuchen der Russen, ihrem Konkurrenten zum Sieg zu verhelfen. Die Websites und sozialen Medien, auf denen gestohlene E-Mails veröffentlicht wurden – darunter auch WikiLeaks und der Twitter-Account des Wiki-Leaks-Gründers Julian Assange –, wurden öffentlich mit Russland in Zusammenhang gebracht. Angesichts all dessen war die Erklärung der Regierung vom Oktober bestenfalls eine Randnotiz zu dem, was alle Welt längst wusste. Hier noch das FBI ins Spiel zu bringen, hätte nichts geändert und unseren Aktionsradius am Vorabend der Wahl nur unnötig eingeschränkt.

Trotz allem, was Politiker und Experten behaupten mögen: Es gibt keinerlei Vorschriften, wie FBI oder Justizministerium ihre Ermittlungen im Vorfeld von Wahlen zu führen haben. Es gibt aber eine Regel, an die ich mich immer zu halten bemüht habe: Vor einer Wahl sollte man möglichst alles vermeiden, was Einfluss auf das Wahlergebnis haben könnte. Im Oktober 2016 gab es für das FBI keinen guten Grund, über die Russen und deren Einmischung zu reden. Die Amerikaner wussten längst Bescheid, also konnte das FBI sich bedeckt halten.

Aber »sich bedeckt halten« war nicht mehr möglich, als die Ermittlungen zu den Clinton-E-Mails im Oktober plötzlich wieder auf meinem Schreibtisch landeten, vier Monate nachdem ich vor laufenden Kameras erklärt hatte, das FBI habe den Fall gründlich untersucht und abgeschlossen.

Irgendwann Anfang Oktober erwähnte jemand vom FBI-Hauptquartier (ich meine, es war der stellvertretende Direktor Andrew McCabe) mir gegenüber, ein Laptop des ehemaligen Kongressabgeordneten Anthony Weiner könnte in Zusammenhang mit den Clinton-E-Mails stehen. Ich habe das Gespräch nicht mehr deutlich in Erinnerung, vielleicht weil ich die Bemerkung für nebensächlich hielt und mir die Annahme, Anthony Weiners Computer könnte zu Midyear und Hillary Clinton führen, unsinnig erschien.

Weiner war ein in Ungnade gefallener ehemaliger demokratischer Abgeordneter aus New York, 2011 zurückgetreten, nachdem herausgekommen war, dass er etlichen Frauen Nacktfotos von sich selbst geschickt hatte. Er lebte getrennt von seiner Frau Huma Abedin, einer von Außenministerin Clintons engsten Vertrauten. Im Zuge strafrechtlicher Ermittlungen wegen Weiners mutmaßlicher Kontakte zu minderjährigen Mädchen war das FBI in den Besitz der Daten auf Weiners Laptop gelangt. Die New Yorker Ermittler hatten einen Durchsuchungsbeschluss und konnten Einblick in bestimmte Ordner auf dem Laptop nehmen. Dabei stießen sie auf andere Ordner, die sie aber aufgrund des vorliegenden Durchsuchungsbeschlusses, der sich ausschließlich auf das infrage stehende Sexualdelikt bezog, nicht öffnen durften. Jedenfalls brachten einige Namen der Tausenden E-Mail-Ordner die New Yorker Ermittler auf den Gedanken, sie könnten mit dem Clinton-Fall zu tun haben.

Um halb sechs Uhr früh, am Donnerstag, dem 27. Oktober – zwölf Tage vor der Wahl –, schrieb mir McCabe per E-Mail, das Midyear-Team müsse mich sprechen. Ich hatte keine Ahnung, worum es ging, bat aber natürlich meinen Stab, möglichst bald ein Treffen anzuberaumen. Später an diesem Vormittag kam ich in mein Besprechungszimmer und begrüßte die Teamleiter, Anwälte und Spezialisten des Midyear-Teams, die mich auf denselben Stühlen erwarteten, auf denen sie im Jahr der Ermittlungen wegen Clintons E-Mails so oft gesessen hatten.

»Die Band ist wieder zusammen«, sagte ich lächelnd und nahm Platz, »was gibt's?«

Es sollte viel Zeit vergehen, bis ich wieder so unbefangen lächeln konnte.

Man erklärte mir, Weiner habe auf seinem Laptop offenbar Hunderttausende E-Mails von Hillary Clintons privatem E-Mail-Konto. Alle aus ihrer Zeit als Außenministerin. 2014 hatte Clinton dem Außenministerium rund dreißigtausend E-Mails übergeben und weitere dreißigtausend als privat gelöscht. Hier nun kamen viel größere Zahlen ins Spiel. Und noch etwas anderes machte die Midyear-Leute misstrauisch. Sie hatten damals vergeblich nach Clintons E-Mails aus den ersten Monaten ihrer Amtszeit als Außenministerin gesucht, also aus der Zeit, in der sie ein AT&T-BlackBerry-E-Mail-Konto benutzt hatte. Diese frühen Mails interessierten die Ermittler besonders, denn wenn es sich dabei um belastende E-Mails handelte – in denen die Ministerin etwa angewiesen wurde, auf ihr privates E-Mail-Konto zu verzichten, oder in denen sie zugegeben hatte, geheimes Material missbräuchlich verwendet zu haben –, mussten diese E-Mails aus dem Beginn ihrer Amtszeit stammen, als sie ihr eigenes E-Mail-Konto eingerichtet hatte. Diese frühen BlackBerry-E-Mails hatten wir nie gefunden.

Aus Gründen, die sich niemand am Tisch erklären konnte, befanden sich auf Weiners Laptop Tausende E-Mails von dem AT&T-BlackBerry-Konto. Man sagte mir, darunter könnten auch die fehlenden E-Mails vom Beginn der Amtszeit Clintons als Außenministerin sein. In Anbetracht seiner äußerst bedrängten Lage sei nicht damit zu rechnen, dass Weiner einer vollständigen Durchsuchung seines Laptops zustimmen werde.

»Wir hätten gern Ihre Zustimmung, einen Durchsuchungsbeschluss zu beantragen.«

»Selbstverständlich«, antwortete ich prompt. »Besorgen Sie sich den Beschluss.«

»Wie schnell können Sie das prüfen und bewerten?«, fragte ich.

Alle im Raum meinten, die Prüfung werde mehrere Wochen beanspruchen. Schneller gehe es nicht, das Material sei zu umfangreich. Zehntausende E-Mails seien zu lesen, und zwar von Leuten, die sich mit dem Kontext auskannten. Das könne man nicht einfach ein paar Hundert FBI-Angestellten überlassen, weil die nicht wüssten, was sie da lesen und wonach sie suchen sollen. Daher sei es vollkommen ausgeschlossen, die E-Mails in den knapp zwei Wochen bis zur Wahl am 8. November zu sichten.

»Okay«, sagte ich, »machen Sie es so schnell wie möglich, aber machen Sie es gut und sorgfältig, egal wie lange es dauert.«

Nach der Sitzung sprach das Team mit Anwälten vom Justizministerium, die ebenfalls der Meinung waren, dass wir unverzüglich einen Durchsuchungsbeschluss für die Clinton-E-Mails auf Weiners Laptop brauchten. Damit stand jedoch eine weitere Entscheidung an.

Im Juli und in den Monaten danach hatte ich mehrmals vor der Öffentlichkeit und dem Kongress erklärt, das FBI habe eine saubere, angemessene und unabhängige Untersuchung durchgeführt und abgeschlossen. Wir hätten nichts gefunden. Darauf könne man sich verlassen. Und jetzt, am 27. Oktober, hatten FBI und Justizministerium beschlossen, einen Durchsuchungsbeschluss für ein plötzlich aufgetauchtes riesiges Konvolut von Hillary Clintons E-Mails zu erwirken, das möglicherweise ein ganz neues Licht auf unsere Ermittlungen werfen würde. Und wie mir von Top-FBI-Ermittlern versichert wurde, war es unmöglich, die Sichtung der E-Mails bis zur Wahl abzuschließen. Wie sollten wir damit umgehen?

Wie schon angemerkt, lautet einer unserer ältesten Grundsätze, möglichst nichts zu unternehmen, was Auswirkungen auf eine Wahl haben könnte. Diese Grundregel hatte ich tief verinnerlicht. Deshalb hatte das FBI die Erklärung der Obama-Regierung vom Oktober zur Einmischung der Russen in die Wahl nicht unterschrieben. Hätten wir es jetzt mit einer vollkommen neuen Ermittlung zu tun gehabt, wäre Nichtstun durchaus eine Option gewesen. Doch im Fall der Clinton-E-Mails gab es für mich nur zwei Möglichkeiten, und beide bedeuteten Handeln.

Erste Möglichkeit: »Reden«. Ich konnte dem Kongress mitteilen, die früheren Verlautbarungen des FBI, wonach die Ermittlungen eingestellt worden waren, seien nun hinfällig. Das wäre gar nicht gut gewesen, hätte es doch dem FBI und mir den Vorwurf einbringen können, Einfluss auf die Wahl zu nehmen. Ganz schlecht, geradezu verabscheuenswert. Also möglichst lieber nicht.

Zweite Möglichkeit: »Vertuschen« – darauf lief es in meinen Augen hinaus. Ich hatte im Namen des FBI, einer Organisation, deren Erfolg vom Vertrauen der Öffentlichkeit abhängt, bei öffentlichen Anhörungen vor dem Kongress und dem amerikanischen Volk unter Eid ausgesagt, dass dieser Fall abgeschlossen sei. Jetzt wusste ich, dies traf nicht mehr zu. In dieser Situation nichts zu sagen, während wir gleichzeitig einen Durchsuchungsbeschluss für Tausende E-Mails von Hillary Clinton beantragten, darunter womöglich auch die verschwundenen frühen E-Mails, käme einem Vertuschungsversuch gleich, oder anders gesagt: Der Direktor des FBI hätte den Kongress und das amerikanische Volk getäuscht – und täte es weiterhin.

Sprechen oder schweigen – die Wahl zwischen Pest und Cholera. Das Midyear-Team erwog beides. Wir diskutierten, legten eine Pause zum Nachdenken ein und diskutierten weiter. Wir saßen an meinem Konferenztisch und betrachteten die Angelegenheit von allen Seiten. Jim Rybicki, mein Stabschef, saß wie üblich mir gegenüber am anderen Ende des Tischs, sodass er alle Gesprächsteilnehmer und ihre Körpersprache unauffällig beobachten konnte; er hatte dafür zu sorgen, dass jeder mir offen seine Meinung sagte. Er besaß eine ungewöhnliche emotionale Intelligenz, und wenn er etwas Beunruhigendes bemerkte – wenn jemand zögerte oder sich ins Wort fallen ließ –, sprach er den Betreffenden unter vier Augen an und machte mich darauf aufmerksam, damit ich ihn später noch einmal in die Diskussion einbezog. Jim Baker, der Chefjustiziar des FBI, spielte eine ähnliche Rolle. Er war ein langjähriger Freund, ein kluger Mann, bei dem ich mich darauf verlassen konnte, dass er mich auf Argumente und Bedenken hinwies, die noch nicht hinreichend besprochen worden waren. Oft nahm er mir gegenüber unter vier Augen die Rolle des *Advocatus Diaboli* ein, um nur ja keinen Gesichtspunkt außer Acht zu lassen.

Wir argumentierten hin und her, aber es half alles nichts, wir kamen immer wieder auf den einen Punkt zurück: Die Glaubwürdigkeit des Rechtsstaats stand auf dem Spiel. Angenommen – und niemand zweifelte daran –, in weniger als zwei Wochen werde Hillary Clinton zur Präsidentin der Vereinigten Staaten gewählt: Was würde dann aus dem FBI, dem Justizministerium und Clintons Präsidentschaft, wenn später herauskam, dass das FBI immer noch gegen sie ermittelte? Was, wenn wir nach der Wahl tatsächlich Hinweise auf strafbare Aktivitäten finden würden? Unabhängig davon, was wir fanden, wäre unser Schweigen eine Katastrophe für die Integrität des FBI und des Justizministeriums. So gesehen, war die Wahl zwischen einer »ganz schlechten« und einer »katastrophalen« Möglichkeit gar nicht so schwierig. Wir mussten dem Kongress mitteilen, dass die Lage sich verändert hatte.

Während wir zu dieser Entscheidung gelangten, stellte eine Anwältin aus unserem Team eine brisante Frage. Eine hochintelligente Frau, die sich mit ihren Kommentaren oft zurückhielt. Jetzt aber fragte sie: »Sollten Sie nicht in Betracht ziehen, dass das, was Sie da vorhaben, der Wahl Donald Trumps zum Präsidenten Vorschub leisten könnte?«

Ich hielt inne. Die Frage hatte sich natürlich jeder gestellt, ob laut ausgesprochen oder nicht.

Als Erstes dankte ich ihr, dass sie die Frage gestellt hatte. »Eine sehr gute Frage«, sagte ich, »aber ich kann das nicht in

Betracht ziehen. Denn am Ende droht der Niedergang des FBI als unabhängige Kraft in der amerikanischen Gesellschaft. Wenn wir anfangen, Entscheidungen danach zu treffen, wessen politisches Schicksal davon berührt werden könnte, sind wir verloren.«
Mit anderen Worten, wenn wir beim FBI zu denken anfingen wie alle anderen Parteileute in Washington – was ist gut für meine »Seite«, wessen politische Zukunft können wir fördern oder behindern –, würde das FBI das Vertrauen der Öffentlichkeit verlieren und hätte es auch nicht mehr verdient. Das Reservoir wäre aufgebraucht.

Ich wies das Team an, sie sollten der oberen Etage im Justizministerium erklären, dass ich es für meine Pflicht halte, den Kongress über die Wiederaufnahme der Ermittlungen zu informieren. Ich würde so wenig wie möglich verlautbaren, aber das FBI könne sich nicht in Schweigen hüllen. Ich sei bereit, die Angelegenheit mit der Justizministerin und deren Stellvertreterin zu diskutieren. Ich weiß nicht genau, warum ich erst jetzt das Gespräch mit ihnen suchte und dies nicht schon im Juli getan hatte. Vielleicht war es einfach eine menschliche Reaktion; ich hatte sehr viel Kritik dafür einstecken müssen, dass ich sie im Juli außen vor gelassen hatte. Vielleicht ging ich auch davon aus, dass sie das Problem genauso sahen wie ich und mich in dieser überaus heiklen Situation unterstützen würden. Schließlich hatte die Justizministerin im Juli öffentlich bekundet, dass die E-Mail-Ermittlungen sauber durchgeführt und abgeschlossen seien. Und jetzt beantragten ihre eigenen Leute einen Durchsuchungsbeschluss. Mit Sicherheit würden sie erkennen, dass Schweigen unredlich und eine Katastrophe für das Justizministerium wäre. Jedoch ließen Loretta Lynch und Sally Yates von ihren Mitarbeitern erklären, sie hielten dies für eine schlechte Idee und rieten davon ab, letztlich aber sei es meine

Entscheidung, und sie sähen keinen Grund, mit mir darüber zu sprechen. Sie erteilten mir keine Anweisung, es nicht zu tun – eine Anweisung, an die ich mich gehalten hätte.

Sie wollten die Entscheidung nicht treffen: Sprechen oder schweigen?

Nachdem ich diese Antwort erhalten hatte, spielte ich kurz mit dem Gedanken, ihnen mitzuteilen, dass ich nicht zum Kongress sprechen wolle – nur um zu sehen, was sie tun würden, wenn ich ihnen die ganze Verantwortung zuschob; ich ließ es dann aber, weil es feige und dumm gewesen wäre. Wieder einmal würde ich die Prügel einstecken müssen. Ich sagte dem Midyear-Team, das Justizministerium sollte die Möglichkeit bekommen, den Entwurf meines Schreibens an den Kongress zu prüfen und eventuell Änderungen vorzuschlagen. Dort blieb man zwar dabei, mir von der Sache abzuraten, nutzte aber die Gelegenheit und machte ein paar brauchbare Vorschläge, wie ich die neue Entwicklung in wenigen Sätzen darstellen könnte.

Am Freitagmorgen, 28. Oktober, zufällig der neununddreißigste Jahrestag der Attacke des *Ramsey Rapist,* schickte ich das Schreiben an die Ausschussvorsitzenden und deren Stellvertreter, die das FBI nach »Abschluss« der Clinton-E-Mail-Ermittlungen informiert hatte. Und wie im Juli teilte ich der gesamten Belegschaft des FBI per E-Mail mit, was los war:

An alle:
Heute früh habe ich dem Kongress ein Schreiben in Sachen E-Mail-Ermittlungen gegen Ministerin Clinton zukommen lassen. Gestern hat mir das Ermittlungsteam seine Empfehlung hinsichtlich der Einsichtnahme in E-Mails gegeben, die vor Kurzem im Zuge anderweitiger Ermittlungen gefunden wurden. Da diese E-Mails für unsere Ermittlungen relevant

sein könnten, habe ich zugestimmt, dass wir geeignete Maßnahmen ergreifen, sie zu prüfen.

Selbstverständlich berichten wir dem Kongress normalerweise nicht von laufenden Ermittlungen, aber nachdem ich in den vergangenen Monaten mehrmals ausgesagt habe, unsere Ermittlungen seien abgeschlossen, fühle ich mich in diesem Fall dazu verpflichtet. Ich hielte es auch für eine Irreführung des amerikanischen Volkes, die neue Entwicklung zu verschweigen. Da wir jedoch andererseits die Bedeutung des neu entdeckten Konvoluts von E-Mails noch nicht abschätzen können, gilt es mögliche Missverständnisse unbedingt zu vermeiden. Hier mit einem kurzen Brief und unmittelbar vor der Wahl einen Mittelweg zu finden, ist schwierig, das Risiko, missverstanden zu werden, ist beträchtlich, aber ich wollte, dass ihr es direkt von mir erfahrt.

Mein Schreiben an den Kongress wurde binnen zehn Minuten an die Presse durchgestochen, was in Washington etwa neun Minuten später ist, als ich erwartet hatte. Und schon brach die Hölle über mich herein.

Freunde und Feinde vom Juli wechselten größtenteils die Positionen. Die Befürchtung, mein Schreiben könnte Trump zum Sieg verhelfen, brachte einige normalerweise vernünftige Leute zur Weißglut. Hysterisch wurde behauptet, wir hätten uns über die Regeln und Verfahrensweisen des Justizministeriums hinweggesetzt. Natürlich gab es solche Regeln nicht, und noch nie hatte es so kurz vor einer Wahl eine solche Situation gegeben. Gut möglich, dass andere vernünftige Menschen sich dagegen entschieden hätten, die Wiederaufnahme der Ermittlungen öffentlich bekannt zu machen, aber die Unterstellung, dass wir irgendwelche Regeln verletzten, war beleidigend. Meine Aufforderung an Leitartikler und Talkshowteilnehmer: »Sagen Sie mir, was Sie an meiner Stelle tun würden und warum Sie es tun würden«, blieb ungehört. Natürlich kannte ich die Antwort: Die meisten würden tun, was für ihre Seite das Beste wäre. Nun, das FBI bevorzugt keine Seite. Das FBI repräsentiert Justitia, die Göttin der Gerechtigkeit mit den verbundenen Augen, und hat das Richtige zu tun – außerhalb der Welt der Politik.

Am Sonntag, 30. Oktober, bekam ich abends eine E-Mail von der Justizministerin mit der Anfrage, ob sie mich am Montag nach dem üblichen Briefing im FBI-Hauptquartier unter vier Augen sprechen könne.

»Selbstverständlich«, antwortete ich.

Gegen Ende des Briefings bat mich die Justizministerin vor versammelter Mannschaft um ein Gespräch, was ein wenig seltsam war, da wir uns ja bereits per E-Mail verabredet hatten. Jetzt wussten unsere Leute Bescheid, und genau darum ging es ihr wohl. Wir zogen uns in das Privatbüro der Justizministerin zurück, gleich neben dem Konferenzraum. Ihre und meine Leute blieben draußen, und endlich waren wir allein.

Die Medien, verständlicherweise vor allem die aufseiten Hillary Clintons, hatten in den letzten Tagen einen solchen Aufstand veranstaltet, dass ich nicht einmal ahnen konnte, was ich von Loretta Lynch zu hören bekommen würde. Würde sie mich anschreien? Mir drohen? Mich warnen? Mir etwas vom Präsidenten ausrichten? Immerhin waren Obamas Leute mit Sicherheit sehr wütend auf mich, mussten sie doch fürchten, dass ich Clintons Wahlerfolg gefährdet hatte. Ich hatte allen Grund zu der Annahme, dass auch Loretta zu diesen Leuten zählte.

Ich ging voraus. Im Büro drehte ich mich um und wartete, bis die Justizministerin die Tür geschlossen hatte. Sie senkte den Kopf und kam mit weit ausgebreiteten Armen auf mich zu. Das war in mancherlei Hinsicht peinlich. Vor allem wohl deshalb, weil ich fast einen halben Meter größer bin als Loretta Lynch. Als sie mich umarmte, lag ihr Gesicht auf meinem Solarplexus. Ich bückte mich und legte ihr unbeholfen meine Unterarme auf den Rücken.

»Ich denke, Sie brauchen mal jemanden, der Sie in den Arm nimmt«, sagte sie, als wir uns voneinander lösten. Wahrscheinlich hatte sie recht. Ich bin nicht der Typ, der ständig Umarmungen nötig hat, aber seit Tagen fühlte ich mich geradezu körperlich angegriffen. Und ich sah wohl auch so aus.

Dann setzte sie sich aufs Sofa und bedeutete mir, auf dem Sessel neben ihr Platz zu nehmen. »Wie geht es Ihnen?«, fragte sie. Ihre Stimme klang ernstlich besorgt.

Ich antwortete, das Ganze sei ein Albtraum. Ich erklärte, vor welchen Möglichkeiten ich gestanden hatte und dass mir »ganz schlecht« besser als »katastrophal« erschienen sei. Worauf sie zu meiner Verblüffung bemerkte:

»Würden die sich besser fühlen, wenn die Geschichte am 4. November rausgekommen wäre?«, womit sie den Freitag vor der Wahl meinte.

»Sie sagen es, Loretta«, antwortete ich.

Ich hatte meine Entscheidung nicht mit Blick auf ein Leak getroffen, aber sie hatte recht. Sobald das Justizministerium den Durchsuchungsbeschluss bestätigte, hätte die Öffentlichkeit schon irgendwie erfahren, dass wir die Ermittlungen wieder aufgenommen hatten, und dann hätten wir als unehrlich dagestanden. Sagte sie mir jetzt, dass ich das Richtige getan hatte? Dankte sie mir, dass ich die Prügel dafür auf mich nahm? Sie selbst würde mir diese Fragen nicht beantworten.

Kurz darauf war unser Gespräch beendet. Loretta stand auf, ging zur Tür und blieb noch einmal stehen. Sie drehte sich zu mir um und sagte ohne den geringsten Anflug eines Lächelns: »Versuchen Sie, ein möglichst zerknirschtes Gesicht zu machen.« Offenbar hatte sie vorher jemandem erzählt, sie werde mich ordentlich zusammenstauchen. Was für eine Welt!

Mir hat das Ganze sehr zugesetzt. So sehr, dass es mich auch ein wenig abstumpfte. Selbst Menschen, die mich mochten, konnten nicht fassen, was ich getan hatte. Viele andere reagierten geradezu bösartig. Ich konnte das nachvollziehen. Patrice, die Hillary Clinton zu gern als erste Frau im Präsidentenamt gesehen hätte, sorgte sich vor allem darum, dass ich wieder zwischen die Fronten geraten war. Sie sagte, sie verstehe, warum ich das getan habe, aber es machte sie wütend, dass ich die Sache auszubaden hatte. »Es ist so, als würdest du dich immer wieder vor die Institution stellen, um noch einen Schlag einzustecken«, sagte sie, »ich verstehe das, aber ich wünschte, nicht du müsstest das tun, und ich wünschte, andere würden das so sehen wie ich.«

Die Emotionen schlugen hohe Wellen, alles sah danach aus, als hätte das FBI Donald Trump einen Vorteil verschafft. Und es gab keine Anhörung, keine Pressekonferenz, keine Möglichkeit zu erklären, warum wir uns zu diesem Schritt entschlossen hatten, oder unserem Schreiben noch etwas hinzuzufügen. Da wir nicht wussten, was wir mit diesen E-Mails hatten und was wir dort womöglich finden würden, wäre jede weitere öffentliche Erklärung von Natur aus lückenhaft und irreführend und würde dem FBI nur noch größeren Schaden zufügen. Aus diesem Grund formulierten wir mein Schreiben ganz besonders sorgfältig:

Im Verlauf anderweitiger Nachforschungen hat das FBI von der Existenz von E-Mails erfahren, die für die Ermittlungen relevant zu sein scheinen. Das Ermittlungsteam hat mich gestern davon in Kenntnis gesetzt, und ich habe zugestimmt, dass das FBI angemessene Schritte unternehmen soll, die den Ermittlern gestatten, diese E-Mails zu prüfen, um festzustel-

len, ob sie als geheim eingestufte Informationen enthalten, und ihre Bedeutung für unsere Ermittlungen abzuschätzen. Auch wenn das FBI noch nicht abschätzen kann, ob dieses Material von Bedeutung ist oder nicht, und ich nicht wissen kann, wie lange wir brauchen werden, diese zusätzliche Arbeit abzuschließen, halte ich es in Anbetracht meiner früheren Aussage für unerlässlich, Ihre Ausschüsse von unseren Schritten zu informieren.

Anfang der folgenden Woche – die Sichtung der E-Mails auf Weiners Laptop hatte begonnen – nahm ich an einer Sitzung im Situation Room teil. Als ich durch die Flure des Weißen Hauses ging und dann im Konferenzraum saß, kam ich mir vor wie Bruce Willis in *The Sixth Sense,* wo er (Spoilerwarnung!) noch nicht weiß, dass er tot ist. Ich bildete mir ein, ich könnte meinen Atem sehen. Nur Jim Clapper, Direktor der Nationalen Nachrichtendienste, und CIA-Direktor John Brennan nahmen mich zur Kenntnis, beide kamen mir, als ich auf den Beginn der Sitzung wartete, auf dem Flur entgegen, legten mir eine Hand auf den Arm und sprachen mir Mut zu. Alle anderen behandelten mich wie Luft.

Jim Clapper war der Mann in der Regierung, den ich am meisten bewunderte. Hinter seinem kahlen Schädel und seiner grimmigen, oft undeutlichen Stimme steckte ein Mann, der nahezu perfekt das Gleichgewicht von Freundlichkeit und Härte, Selbstvertrauen und Bescheidenheit verkörperte. Als Chef des FBI, der zu den amerikanischen Nachrichtendiensten zählt, war ich sowohl Direktor Clapper als auch dem Justizminister unterstellt. Ich schätzte unsere vierteljährlichen Abendsitzungen sehr – unsere »Vespern«, wie er das nannte –, wo wir in einem abhörsicheren Raum saßen und zusammen mit unseren Stellvertretern über unsere Arbeit und das Leben diskutierten. Bei einem Glas Wein für mich und einem Wodka Martini mit zwei Oliven für ihn ging ich bei einem Mann in die Lehre, der schon fast so lange Führungspositionen bekleidet hatte, wie ich am Leben war. Zur Besiegelung unserer Freundschaft schenkte ich ihm eine Krawatte, die ich von meinem Schwager bekommen hatte, bedruckt mit kleinen Martinigläsern auf rotem Grund. Da wir beide Wert auf unsere Integrität legten, beichtete ich ihm gleich bei der Übergabe, dass mir die Krawatte geschenkt worden war. Seitdem trug Clapper die Martini-Krawatte zu jeder unserer Vespern.

Noch eine Woche bis zur Wahl. Ich ließ mir täglich vom Midyear-Team berichten. Sie arbeiteten unablässig, lasen Hunderte neuer Clinton-E-Mails, die wir noch nicht kannten. Die Genies von der Operational Technology Division des FBI hatten eine für unmöglich gehaltene Methode ersonnen, E-Mail-Duplikate elektronisch auszusondern, sodass Agenten und Analysten die Lektüre Hunderttausender E-Mails erspart blieb. Handelsübliche Software kam für uns nicht infrage, aber die selbst geschriebene reduzierte das Konvolut auf ein paar Tausend, die Nacht für Nacht abgearbeitet wurden. Trotz allem, was das Team mir am 27. Oktober mitgeteilt hatte, gab es jetzt vielleicht doch eine Chance, die Sichtung noch vor der Wahl abzuschließen.

Am 5. November, dem Samstag vor der Wahl, sagte mir das Team, die Prüfung der E-Mails werde am nächsten Morgen beendet sein, dann könnten wir uns zusammensetzen und das Ergebnis besprechen. Wir trafen uns am Sonntagmorgen, zwei Tage vor der Wahl. Es gab tatsächlich Tausende neue Clinton-E-Mails von dem BlackBerry-Konto, aber keine aus dem fraglichen Zeitraum. Es gab neue auf ihre Arbeit bezogene E-Mails von und an Außenministerin Clinton. Es gab E-Mails mit als geheim eingestuftem Inhalt, aber nichts davon war neu für uns. Keine der neuen E-Mails änderte etwas an ihrer Einschätzung. Ich drängte und drängte, ich wollte ganz sicher sein, dass sie nicht nur vor Übermüdung so argumentierten. Nein, erwiderten sie, natürlich sind wir müde, aber wir sind uns auch sicher, dass wir die Sache richtig einschätzen.

Dann besprachen wir die nächsten Schritte. Das Team empfahl mir einmütig, dem Kongress, nachdem ich ihm am 28. Oktober geschrieben hatte, noch einmal zu schreiben. Eine Gegenstimme gab es allerdings. Der Leiter der Nationalen Sicherheitsabteilung des FBI vertrat die Ansicht, es sei einfach zu spät, noch etwas zu sagen. Als Argument führte er lediglich an, so kurz vor der Wahl gehe das schlichtweg nicht. Ich vermute, er dachte dabei an den Aufruhr, den unser erstes Schreiben verursacht hatte. Wir hörten uns das an, beratschlagten eine Weile und kamen zu dem Schluss, wir müssten noch einmal an den Kongress schreiben. Wenn wir uns in diesem einmaligen Fall – sprechen oder schweigen – an die Regel halten wollten, so transparent wie möglich über die Aktivitäten des FBI zu berichten, hatte es keinen Sinn, am 6. November anders zu handeln als am 28. Oktober. Wie zuvor gaben wir ranghohen Mitarbeitern des Justizministeriums die Möglichkeit, den Entwurf meines Schreibens zu bearbeiten und Änderungsvorschläge zu machen.

Am Sonntag, dem 6. November, informierten wir den Kongress in einem kurzen Schreiben, die Clinton-Ermittlungen seien abgeschlossen, unsere Bewertung der Lage habe sich nicht geändert. Eine nochmalige öffentliche Erklärung hielten wir nicht für nötig; es hätte nur zu weiterer Verwirrung geführt, zwei Tage vor der Wahl öffentlich zu erläutern, was wir auf Anthony Weiners Laptop gefunden hatten. Aus Gründen, die ich zu diesem Zeitpunkt nicht offenlegen könne, habe das FBI auf Weiners Laptop eine große Zahl bisher unbekannter Clinton-E-Mails aus ihrer Amtszeit als Außenministerin entdeckt (nachdem sie zuvor erklärt hatte, sie habe sämtliche auf ihre Amtszeit bezüglichen E-Mails an das Außenministerium abgegeben); darüber hinaus seien auch viele der E-Mails mit als geheim eingestuftem Material gefunden worden, die wir bereits früher gesehen hätten. Das Team habe weitere Ermittlungen gegen Huma Abedin und Anthony Weiner durchzuführen, um herauszufinden, wie die beiden in den Besitz von als geheim eingestuften E-Mails gelangt sein konnten. Es sei besser, schlossen wir, der ersten Bekanntmachung an den Kongress eine zweite, ähnlich kurze, abschließende Bekanntmachung folgen zu lassen. Es war keine Zeit mehr, alle FBI-Mitarbeiter per E-Mail zu benachrichtigen; sie würden es am Montagmorgen, bevor sie ihre Computer einschalteten, aus den Nachrichten erfahren. Das FBI hatte sich dafür entschieden, dem Kongress und dem amerikanischen Volk keine wichtigen Informationen vorzuenthalten; wir hatten uns äußerste Mühe gegeben, den Fall vor der Wahl nach allen Regeln der Kunst abzuschließen. Ich dankte dem Midyear-Team und sagte, noch nie habe ich mit besseren Leuten zusammengearbeitet, sie hätten mir großartig bei der Lösung einiger sehr schwerer Probleme geholfen.

An diesem Abend gingen Patrice und ich mit einer unserer Töchter in ein Tex-Mex-Restaurant. Die Nachricht von dem zweiten Schreiben, mit dem der Fall ein zweites Mal abgeschlossen worden war, hatte sich längst verbreitet. Ein Gast kam an meinem Tisch vorbei und flüsterte: »Hoffentlich gewinnt Hillary.« Ich war zu erschöpft, mir darüber Gedanken zu machen. Ich würde nicht zur Wahl gehen. Ich wollte mit der ganzen Sache nichts mehr zu tun haben. Ich bedauerte zutiefst, dass wir da hineingeraten waren. Ich brauchte einen Drink und genehmigte mir eine köstliche Margarita on the rocks mit Salzrand, und selbst das kam in die Nachrichten:

Die *Washington Post* berichtete, man habe mich beim Trinken einer »riesigen« Margarita beobachtet.

Ich habe lange über die Ereignisse des Jahres 2016 nachgedacht. Und auch wenn man im Nachhinein nicht immer alles besser weiß, gelangt man doch zu wertvollen neuen Erkenntnissen. Wie so viele hat auch mich der Wahlsieg Donald Trumps überrascht. Nach all den Meinungsumfragen schien klar, dass Hillary Clinton gewinnen würde. Seitdem frage ich mich immer wieder, ob diese Annahme mich beeinflusst hat. Ich weiß es nicht. Einen bewussten Einfluss kann ich ausschließen, aber nur ein Narr würde behaupten, dass eine solche Annahme sich überhaupt nicht auf ihn auswirkte. Immerhin traf ich meine Entscheidungen in einem Umfeld, in dem Hillary Clinton als nächste Präsidentin längst feststand, sodass meine Befürchtungen, sie könnte durch Verschweigen der neu in Gang gesetzten Ermittlungen zu einer unrechtmäßig gewählten Präsidentin werden, von größerem Gewicht waren, als sie es gewesen wären, wenn Donald Trump in den Umfragen vorn gelegen hätte oder überhaupt ein knapper Wahlausgang prognostiziert worden wäre. Aber ich weiß es nicht.

Ich weiß, Hillary Clinton gibt mir zumindest eine Teilschuld an ihrer überraschenden Wahlniederlage. In ihrem Buch schreibt sie an einer Stelle, ich sei ihr »in den Rücken gefallen«. Sie hatte jahrelang hart daran gearbeitet, die erste Frau im Amt des Präsidenten der Vereinigten Staaten zu werden, und verständlicherweise hat diese unerwartete und unvorhergesehene Niederlage sie schwer getroffen. Ich habe gelesen, sie nehme mir das persönlich übel, und das bedaure ich sehr. Es tut mir leid, dass ich ihr und ihren Anhängern nicht besser erklären konnte, warum ich mich so und nicht anders entschieden habe. Ich weiß auch, dass meine Entscheidungen viele Demokraten verblüfft – sogar empört – haben.

Nach der Wahl nahm ich an einer Geheimsitzung mit einer Gruppe Senatoren beider Parteien teil. Gegen Ende der Besprechung, bei der es nicht um Hillary Clintons E-Mails ging, rückte der damalige demokratische Senator Al Franken endlich damit heraus, was wahrscheinlich viele dachten. Er sagte, er wolle »den Elefanten im Raum« ansprechen, mit anderen Worten »das, was Sie Hillary Clinton angetan haben«. Ich fragte Mitch McConnell, den ebenfalls anwesenden Mehrheitsführer der Republikaner im Senat, ob ich dazu etwas sagen dürfe. McConnell lehnte sich zurück und bemerkte genüsslich: »Sicher. Nehmen Sie sich so viel Zeit, wie Sie brauchen.«

Ich erklärte den versammelten Senatoren, ich wolle sie in die fragliche Zeit zurückführen und ihnen die Ereignisse aus meiner Perspektive darstellen – aus der Perspektive des FBI. »Gehen wir zurück zum 28. Oktober«, sagte ich. Auch wenn ich sie nicht davon überzeugen konnte, die richtige Entscheidung getroffen zu haben, hoffte ich, wenigstens deutlich machen zu können, was ich gedacht hatte, welche Möglichkeiten ich gesehen und warum ich mich für »Sprechen« und nicht für »Schweigen« entschieden hatte. Ich hatte die Ermittlungen bestimmt nicht optimal durchgeführt, jedoch nach Lage der Dinge mein Bestes getan. Dies versuchte ich, an diesem Tag zu vermitteln, und es gelang mir, mindestens einen der Anwesenden zu überzeugen. Als ich meinen Vortrag beendete, kam Senator Chuck Schumer mit Tränen in den Augen auf mich zu, nahm meine Hand und tippte mir mit der freien Hand auf die Brust. »Ich kenne Sie«, sagte er, »ich kenne Sie. Sie waren in einer aussichtslosen Lage.«

Ich kann nur hoffen, dass unsere – meine – Entscheidung den Wahlausgang nicht maßgeblich beeinflusst hat. Dabei denke ich an meine Frau und meine Töchter, die für Hillary Clinton gestimmt und am Tag nach Donald Trumps Amtseinführung am Women's March in Washington teilgenommen haben. Wie ich während der Anhörung im Senat sagte, wird mir bei dem Gedanken, meine Entscheidung könnte das Wahlergebnis beeinflusst haben, ein wenig übel. Nicht etwa, weil Donald Trump als Mensch und Führungspersönlichkeit so große Schwachstellen hat (weshalb er meine Bemerkung, mir werde »ein wenig übel« bei der Vorstellung, dass ich Einfluss auf den Wahlausgang gehabt haben könnte, wahrscheinlich gar nicht nachvollziehen konnte). Sondern weil ich ein so schlechtes Gefühl dabei habe, dass ich mein Leben dem Dienst in Organisationen gewidmet habe, die mir gerade deswegen teuer sind, weil sie in der Politik keine Rolle spielen, weil sie unabhängig vom Kampf um die Gunst der Wähler agieren. Doch 2016 war eine Wahl wie keine andere. Eins meiner Kinder zeigte mir einen Tweet, der die allgemeine Gefühlslage jener Zeit widerzuspiegeln schien: »Dieser Comey ist ein Mitläufer. Ich kapiere bloß nicht, bei welcher Partei.«

Es ist mir nicht angenehm, kritisiert zu werden, aber ich bin offen für Kritik, weil jeder Mensch sich einmal irren kann. Um nicht von nachträglichen Zweifeln gelähmt oder erdrückt zu werden, habe ich eine Faustregel: Wenn die Kritik von jemandem kommt, den ich als besonnen kenne, denke ich sorgfältig darüber nach. Auch anonymen oder bekanntermaßen parteiischen Kritikern schenke ich Beachtung, wenn ihre Argumente logisch oder faktisch begründet sind und mir sagen, dass ich womöglich etwas übersehen habe. Die Verrückten, und davon gibt es viele, ignoriere ich.

Am schlimmsten setzt mir die Behauptung zu, ich sei in meine Integrität verliebt, in meine Tugendhaftigkeit. Ich habe mir viele Gedanken über mein Ego gemacht. Ich bin stolz darauf, dass ich versuche, das Richtige zu tun. Ich bin stolz darauf, offen und ehrlich zu sein. Ich bin überzeugt davon, dass meine Haltung besser ist als die der lügenden Parteigänger, die heutzutage das öffentliche Leben bestimmen. Doch besteht die Gefahr, dass mein Stolz mich blendet und mir die Sicht auf andere Auffassungen von dem versperrt, was richtig ist.

Ich habe das Dilemma mit Hillary Clintons E-Mails unzählige Male in Gedanken durchgespielt. Abgesehen von den Fehlern, die ich am 5. Juli bei meiner Erklärung vor den Fernsehkameras gemacht habe, würde ich mich, ließe die Zeit sich zurückdrehen, wieder ganz genauso verhalten – weil mir in Anbetracht meiner Rolle und dessen, was ich damals wusste, nichts anderes möglich war. Ich denke aber auch, dass vernünftige Menschen durchaus anders damit umgegangen sein könnten.

Wäre ich zum Beispiel Mitglied der Demokratischen Partei gewesen und hätte in früheren Regierungen unter den Demokraten mitgearbeitet – ich bin mir nicht sicher, ob es hilfreich gewesen wäre, mich bei der Erklärung vom 5. Juli von der Justizministerin zu distanzieren. Wäre ich lupenreiner Demokrat, hätte man mich als innerlich zerrissenen Parteigänger hingestellt, und ich wäre nicht in der Lage gewesen, mich glaubwürdig von der politischen Führung des Justizministeriums zu distanzieren und die Organisation unabhängig zu vertreten. Natürlich hätte auch ein FBI-Direktor der Demokraten, der keine eigene Erklärung abgegeben hätte, Ende Oktober vor derselben Entscheidung zwischen Sprechen und Schweigen gestanden, denn irgendwie hätte der Kongress doch darüber informiert werden müssen, dass die Ermittlungen im Juli eingestellt worden waren.

Hätte ich nicht so lange im Justizministerium gedient, unter anderem als Stellvertretender Justizminister unter Bush, hätte ich womöglich nicht das Bedürfnis verspürt, mehr als nur das FBI zu schützen. Vielleicht hätte ich auch nicht den Mut aufgebracht, mich von der Justizministerin zu distanzieren, wenn ich nicht 2005, in meinen letzten Tagen als Stellvertretender Justizminister, die negativen Aspekte eines Aufschiebens in Bezug auf Folter gesehen hätte. Meine Erfahrung als Redner versetzte mich auch in die Lage, eine Live-Pressekonferenz abzuhalten. Ein anderer Direktor mit anderen Erfahrungen hätte die Sache vielleicht dem Justizministerium zugeschoben und es der Institution überlassen, mit den Problemen fertigzuwerden.

Ein anderer FBI-Direktor hätte Ende Juni, nach Bill Clintons Stippvisite im Flugzeug der Justizministerin, möglicherweise die Einsetzung eines Sonderermittlers verlangt. Ich finde immer noch, das wäre Hillary Clinton gegenüber unfair gewesen, halte es aber für denkbar, dass ein anderer Direktor diesen Weg eingeschlagen und nicht wie ich versucht hätte, die Institutionen zu schützen.

Ein anderer hätte vielleicht abgewartet, was die Ermittler ans Licht bringen konnten, nachdem sie den Durchsuchungsbeschluss für die Clinton-E-Mails auf Anthony Weiners Computer erwirkt hatten. Eine heikle Spekulation, hatte das Midyear-Team doch gesagt, die Untersuchung könne unmöglich vor der Wahl abgeschlossen werden; dennoch kann ich mir vorstellen, dass ein anderer Direktor es vielleicht riskiert hätte, in der Woche vor der Wahl geheime Nachforschungen anzustellen. Hier ist natürlich an Loretta Lynchs Bemerkung nach unserer unbeholfenen Umarmung zu denken. Wenn ich geschwiegen hätte – wie groß war die Wahrscheinlichkeit, dass in dieser Woche etwas durchgesickert wäre? Ziemlich groß. Gewiss, das Midyear-Team hatte während seiner Ermittlungen ein ganzes Jahr lang dichtgehalten, aber die Kriminalisten vom FBI in New York wussten, dass gegen Hillary Clinton etwas im Busch war, und ein Durchsuchungsbeschluss war keine Kleinigkeit. Der Kreis war jetzt größer denn je, einschließlich New York, wo in den Monaten zuvor manches, das Clinton betraf, durchgesickert war. Hätten wir die neuen Ermittlungen verheimlicht und wäre dann unmittelbar vor der Wahl etwas in dieser Sache publik geworden: Schlimmer hätte es nicht kommen können. Trotzdem denkbar, dass ein vernünftiger Mensch so gehandelt hätte.

Ich habe mich auch hundertmal gefragt, ob ich, nachdem ich Anfang Oktober von Weiners Laptop erfahren hatte, auf ein schnelleres Vorgehen hätte drängen sollen. Aber die Brisanz dieser Angelegenheit ging mir erst am 27. Oktober auf. Ich war mit anderen Fällen und Problemen beschäftigt und nahm an, wenn es wichtig war, würde das Team mir schon davon berichten. Wäre ich früher unterrichtet worden, hätte ich mit Sicherheit genauso reagiert wie am 27. Oktober – wir müssen uns diese E-Mails unverzüglich ansehen. Ob ich vor dem 27. Oktober von den Einzelheiten hätte erfahren sollen oder können, ist eine Frage, die ich nicht beantworten kann.

Die Präsidentschaftswahl 2016 war für das FBI wie keine andere, und selbst wenn ich damals gewusst hätte, was ich jetzt weiß, hätte ich nicht anders gehandelt, kann mir aber vorstellen, dass gute, prinzipientreue Menschen an meiner Stelle anders entschieden hätten. Ich denke jedoch, jede andere Entscheidung hätte den Institutionen unseres Rechtsstaats noch größeren Schaden zugefügt, auch wenn ich das nicht beweisen kann. Ich kann nur beten, dass kein FBI-Direktor jemals gezwungen sein wird, es herauszufinden.

Ende November, nach der Wahl, war ich zusammen mit dem Präsidenten und anderen ranghohen Mitarbeitern bei einer Sitzung des Nationalen Sicherheitsrats im Oval Office. Ich hatte immer noch dieses *Sixth-Sense*-Gefühl, zumal zwischen all den Leuten, die wohl gedacht hatten, sie würden unter der neu gewählten Präsidentin von den Demokraten weiterhin im Weißen Haus arbeiten. Präsident Obama zählte nicht zu ihnen. Er begrüßte mich wie immer, professionell und freundlich.

Präsident Obama, der Körpersprache deuten kann wie kein Zweiter, spürte offenbar, dass mir nicht wohl in meiner Haut war, vielleicht hielt er es auch aus anderen Gründen für angebracht, mich anzusprechen. Als die Sitzung zu Ende ging, bat er mich, noch zu bleiben. Ich saß auf dem Sofa, mit dem Rücken zur Standuhr. Er saß in seinem Lehnsessel, mit dem Rücken zum Kamin. Peter Souza, der Fotograf des Weißen Hauses, zückte schon seine Kamera, aber der Präsident scheuchte ihn fort. Und dann waren wir zwei allein.

Präsident Obama beugte sich vor, die Unterarme auf die Knie gestützt. Zunächst erklärte er mir ausführlich, er habe nicht vor, über einen bestimmten Fall oder sonstige laufende Ermittlungen mit mir zu sprechen.

»Ich möchte Ihnen nur etwas sagen«, sagte er.

Ich wusste, wie sehr Obama sich gewünscht hatte, dass Hillary Clinton ins Weiße Haus einzog. Unermüdlich hatte er Wahlkampf für sie gemacht – manche behaupteten, mehr als jeder andere Präsident es jemals für seinen erhofften Nachfolger getan hatte. Ich wusste, wie sehr ihn und alle anderen im Weißen Haus die Niederlage schmerzte. Aber ich respektierte Präsident Obama und war offen für alles, was er mir zu sagen haben mochte.

»Ich habe Sie zum FBI-Direktor gemacht, weil ich Ihre Integrität und Ihr Können zu schätzen weiß«, sagte er. Dann fügte er etwas hinzu, das ich bemerkenswert fand: »Sie sollen wissen, dass nichts, aber auch gar nichts in diesem Jahr geschehen ist, was meine Meinung geändert hätte.«

Er sagte nicht, dass er mit meinen Entscheidungen einverstanden war. Von diesen Entscheidungen sprach er nicht. Er sagte lediglich, er verstehe, wie es dazu gekommen war. Wie hatte ich mich nach diesen Worten gesehnt!

Ich war überwältigt, den Tränen nahe. Präsident Obama ließ sich bei solchen Gesprächen keine Gefühle anmerken, ich hingegen wurde ziemlich emotional und sagte:

»Das bedeutet mir sehr viel, Mr. President. Dieses Jahr war für mich kaum zu ertragen. Einfluss auf eine Wahl zu nehmen, ist das Letzte, was wir wollen. Ich habe immer nur versucht, das Richtige zu tun.«

»Ich weiß, ich weiß«, sagte er.

Ich überlegte, ob ich noch mehr sagen sollte. Ja, vielleicht war es das, was ein großer Teil der Bevölkerung empfand.

»Mr. President, meine Frau würde mich umbringen, wenn ich die Gelegenheit nicht nutzte, Ihnen zu danken und Ihnen zu versichern, wie sehr Sie mir fehlen werden.«

Obwohl ich Obama nicht unterstützt hatte, als der kandidierte, hatte ich für ihn als Präsident und als Mensch doch großen Respekt entwickelt, und erst in diesem Augenblick spürte ich in vollem Umfang, was das Ende seiner Amtszeit bedeutete.

Ich konnte mich nicht bremsen: »Mir graut vor den nächsten vier Jahren, aber umso mehr drängt es mich, auf meinem Posten zu bleiben.«

Dazu sagte er nichts. Er ließ sich nicht anmerken, was er von dem designierten Präsidenten hielt oder für die Zukunft des Landes fürchtete, aber zweifellos hätte er dazu eine Menge zu sagen gehabt. Stattdessen klopfte er mir auf den Arm, dann standen wir auf und gaben uns die Hand, und ich verließ das Oval Office. Bald würde dort ein neuer und sehr anderer Mann residieren.

12

TRUMP TOWER

Und da wir ganz der Suche nach Wahrheit verpflichtet sind ...
verstört uns die Möglichkeit, ja schon die bloße Ahnung,
dass diese Suche belastet sein könnte, zutiefst.
Das war immer so und sollte immer so bleiben.
ROBERT M. GATES, DIREKTOR DER CIA

Eine kleine Flotte gepanzerter SUVs rollte auf den goldglänzenden Turm mitten in Manhattan zu. An Bord die Chefs der Nationalen Nachrichtendienste, der NSA, CIA und des FBI. Man schrieb den 6. Januar 2017, zwei Wochen vor dem Tag der Amtseinführung des neuen Präsidenten. Wir waren am Morgen mit dem Flugzeug angereist, und die New Yorker Polizei eskortierte uns durch die Stadt bis zu der Seitenstraße zwischen Madison und Fifth Avenue in Manhattan. Rundum abgeschirmt von unseren Sicherheitsleuten, nahmen wir den Seiteneingang zu den Wohnungen im Trump Tower.

Die Presse wartete in dem ihr zugewiesenen Bereich auf der Fifth Avenue und bekam von unserer Ankunft nichts mit, ebenso wenig wie die Demonstranten, die sich regelmäßig vor dem Gebäude versammelten. Aber in der recht ruhigen Eingangshalle des Tower war unser Einzug ein ziemliches Spektakel. Eine Versammlung der höchsten Verantwortungsträger, deren Aufgabe der Schutz und die Sicherheit des Landes war. Wir hatten gar nicht alle in einem Aufzug Platz. Einem der Aufzüge entstieg eine Dame mit ihrem winzigen

Hündchen. Beide waren sie in teure Mäntel gehüllt, denn durch die Fifth Avenue pfiff ein kalter Wind. Die Oberspione mit ihren dunklen Anzügen und den Geheimnisträgerköfferchen traten zur Seite und quetschten ein »'tschuldigung« zwischen den Zähnen hervor.

Nach all den Fernsehbildern von Würdenträgern und Job-Aspiranten fürs Weiße Haus, die sich in der vergoldeten Fifth-Avenue-Lobby drängten wie in einer Reality-TV-Show, waren es nun die Chefs unserer wichtigsten Nachrichtendienste, die heimlich durch den Seiteneingang kamen, um den designierten Präsidenten zu sehen. Wir kamen auf leisen Sohlen, um ihn von der Rolle Russlands bei seinem Wahlsieg in Kenntnis zu setzen.

Das war die dritte und letzte Sitzung, in der die Führungsspitze der amerikanischen Nachrichtendienste – die man in Regierungskreisen nur mit IC für Intelligence Community abkürzte – Bericht erstattete über die geheimen Resultate ihrer Überprüfung russischer Aktivitäten während der Präsidentschaftswahl. Auf Präsident Obamas Anweisung hatten Analysten der CIA, der NSA und des FBI, koordiniert von ranghohen Beamten aus dem Büro des Leiters aller Nachrichtendienste, einen Monat damit zugebracht, sämtliche Informationsquellen auszuwerten, um der amtierenden Regierung und der im Übernahmeprozess befindlichen Trump-Belegschaft ein möglichst umfassendes Bild davon zu geben, wie Russland sich in den Präsidentschaftswahlkampf von 2016 eingemischt hatte. Außerdem war ein abgeschwächter nicht geheimer Bericht dieser IC-Untersuchung zur Veröffentlichung vorbereitet worden. Bei unserem Treffen allerdings ging es um die wirklich kritischen Themen, um höchst sensible Informationen. Wir legten dabei auch die Methoden und Quellen offen, die uns übereinstimmend zu der hochgradig vertraulichen Annahme gelangen ließen, dass Russland massiv in den amerikanischen Präsidentschaftswahlkampf eingegriffen hatte.

Die vier US-Nachrichtendienste stellten ihre gemeinsame Einschätzung vor, die gleichermaßen erstaunlich und eindeutig war: Der russische Präsident Wladimir Putin hatte Bemühungen auf breiter Front angeordnet, die Präsidentschaftswahl von 2016 zu beeinflussen. Diese Aktivitäten, die sich im virtuellen Raum abspielten, vor allem in den sozialen Medien und den russischen Staatsmedien, verfolgten mehrere Ziele: Zum einen sollte das öffentliche Vertrauen in die demokratischen Prozesse der USA unterminiert werden. Des Weiteren sollte Hillary Clinton in ein möglichst schlechtes Licht gerückt werden, sodass sie den Amerikanern unwählbar erschien. Dies sollte Trump bei der Präsidentschaftswahl Stimmen bringen.

Unsere erste Besprechung der Ergebnisse dieser Untersuchung hatte am Vortag, dem 5. Januar 2017, bei dem damaligen Chef im Oval Office stattgefunden. Vor Präsident Obama, Vizepräsident Joe Biden und deren leitenden Regierungsbeamten erstattete Jim Clapper als Koordinator der Nachrichtendienste Bericht, welche Untersuchungen durchgeführt worden waren und zu welchen Ergebnissen man mit welchen Methoden gelangt war. Der Präsident und der Vizepräsident stellten bei dieser Besprechung zahlreiche Fragen.

In Augenblicken wie diesen blitzte kurz die warme, beinahe brüderliche und mitunter auch spannungsreiche Beziehung zwischen Barack Obama und Joe Biden auf, die so ganz unterschiedliche Menschen waren. Letztlich liefen diese Treffen immer auf die gleiche Weise ab: Präsident Obama stellte eine Reihe von Fragen, die ganz klar in Richtung A führten. Dann, an einem gewissen Punkt, warf Joe Biden ein: »Mr. President, darf ich eine Frage stellen?« Natürlich nickte Obama höflich, aber irgendetwas in seinem Gesicht ließ erkennen, dass er ganz genau wusste, in welche Richtung das Gespräch in den nächsten fünf oder zehn Minuten laufen würde: in Richtung Z nämlich. Doch Präsident Obama hörte stets geduldig zu, bevor er das Gespräch wieder in die andere Richtung lenkte.

Diesmal jedoch blieben wir beim Thema. Nach einer langen Diskussion über die Resultate der Untersuchung fragte der Präsident, wie es denn nun weitergehen würde. Direktor Clapper erklärte, dass wir am nächsten Morgen die »Achterbande« informieren würden, eine Gruppe von Abgeordneten der Demokraten und Republikaner, die der Präsident in Sonderfällen über Geheimdienstfragen informierte – und danach würden wir gemeinsam nach New York fliegen, um den designierten Präsidenten und sein Team ins Bild zu setzen.

Clapper erklärte Obama, dass man Mr. Trump auch über aus dem Rahmen fallende Untersuchungsergebnisse informieren müsse: Zusätzliches Material – welches man später als Steele-Dossier bezeichnen sollte – enthielt nämlich einige Angaben über Trump persönlich. Man halte den Informanten durchaus für verlässlich, es handle sich bei ihm um einen ehemaligen Geheimdienstmitarbeiter eines verbündeten Staates, aber man habe das Material selbst noch nicht überprüft. Anscheinend enthalte es aber einige recht wüste Behauptungen. Dazu gehörten beispielsweise nicht belegte Informationen, dass der designierte Präsident anlässlich einer Moskaureise im Jahr 2013 eher unüblichen sexuellen Aktivitäten mit Prostituierten gefrönt habe. So sollten zum Beispiel die Damen auf ein Hotelbett in der Präsidentensuite des Ritz Carlton uriniert haben, in dem die Obamas bei einem früheren Besuch genächtigt hatten. Angeblich waren diese Aktivitäten vom russischen Geheimdienst gefilmt worden, um Trump später damit erpressen zu können. Direktor Clapper erklärte, wir seien der Meinung, dass diese Berichte in die Medien gelangt seien und bald veröffentlicht würden. Daher hielten wir es als Leiter der Nachrichtendienste für wichtig, den künftigen Präsidenten darüber zu unterrichten.

Obama ließ auf diese Eröffnung hin keinerlei Reaktion erkennen – zumindest nicht uns gegenüber. In gleichmütigem Ton fragte er: »Wie soll dieses Briefing denn aussehen?«

Clapper sah nur ganz kurz zu mir herüber, dann antwortete er: »Wir haben beschlossen, dass Direktor Comey sich allein mit dem designierten Präsidenten treffen soll, um ihn über dieses Material in Kenntnis zu setzen, und zwar nach dem Gesamtbericht über die IC-Untersuchung.«

Der Präsident sagte nicht ein Wort. Stattdessen wandte er sich mir zu und blickte mich direkt an. Er runzelte kurz nacheinander zweimal die Augenbrauen und wandte schließlich den Blick wieder weg. Natürlich kann man in das Mienenspiel eines Menschen viel hineininterpretieren, doch in meinen Augen sprach aus dieser Groucho-Marx-Geste zum einen ein subtiler Humor, zum anderen ein Anflug von Besorgnis. So als wolle er sagen: »Na, dann viel Glück!« Ich verspürte ein leichtes Unwohlsein in der Magengrube.

Als das Treffen zu Ende war, fiel mein Blick unwillkürlich auf die Schale mit Äpfeln, die auf dem Kaffeetisch im Oval Office stand. Da der Präsident und seine Frau viel Wert auf gesunde Ernährung legten – Michelle Obama hatte als First Lady eine Kampagne für mehr Obst und Gemüse in den Schulküchen gestartet –, hatten die Äpfel im Oval Office jahrelang sozusagen zum Inventar gehört. Ich hatte mich immer gefragt, ob sie echt seien, bis ich eines Tages Stabschef Denis McDonough zwei auf einmal hatte verputzen sehen. Und der würde ja sicher keine Plastikäpfel essen. Meine jüngste Tochter hatte mich mal gebeten, ihr doch so einen Präsidenten-Apfel mitzubringen, und dies war sicher das letzte Mal, dass ich mich zusammen mit einem Apfel im Oval Office befinden würde. Jetzt oder nie. Nach einem Treffen, in dem es um russische Wahlbeeinflussung ging, einen Apfel klauen? Das ist ja wohl eher peinlich. Aber was tut man nicht alles als Vater! Ich schnappte mir den Apfel. Niemand kam, um mir Handschellen anzulegen. Im Auto machte ich ein Bild und schickte es an meine Tochter. Abends lieferte ich ihr dann das Original. Sie ließ mich ein Stück kosten. Nein, das war kein Plastik.

Später am Abend erhielt ich dann noch einen Anruf von Jeh Johnson, dem Heimatschutzminister, mit dem ich schon befreundet war, seit wir beide in den 1980ern als Staatsanwälte in New York arbeiteten. Auch er war an jenem Morgen bei dem Briefing im Oval Office zugegen gewesen. Ich weiß nicht, ob er mich auf Präsident Obamas Veranlassung hin anrief, ja nicht einmal, ob die beiden über diese Angelegenheit überhaupt gesprochen hatten. Nichtsdestotrotz kleidete er meine emotionale Gemengelage nach dem präsidentiellen Stirnrunzeln in sehr konkrete Worte.

»Jim, ich mache mir Sorgen wegen dieses Plans, dass Sie den designierten Präsidenten persönlich über diese Dinge in Kenntnis setzen sollen«, sagte er.

»Ja, ich mir auch«, gab ich zu.

»Haben Sie Donald Trump je persönlich kennengelernt?«, wollte er wissen.

»Nein.«

»Jim, bitte seien Sie vorsichtig. Sehr, sehr vorsichtig. Das könnte ins Auge gehen.«

Ich dankte Jeh für seine Anteilnahme und seinen Anruf. Aber besser fühlte ich mich danach auch nicht.

Allerdings sah ich keinen Ausweg. Das FBI hatte nun einmal Kenntnis davon. Zwei US-Senatoren hatten mich unabhängig voneinander angerufen, um mir mitzuteilen, dass das Material tatsächlich existierte und dass nicht wenige Leute in

Washington es besäßen oder davon wüssten. Der Fernsehsender CNN hatte die Pressestelle des FBI davon informiert, dass er es am nächsten Tag veröffentlichen würde. Ob dieses Material nun der Wahrheit entsprach oder nicht, eine wichtige strategische Maßnahme, um eventuelle Nötigungsversuche eines Amtsträgers zu unterlaufen, ist es, ihn darüber zu unterrichten, was der Gegner in der Hand hat und was er damit anstellen kann. Das FBI nennt so etwas ein »defensive briefing«, ein »warnendes Gespräch«.

Doch wie um alles in der Welt sollten wir den Mann über die russischen Aktivitäten im Wahlkampf informieren, ohne ihn von den konkreten Vorwürfen in Kenntnis zu setzen? Zumal diese so schlüpfrig und peinlich waren, dass man sie kaum im Rahmen einer Gruppensitzung vorbringen konnte. Schon gar nicht, wenn die Leute, die dort saßen, durchweg von Präsident Obama ernannt worden waren. Vor Leuten also, die aus ihrem Amt ausscheiden würden, sobald Trump Präsident wurde. Ich als FBI-Direktor hingegen würde länger bleiben. Und wir hatten nun mal Kenntnis von diesen Dingen, irgendjemand musste es dem Mann ja sagen. Es war somit nur logisch, dass ich das übernahm. Insgesamt also ein ganz vernünftiger Plan, wenn man bei einem Gespräch mit einem angehenden Präsidenten und seinen Kontakten zu Prostituierten in Moskau überhaupt von Vernunft sprechen konnte. Wohl war mir bei diesem Vorhaben jedenfalls nicht.

Und das hatte seinen Grund: Ich hatte schon vor langer Zeit die Erfahrung gemacht, dass Menschen grundsätzlich annehmen, man würde sich in einer bestimmten Situation genauso verhalten wie sie. Sie projizieren ihre Weltsicht auf einen, selbst wenn man die Dinge völlig anders sieht. Es war mehr als wahrscheinlich, dass Donald Trump, Politiker und knallharter Geschäftsmann, unterstellen würde, ich erzählte ihm von dem Prostituiertenbericht, um ihn in die Enge zu treiben und mir selbst ein Druckmittel zu sichern. Vermutlich würde er annehmen, ich wolle es machen wie J. Edgar Hoover, denn genau das hätte Hoover in meiner Lage getan. Mit einem Stirnrunzeln war es in meinem Fall nicht getan. Die Lage war mehr als kritisch.

Die Erinnerung an J. Edgar Hoover brachte mich aber auf eine Idee. Ich musste einfach irgendetwas parat haben, was den neuen Präsidenten beruhigte. Ich musste etwas sagen können, was dem Ganzen die Schärfe nahm. Nach eingehenden Diskussionen mit meinem Team beschloss ich, dem designierten Präsidenten zu versichern, dass das FBI nicht gegen ihn ermittelte. Und das stimmte ja auch. Wir als Inlandsgeheimdienst hatten für ihn keine Akte angelegt. Es war uns egal, ob er in Moskau mit Nutten zugange gewesen war, solange die Russen nicht versuchten, ihn damit zu irgendwas zu zwingen.

Jim Baker, der Chefjustiziar des FBI, meinte allerdings, diese Zusicherung könnte missverständlich sein. Schließlich würde Trumps Verhalten im Rahmen der Untersuchung zur russischen Einflussnahme ebenfalls in den Blick geraten. Man würde sich mit der Frage beschäftigen müssen, ob sein Wahlkampfteam geheime Absprachen mit Russland getroffen hatte. Damit stand die Sorge im Raum, dass das FBI möglicherweise gezwungen wäre, Präsident Trump zu informieren, falls wir *tatsächlich* eine Untersuchung gegen ihn einleiten würden. Natürlich leuchtete mir dieses Argument ein, doch ich sah eine größere Gefahr darin, dass der neue Präsident, der ja bekanntermaßen impulsiv war, einen Krieg gegen das FBI anzetteln würde. Und ich war entschlossen, alles in meiner Macht Stehende zu tun, um gut mit dem neuen Präsidenten zusammenzuarbeiten. Also lehnte ich Jim Bakers klugen Rat ab und machte mich auf zum Trump Tower, im Gepäck die Zusicherung: »Wir ermitteln nicht gegen Sie.« Wieder einmal waren wir in einer Lage, für die es keinen Präzedenzfall gab.

Anfang 2017 war ich wegen all der Kontroversen im Clinton-Fall ein mittlerweile bekanntes Gesicht in der Öffentlichkeit. Selbst wenn ich eigentlich lieber im Verborgenen agiere, ist dies ob meiner schieren Körpergröße manchmal nicht möglich. Es war klar, dass ein Teil der Republikaner Hillary Clintons Ansicht teilte, ich hätte das Wahlergebnis zu Trumps Gunsten beeinflusst. Vonseiten ihrer Anhänger schlugen mir Wut und gelegentlich sogar Hass entgegen. In der Trump-Welt aber hatte mir das einiges an Ruhm eingebracht. Was meinen Auftritt im Trump Tower noch unangenehmer machte. Ich wollte nicht anders gesehen werden als die anderen Führungsspitzen der Nachrichtendienste, die einfach ihre Aufgabe erfüllten.

Wir versammelten uns in einem kleinen Konferenzraum, der zum Trump-Imperium gehörte. Er war eher unauffällig eingerichtet mit Ausnahme des raumhohen goldenen Vorhangs, den man vor die Glaswand zum Flur gezogen hatte. Der angehende Präsident betrat den Raum pünktlich, gefolgt von seinem künftigen Team im Weißen Haus.

Es war das erste Mal, dass ich Donald Trump von Angesicht zu Angesicht gegenüberstand. Er schien kleiner, als er auf der Bühne neben Hillary Clinton gewirkt hatte. Es erstaunte mich, dass er ansonsten fast genauso wirkte wie im Fernsehen. Die meisten Menschen sehen *in persona* anders aus als auf dem Bildschirm. Sein Anzugjackett war offen, die Krawatte zu lang, wie üblich. Sein Gesicht hatte einen leicht orangefarbenen Teint mit hellen Halbmonden unter den Augen. Ich nehme an, er trägt eine Schutzbrille, wenn er ins Solarium geht. Seine Haare waren strahlend blond und beeindruckend hindrapiert. Ich weiß noch, dass ich mich fragte, wie lange er morgens wohl brauchte, bis er das so hinbekam.

Als er mir die Hand entgegenstreckte, stellte ich fest, dass sie kleiner war als meine, aber nicht ungewöhnlich klein. Um den ovalen Konferenztisch saßen außer Trump und mir der designierte Vizepräsident Mike Pence, Stabschef Reince Priebus, der Nationale Sicherheitsberater Mike Flynn und Pressesprecher Sean Spicer. Trump und Mike Pence nahmen die Plätze an den Schmalseiten ein. Alle waren ruhig und sehr ernst. Als es ans Händeschütteln ging, hielt der designierte Vizepräsident kurz meine Hand fest und nannte mich »Jim«, wobei er meinen Namen ungewöhnlich in die Länge zog. In meinen Ohren klang dies, als wolle er mich begrüßen wie einen alten Freund, mich aber gleichzeitig trösten. Ich glaube nicht, dass wir uns vorher je irgendwo begegnet waren. Allerdings erinnere ich mich an ein Telefongespräch, das ich vor vierzehn Jahren mit ihm geführt hatte. 2003, als ich Bundesanwalt in New York war, ermittelten wir gegen einen Mann, der Domainnamen registriert hatte, die beinahe so lauteten wie beliebte Kinder-Websites. Wann immer ein Kind »Disneyland.com« oder »Bobthebuilder.com« falsch eintippte, wurde es auf eine Pornowebseite weitergeleitet. Das hat mich damals wirklich empört, und ich fand, dass dieser Tatbestand unter Strafe gestellt werden sollte. Als ich nachforschte, stellte ich fest, dass dies einige Monate zuvor bereits geschehen war. Und ich erkundigte mich nach dem Namen des Abgeordneten, der das Gesetz über Tippfehler-Domains eingebracht hatte, um ihm oder ihr persönlich zu danken. Es war der Kongressabgeordnete für Indiana gewesen, Mike Pence. Er hatte mir am Telefon erzählt, er sei auf das Problem aufmerksam geworden, nachdem dies einem seiner Kinder passiert war.

Der Koordinator der Nachrichtendienste Clapper saß dem künftigen Präsidenten am nächsten. CIA-Direktor John Brennan, NSA-Direktor Mike Rogers und ich hatten zu seiner Rechten Platz genommen. Hinter mir an der Wand saßen Trumps künftiger CIA-Chef Mike Pompeo, der designierte Berater für Heimatschutz Tom Bossert und der stellvertretende Berater für nationale Sicherheit K. T. McFarland. Der CIA-Intelligence-Briefer des künftigen Präsidenten, dessen Aufgabe es war, Trump regelmäßig über die Erkenntnisse der CIA zu informieren, war ebenfalls anwesend und machte Notizen.

Bis zu diesem Zeitpunkt hatte ich relativ eng mit zwei Präsidenten zusammengearbeitet und mit zahlreichen anderen hochrangigen Regierungsbeamten. Ich war gespannt, wie Trump, der ja in dieser Umgebung buchstäblich wie ein »Fisch auf dem Trockenen« war, sich in seiner neuen Rolle zurechtfinden würde. Einem Familienunternehmen vorzustehen, ist natürlich etwas ganz anderes, als ein Land zu führen oder auch nur ein großes börsennotiertes Unternehmen. Da muss man auch mit Leuten zurechtkommen, die einem nicht direkt unterstellt sind. Und man muss sich Gesetzen und Regeln beugen, die einem normalen Vorstandsvorsitzenden egal sein können.

Wie ich an anderen Führungspersönlichkeiten hatte beobachten können, entscheidet sich die Frage, ob man wirklich Führungsqualitäten besitzt, daran, ob man sich wohl in seiner Haut fühlt, ob man genügend Selbstvertrauen hat, um bescheiden auftreten zu können. Diese Bescheidenheit macht vieles möglich. Am wichtigsten ist dabei wohl die Frage, ob man fähig ist, sich folgende Frage zu stellen: »Gibt es hier etwas, was ich übersehe?« Diese Frage stellen sich gute Führungspersönlichkeiten immer wieder. Um über ihre Grenzen hinauszuwachsen, bedienen sie sich ihres Urteilsvermögens – was nicht dasselbe ist wie Intelligenz. Intelligenz ist die Fähigkeit, ein Problem zu lösen, eine knifflige Frage, eine Reihe von Fakten zu verarbeiten. Urteilsvermögen aber ist die

Fähigkeit, ein Problem oder eine Reihe von Fakten in einen größeren Zusammenhang zu stellen, sie durch andere Augen zu sehen, aus der Sicht von Menschen, die anders denken, andere Einstellungen, einen anderen Hintergrund haben. Es ist die Gabe, eine Reihe von Fakten aus dem ursprünglichen Zusammenhang herauszunehmen und sie durch Raum und Zeit zu transportieren: in eine Anhörung, einen Gerichtssaal, in den Newsroom einer Zeitung oder den Konferenzraum eines Wettbewerbers, und das Monate oder Jahre in der Zukunft. Intelligenz ist die Fähigkeit, zu sammeln und zusammenzufassen, was Dokumente und Zeugen sagen. Urteilsvermögen ist die Fähigkeit, sich vorzustellen, was diese Fakten bedeuten und welche Auswirkung sie auf ein anderes Publikum haben könnten.

Bei meinem ersten Treffen mit Trump wollte ich mir ein Bild machen, wie er diesen Balanceakt zwischen Selbstvertrauen und Bescheidenheit meistern würde und ob er Anzeichen eines gesunden Urteilsvermögens erkennen ließ. Ich muss gestehen, dass ich da eher skeptisch war. Mein Eindruck aus dem Wahlkampf war, dass er ein zutiefst unsicherer Mensch ist, was ihm Bescheidenheit unmöglich macht. Er schien mir nicht selbstsicher und bescheiden genug, um die für ein gutes Urteilsvermögen so entscheidende Frage nach dem zu stellen, was er selbst übersah. Jener Tag im Trump Tower zeigte mir nicht, ob ich in meiner Einschätzung richtiglag. Denn der designierte Präsident war angemessen ruhig und ernsthaft.

Direktor Clapper stellte den IC-Bericht vor, wie er das bei Präsident Obama und der »Achterbande« gemacht hatte. Es gab ein paar Fragen und Kommentare, die größtenteils von Tom Bossert in der hintersten Reihe kamen. Während des Gesprächs über die Einmischung Russlands in den Wahlkampf hörte Trump zu, ohne die Redner zu unterbrechen.

Am Ende stellte er nur eine Frage, die eigentlich mehr eine Aussage war und auch nur ihn betraf, nicht das Land: »Aber Sie haben keine Hinweise darauf, dass dies das Wahlergebnis beeinflusst hätte, oder?« Clapper antwortete, dass dies nicht Gegenstand unserer Untersuchung gewesen sei, weil es nicht zu unserem Aufgabenbereich gehörte. Wir konnten nur sagen, wir hätten keinen Hinweis darauf gefunden, dass die Auszählung der Stimmen nicht korrekt erfolgt wäre.

Ich persönlich fand aufschlussreich, was Trump und sein Team nicht wissen wollten. Sie würden bald ein Land führen, das von einer fremden Macht angegriffen worden war. Trotzdem fragten sie nicht, welche Bedrohung Russland künftig darstellen könnte. Oder wie die Vereinigten Staaten sich gegen solche Bedrohungen künftig wappnen sollten. Wir vier waren noch anwesend – darunter zwei von Präsident Obama ernannte Leute –, doch der designierte Präsident und sein Team verstrickten sich sofort in eine Diskussion darüber, wie mit den Erkenntnissen über Russland gegenüber der Presse strategisch umgegangen werden sollte. Wie man das, was wir ihnen gerade mitgeteilt hatten, der Öffentlichkeit am besten verkaufte. Als wären wir gar nicht da, begann Priebus, eine mögliche Pressemeldung über dieses Treffen zu entwerfen. Die Leute des Trump-Teams – angeführt von Priebus, mit kurzen Einwürfen von Pence, Spicer und Trump – unterhielten sich nur darüber, wie sie aus diesen Erkenntnissen den maximalen politischen Nutzen für sich ziehen konnten. Immer wieder ging es darum, dass es keinerlei Einfluss auf das Wahlergebnis gegeben hatte, in anderen Worten: die Russen hatten Trump nicht gewählt. Das ging so lange, bis Direktor Clapper sie erneut darauf hinwies, was er kurz vorher bereits deutlich gemacht hatte: Die Nachrichtendienste hatten nicht die amerikanische Politik untersucht, und wir hatten keinerlei Aussage zu diesem Thema gemacht.

Ich habe schon eine ganze Reihe dieser »Intelligence Briefings« mitgemacht, aber nie habe ich erlebt, dass Präsident George W. Bush oder Präsident Obama ihre kommunikativen und politischen Strategien vor der Führungsspitze der Nachrichtendienste debattiert hätten. Da gibt es eine klare Grenze. Die Nachrichtendienste beschäftigen sich mit Fakten, das Weiße Haus mit Politik und der Interpretation dieser Fakten. Und das macht das Weiße Haus ganz alleine. Die Lektion, die wir alle aus dem zweiten Golfkrieg – ausgelöst durch nicht ausreichend abgesicherte Geheimdienst-Informationen über Massenvernichtungswaffen – gelernt hatten, war, diese beiden Dimensionen tunlichst »nicht zu vermengen«. Ich erklärte mir Trumps Verhalten damals damit, dass er und sein Team noch wenig Erfahrung in solchen Dingen hatten. Trump selbst hatte ja nie ein Regierungsamt bekleidet. Doch in diesem Moment begann die klare Grenze zwischen Politik und Nachrichtendienst zu verschwimmen.

Als ich in jenem Konferenzraum saß, drängte sich mir ein Bild auf, das ich verzweifelt beiseitezuschieben versuchte, weil es so absurd und dramatisch war, doch es wollte mir nicht gelingen: Ich fühlte mich an die Klubs der New Yorker Mafia erinnert, die ich in den 1980er- und 1990er-Jahren als Staatsanwalt kennengelernt hatte. Der Ravenite Club der Gambinos. The Palma Boys Social Club, in dem »Fat Tony« Salerno mit seinen Kumpels feierte. Das Café Giordano, wo dem FBI 1988 ein erster großer Schlag gegen die Dons gelungen war. Ich wurde dieses Bild einfach nicht mehr los. Und wenn ich heute so zurückblicke, kann ich nur sagen: Das Ganze war tatsächlich so absurd und dramatisch, wie ich es zu dem Zeitpunkt empfunden habe.

Die sizilianische Mafia nannte sich, wie bereits erwähnt, *Cosa Nostra* – was man ungefähr mit »unsere Sache« übersetzen könnte. Und es gehörte zu ihren Gepflogenheiten, eine klare Linie zu ziehen zwischen den Angehörigen des Clans – den »friends of ours« – und den Außenstehenden – den »friends of yours«. Da saß ich also im Trump Tower, während mir durch den Kopf ging, dass sie da gerade versuchten, uns zu ihren Freunden zu machen. Uns in ihr Spiel zu verwickeln. So verrückt es sich anhören mag, aber einen Augenblick lang hatte ich das Gefühl, dass der designierte Präsident versuchte, uns alle im Handumdrehen zu einem Teil seines Clans zu machen und dass Trumps Team aus diesem Treffen »unsere Sache« gemacht hatte. Während meiner gesamten Laufbahn war der Nachrichtendienst allein meine Sache gewesen und die Politik die Sache der anderen. Das Trump-Team aber versuchte, das zu ändern.

Ich hätte damals diese Einwände äußern sollen. Schließlich war ich ja auch sonst nicht schüchtern gewesen, wenn es darum ging, den Führungsspitzen anderer Regierungen meinen Standpunkt zu verdeutlichen. Ich weiß nicht, ob das etwas geändert hätte, aber vielleicht hätte ich das neue Team wirklich über die Spielregeln aufklären sollen, die sich über Generationen hinweg entwickelt hatten. Denn sie dienten dazu, die Politik aus der nachrichtendienstlichen Tätigkeit herauszuhalten, sicherzustellen, dass der Präsident immer die besten Informationen bekam, ob sie ihm nun passten oder nicht. Und sie hatten den Zweck, die Nachrichtendienste vor dem Vorwurf zu schützen, ihre Resultate seien politisch gefärbt. Die Vorstellung, die Führungsspitzen der US-Nachrichtendienste würden sich freiwillig in eine Debatte verwickeln lassen, wie man Werbung für eine bestimmte Regierung macht, war bestenfalls naiv und Ausdruck eines grundlegenden Missverständnisses unserer Aufgaben. Zu glauben, dass Mitglieder der scheidenden Obama-Regierung sich in solche Machenschaften würden verwickeln lassen, war einfach nur dumm.

Doch in jenem Augenblick entschied ich mich dafür, nichts zu sagen. Ich kannte diese Leute nicht, und sie kannten mich nicht. Wir hatten Trump gerade auf dem Silberteller serviert, dass »die Russen versucht haben, Sie ins Amt zu hieven«. Sollte ich da noch eine Lektion anschließen, wie man sich uns gegenüber zu verhalten hatte? Und wo ich im Anschluss an die Teamsitzung ein Einzelgespräch mit dem designierten Präsidenten über russische Nutten zu führen hatte? Nein, danke. Also schwieg ich. Wie alle anderen. Niemand im Trump-Team kam auf die Idee, etwas zu sagen wie: »Vielleicht sollten wir darüber später noch mal reden.« Oder: »Vielleicht sollten wir uns dem nächsten Thema zuwenden, Mr. President-Elect.«

Tatsächlich war es am Ende wohl Trump selbst, der das kommunikative Brainstorming unterband und meinte, das könne man schließlich auch später klären. Dann fragte Reince Priebus, ob es noch etwas gäbe, das wir ihnen mitzuteilen hätten.

»Jetzt geht's los«, dachte ich.

Clapper antwortete: »Nun, da gibt es noch weitere sensible Informationen. Wir fanden, es wäre das Beste, wenn Direktor Comey dies mit Ihnen in kleinerem Rahmen bespricht. Wir werden uns entschuldigen, dann kann er dies mit Ihnen privat diskutieren.«

»Okay. Wie klein?«, fragte der designierte Präsident und sah mich an.

»Das hängt von Ihnen ab, Sir«, antwortete ich, »ich hatte gedacht, nur wir beide.«

Reince Priebus schaltete sich ein: »Wie wäre es, wenn ich und der designierte Vizepräsident teilnähmen?«

»Das wäre in Ordnung, Sir«, gab ich zurück und wandte mich dem künftigen Präsidenten zu, »es ist allein Ihre Entscheidung. Ich wollte es nur nicht vor der ganzen Gruppe besprechen.«

Ich weiß nicht, ob Trump ein Licht aufging, was ich ihm sagen wollte, oder ob er aus einem anderen Grund seine Meinung änderte. Jedenfalls wedelte der designierte Präsident mit der Hand Richtung Priebus und zeigte dann auf mich: »Nur wir beide. Danke, meine Herrschaften.« Trumps Team erhob sich, und es gab das übliche Händeschütteln mit den Besuchern, dann verließen alle den Raum. Jeh Johnsons Worte hallten in meinem Hinterkopf wider.
»Jim, bitte sei vorsichtig. Sehr, sehr vorsichtig.«
Wir warteten, bis alle fort waren. Als wir allein waren, ergriff Donald Trump das Wort und machte mir ein Kompliment. »Sie hatten ja wirklich ein unglaubliches Jahr«, meinte er und fügte hinzu, ich hätte die E-Mail-Affäre »ehrenhaft« gehandhabt und ich hätte ja auch einen »großartigen Ruf«. Das war nett von ihm, und es lag auch tatsächlich echte Wertschätzung und Sorge in seinem Tonfall. Dankbar nickte ich, aber mein Lächeln blieb etwas gezwungen. Dann fügte der künftige Präsident noch hinzu, dass die Leute des FBI mich »wirklich mögen«, und er gab seiner Hoffnung Ausdruck, dass ich als FBI-Chef bleiben möge.

Ich erwiderte: »Das habe ich vor, Sir.«

Es wäre vielleicht höflich oder nett gewesen, hätte ich dem designierten Präsidenten für seine Worte gedankt. Ich hätte mich damit vielleicht beliebt gemacht, doch ich war ja schon für zehn Jahre im Amt bestätigt und wollte nicht, dass es so aussah, als müsste ich mich bei ihm ein zweites Mal bewerben. Tatsächlich war nur ein einziges Mal ein FBI-Direktor vorzeitig von seinem Posten abberufen worden. Das war William Sessions, den Bill Clinton 1993 ohne politischen Gegenwind feuerte, nachdem man ihm schwerwiegende ethische Verfehlungen nachgewiesen hatte. Ironischerweise erwies sich der Mann, mit dem Clinton Sessions ersetzte, bald als Dorn im Auge der Regierung Clinton. Louis Freeh ließ sich nämlich nicht davon abbringen, Vorwürfe gegen einzelne Regierungsbeamte gründlich zu untersuchen.

Nachdem Trump seinen ungefähr einminütigen Eröffnungsmonolog beendet hatte, erklärte ich, um welche Informationen es in der Folge gehen sollte und warum die Geheimdienste es für wichtig hielten, ihn vorab darüber in Kenntnis zu setzen. Dann begann ich, die Vorwürfe zusammenzufassen, die das Dossier enthielt: dass Trump sich 2013 in einem Moskauer Hotel mit Prostituierten getroffen habe und die ganze Episode vom russischen Geheimdienst gefilmt worden sein soll. Einen bestimmten Vorwurf erwähnte ich erst gar nicht: dass er die Prostituierten dazu gebracht haben soll, auf das Bett zu urinieren, in dem Präsident Obama mit seiner Frau genächtigt haben soll. Ich dachte, dieses Detail sei nicht unbedingt nötig, um den künftigen Präsidenten über die Natur des vorhandenen Materials aufzuklären. Die ganze Sache war ohnehin verrückt genug. Während ich noch redete, hatte ich eine Art außerkörperlicher Erfahrung: Ich sah mir zu, wie ich mit dem neuen Präsidenten der USA über Prostituierte in Russland sprach. Noch bevor ich zu Ende sprechen konnte, unterbrach Trump mich unvermittelt in geringschätzigem Ton. Er protestierte, dass diese Vorwürfe nicht der Wahrheit entsprächen.

Ich erklärte, dass ich nicht gesagt hätte, dass das FBI diese Anschuldigungen für wahr hielte. Wir hielten es nur für wichtig, dass er darüber informiert sei, dass es sie gab und dass sie bald in den Medien kursieren würden.

Ich fügte hinzu, dass es Aufgabe des FBI sei, die Präsidentschaft vor jeder Form von Nötigung zu schützen. Ob die Anwürfe nun richtig waren oder nicht, für uns war es einzig von Bedeutung, ihn darüber zu informieren, dass die Russen solche Dinge verbreiten könnten. Ich unterstrich noch einmal, dass wir ihm keine Informationen vorenthalten wollten, vor allem, da die Presse ja offensichtlich davon Wind bekommen hatte.

Wieder stritt er sämtliche Anschuldigungen ab und fragte mich – vermutlich eine rhetorische Frage –, ob ich ihn für einen Typen halte, der die Dienste von Prostituierten in Anspruch nehmen müsse.

Dann fing er an, mir von Fällen zu erzählen, in denen Frauen ihn der sexuellen Belästigung beschuldigt hatten, ein Thema, das ich gar nicht angesprochen hatte. Er erwähnte eine ganze Reihe von Frauen und schien sich sehr gut daran zu erinnern, was sie ihm vorwarfen. Als er sich immer mehr in die Defensive flüchtete und das ganze Gespräch im Desaster zu enden drohte, zog ich instinktiv meinen Joker aus der Tasche: »Wir stellen keine Ermittlungen über Sie an, Sir.« Das schien ihn tatsächlich zu beruhigen.

Meine Aufgabe war erfüllt, das Gespräch zu Ende. Wir schüttelten einander die Hand, und ich verließ den Konferenzraum. Das Vieraugengespräch hatte etwa fünf Minuten gedauert. Nun hatte ich es hinter mir und zog mich schleunigst zum Seitenausgang zurück. Die anderen Nachrichtendienstler waren schon fort. Auf dem Weg hinunter in die Eingangshalle begegnete ich zwei Männern, die in die andere Richtung unterwegs waren. Einer kam mir bekannt vor, aber ich ging einfach weiter. Als er schon vorüber war, drehte er sich plötzlich um und rief: »Direktor Comey?« Ich drehte mich um. Jared Kushner stellte sich vor. Wir gaben uns die Hand, und ich ging weiter.

Ich verließ das Haus durch den Seitenausgang, stieg in den gepanzerten Wagen und fuhr ins FBI-Büro in Manhattan, um das zu tun, was ich am allerliebsten machte. Ich ging durch die Räume des Büros und dankte den fabelhaften Menschen dort für ihre Arbeit. Nach dem unangenehmen Gespräch, das ich gerade geführt hatte, war dies wie eine erfrischende Dusche.

Am 10. Januar 2017, vier Tage nach meinem Treffen mit Trump, veröffentlichte der Online-Nachrichtendienst BuzzFeed das fünfunddreißigseitige Dossier, das ich Trump vorgestellt hatte. Der Artikel begann so:

Seit Wochen zirkuliert unter gewählten Regierungsbeamten, Geheimdienstmitarbeitern und Journalisten ein Dossier voller brisanter – aber nicht bestätigter – Anschuldigungen, denen zufolge die russische Regierung jahrelang Beziehungen zum designierten Präsidenten Donald Trump »unterhalten und gepflegt und diesen entsprechend unterstützt« habe. Dadurch soll die russische Regierung angeblich kompromittierende Informationen über ihn gewonnen haben. Das Dossier, eine Sammlung von Memos, die über einen Zeitraum von mehreren Monaten erstellt wurden, enthält spezifische, nicht bestätigte und möglicherweise nicht überprüfbare Angaben über Kontakte zwischen Trump-Mitarbeitern und russischen Geheimdienstlern und dazu noch recht anschauliche Informationen über sexuelle Aktivitäten, die die Russen dokumentiert haben sollen.

Daraufhin twitterte der designierte Präsident: »Fake News – eine absolute politische Hexenjagd.«

Am nächsten Tag, dem 11. Januar 2017, hatte ich erneut ein Gespräch mit ihm. In den drei Jahren, die ich unter Präsident Obama tätig war, habe ich mit ihm nie auch nur ein einziges Telefongespräch geführt und ihn nur zweimal persönlich getroffen. Und da stand ich nun, immer noch unter der Regierung von Präsident Obama, am Fenster meines Büros im FBI-Hauptquartier in Washington und führte meine zweite private Unterhaltung mit Donald Trump innerhalb von fünf

Tagen. Ich hielt das Telefon ans Ohr und sah in der Abenddämmerung unter mir die Autoschlangen auf der Pennsylvania Avenue dahinrollen. Das Justizministerium gegenüber war hell erleuchtet, die Leute waren alle noch aktiv. Ich weiß noch, wie ich den Blick auf das hell erleuchtete Washington Monument richtete, das sich hoch über das neue Trump-Hotel erhob, das erst vor Kurzem auf der Pennsylvania Avenue eröffnet hatte, nur ein paar Minuten vom Weißen Haus entfernt.

Der designierte Präsident Donald Trump rief mich von New York aus an. Wieder lobte er mich über den grünen Klee, nur kam mir dies mittlerweile eher wie ein klassischer Eröffnungsschachzug vor und weniger wie ein ehrliches Lob. Dann meinte er: »Ich hoffe, Sie bleiben.« Ich versicherte ihm erneut, dass ich an der Spitze des FBI weiterarbeiten würde.

Dann kam er auf den Grund seines Anrufs zu sprechen. Er drückte seine Besorgnis über das »Leak« aus, welches das Russland-»Dossier« der Presse zugänglich gemacht habe, und wollte wissen, wie das habe geschehen können. Ich war mir nicht sicher, ob er damit andeuten wollte, die Geheimdienste hätten etwas durchsickern lassen. Daher erklärte ich ihm, dass das Dossier kein Regierungsdokument sei. Es war von privaten Ermittlern zusammengestellt worden, die es vielen Menschen zugänglich gemacht hatten, unter anderem dem Kongress und der Presse. Das FBI hatte es nicht in Auftrag gegeben und auch nicht dafür bezahlt. Das Dokument war nicht geheim und auch nicht Eigentum der Regierung. Daher konnte es auch nicht geleakt worden sein.

Daraufhin meinte er, er habe noch mal über den Teil nachgedacht, den ich im Trump Tower privat mit ihm besprochen hätte. Er habe mit ein paar Leuten geredet, die ihn auf der Reise nach Moskau zur Wahl der Miss Universe 2013 begleitet hätten. Er sei sich nun sicher, dass er nicht einmal in Moskau übernachtet hätte. Er sei aus New York gekommen und habe sich im Hotel nur umgezogen. Dann sei er noch in derselben Nacht nach Hause geflogen. Überraschenderweise sprach er mich dann noch auf die eine Information an, die ich ihm gegenüber absichtlich nicht erwähnt hatte.

»Aber es gibt da noch etwas, das klar beweist, dass das nicht wahr sein kann. Ich bin ein Keimphobiker. Ich würde nie im Leben zulassen, dass sich Leute direkt neben mir gegenseitig anpinkeln. Auf gar keinen Fall.«

Ich konnte nicht anders, ich musste hörbar lachen. Ich sagte ihm nicht, dass die angedeutete Aktivität nicht zwingend eine Übernachtung erforderlich machte oder eine etwaige Nähe zu den involvierten Damen. Ich wusste das zwar nicht mit Sicherheit, doch ich nahm an, die Präsidentensuite im Ritz Carlton von Moskau war groß genug, dass selbst ein Keimphobiker auf sichere Distanz zu den geschilderten Aktivitäten gehen konnte. Aber all diese Dinge dachte ich mir nur.

Statt etwas zu sagen, starrte ich nur auf die Gebäude vor dem Fenster und fragte mich, was mit mir und unserem Land passiert war, dass der FBI-Direktor nun mit dem künftigen Präsidenten über solche Dinge sprechen musste. Nachdem Donald Trump mir seine Verteidigungsstrategie zu einem Thema dargelegt hatte, das für mich nicht von Belang war, beendete er das Gespräch. Ich besuchte meinen Stabschef Jim Rybicki in seinem Büro und sagte ihm, die Welt sei völlig verrückt geworden, und ich stecke mittendrin.

Und völlig verrückt ging es dann auch weiter.

13

LOYALITÄT AUF DEM PRÜFSTAND

Freundschaft, Beziehungen, Familienbande, Vertrauen, Loyalität, Gehorsam – das war's, was uns zusammenhielt.

MAFIABOSS JOSEPH BONANNO
IN SEINER AUTOBIOGRAFIE *MAN OF HONOR*

Donald J. Trump wurde am 20. Januar 2017 als 45. Präsident der Vereinigten Staaten ins Amt eingeführt, und zwar vor einer Menge, deren Größe sofort und bekanntermaßen zu Diskussionen führte. Der neue Präsident war entschlossen zu beweisen, dass die durchaus beträchtliche Zahl der Zuschauer, die wegen ihm erschienen waren, die Menge der Menschen übertraf, die 2009 bei der Amtseinführung von Obama anwesend waren. Das war nicht der Fall. Doch kein Beweis, weder fotografischer noch anderer Art, konnte ihn von dieser Behauptung abbringen, die – darin schienen sich, mit Ausnahme seines Presseteams, alle einig – einfach falsch war. Eigentlich war dies eine Bagatelle, aber es war doch zutiefst beunruhigend für diejenigen unter uns, deren Beruf es war, die Wahrheit herauszufinden – egal ob in strafrechtlichen Ermittlungen oder bei der Einschätzung der Pläne und Absichten der Feinde Amerikas. Vieles im Leben ist mehrdeutig und somit Interpretationssache, aber es gibt Dinge, die man objektiv als wahr oder falsch einstufen kann. Und es war schlicht und ergreifend nicht wahr, dass die größte Menschenmenge aller Zeiten seiner Amtseinführung beigewohnt hatte, wie Trump behauptete. Sein Publikum war nicht einmal größer als das von Obama. Wer das bestritt, vertrat nicht eine andere Meinung, einen anderen Standpunkt oder hatte eine andere Perspektive – er verbreitete eine Lüge.

Zwei Tage später, am Sonntag, den 22. Januar, besuchte ich am Spätnachmittag im Weißen Haus einen Empfang für die Leiter verschiedener Exekutivorgane, die im Rahmen der Amtseinführung die Sicherheit gewährleistet hatten. Antiterrorabteilung, Geheimdienst und Sondereinsatzkommandos des FBI waren an jenem Tag in enger Absprache mit dem Secret Service eingesetzt worden, wie das bei jeder Amtseinführung üblich ist. Ich hatte gehört, Trump wolle den Diensten für ihre gute Arbeit danken. Meiner Ansicht nach eine wirklich nette Idee eines Präsidenten. Trotzdem gefiel mir die Vorstellung, persönlich an der Veranstaltung teilzunehmen, aus mehreren Gründen nicht.

Erstens erschien es mir nicht hilfreich für das FBI, wenn ich auf Fotos oder Videoaufzeichnungen zu sehen wäre, wie ich mich in nächster Nähe des neuen Präsidenten aufhielt. Da so viele Leute glaubten, ich hätte bei seiner Wahl mitgeholfen, erschien es wenig sinnvoll, diese Fehleinschätzung noch durch Signale zu verstärken, ich und also auch das FBI ständen Präsident Trump besonders nahe. Zweitens war im Fernsehen das Halbfinale der NFL-Meisterschaft zu sehen. Wegen des Empfangs um Punkt 17 Uhr würde ich das Ende des Spiels von Packers gegen die Falcons und den Beginn des Spiels der Steelers gegen die Patriots verpassen. War der neue Präsident denn kein Footballfan?

Aber meine Mitarbeiter argumentierten, es sei wichtig, dass ich hingehe. Schließlich war ich der Direktor des FBI. Ich wollte die anderen Führungskräfte oder die neue Regierung nicht kränken, indem ich fernblieb. Ich sagte mir sogar selbst, dass meine Bedenken wahrscheinlich übertrieben waren. Es würde ein gemeinschaftlicher Empfang sein, was bedeutete, keine Pressefotos, die nur mich und den Präsidenten zeigten. Außerdem beschloss ich, die Footballspiele auf Video aufzunehmen und jedes Gespräch über den Spielstand zu meiden, bis ich Gelegenheit hätte, mir die Aufzeichnungen anzusehen. Also machte ich mich auf den Weg ins Weiße Haus.

Genau wie von mir erhofft, begann der Empfang als erfreulich lockeres Treffen mit Führungspersönlichkeiten der Exekutive auf lokaler, staatlicher und Bundesebene. Wir waren ungefähr dreißig Leute, darunter auch die Chefs der United States Capitol Police, der Washington Metropolitan Police und der United States Park Police. Diese Behörden waren langjährige Partner des FBI, und viele kannten sich von dieser Zusammenarbeit. Wir waren im großen, ovalen Blue Room im ersten Stock des Weißen Hauses versammelt. Entlang der Wände hatte das Personal kleine Tische mit Fingerfood und nichtalkoholischen Getränken vorbereitet. Ich schlenderte durch den Raum, schüttelte Hände und bedankte mich bei den Leuten für ihre Zusammenarbeit mit dem FBI.

Währenddessen beschäftigte mich die ganze Zeit über, wie ich einen gesunden Abstand zu Trump wahren konnte. Ich überlegte, von welcher Seite aus der Präsident den Raum wahrscheinlich betreten würde, und mischte mich dann auf der gegenüberliegenden Seite unter die Gäste, nämlich vor den Fenstern mit Blick auf den Südrasen und das Washington Monument. Mehr Abstand ging nicht, es sei denn, ich wäre aus dem Fenster geklettert – eine Option, die mir im Verlauf der Veranstaltung immer verlockender erscheinen sollte.

Am anderen Ende des Raums fühlte ich mich sicher und gesellte mich zu Joe Clancy, dem Direktor des Secret Service. Clancy, ehemals Leiter der Presidential Protective Division, war von Präsident Obama aus dem Ruhestand zurückgeholt worden, um die in Bedrängnis geratene Behörde zu führen. Seine Frau war in Philadelphia geblieben. So erkundigte ich mich nach ihr und der gemeinsamen Tochter, die ich bei einem Festakt zum 150-jährigen Bestehen des Secret Service hatte singen hören. Ich scherzte oft, der Secret Service sei wie die große Schwester des erst ein Jahrhundert alten FBI. Dessen Agenten hatten einst unsere ersten Special Agents ausgebildet.

Clancy ist ein wunderbarer, herzlicher und bodenständiger Mensch. Während wir plauderten, öffneten sich die Flügeltüren, und Mitarbeiter des Weißen Hauses trugen hohe Jupiterlampen herein, um den Bereich der Türen am anderen Ende auszuleuchten. Ich hatte also richtig geraten, wo der Präsident hereinkommen würde. Aber ich fürchtete, die grelle Beleuchtung bedeutete, dass es dort Kameras und Reporter geben werde. Das wiederum kam mir ungewöhnlich vor für eine Veranstaltung im kleineren Rahmen, bei der den Vertretern der Exekutive gedankt werden sollte. Nur wenige Augenblicke später traten Präsident und Vizepräsident ein. Ein Schwarm Fotografen und Kameraleute wurde eingelassen und umringte die beiden Männer sogleich.

Der Präsident begann zu reden und ließ dabei die Augen zu den Führungskräften schweifen, die im Raum verteilt standen. Sein Blick glitt gnädig über mich hinweg und blieb stattdessen an Joe Clancy hängen. Er rief Joes Namen und winkte ihn zu sich und dem Vizepräsidenten. Joe hat noch nie das Rampenlicht gesucht, marschierte nun aber pflichtbewusst zu den blendenden Studiolampen. Der Präsident umarmte ihn unbeholfen und bat ihn, sich zu ihm und dem Vizepräsidenten zu stellen.

Dann sprach Trump weiter und schaute gleichzeitig zu den Leuten links von mir. Ich konnte mein Glück kaum fassen. Er hatte mich übersehen! Wie war das möglich? Dann dämmerte es mir. Ich stand vor einem schweren dunkelblauen Vorhang. Und ich trug einen blauen Anzug, dessen Farbe zwar nicht exakt die des Vorhangs hatte, ihr aber ziemlich nahekam. Das musste mich getarnt haben! Wie toll war das denn? Was für ein Glück, dass die Veranstaltung hier stattfand und nicht im Green oder Red Room, für die ich keine passenden Anzüge besessen hätte! Ich stellte mich noch näher an den Vorhang, drückte meinen Rücken dagegen und versuchte so verzweifelt, mich aus dem Blickfeld des Präsidenten zu tilgen. Ich schmiegte mich richtig an den blauen Stoff, alles in der Hoffnung, ich könnte so eine peinliche Umarmung – die unsere Beziehung in ganz falschem Licht erscheinen lassen würde – vor laufenden Kameras vermeiden.

Mein Vorhangtrick funktionierte.

Jedenfalls eine ganze Weile.

Während er weiter auf seine übliche Art frei assoziierend vor sich hin redete, was ihm so in den Sinn kam, ließ der Präsident seinen Blick jetzt von links nach rechts schweifen, auf mich und meinen schützenden Vorhang zu. Diesmal hatte ich weniger Glück. Die kleinen Augen mit den bleichen Lidern blieben an mir hängen.

»Jim!«, stieß Trump hervor. Der Präsident rief mich zu sich. »Er ist bedeutender als ich.« Na toll.

Meine Frau Patrice kennt mich, seit ich neunzehn war. Während der endlosen Fernsehberichterstattung über die mir wie ein Tausendmeter-Marsch vorkommende Durchquerung des Blue Room sah sie mich bei uns zu Hause und zeigte auf den Bildschirm: »Das ist Jims ›Ach du Scheiße‹-Gesicht.« Genau. Meine innere Stimme brüllte: »Wie kann er das bloß für eine gute Idee halten? Er gilt doch als Meister des Fernsehauftritts? Aber das hier ist ein absolutes Desaster. Um keinen Preis werde ich ihn umarmen.«

Das FBI und sein Direktor gehören keinem politischen Team an. In dem ganzen Albtraum der Ermittlungen um Clintons E-Mails war es darum gegangen, die Integrität und Unabhängigkeit des FBI und des Justizministeriums zu schützen. Darum, das Reservoir von Vertrauen und Glaubwürdigkeit zu hüten. Wenn es so aussah, als würde Trump mir am zweiten Tag seiner Amtszeit öffentlich danken, stellte das eine Bedrohung für dieses Reservoir dar.

Gegen Ende meines Tausendmeter-Marschs streckte ich Präsident Trump meine rechte Hand entgegen. Es würde ein Händeschütteln werden, mehr nicht. Der Präsident packte meine Hand. Dann zog er sie zu sich und nach unten. Da hatten wir es. Er war auf eine Umarmung aus, und das im landesweiten Fernsehen. Ich spannte die rechte Seite meines Körpers an, dafür konnte ich auf jahrelanges Unterarmstütz- und Hanteltraining bauen. Er würde keine Umarmung bekommen, wenn er nicht deutlich kräftiger war, als er aussah. Er war es nicht. So verhinderte ich die Umarmung, bekam dafür aber etwas viel Schlimmeres. Der Präsident beugte sich vor und brachte seinen Mund nah an mein rechtes Ohr. »Ich freue mich wirklich auf unsere Zusammenarbeit«, raunte er. Wegen des Kamerawinkels glaubten viele Leute auf der ganzen Welt, darunter auch meine eigenen Kinder, einen Kuss zu sehen. Überall konnte man »sehen«, wie Donald Trump den Mann küsste, von dem einige glaubten, er hätte ihm zum Wahlsieg verholfen. Schlimmer hatte es wirklich nicht kommen können.

Präsident Trump lud mich mit einer Handbewegung ein, mich zu ihm, dem Vizepräsidenten und Joe Clancy zu stellen. Zurückweichend lehnte ich das mit einem Lächeln ab. »Dessen bin ich nicht würdig«, versuchte ich mit meiner Miene auszudrücken. »Ich bin doch nicht lebensmüde«, sagte meine innere Stimme. Niedergeschlagen zog ich mich wieder auf die andere Seite des Raums zurück.

Die Presse wurde rausgeschickt, und die Polizeichefs und Direktoren begannen, sich für Fotos mit dem Präsidenten anzustellen. Alle waren sehr still. Ich tat so, als begäbe ich mich ans Ende der Schlange, schlüpfte dann aber durch eine Seitentür in den Green Room, ging von dort auf den Flur und die Treppen hinunter. Unterwegs hörte ich auch noch jemand das Ergebnis des Spiels zwischen den Packers und den Falcons sagen. Geschafft.

Schon möglich, dass ich zu viel in das übliche Trump-Theater hineininterpretierte, aber dieser Vorfall ließ mich besorgt zurück. Es überraschte mich nicht, dass Präsident Trump ein Benehmen an den Tag legte, das sich von dem seiner Vorgänger so grundlegend unterschied. Ich konnte mir weder Barack Obama noch George W. Bush vorstellen, wie er jemand zu sich nach vorne bat, als wäre er ein Teilnehmer der Fernsehshow *Der Preis ist heiß*. Was mich aber wirklich quälte, war, was Trump symbolisch von den Chefs der Exekutivorgane und der nationalen Sicherheitsbüros zu verlangen schien – dass sie vortraten und diesem großartigen Mann die Hand küssten. Um ihm Respekt zu zollen und ihre Loyalität zu beteuern. Dabei ist es schrecklich wichtig, dass diese Führungskräfte genau das nicht tun – und auch nicht bei etwas beobachtet werden können, das danach aussieht. Trump wusste das entweder nicht, oder es kümmerte ihn nicht; die nächsten paar Wochen sollte ich damit zubringen, ihm und seinem Stab genau das klarzumachen – eine zugleich unvergessliche und desaströse Zeit.

Am Freitag, den 27. Januar 2017 – am 21. Tag meiner Beziehung zu Donald Trump –, war ich wieder im Weißen Haus. Ich hatte wie üblich am Schreibtisch zu Mittag gegessen, als meine Assistentin Althea James eine Frau durchstellte, die aus dem Weißen Haus anrief und mir sagte, ich solle dranbleiben, sie werde mich gleich mit dem Präsidenten verbinden. Der meldete sich und fragte, ob ich noch am selben Tag »zum Abendessen rüberkommen will«. Das war nicht üblich, aber ich hatte wohl keine andere Wahl. Ich antwortete: »Selbstverständlich, Sir.« Er fragte, ob um sechs oder halb sieben. Ich sagte: »Was Ihnen besser passt, Sir.« Da entschied er sich für halb sieben. Ich legte auf und rief dann Patrice an, um eine Verabredung mit ihr in einem Thai-Restaurant abzusagen.

Am selben Nachmittag traf ich den erst kürzlich pensionierten Direktor der Nationalen Nachrichtendienste, Jim Clapper, bei einer Veranstaltung im FBI. Wir verliehen ihm dort den seltenen Titel eines Honorary Special Agent, also eines Agenten ehrenhalber. Während wir darauf warteten, die Bühne zu betreten, erzählte ich ihm von der Einladung zum Abendessen und erklärte, wie zutiefst unwohl mir bei der Sache war. Er vermutete, es würde ein Essen mit mehreren Teilnehmern sein. Er habe schon von anderen Leuten gehört, die zum Dinner ins Weiße Haus geladen worden waren. Das beruhigte mich ein wenig.

Es konnte doch wohl nicht sein, dass ein Präsident allein mit dem FBI-Direktor zu Abend aß. Jemand vom Weißen Haus musste ihm gesagt haben, dass man das einfach nicht tut, zumindest nicht mehr seit den Zeiten von Nixon und Hoover. Ich erinnerte mich, dass Präsident Obama mich vor meiner Nominierung zu einem ausführlichen Gespräch ins Weiße Haus einlud, da, wie er erklärte, »wir nicht mehr so miteinander reden können, sobald Sie Direktor sind«. Das bedeutete, er würde weltanschauliche Themen nicht mehr mit mir erörtern können. Der FBI-Chef sollte nicht in die Situation gebracht werden, sich privat und zum Plaudern mit dem Präsidenten der Vereinigten Staaten zu treffen – insbesondere nicht nach einer Wahl wie der von 2016. Allein schon die Vorstellung eines solchen Treffens würde die hart erkämpfte Integrität und Unabhängigkeit des FBI kompromittieren. Ich fürchtete, dass Trump genau das erwartete.

Ich fuhr über den West Executive Drive, die kleine Straße zwischen dem Souterrain-Eingang zum Weißen Haus und dem Old Executive Office Building. Das FBI-Sicherheitsteam stoppte meinen Wagen am selben Eingang mit Vordach, den ich benutzte, wenn ich den Situation Room aufsuchte. Ich ging hinein und erklärte dem diensthabenden Beamten des Secret Service, ich sei für ein Dinner mit dem Präsidenten hier. Er sah ein wenig verwundert drein und bat mich, kurz Platz zu nehmen. Bald danach begleitete mich eine junge Frau auf dem langen Weg durch den West Wing, vorbei am Rosengarten und ins Erdgeschoss des Mitteltrakts. Von dort führte sie mich eine Treppe hinauf, die ich noch nie gesehen hatte und die neben dem Green Room im ersten Stock endete.

Während ich an der Tür wartete, plauderte ich mit zwei Stewards der Navy und hielt dabei diskret nach den anderen Gästen des Präsidenten Ausschau. Die beiden waren Afroamerikaner ungefähr in meinem Alter und arbeiteten seit circa zehn Jahren als Kellner im Weißen Haus. Sie waren beide über eins neunzig groß und hatten während ihrer aktiven Zeit in U-Booten Dienst getan. Unweigerlich führte das zu einem Gespräch über die Raumhöhe in U-Booten. Einer erzählte, die Schlafkojen seien einen Meter dreiundneunzig lang, was exakt seiner Größe entsprach. Lachend kamen wir überein, dass ein U-Boot kein geeigneter Ort für mich wäre. Während wir also am Eingang zum Green Room wartend plauderten, sah ich ihn schon – einen eindeutig für zwei Personen gedeckten Tisch. Vor einem Gedeck stand ein kunstvoll handgeschriebenes Platzkärtchen: »Director Comey«. Das andere Gedeck war demnach für den Präsidenten vorgesehen. Ich fühlte mich extrem unwohl, und das lag nicht nur daran, dass ich keine Lust hatte, zum dritten Mal über russische Prostituierte zu diskutieren.

Der Präsident erschien zur vereinbarten Zeit, also genau um halb sieben. Und sogleich gab es Komplimente. »Das gefällt mir. Ich mag Leute, die pünktlich sind. Ich denke, eine Führungspersönlichkeit sollte immer pünktlich sein.«

Er trug wie üblich einen dunkelblauen Anzug, weißes Hemd und seine zu lange rote Krawatte. Mit den Kellnern wechselte er kein einziges Wort. Dafür winkte er mich an den Tisch, wo wir knapp eineinhalb Meter voneinander entfernt saßen, direkt unter dem reich verzierten Lüster in der Mitte des rechteckigen Raums. Die Wände des Raums sind, wie der Name »Green Room« andeutet, mit einer Seidentapete in ebenjener Farbe bezogen. Ich las später, dass John Adams den Raum als Schlafzimmer genutzt hatte und Thomas Jefferson als Esszimmer, unter späteren Präsidenten wurde er zum Empfangszimmer umfunktioniert. An diesem Abend waren die Möbel zugunsten unseres kleinen Esstischs weggestellt worden. Hinter der rechten Schulter des Präsidenten blickte ich auf eine von zwei Figuren, die den offenen Kamin einrahmen. Der weiße Marmorsims ruht auf ihren Köpfen, was ziemlich schmerzhaft aussieht.

Auf meinem Teller lag eine große Karte aus cremefarbenem Karton, auf der in Schreibschrift das viergängige Menü notiert war. Salat, Scampi, Hühnchen mit Parmesan und Pasta, Vanilleeis. Der Präsident begann das Gespräch, indem er seine Speisekarte bewunderte, die er dazu hoch hielt.

»Die schreiben diese Dinger einzeln, mit der Hand«, staunte er und meinte wohl das Personal des Weißen Hauses.

»Ein Kalligraf«, erwiderte ich nickend.

Er sah mich fragend an. »Die schreiben die mit der Hand«, wiederholte er.

Irgendwann noch ziemlich am Anfang, vielleicht nachdem die Kellner uns die Scampi gebracht hatten, fragte Trump unverblümt: »Also was haben Sie vor?« Das war eine seltsame Frage, die ich zunächst nicht ganz verstand. Aber ohne eine Antwort abzuwarten, legte er mit einem Monolog los, der unmissverständlich klarmachte, was er meinte: ob ich meinen Job behalten wolle.

Er sagte, viele Leute wären gern FBI-Direktor, aber er habe eine sehr hohe Meinung von mir. Er sagte, er hätte großartige Sachen über mich gehört und wüsste, dass auch die Leute beim FBI mich sehr schätzten. Er sagte, trotzdem würde er es verstehen, wenn ich, nach allem, was ich durchgemacht hätte, »hinschmeißen« wolle. Obwohl, wie er dann bemerkte, das so aussehen würde, als würde ich damit einen Fehler eingestehen. Schließlich sagte er, er wisse, er könne »eine Veränderung beim FBI vornehmen«, wenn er wolle, aber er würde gern hören, was ich dachte.

Jetzt war mir ziemlich klar, was hier vor sich ging. Die Inszenierung des Abendessens als private Mahlzeit und Trumps Heuchelei, als ob er mich nicht schon bei zahlreichen Anlässen dazu aufgefordert hätte, im Amt zu bleiben. All das überzeugte mich davon, dass er versuchte, ein auf Patronage beruhendes Verhältnis zu etablieren. Wahrscheinlich hatte ihm jemand gesagt oder es war ihm selbst einfach in den Sinn gekommen, dass er mir meinen Job »gratis gegeben« hatte und ihm im Gegenzug dafür etwas zustand. Das machte dieses Erlebnis nur noch bizarrer. Der Präsident der Vereinigten Staaten hatte mich zum Abendessen geladen und entschieden, dass die Sicherheit meines Arbeitsplatzes auf der Karte stand.

Ich erwiderte, dass er mich natürlich als FBI-Direktor jederzeit feuern könne, ich jedoch bleiben und einen Job machen wolle, den ich mochte und meiner Ansicht nach gut machte. Ich sagte, dass ich nicht damit gerechnet hätte, wieder in Regierungskreisen zu verkehren, aber meine Position als ungemein lohnend empfände und meine Amtszeit gerne zu Ende bringen würde. Weil ich spürte, dass er mehr von mir wollte, fügte ich noch hinzu, er könne darauf zählen, dass ich »verlässlich« sein würde. Allerdings nicht in der Form, wie Politiker den Begriff manchmal nutzen – als »verlässliche« Stimme für ein Team. Ich sagte, er könne sich darauf verlassen, dass ich ihm immer die Wahrheit sagen würde.

Ich habe nichts Hinterhältiges getan, erklärte ich ihm, und ich lasse nichts durchsickern. Aber, sagte ich, politisch stehe ich auf keiner Seite, und man könne im traditionell politischen Sinn nicht auf mich setzen, was auch im Interesse des Präsidenten sei. FBI und Justizministerium würden in die brisantesten Ermittlungen des Landes hineingezogen, wo es oft auch um prominente Regierungsmitglieder gehe. Wie bei den Ermittlungen zu Karl Rove und Scooter Libby unter der Bush-Regierung. Das FBI kann diese Arbeit glaubwürdig leisten, weil es nicht Werkzeug des Präsidenten ist – und nicht als solches betrachtet wird. Ohne diesen Ruf und die entsprechende Umsetzung im Arbeitsalltag in Justizministerium und FBI bleiben einem Präsidenten keine Möglichkeiten, Untersuchungen innerhalb seiner Regierung zu klären – es sei denn durch die Ernennung von Sonderermittlern.

Diese Ausführungen beruhigten ihn offenbar nicht. Kurz danach meinte er mit ernster Miene: »Ich brauche Loyalität. Ich erwarte Loyalität.«

Während des Schweigens, das darauf folgte, blieb ich mit versteinerter Miene sitzen und sagte kein Wort. Der Präsident der Vereinigten Staaten hatte soeben Loyalität vom Direktor des FBI verlangt. Das war surreal. Denjenigen, die geneigt sind, Trump zu verteidigen, möchte ich zu bedenken geben, wie es ausgesehen hätte, wenn Präsident Obama den

FBI-Direktor zu einem Dinner unter vier Augen einbestellt hätte, während Ermittlungen gegen hochrangige Angehörige seiner Regierung liefen, dann die Sicherheit von dessen Job besprochen und gesagt hätte, er erwarte Loyalität. Zweifellos wären danach Leute bei Fox News aufgetreten und hätten auf der Stelle ein Amtsenthebungsverfahren gegen Obama gefordert. Aber natürlich konnte ich mir so etwas weder von Obama noch von George W. Bush vorstellen. Nach meinem Dafürhalten hatte diese Forderung etwas vom Initiationsritual der Cosa Nostra unter Sammy »the Bull«. Trump hätte darin die Rolle des Bosses gespielt, der mich fragt, ob genug in mir stecke, um ein *Made Man* zu werden. Das war nicht der Fall und würde nie der Fall sein. Ich war entschlossen, dem Präsidenten nicht die Spur von Zustimmung zu seiner Forderung zu signalisieren, also schwieg ich stattdessen. Wir sahen einander eine gefühlte Ewigkeit lang an, es waren aber wohl nur ungefähr zwei Sekunden. Ich starrte auf die weichen, weißen Tränensäcke unter seinen ausdruckslosen blauen Augen. Und ich erinnere mich noch daran, gedacht zu haben, dass der Präsident die Rolle des FBI für Amerika entweder nicht versteht oder es ihn nicht interessiert, was die Leute dort in mehr als vierzig Jahren aufgebaut haben. Nicht im Geringsten.

Zu einem früheren Zeitpunkt in meiner Karriere und in jüngeren Jahren hätte ich nicht den Nerv gehabt, in meiner Haltung zu verharren, sondern das eisige Starren mit einem Nicken oder einem gemurmelten Wort, das Zustimmung signalisierte, gebrochen. Selbst mit sechsundfünfzig, einer ganzen Reihe von Blessuren und in meinem vierten Jahr als Direktor des FBI musste ich mir immer noch gut zureden, während ich nur eine Armlänge vom Präsidenten entfernt saß und ihm direkt ins Gesicht blickte. Meine innere Stimme sagte: »Tu nichts; wage es bloß nicht, dich zu rühren.«

Trump beendete das peinliche Patt, indem er den Blick auf seinen Teller senkte und das Thema wechselte. Meine abweisende Reaktion schien ihn, wenn überhaupt, nicht sehr zu stören. Das Essen wurde einigermaßen freundlich fortgesetzt. Während also unsere Begegnung weiterging – ich benutze das Wort »Unterhaltung« bewusst nicht, weil der Begriff nicht zutrifft, wenn fast die ganze Zeit über nur einer spricht –, versuchte ich, Trump erneut dabei zu helfen, den Wert der Trennung zwischen FBI und Weißem Haus für den Präsidenten zu erkennen. Aber es war sehr schwer, auch nur zu Wort zu kommen. Den Rest der Mahlzeit, unterbrochen nur hin und wieder, wenn er selbst aß, dominierte sein Redeschwall. Er schwärmte wortreich von der Größe der Zuschauermenge bei seiner Amtseinführung, von der freien Medienberichterstattung, die er während des Wahlkampfs ermöglicht hätte, und davon, wie bösartig dieser Wahlkampf gewesen sei. Er lieferte seine Ansichten zu den Ermittlungen wegen Clintons E-Mails und sprach von drei Phasen, die in seiner Erzählung jeweils meinen Namen trugen. In »Comey Eins«, sagte er, hätte ich sie mit meiner Mitteilung vom 5. Juli, wonach es kein strafrechtliches Verfahren gegen sie geben würde, »gerettet«. Obwohl, wie er hinzufügte, diese Schlussfolgerung von mir falsch gewesen sei. In der von ihm als »Comey Zwei« bezeichneten Phase hätte ich getan, was ich tun musste, indem ich den Kongress darüber informierte, dass wir die Ermittlungen wieder aufgenommen hatten. Mit »Comey Drei«, meinem abschließenden Brief an den Kongress, in dem ich bekannt gab, den Fall ein zweites Mal abzuschließen, hätte ich Hillary noch mal gerettet, aber sie hätte das »total falsch ausgespielt«. Er klang dabei, als würde er den Plot seiner Lieblingsfernsehserie nacherzählen.

Er sprach auch vom Zierrat des Weißen Hauses. Im Sinne von »Das ist Luxus. Und ich kenne Luxus.« Ich erinnere mich, dass ich noch mal zu der armen Statue mit dem Marmorsims auf dem Kopf hinter seiner rechten Schulter blickte und mir dachte, das klingt plausibel. Dann kam er zu einer anderen Erklärung – von denen ich schon viele im Fernsehen erlebt hatte –, in der er beteuerte, er habe sich nicht über einen behinderten Reporter lustig gemacht. Er sagte, er habe die vielen Frauen von dieser langen Liste nicht belästigt, und ging detailliert auf jeden einzelnen Fall ein, wie auch schon in einem früheren Gespräch mit mir. Ausgeschlossen, dass er diese Dame begrapscht hätte, die neben ihm im Flugzeug saß, insistierte er. Und die Vorstellung, er habe sich einen Pornostar geschnappt und der Frau Geld geboten, wenn sie mit auf sein Zimmer käme, sei absurd. Seine Art zu reden war wie ein mündlicher Puzzle-Wettbewerb auf Zeit. Dabei griff er sich im Rhythmus eines Schnellfeuergewehrs ein Teil, legte es hin, griff nach einem nicht dazu passenden anderen Teil, legte es hin, kehrte zum vorigen zurück und so weiter. Aber es war immer er, der die Puzzleteile aussuchte und wieder hinlegte. Nichts an seinem Verhalten entsprach auch nur im Geringsten dem, was man von einer Führungspersönlichkeit erwarten könnte oder sollte, um ein gutes Verhältnis zu einem Untergebenen aufzubauen.

Wir alle ringen um die Einsicht, die Patrice mir schon jahrelang predigte, während ich verschiedene Ämter bekleidete: »Es hat nichts mit dir zu tun, Liebling.« Oft musste sie mich daran erinnern, dass, welches Gefühl auch immer – Glück, Trauer, Furcht oder Verwirrung – Leute empfanden, höchstwahrscheinlich nichts mit mir zu tun hatte. Sie hatten ein Geschenk bekommen, einen Freund verloren, das Ergebnis einer medizinischen Untersuchung erhalten oder konnten nicht verstehen, warum ihre Liebste oder ihr Liebster sie nicht zurückrief. Das alles hing mit ihren Leben, Sorgen, Hoffnungen und Träumen zusammen. Nicht mit meinen. Die menschliche Natur macht es uns – oder zumindest mir – schwer, das auf Anhieb zu begreifen. Schließlich kann ich die Welt nur aus eigener Erfahrung erleben. Das verführt uns alle zu der Annahme, was wir denken, hören und sehen, betreffe ausschließlich uns. Ich denke, das passiert jedem von uns.

Eine Führungspersönlichkeit muss allerdings ständig daran arbeiten, diese Annahme abzulegen. Das ist in zweierlei Hinsicht eine wichtige Erkenntnis. Erstens erlaubt es einem, sich ein bisschen zu entspannen, weil man sicher sein kann, nicht so wichtig zu sein. Zweitens sollte das Wissen, dass die Leute sich nicht dauernd auf einen konzentrieren, bewirken, dass man versucht, sich vorzustellen, worauf sie stattdessen ihre Aufmerksamkeit richten. Ich betrachte das als das Herz der emotionalen Intelligenz; die Fähigkeit, sich die Gefühle und die Perspektive eines anderen »Ich« vorzustellen. Manche kommen wohl schon mit einer größeren Menge emotionaler Intelligenz auf die Welt, aber wir alle können sie uns mit Übung aneignen. Oder zumindest die meisten von uns. Ich hatte den Eindruck, dass das nie jemand Donald Trump beigebracht hatte.

Der Präsident stellte sehr wenige Fragen, die ein Gespräch hätten in Gang bringen können. Stattdessen gab er ständig Behauptungen von sich. Ich fragte mich bald, ob ich durch mein Schweigen jeweils jedem Punkt zugestimmt hatte, dass die größte Zuschauermenge in der Geschichte seiner Amtseinführung beigewohnt hatte, dass er bei diesem Anlass eine großartige Rede gehalten hatte, dass er nie Frauen belästigt hatte. Der Redeschwall schien vor allem dazu zu dienen, einen normalen Dialog im Keim zu ersticken.

Dann gab es da noch die rätselhaften, unnötigen Lügen. Erst sagte der Präsident beispielsweise, sein Stabschef Reince Priebus wüsste nichts von unserem Treffen, was mir unglaublich erschien. Ein Stabschef sollte wissen, wenn der Präsident unter vier Augen mit dem FBI-Direktor zu Abend isst. Dann, später im Verlauf desselben Essens, sagte Trump dann ganz nebenbei: »Reince weiß, dass wir uns treffen.«

Ungefragt und im Zuge einer weiteren Kehrtwende der Unterhaltung kam er auf die, wie er sie nannte, »Golden-Showers-Sache« zu sprechen und wiederholte dabei viel von dem, was er mir schon einmal gesagt hatte. Er fügte jedoch hinzu, es bekümmere ihn, wenn »auch nur die einprozentige Wahrscheinlichkeit« bestünde, dass seine Frau Melania glaube, an dem Vorwurf sei etwas dran. Das lenkte mich ein wenig ab, weil ich mich sofort fragte, warum seine Frau auch nur im Traum glauben sollte, er habe sich in Moskau mit aufeinander urinierenden Prostituierten abgegeben. Trotz all meiner Schwächen beträgt die Chance null Prozent – wirklich absolut null –, dass Patrice Anschuldigungen glauben würde, wonach ich in Moskau mit Nutten zusammen gewesen wäre, die sich gegenseitig anpinkelten. Allein die Idee fände sie lachhaft. Was für eine Ehe mit was für einem Mann mag das sein, wo die Partnerin zu dem Schluss kommt, die Wahrscheinlichkeit, dass ihr Gatte so etwas nicht getan hat, beträgt 99 Prozent?

Ich bin mir fast sicher, dass der Präsident den Bibelspruch »Der Gottlose flieht, auch wenn niemand ihn jagt« nicht kennt. Denn er redete unaufgefordert immer weiter, erklärte, warum es gar nicht möglich sein könne, und endete damit, er überlege, mich mit einer Untersuchung des Vorwurfs zu beauftragen, um zu beweisen, dass er gelogen sei. Ich sagte, das läge bei ihm. Gleichzeitig teilte ich ihm meine Sorge mit, daraus könnte die Geschichte entstehen, wir würden gegen ihn persönlich ermitteln. Außerdem sei es ja sehr schwierig nachzuweisen, dass etwas nicht stattgefunden habe. Er sagte, da könne ich recht haben, bat mich jedoch wiederholt, darüber nachzudenken; er werde das Gleiche tun.

Eine seiner wenigen Fragen und wieder scheinbar aus dem Nichts war, wie ich die Justizminister Eric Holder und Loretta Lynch im Vergleich beurteile. Ich erklärte, dass Holder Präsident Obama viel näher gestanden habe, was Vorteile und Risiken mit sich brachte. Gleichzeitig nutzte ich die Gelegenheit, um noch mal zu unterstreichen, warum es so wichtig sei, dass FBI und Justizministerium vom Weißen Haus unabhängig sind. Ich sagte, es sei geradezu paradox: Im Laufe der Geschichte haben einige Präsidenten sich, weil die Justiz »Probleme« machte, dafür entschieden, das Ministerium möglichst eng an sich zu binden. Verwischte Grenzen aber verschlimmern die Probleme letztlich nur, weil sie das Vertrauen der Öffentlichkeit in die Institutionen und ihre Arbeit untergraben. Es kam keinerlei Reaktion, dass er eine Ahnung davon – oder auch nur Interesse daran – hatte, was ich da sagte.

Noch etwas anderes über Präsident Trump kam mir während dieses Abendessens in den Sinn, und es schien mir sehr aufschlussreich. Ich erinnere mich nicht, ihn jemals lachen gesehen zu haben. Nicht beim Small Talk vor Besprechungen. Nicht bei Sitzungen. Nicht einmal jetzt, bei diesem demonstrativ informellen Essen. Noch Monate später beschäftigte mich die Vorstellung von einem Mann, den ich noch nie hatte lachen sehen. Ich fragte mich, ob das vielleicht auch anderen schon aufgefallen war oder ob er in den Tausenden Stunden Videomaterial wohl je gelacht hatte. Schließlich hatte er doch Jahrzehnte vor Kameras verbracht, zwischen seiner extrem durchchoreografierten Karriere als Geschäftsmogul und seinen Jahren als Star des Reality-TV. Aus purer Neugier googelte ich ihn und sah mir allerlei Videos auf YouTube an. Bei all meinen Recherchen fand ich genau ein Video mit etwas, das man als ein Lachen von Donald Trump bezeichnen konnte, ein fieses übrigens: Im Januar 2016 fragte er sein Publikum in New Hampshire, was für ein Geräusch da im

Hintergrund zu hören sei. Es klang wie das Bellen eines Hunds, und jemand rief: »Das ist Hillary.« Natürlich besteht die Gefahr, dass ich das überbewerte und er sich im Privaten mit seiner Frau, seinen Kindern oder Lieblingsmitarbeitern schieflacht. Vielleicht habe ich auch eine Sammlung seiner öffentlichen Lacher übersehen, aber ich kenne keine andere gewählte wichtige Persönlichkeit, die nicht mit gewisser Regelmäßigkeit in der Öffentlichkeit lacht. Ich vermute, seine offensichtliche Unfähigkeit, ebendas zu tun, wurzelt in tiefer Unsicherheit und der Unfähigkeit, sich verletzlich zu zeigen oder den Humor anderer anzuerkennen. Wenn man darüber nachdenkt, ist das für eine Führungspersönlichkeit wirklich sehr traurig und für einen Präsidenten geradezu furchterregend.

Gegen Ende unseres Abendessens stellte er mir noch eine Frage – die erste, aus der tatsächlich zu erkennen war, dass er etwas über seinen Gast erfahren wollte. Er fragte mich, wie ich eigentlich Direktor des FBI geworden war. Als Antwort erzählte ich ihm, was für eine erfreuliche Überraschung es für mich gewesen war, dass Präsident Obama diesen Job genauso sah wie ich: Er wünschte sich Kompetenz und Unabhängigkeit, wollte das FBI nicht in Politik verstrickt sehen, sondern in der Gewissheit, das FBI würde gut geführt, nachts ruhig schlafen können. Ich berichtete von unserer ersten gemeinsamen Unterredung im Oval Office, die mir, schon in diesem Moment, als das absolute Gegenteil dessen erschien, was hier gerade stattfand. Präsident Trump erwiderte darauf, er freue sich, dass ich im Amt bleiben wolle, weil er schon von so vielen Leuten, darunter auch den von ihm ausgesuchten Ministern für Verteidigung und für Justiz, so gute Sachen über mich gehört habe.

Dann kam er auf das Thema Loyalität zurück und sagte noch mal: »Ich brauche Loyalität.«

Ich schwieg zunächst wieder. »Sie werden immer Ehrlichkeit von mir bekommen«, sagte ich schließlich.

Er schwieg. »Genau das will ich, ehrliche Loyalität«, sagte er. Das schien ihn als eine Art »Deal«, bei dem wir beide als Gewinner dastünden, zufriedenzustellen.

In dem Moment wurde mir noch etwas anderes bewusst: der »Führer der freien Welt«, der selbst ernannte großartige Business-Tycoon, hatte das Kernprinzip von ethischer Führung nicht verstanden: Sie wird nie Loyalität verlangen. Nur diejenigen, die mit Furcht herrschen – wie ein Mafiaboss –, fordern persönliche Loyalität. Moralisch integre Führungspersönlichkeiten sorgen sich zutiefst um diejenigen, die sie führen, und bieten ihnen Aufrichtigkeit und Anstand, Engagement und eigene Opfer an. Sie setzen Vertrauen in ihre Leute, und das erzeugt Ergebenheit. Sie kennen ihr Talent, aber auch ihre Grenzen – wenn es darum geht, zu verstehen und zu argumentieren, darum, die Welt so zu sehen, wie sie ist, nicht wie sie sie gern hätten. Sie sagen die Wahrheit und wissen, dass man, um kluge Entscheidungen zu treffen, Menschen braucht, die einem die Wahrheit sagen. Und damit sie diese Wahrheit zu hören bekommen, erzeugen sie eine Umgebung mit hoher Motivation und gründlicher Überlegung – »Liebe« ist dafür kein zu großes Wort. In so einer Umgebung entstehen dauerhafte Bindungen, und außergewöhnliche Errungenschaften werden möglich. Mit ethischem Führungsstil ist es nicht vereinbar Loyalität zu fordern.

Nach dem Dessert – zwei Kugeln Vanilleis für jeden von uns – fuhr ich nach Hause und schrieb ein Memo über das Abendessen. Überhaupt gewöhnte ich mir das in Bezug auf Präsident Trump nach Gelegenheiten an, bei denen wir unter vier Augen miteinander gesprochen hatten. Nie zuvor hatte ich das bei Unterredungen mit anderen Präsidenten so gehandhabt, und ich schrieb auch keine Memos als FBI-Direktor, nachdem ich mich mit anderen Leuten getroffen hatte. Doch aus mehrerlei Gründen schien es mir klug, bei diesem Präsidenten so zu verfahren. Zum einen weil es um Themen ging, die die Zuständigkeiten des FBI und den Präsidenten persönlich betrafen. Zum anderen hatte ich es in diesen Punkten mit einem Menschen zu tun, dessen Integrität ich seit seinem Wahlkampf um das Präsidentenamt ernsthaft in Zweifel zog. Ich musste das FBI und mich selbst schützen, da ich nicht darauf vertrauen konnte, dass dieser Mensch die Wahrheit über unsere Gespräche sagen würde. Ich druckte mir routinemäßig zwei Exemplare dieser Notizen aus. Eins gab ich dem obersten Führungsteam des FBI zur Kenntnis und ließ es dann von meinem Stabschef zu seinen Unterlagen nehmen. Das andere verwahrte ich aus zwei Gründen sicher bei mir zu Hause: Erstens weil ich so eine Gesprächsnotiz wie ein Tagebuch als mein Eigentum betrachtete; zweitens trieb mich die Sorge um, dass exakte Erinnerungen an meine Unterredungen mit diesem Präsidenten eines Tages noch von Bedeutung sein könnten. Und das sollte sich leider bewahrheiten.

14

DIE WOLKE

Wenn Ehre profitabel wäre, jeder wäre ehrenhaft.
Thomas Morus

Am 8. Februar 2017 lud mich der Stabschef des Weißen Hauses zu einem Gespräch ein. Reince Priebus hatte sein Büro in einem großen Raum mit Konferenztisch und Kamin und mit Blick auf das beeindruckende Eisenhower Executive Office Building. Just in diesem Raum hatte ich mir dreizehn Jahre zuvor anhören dürfen, dass nach Vizepräsident Cheneys Ansicht Tausende Menschen sterben müssten, wenn das Justizministerium nicht von seiner Haltung zur elektronischen Überwachung abrücke. In diesem Raum hatte ich später in der Woche noch einmal gesessen, kurz vor Mitternacht, nach dem Punktsieg an John Ashcrofts Krankenbett.

Jetzt saß ich wieder dort, zur Nachbereitung meines Dinners mit Präsident Trump und um Priebus zu erklären, wie die Kommunikation zwischen dem FBI und dem Weißen Haus korrekt zu laufen hatte. Priebus hatte noch nie in einer Präsidialverwaltung gearbeitet und schien echt interessiert daran, alles richtig zu verstehen.

Ich hatte bis dahin bereits mit zwei Stabschefs des Weißen Hauses zu tun gehabt. Der denkwürdigste und brisanteste Anlass war mein Autorennen gegen Bushs Stabschef Andy Card. Obamas Stabschef Denis McDonough hatte ich in meiner Funktion als FBI-Direktor bestens kennengelernt. Er war ein ausgesprochen anständiger, nachdenklicher Mensch, aber auch knallhart. Stabschefs haben unterschiedliche Persönlichkeiten und unterschiedliche Führungsqualitäten, wie alle Menschen. Aber eines ist ihnen allen gemeinsam: die Erfahrung, dass es mit ausgedehntem Schlafentzug einhergeht, wenn man den Betrieb des Weißen Hauses effektiv managen und eine gewisse Ordnung in einen Apparat bringen will, der bestenfalls chaotisch funktioniert. Diesbezüglich reicht natürlich kein Präsident an Donald Trump heran, der ganz eigene Talente und Kampfansagen mitbrachte und seine einzigartigen eigenen Chaos-Marken setzte.

Ich kannte Priebus nicht gut. Er kam mir oft verwirrt und gereizt vor, was natürlich gut nachvollziehbar war. Die Geschäfte des Weißen Hauses unter Trump zu führen, hätte selbst einen erfahreneren Manager als Priebus ins Schleudern gebracht. Er hatte nie in einer Bundesverwaltung gearbeitet, sondern bis dato das nationale Organisationsgremium der Republikaner RNC (Republican National Committee) geleitet und davor als Anwalt in Wisconsin gearbeitet. Wie sollte so jemand – überhaupt irgendjemand – einen Donald Trump managen? Keine Ahnung. Aber Priebus gab sich wirklich Mühe.

Unser Gespräch dauerte zwanzig Minuten und war angenehm. Wir besprachen eine Reihe als geheim eingestufter Themen sowie die korrekten Kommunikationswege zwischen FBI und Justizministerium auf der einen und dem Weißen Haus auf der anderen Seite. Gegen Ende fragte Priebus, ob ich noch zum Präsidenten wolle. Die Frage war grotesk, weil sie unser gesamtes Gespräch konterkarierte. Ich hatte ihm lang und breit erläutert, dass das Weiße Haus unbedingt den Dienstweg über das Justizministerium nehmen musste, wenn es mit dem FBI kommunizieren wollte. Es sei denn, es ging um einen nationalen Notstand oder um politische Entscheidungen des Nationalen Sicherheitsrats – zum Beispiel zur Datenverschlüsselung –, in den beiden Fällen war das FBI direkt involviert. Genau um die »Armlänge«, den unabdingbaren Abstand zwischen FBI und Politik, war es bei unserem Gespräch gegangen. Priebus hatte erklärt, er habe verstanden – und schlug im nächsten Augenblick vor, genau diesen Abstand aufzuheben.

Nach meinen letzten Begegnungen mit dem Präsidenten stand ein Besuch nicht gerade weit oben auf meiner Prioritätenliste. Ich lehnte dankend ab, der Präsident sei ganz bestimmt zu beschäftigt. Priebus fragte noch einmal, und wieder sträubte ich mich.

Dann sagte er: »Warten Sie kurz, ich bin sicher, dass er sich freuen würde, Sie zu sehen. Ich schau mal, ob er da ist.« Er lief ein paar Schritte über den Flur zum Oval Office und war kurz danach wieder da. »Er würde Sie gern sehen.« Er lächelte.

Ohne die Spur eines Lächelns erwiderte ich: »Prima.«

Der Präsident unterhielt sich gerade mit Sean Spicer, dem Pressesprecher des Weißen Hauses, als wir ins Oval Office kamen. Spicer ging kurz danach und ließ Priebus und mich mit ihm allein.

Ich hatte den neuen Präsidenten nun schon öfter aus der Nähe erlebt, aber noch nie in seinem neuen Büro. Er sah nicht aus, als ob er sich wohlfühlte. Er klemmte hinter dem berühmten Resolute Desk, im Jackett, beide Unterarme auf der Tischplatte. Das heißt, er war durch einen mächtigen Holzklotz vom jeweiligen Gesprächspartner getrennt.

Ich war Dutzende Male bei Bush und Obama im Oval Office gewesen, aber ich kann mich nicht erinnern, dass sie je hinter dem Schreibtisch residiert hätten. Sie saßen im Lehnsessel beim Kamin und führten Gespräche in einer möglichst offenen, lockeren Atmosphäre. Ich fand das immer sinnvoll.

In Gegenwart eines Präsidenten die Befangenheit abzulegen und sich zu öffnen, fällt niemandem leicht, aber es geht auf jeden Fall ein bisschen leichter, wenn man auf Sofas sitzt und sich einbilden kann, mit Freunden Kaffee zu trinken. Dabei kann sich ein Präsident so verhalten, als ob er dazugehört, und versuchen, die anderen so zu lockern, dass sie ihm keine Märchen erzählen. Sitzt er dagegen, wie Trump das bei unseren Begegnungen zu tun pflegte, auf einem Thron hinter einem riesigen hölzernen Hindernis, verstärkt er die steife Atmosphäre des Oval Office, und die Chancen, die volle Wahrheit zu hören zu bekommen, sinken im Sturzflug.

Mir fiel auch auf, dass die Fenster andere Vorhänge hatten, jetzt waren sie leuchtend golden. Ich erfuhr später, dass sie alt und von Bill Clinton übernommen waren, eine bizarre Wendung angesichts von Trumps öffentlichen Einlassungen über den einstigen Präsidenten und dessen Frau, Trumps Präsidentschaftskonkurrentin. (Später stand in der Zeitung, dass Trump Clintons Vorhänge durch welche in seinem eigenen Gold hatte ersetzen lassen.)

Der Präsident begrüßte mich, und ich nahm auf einem kleinen Holzstuhl Platz, wo ich dauernd mit den Knien an den Tisch stieß. Priebus versuchte, das Gespräch auf das sogenannte Russland-Dossier zu lenken, über das wir bereits etliche Male gesprochen hatten. Ich weiß nicht, warum er das tat, Trump hatte dieses Mal jedenfalls keinerlei Interesse an dem Thema. Er thronte vielmehr hinter dem Tisch, an dem einst die Präsidenten Kennedy und Reagan gesessen hatten, und trat einen seiner frei assoziierenden Monologe im Schnellfeuerstil los. Dieser kreiste um ein Fernsehinterview, das Bill O'Reilly vor ein paar Tagen für Fox News mit ihm geführt hatte. Es war während des Vorspanns zur Super-Bowl-Show gelaufen, den ich weggezappt hatte. Aber ich hatte jede Menge Kommentare danach gelesen.

O'Reilly hatte ihn dabei ein bisschen in die Enge getrieben mit der Frage, ob er den russischen Präsidenten Wladimir Putin »respektiert«.

»Ich respektiere ihn, ja«, hatte Trump geantwortet, »aber ich respektiere einen Haufen Leute. Das heißt nicht, dass ich mich mit ihm vertragen werde.«

»Aber er ist ein Mörder«, hatte O'Reilly gekontert, »Putin ist ein Mörder.«

»Es gibt einen Haufen Mörder. Wir haben auch einen Haufen Mörder«, hatte Trump erwidert, »was glauben Sie denn? Dass unser Land so unschuldig ist?«

Diese Antwort, mit der Trump Putins brutales Regime ja offenbar auf eine Stufe mit der amerikanischen Demokratie gestellt hatte, löste einen Sturm der Kritik von allen Seiten aus. Außerdem war sie Wasser auf die Mühlen all derer, die hartnäckig behaupteten, Trump stehe der russischen Regierung zu nahe, also eine paradoxe Aussage. Ich hatte mich schon öfter gefragt, warum Trump, trotz eindeutiger Fakten, nie ein klares Wort gegen die russische Regierung sagte. Es gab zahlreiche Gelegenheiten, bei denen er die Überfälle auf Nachbarstaaten und die Repression gegen die eigene Bevölkerung – inklusive Mord – hätte anprangern können. Vielleicht lag es an seinem Hang zur Querköpfigkeit, vielleicht steckte hinter seinen ständigen Zweideutigkeiten und Entschuldigungen für Wladimir Putin aber auch etwas Komplexeres. Ich fand es jedenfalls merkwürdig. Möglicherweise erklärte es sich aus einer diplomatischen Etikette, wonach man schlechtes Benehmen von ausländischen Regierungen in ihren eigenen inneren Angelegenheiten nicht öffentlich verurteilt. Aber der Präsident der Vereinigten Staaten hatte auch vier Wochen zuvor, als ihn die Chefs aller Nachrichtendienste übereinstimmend über die russischen Eingriffe in unser demokratisches System und die versuchte Wahlbeeinflussung aufklärten, nicht beunruhigt gewirkt. Selbst hinter verschlossenen Türen im Trump Tower schien er weder abgestoßen vom Vorgehen der Russen, noch erkundigte er sich, was unser Gegner wohl als Nächstes tun werde. Dabei wussten wir, dass sich Wladimir Putin auf beispiellose Art und Weise in die US-Wahl eingemischt hatte, nicht zuletzt auch, um Trump zum Sieg zu verhelfen. Durch solche Bemerkungen wie beim O'Reilly-Interview wurde nur noch deutlicher, warum Putin ihn im Amt haben wollte.

Etwas polterig, wie es seine Art war, hatte O'Reilly Trump unterstellt, er habe wohl eine Affinität zu Putin. Und Trump hatte noch eins draufgesetzt, indem er wieder einmal seine Unlust demonstrierte, die russische Regierung zu kritisieren.

Auch jetzt, drei Tage später, wirkte der Präsident noch immer aufgebracht oder zumindest irritiert, dass er dafür gescholten wurde, und erging sich in wütenden Rechtfertigungsreden.

»Was soll ich denn machen?«, fragte er in den Raum. »Soll ich etwa sagen, ich respektiere den Führer eines bedeutenden Landes nicht, mit dem ich auszukommen versuche?«

Weder Priebus noch ich erwiderten etwas. Wir hätten auch, wenn wir gewollt hätten, keine Chance gehabt, denn der Präsident ließ wie üblich niemand anderen zu Wort kommen. O'Reilly habe ihm eine harte Frage gestellt, erzählte Trump weiter. »Also habe ich ihm die passende Antwort gegeben.« Er warf uns einen Blick zu, als ob jede andere Interpretation außerhalb der Vernunft läge. »Wirklich, das war eine großartige Antwort. Ich habe eine großartige Antwort gegeben.«

Er sprudelte weiter, und ich sah ihm an, dass er sich beim Reden selbst von seiner Version überzeugte und ganz sicher war, sie würde auch uns überzeugen. Natürlich fand ich weder O'Reillys Frage hart noch Trumps Antwort großartig, aber auf Feedback war Trump ohnehin nicht aus.

Ich hatte diesen Präsidenten inzwischen so oft erlebt, dass ich sein Verhalten durchschaute. Er überschwemmt jedermann – so wie mich bei jenem Dinner – mit Floskeln über irgendetwas, das »alle Welt weiß« oder das »offensichtlich wahr« ist, und weil er einfach ununterbrochen redet, geht niemand dazwischen. Auf die Weise reißt er alle Anwesenden in einen Schweigekreis des Einverständnisses. Er redet mit hundertachtzig Sachen, er lässt nicht die kleinste Lücke, in der jemand zu Wort kommen könnte. Wie leicht dieses Schweigen alle im Raum zu Mitverschwörern bei Trumps beliebten Faktenkonstruktionen oder Wahnideen machen konnte, war mir völlig klar. Aber, in Abwandlung eines berühmten Sprichworts: »Verantwortlich ist man nicht nur für das, was man sagt, sondern auch für das, was man nicht sagt.«

Ich saß also vor dem Tisch und beobachtete, wie der Präsident dahinter emsig einen verbalen Kokon aus alternativen Fakten spann und uns darin einwickelte. Ich konnte ja nur seiner Meinung gewesen sein, als er während einer unserer früheren Begegnungen behauptet hatte, an seiner Amtseinführung habe die größte Menschenmenge in der Geschichte teilgenommen, denn ich hatte nicht widersprochen. Infolgedessen musste ich auch jetzt seiner Meinung sein, dass sein Interview mit O'Reilly großartig und seine Antworten brillant gewesen seien, denn ich saß da, ohne dagegenzuhalten. Auf diesen Trick wollte ich um keinen Preis noch einmal hereinfallen. Und diesmal spielte er mir den Ball selbst zu. Er sah mich an, fragte: »War eine großartige Antwort, finden Sie auch, ja?« Und wollte weiterreden.

Aber ich fing den Ball ab. Ich tat etwas, das ich mich in jüngeren Jahren wohl nie getraut hätte – schon gar nicht gegenüber einem Präsidenten der Vereinigten Staaten. Etwas, das nie jemand getan hatte während der wenigen Gespräche, bei denen ich dabei war. Ich weiß nicht mehr, ob mitten im Satz oder in einer winzigen Pause vor dem nächsten Schwall von Behauptungen, denen wir gefälligst zustimmen sollten – jedenfalls platzte ich ihm in den Monolog.

»Der erste Teil Ihrer Antwort war gut, Mr. President«, sagte ich. Er holte tief Luft und sah mich ausdruckslos an. »Der zweite nicht. Wir sind keine Mörder von derselben Sorte wie Putin.«

Da verschlug es ihm komplett die Sprache. Im strahlend hellen Oval Office mit den leuchtend goldenen Vorhängen schien sich plötzlich ein Schatten auf Trumps Gesicht zu legen. Etwas an seinem Blick veränderte sich. Er wurde hart. Oder düster. Schlagartig wurden seine Augen eng, die Kiefer angespannt. Von seiner Umgebung Widerworte zu hören oder korrigiert zu werden, war er offenkundig nicht gewohnt. Er war hier gefälligst derjenige, der alles unter Kontrolle hatte. Und jetzt kam ich und servierte ihm eine Prise Wirklichkeit durch eine kurze kritische Bemerkung über die schändliche moralische Gleichsetzung von Putins Schlägertypen und unseren Staatsdienerinnen und -dienern. Aber so schnell, wie der finstere Ausdruck gekommen war, verschwand er auch wieder von Trumps Gesicht. Es war, als hätte ich kein Wort gesagt, als wäre ich nie geboren worden. Ende des Gesprächs.

Der Präsident bedankte sich für meinen Besuch. Priebus, der die ganze Zeit nichts gesagt hatte, geleitete mich aus dem Oval Office, und ich ging ohne weitere Worte.

Ich fuhr zurück zur FBI-Zentrale und informierte meinen Führungsstab, dass ich vermutlich soeben alle persönlichen Kontakte zum Präsidenten abgebrochen hatte. Vor zwei Wochen hatte ich seine Aufforderung zum Treueschwur zurückgewiesen, jetzt hatte ich mit meinem Einwurf auch noch den

Kokon um den Mann hinter dem Präsidententisch zerrissen. Freundschaftliche Umgangsformen wie mit Bush und Obama würde es nicht mehr geben. Das war nicht unbedingt schlecht. Ein FBI-Direktor darf nie zu dicht dran sein an amtierenden Präsidenten oder deren Regierung – genau um das klarzumachen, war ich ja ursprünglich ins Weiße Haus gefahren.

Trotzdem war ich erschüttert. Eine solche Begegnung hatte ich im Oval Office noch nie erlebt. Und die Tatsache, dass ich in den trumpschen Dunstkreis geschubst worden war, verursachte Flashbacks, lauter Dinge aus meiner Anfangszeit als Antimafia-Ermittler waren plötzlich wieder da. Der Schweigekreis des Einverständnisses. Der Boss mit der absoluten Kontrolle. Die Treueschwüre. Die Weltanschauung nach dem Prinzip »Wir gegen Die«. Die Lügerei über alles, egal wie groß, im Dienst irgendeines Loyalitätskodex, der die Organisation über die Moral und über die Wahrheit stellt.

Eine knappe Woche später war ich doch wieder im Oval Office und saß wieder mit den Knien dicht am Resolute Desk.

Am 14. Februar war ein Briefing zur Terrorismusabwehr für Präsident Trump angesetzt. Er hielt wieder Hof, und wir saßen zu sechst im Halbkreis auf der anderen Seite des Schreibtischs. Außer mir waren es Vizepräsident Pence, der stellvertretende CIA-Direktor, der Direktor des Nationalen Terrorabwehrzentrums NCC (National Counterterrorism Center), der Heimatschutzminister und mein neuer Vorgesetzter, Justizminister Jeff Sessions. Er war kaum eine Woche im Amt und hatte nach meinem ersten Eindruck eine unheimliche Ähnlichkeit mit Alberto Gonzales – beide wirkten überwältigt und überfordert von ihrem Job –, Sessions ging allerdings die Freundlichkeit ab, die Gonzales stets ausstrahlte.

Während der gesamten Geheimsitzung wirkte der Präsident merkwürdig desinteressiert und zerstreut. Ich trug einige wichtige besorgniserregende Erkenntnisse zur aktuellen terroristischen Bedrohungslage innerhalb der Vereinigten Staaten vor, aber auch darauf kam keine Reaktion von ihm. Das Briefing lief auf Sparflamme vor sich hin, und irgendwann signalisierte Trump das Ende der Sitzung. Er sagte laut: »Dank an alle.« Dann zeigte er auf mich: »Ich will noch mit Jim reden. Alle anderen: vielen Dank.«
Es ging wieder los.

Ich hatte keine Ahnung, was er mit mir bereden wollte, aber sein Vorgehen war so unüblich, dass ich ahnte, ich würde bald wieder etwas zu protokollieren haben. Es war einfach klar, dass ich mir unbedingt jedes Wort von ihm merken musste, und zwar genau so, wie er es gesagt hatte.

Mir blieb nichts anderes übrig, als weiter auf meinem Stuhl zu sitzen, während die anderen Teilnehmer das Oval Office verließen. Nur der Justizminister hielt sich noch eine Weile in meiner Nähe, als mein Vorgesetzter musste er, wie er völlig zu Recht dachte, eigentlich bei diesem Gespräch anwesend sein. Aber der Präsident sagte nur abschließend: »Danke, Jeff, ich will mit Jim reden.«

Danach traf es Jared Kushner. Er hatte mit anderen Mitarbeitern des Weißen Hauses hinter mir auf den Sofas und Sesseln um den Kaffeetisch herum gesessen. Er kannte seinen Schwiegervater wahrscheinlich besser als jeder andere im Raum und versuchte es offenbar mit einem ähnlichen Manöver. Während die anderen hinausgingen, verwickelte er mich in ein Gespräch über die Ermittlungen zu Hillary Clintons E-Mails, die seien doch bestimmt sehr schwer gewesen. Vielleicht dachte er, sein Schwiegervater würde vergessen, dass er alle hinausgeschickt hatte, also auch ihn. Irrtum.

»Okay, Jared, danke«, sagte Trump. Sein Schwiegersohn schien ebenso zu zögern wie sein Justizminister, machte dann aber auch den Abgang.

Als sich die Tür neben der Standuhr geschlossen hatte und wir allein waren, sah mich der Präsident scharf an.

»Ich will über Mike Flynn reden.« Der Nationale Sicherheitsberater war am Tag davor zum Rücktritt gezwungen worden. Ich kannte Flynn nicht gut, aber wir hatten 2014 gemeinsam bei einer Anhörung ausgesagt. Er war damals Direktor des militärischen Nachrichtendienstes DIA (Defense Intelligence Agency), und ich fand ihn recht sympathisch.

Flynn, ein Armeegeneral im Ruhestand, hatte im Dezember 2016 etliche Male mit dem russischen Botschafter gesprochen, um die Unterstützung Russlands gegen eine UN-Resolution – gegen die die Regierung Obama kein Veto einzulegen gedachte – zu erwirken, mit der Israel für den Ausbau der Siedlungen in den besetzten Gebieten verurteilt werden sollte. Außerdem wollte er auch darauf drängen, dass die Russen nicht eskalierend auf die Sanktionen der Obama-Regierung wegen der russischen Störmanöver im Wahlkampf 2016 reagierten. Dieser Gesprächskontakt war Anfang Januar 2017 massiv in der öffentlichen Debatte, nachdem die Medien darüber berichtet hatten und der designierte Vizepräsident Pence im Fernsehen bestritten hatte, dass Flynn mit den Russen über die Sanktionen im Gespräch gewesen war. Er wisse das, hatte Pence erklärt, denn er habe mit Flynn darüber gesprochen. Am 24. Januar schickte ich im Rahmen unserer laufenden Untersuchung über russische Einflüsse zwei meiner Beamten ins Weiße Haus, um Flynn zur Sache zu vernehmen. Er belog die Beamten, er leugnete schlicht, dass die Themen, die er ausführlich mit dem russischen Botschafter beredet hatte, bei dem Gespräch vorgekommen seien.

Präsident Trump erklärte mir zur Eröffnung, Flynn habe nichts Falsches getan, als er mit den Russen redete, aber nachdem er den Vizepräsidenten falsch informiert habe, habe er ihn entlassen müssen. Er selbst habe noch andere Bedenken gegen Flynn, fügte er hinzu, machte aber keine genaueren Angaben.

Dann folgten endlose Bemerkungen zur Problematik der durchgestochenen Geheiminformationen – diese Sorge hatten wir gemeinsam. Es frustrierte Trump, wie noch jeden Präsidenten vor ihm, dass Leute mit Zugang zu streng geheimen Informationen zur Presse liefen und sie ausplauderten. Ich erklärte ihm, dass das Problem seit Langem bestand, dass es schon seine Vorgänger geplagt hatte und dass solche Durchstechereien schwer nachzuweisen waren, weil wir uns bei Ermittlungen manchmal mit Medienleuten arrangieren mussten (zum Beispiel durch die Beschlagnahme von Telefonmitschnitten). Aber ich sagte ihm auch, wenn es uns gelänge, einen Fall dichtzumachen – also jemanden festzunageln, der Geheiminformationen hatte durchsickern lassen –, wäre das ein wichtiges Abschreckungssignal. Mit keiner Silbe hatte ich nahegelegt, dass man gegen Medienleute vorgehen solle, aber der Präsident kam trotzdem mit den guten alten Zeiten, in denen wir noch Journalisten eingebuchtet und so zum Reden gebracht hätten. Das bezog sich auf die Ermittlungen gegen Scooter Libby, bei denen die *New York Times*-Reporterin Judith Miller 2005 fast drei Monate in Beugehaft gesessen hatte, weil sie der Anordnung des Gerichts, über ihre Gespräche mit Libby Auskunft zu geben, nicht nachgekommen war. Dann wies er mich an, unbedingt mit Justizminister Sessions zu besprechen, wie man aggressiver gegen Durchstecherei vorgehen könnte. Ich versprach, Sessions die Botschaft zu überbringen.

Nachdem der Präsident minutenlang über dieses Thema geredet hatte, steckte Reince Priebus den Kopf durch die Tür neben der Standuhr. Hinter ihm waren verschiedene andere Leute zu sehen, unter anderem der Vizepräsident. Trump winkte Priebus zu, die Tür zu schließen, und sagte, er sei gleich fertig. Die Tür ging wieder zu.

Dann kam er auf das Thema Mike Flynn zurück. »Er ist ein guter Kerl, und er hat eine Menge durchgemacht.« Er erklärte noch einmal, die Telefonate mit den Russen seien nicht falsch gewesen, aber General Flynn habe den Vizepräsidenten fehlinformiert.

Und dann sagte Trump: »Ich hoffe, Sie sehen einen gangbaren Weg, das sein zu lassen, von Flynn abzulassen. Er ist ein guter Kerl. Ich hoffe, Sie können das sein lassen.«

Nach meinem Verständnis war das eine Aufforderung des Präsidenten, alle Ermittlungen gegen Flynn im Zusammenhang mit seiner Falschaussage über seine Gespräche mit dem russischen Botschafter im Dezember einzustellen. Nach meinem Verständnis bezog sich der Präsident nicht auf unsere Ermittlungen zu Russland oder zu möglichen Verbindungen mit seinem Wahlkampfteam. Es war trotzdem sehr beunruhigend, wenn man bedenkt, dass das FBI eine unabhängige Ermittlungsbehörde ist. Man kann sich die Reaktionen gut vorstellen, wenn Hillary Clinton ins Amt gekommen wäre und den FBI-Direktor in ein Vieraugengespräch gezogen und bedrängt hätte, Ermittlungen gegen ihren Nationalen Sicherheitsberater fallen zu lassen.

Ich habe den Präsidenten nicht unterbrochen, ihm nicht erklärt, dass sein Ansinnen unangemessen war, was ich wahrscheinlich hätte tun sollen. Andererseits, wenn er nicht wusste, dass es unangemessen war, wieso hatte er dann eben jedermann, eingeschlossen meinen Vorgesetzten und den Vizepräsidenten, aus dem Oval Office entfernt und mit mir allein reden wollen?

Ich habe lediglich bejaht, dass Flynn »ein guter Kerl« sei

oder nach meiner Kenntnis jedenfalls zu sein schien. Irgendetwas »sein zu lassen« habe ich nicht zugesagt.

Der Präsident war darauf nicht weiter eingegangen, sondern kurz auf die Durchstechereien zurückgekommen. Dann war das Gespräch beendet, ich erhob mich und verließ den Raum durch die Tür neben der Standuhr und ein langes Spalier aus Wartenden, darunter Reince Priebus, der Vizepräsident und der neue Gesundheitsminister Tom Price. Niemand sprach mich an.

Noch im Wagen schrieb ich eine E-Mail an meine Mitarbeiter, dass die Runde zur Terrorismusabwehr, auf die sie mich so intensiv vorbereitet hatten, gut gelaufen war, ich jetzt aber »wieder mal ein Memo schreiben« müsse. Gemeint war, dass ich wieder ein Zweiergespräch mit dem Präsidenten gehabt hatte und es unbedingt dokumentieren musste. Ich verfasste also ein weiteres nicht vertrauliches Gedächtnisprotokoll, diesmal zu Trumps Aussagen bezüglich Flynn, und besprach es mit der FBI-Führungsspitze, unter anderem meinem Stellvertreter Andy McCabe, meinem Stabschef Jim Rybicki und dem FBI-Chefjustiziar Jim Baker. In nur gut einem Monat hatte ich jetzt etliche solcher Gedächtnisprotokolle geschrieben. Mir war klar, dass ich das Gesagte unbedingt festhalten musste, sowohl wegen der Gesprächsinhalte als auch weil ich inzwischen davon ausging, dass ich es mit einem Oberboss zu tun hatte, der womöglich Lügen darüber verbreiten würde. Ich brauchte zeitnahe Aufzeichnungen, zum Schutz für das FBI und zu meinem eigenen.

Die FBI-Führungsspitze kam überein, das Team, das den Fall Flynn – und des Weiteren Russlands mutmaßliche Zusammenarbeit mit Trumps Wahlkampfteam 2016 – untersuchte, nicht mit Trumps Anweisung zu behelligen. Wir gedachten ohnehin nicht, sie zu befolgen. Nach unserer Einschätzung würde mein Protokoll allerdings nicht belastbar sein, da es sich um ein Vieraugengespräch gehandelt hatte. Es dem Justizminister vorzulegen, wäre deshalb nicht sehr sinnvoll. Wir rechneten alle damit, dass Sessions sich wegen Befangenheit aus den Russland-Ermittlungen zurückziehen würde. (Was er zwei Wochen später tat.) Zu der Zeit wurde das Amt des Stellvertretenden Justizministers geschäftsführend und nur vorübergehend von einem Bundesanwalt ausgeübt. Was wir mit der Anweisung des Präsidenten und deren Konsequenzen machen würden, wollten wir im Laufe der Ermittlungen klären.

Nach der Sitzung am 14. Februar beim Präsidenten bat ich Jim Rybicki, mir gleich am nächsten Morgen ein Gespräch mit dem Justizminister zu organisieren, im Anschluss an unsere Mittwochsrunde zur Bedrohungslage. Nach der Besprechung verließen alle den sicheren Konferenzraum außer Sessions, mir und unseren Stabschefs. Der Minister saß mir gegenüber. An demselben Tisch und höchstwahrscheinlich auf demselben Stuhl hatte damals Loretta Lynch gesessen und mich aufgefordert, den Clinton-E-Mail-Fall nicht als Ermittlung, sondern als »Angelegenheit« zu bezeichnen.

Als die Tür geschlossen war, tat ich, was ich Trump zugesagt hatte: Ich informierte Sessions darüber, dass der Präsident sich Sorgen über die Durchstechereien machte und von uns aggressive Verfolgungsmaßnahmen erwartete. In der optimistischen Annahme, dass der Justizminister zumindest einen gewissen Einfluss über Präsident Trump hatte, nutzte ich den Moment und bat ihn inständig, jedes weitere Zweiergespräch zwischen dem Präsidenten und mir zu unterbinden. »Das darf nicht sein«, sagte ich, »Sie sind mein Chef. Er darf Sie nicht aus dem Raum schicken, um unter vier Augen mit mir zu sprechen. Sie müssen zwischen mir und dem Präsidenten stehen.« Sessions fragte nicht nach, ob etwas vorgefallen war, das mich beunruhigte, und ich sagte aus den erwähnten Gründen auch nichts dazu. Er schlug nur die Augen nieder und ließ die Pupillen auf dem Tisch vor und zurück und seitwärts huschen. Ein Gebaren, das mir bald vertraut wurde. Wenn ich mich richtig erinnere, schwieg er. Das Augenzucken dauerte nicht lange, dann legte er beide Hände auf den Tisch, stand auf und dankte mir für das Gespräch. Seine Haltung und seine Miene sagten deutlich, dass er nichts für mich würde tun können. Rybicki und ich gingen. Ich war so entgeistert von Sessions' pupillenhuschendem Schweigen, dass ich Rybicki bat, bei Sessions' Stabschef anzurufen und nachzufragen, ob der Justizminister meine Besorgnis verstand und begriff, warum es wichtig war, dass er als Schutzschild zwischen mir und dem Präsidenten fungierte. Sessions' Stabschef sagte, das hätten sie begriffen.

Hatten sie aber nicht. Oder konnten sie nicht.

Ich hatte noch weitere drei Monate meine liebe Not mit Präsident Trump. Am 1. März, auf dem Weg zum Hubschrauber, mit dem ich nach Richmond zu einem Gipfel über die Opioid-Krise fliegen sollte, rief mich meine Assistentin Althea James an. Der Präsident wolle mich sofort sprechen. Ich hatte keine Ahnung, worum es ging, blieb aber, weil ich annahm, dass es dringend sein musste, im FBI-Suburban auf dem Vorfeld sitzen. Im Hubschrauber wartete derweil mein alter Freund Chuck Rosenberg, der Leiter der Drogenvollzugsbehörde DEA.

Es dauerte ein paar Minuten, bis mein Handy wieder klingelte, ein Telefonist des Weißen Hauses den Präsidenten ankündigte und er selbst dran war. Er sagte, er wolle »nur mal hören, wie's Ihnen geht«. Ich antwortete, es gehe mir gut, und ich habe alle Hände voll zu tun. Aus lauter Höflichkeit sagte ich noch von mir aus, dass der Justizminister wohl eine gute Figur mit einer Rede über Gewaltkriminalität gemacht hatte. Trump erwiderte: »Das ist sein Ding.« Das unbehagliche Gespräch dauerte höchstens eine Minute, und wieder kam es mir vor, als ob der Präsident versuchte, mich auf seine Seite zu ziehen und sicherzustellen, dass ich zu seinen Freunden gehörte. Warum sonst ruft ein Präsident der Vereinigten Staaten, der vermutlich jede Menge zu tun hatte, einen FBI-Direktor an und will nur mal hören, wie's ihm geht? Ich stieg aus dem Wagen und endlich in den Hubschrauber und entschuldigte mich beim DEA-Chef für die Verzögerung, der Präsident habe sich mal eben erkundigen wollen, wie's so geht.

Am 30. März rief mich Trump im FBI an, um mir zu erzählen, dass die Russland-Untersuchung eine »Wolke« sei, die ihn davon abhalte, seine Arbeit zum Wohl des Landes zu erledigen. Er habe nichts mit Russland zu tun, sagte er, er habe auch nichts mit Huren in Russland gehabt, und er habe immer damit gerechnet, bei seinen Russland-Aufenthalten abgehört zu werden. Zum ungefähr vierten Mal bestritt er die »Golden-Showers-Sache«, das sei nicht wahr, und fragte mich wieder: »Können Sie sich das vorstellen, ich und Huren?« Dann erzählte er, offenbar, um Sympathie zu heischen, von seiner bildschönen Frau, für die das Ganze sehr schmerzhaft gewesen sei.

Er wollte wissen, was wir tun könnten, um »die Wolke zu vertreiben«. Ich antwortete, dass wir die Ermittlungen so zügig führten, wie wir konnten, und dass unsere Gründlichkeit, gerade wenn wir nichts fänden, sich als äußerst vorteilhaft erweisen würde. Er stimmte zu, betonte dann aber noch einmal, wie viele Probleme ihm das alles machte.

Dann wollte der Präsident von mir wissen, warum es vorige Woche eine Senatsanhörung zu Russland gegeben hatte – bei der ich im Auftrag des Justizministeriums die FBI-Untersuchungen zu einer möglichen Zusammenarbeit zwischen Russland und Trumps Wahlkampfteam bestätigt hatte. Ich erklärte ihm, dass die Spitzen beider Parteien im Kongress um detaillierte Informationen über unsere Ermittlungen ersucht hatten und der Vorsitzende des Senatsjustizausschusses, Senator Charles Grassley aus Iowa, die Berufung des Stellvertretenden Justizministers extra deshalb verschoben hatte. Ich erklärte ihm ferner, dass wir die leitenden Kongressmitglieder genau darüber informiert hatten, gegen welche Einzelpersonen wir ermittelten, und ihnen auch mitgeteilt hatten, dass wir nicht gegen den Präsidenten persönlich ermittelten. Er sagte zum wiederholten Mal: »Wir müssen damit rauskommen.« Was ich dem Präsidenten nicht erklärte – ich wusste, dass er das ohnehin nicht hören wollte –, war unser Zögern, damit an die Öffentlichkeit zu gehen. Das FBI wie das Justizministerium wollten nicht offiziell bekannt geben, dass wir nicht gegen den Präsidenten ermittelten. Das hatte verschiedene Gründe, vor allem den, dass wir, falls sich das ändern sollte, zur Richtigstellung verpflichtet gewesen wären.

Der Präsident sagte daraufhin, falls irgendwelche »Satelliten« von ihm irgendwelche Fehler gemacht haben sollten, sollten wir das schleunigst herausfinden, und wiederholte, er habe nichts falsch gemacht und hoffe, dass wir einen Weg finden, um damit »rauszukommen«, dass wir nicht gegen ihn ermittelten.

Dann wechselte er abrupt das Thema und war plötzlich beim stellvertretenden FBI-Direktor Andrew McCabe. Er habe »die McCabe-Sache« nicht aufgebracht, erklärte er, weil ich McCabe als ehrenwerten Mann bezeichnet hätte, dabei stehe der demokratische Gouverneur von Virginia, Terry McAuliffe, den Clintons nahe, und der habe ja McCabe (er meinte wohl seine Frau) Geld für die Kampagne gespendet. Ich wusste, worauf er anspielte. McCabes Frau Jill war Ärztin im Norden von Virginia, hatte sich 2015 im Staat Virginia aufstellen lassen und die Wahl verloren. Andy McCabe leitete seinerzeit das FBI-Regionalbüro in Washington. Jill McCabe war von Gouverneur McAuliffe rekrutiert worden und hatte ihre Wahlkampagne zum großen Teil aus Töpfen von Aktivistengruppen finanziert bekommen, über die der Gouverneur verfügte. Trump hatte während seines eigenen Wahlkampfs immer wieder das FBI bezichtigt, Hillary Clinton mit Samthandschuhen anzufassen, weil Andys Frau gute Beziehungen zum Gouverneur von Virginia hatte und der ein alter Freund der Clintons war. Noch als Kandidat hatte Trump außerdem – fälschlich – behauptet, McCabes Frau habe Geld von Hillary Clinton selbst bekommen.

Wie auch immer, was Trump jetzt erzählte, war aus vielerlei Gründen Unfug – unter anderem, weil das FBI keine heimliche Ränkeschmiede von Clinton-Anhängern war. Unsere Spezialagenten werden zwar angeleitet, ihre politische Einstellung an der Garderobe abzugeben, doch sie tendieren generell eher nach rechts – und McCabe hatte sich lange Zeit selbst als Republikaner empfunden. Außerdem hatte das FBI jahrelang immer wieder im Zusammenhang mit den Clintons ermittelt, unter anderem während Bill Clintons Amtszeit. Bekanntermaßen hatte FBI-Direktor Louis Freeh, ein ehemaliger Special Agent, damals sogar seinen Ausweis für das Weiße Haus zurückgegeben, weil er strafrechtlich gegen Clinton ermittelte. Aber Trump selbst hatte mich zweimal gleich am Anfang seiner Amtszeit gefragt: »Hat McCabe ein Problem mit mir, weil ich seine Frau ziemlich hart angegangen bin?« Ich hatte erwidert, dass Andy ein echter Profi war und solche Dinge beiseiteließ.

Ich verstand nicht, wieso der Präsident das Thema jetzt wieder aufbrachte – es kann gut sein, dass er auf eine Gefälligkeit aus war oder mir drohen wollte, meinen Stellvertreter zu attackieren. Ich sagte ihm noch einmal, dass McCabe ein ehrenwerter Mensch und nicht politisch interessegeleitet war.

Am Ende des Telefongesprächs betonte der Präsident noch einmal, wie sehr ihn die »Wolke« davon abhalte, Gutes zu tun für das Land. Er hoffe, sagte er, dass ich einen Weg finde, um an die Öffentlichkeit zu bringen, dass nicht gegen ihn ermittelt wird. Ich antwortete, ich würde sehen, was ich tun kann, und wir würden die Ermittlungen so gut und schnell wie möglich durchziehen.

Sofort danach rief ich den geschäftsführenden Stellvertretenden Justizminister Dana Boente an (Sessions hatte sich aus allem, was irgendwie mit Russland zu tun hatte, zurückgezogen, und noch war kein neuer Stellvertretender Justizminister ernannt worden). Ich teilte ihm mit, dass der Präsident von der »Wolke« der Russland-Ermittlungen befreit zu werden wünschte, und bat um Direktiven. Bis zum nächsten Anruf von Trump zwei Wochen später hörte ich nichts von ihm.

Der Anruf kam am 11. April morgens. Der Präsident wollte wissen, was ich getan hatte, um »damit rauszukommen«, dass es keine Ermittlungen gegen ihn persönlich gab. Im Gegensatz zu den meisten anderen Gesprächen gab es diesmal keine Komplimente und kein joviales »Wie geht's«. Er war offenbar sauer auf mich.

Ich erwiderte, dass ich seinen Wunsch an den geschäftsführenden Stellvertretenden Justizminister weitergeleitet, aber bis dato nichts von ihm gehört hatte. Er kam wieder mit der »Wolke«, die ihm bei seinen Amtsgeschäften im Weg sei, und sagte, er würde vielleicht mal seine eigenen Leute auf den Stellvertretenden Justizminister ansetzen. Ich antwortete, genau das sei die korrekte Vorgehensweise. Der Rechtsberater des Weißen Hauses sollte sich ans Ministerium wenden, so gehöre sich das.

Trump versprach, das zu tun. Dann schob er hinterher: »Ich war nämlich sehr loyal zu Ihnen, sehr loyal. Sie wissen ja, wir hatten da diese Sache.«

Ich sagte nichts dazu und fragte auch nicht, was er mit »diese Sache« meinte. Aber mir schien, dass er auf einen gegenseitigen Treueschwur hinauswollte, ähnlich dem, den er mir schon einmal abzuringen versucht und den ich, wie er sich erinnerte, zurückgewiesen hatte. Ich hatte ihm bei »der Sache«, jenem privaten Abendessen im Weißen Haus, lediglich »ehrliche Loyalität« zugesagt. Ich ging auch diesmal nicht weiter ein auf seinen merkwürdigen Versuch, mich zur persönlichen Loyalität zu nötigen, sondern wiederholte nur, dass der korrekte Weg vom Rechtsberater des Weißen Hauses zum geschäftsführenden Stellvertretenden Justizminister lief. Er sagte, er werde dafür sorgen, und damit war das Telefonat zu Ende.

Es war mein letztes Gespräch mit Präsident Trump. Wir gaben Boente Kenntnis von dem Anruf. Er hatte offensichtlich seit dem 30. März keinen Finger gerührt und sagte nur: »Oh Gott, ich hatte gedacht, das geht einfach vorbei.«

Es ging aber nicht vorbei.

Das Ende kam in der passenden Form eines Orkans aus schlechten Manieren. Am 9. Mai 2017 war ich in Los Angeles bei einer Anwerbungsveranstaltung im Rahmen unserer Minderheiten-Richtlinien. Wir hatten solche Werbeevents vorher schon in Washington und in Houston durchgeführt und dazu fähige junge Juristen, Ingenieure und Business-School-Absolventen, nicht weiß, männlich und weiblich, eingeladen. Wir wollten ihnen schmackhaft machen, auf hohe Gehälter zu verzichten und zum FBI zu kommen. Ich mochte diese Events sehr gern, und die beiden ersten waren ein voller Erfolg gewesen. Mehr Vielfalt war der Schlüssel zu nachhaltiger Effizienz. Das größte Hindernis dabei war, wie erwähnt, dass sehr viele junge Leute, insbesondere hochbegabte Schwarze und Latinos, das FBI mit »The Man« identifizierten. Und wer wollte schon für »The Man« arbeiten? Genau deshalb liebte ich die Veranstaltungen, sie boten uns FBI-Führungskräften die Chance, jungen Talenten ein bisschen näherzubringen, wer das FBI und seine Leute wirklich waren.

Sie wollten nämlich etwas bewirken, etwas besser machen, und wir konnten ihnen zeigen, wie es sich so lebt in einem Dienst, bei dem Opferbereitschaft gefragt ist, in dem man aber auch tatsächlich viel bewirken und besser machen kann. Wer einmal das Leben als FBI-Agent gekostet hat, will kaum je wieder weg. Ich empfand es als meine Mission, tolle junge Leute zu dieser Erfahrung zu animieren. Die Veranstaltungen in Washington und Houston hatten überraschend viel gebracht. Jetzt sollte ich in Los Angeles vor einem Publikum von über fünfhundert potenziellen Rekruten sprechen, viele davon zukünftige Special Agents, und ich konnte kaum erwarten, sie kennenzulernen.

Die Veranstaltung fand erst abends statt, aber ich war schon früher nach L.A. geflogen, um unser dortiges Büro zu besuchen. Ich nahm mir immer die Zeit, in allen unseren Außenstellen durch die Etagen und in die Büros zu gehen, den Mitarbeitern die Hand zu geben und mit ihnen zu reden. Es war die Mühe wert, denn dass der oberste Chef kommt und Danke sagt, bedeutet unseren Leuten wirklich eine Menge. In einem großen Betrieb wie dem FBI, das Büros im ganzen Land und auf der ganzen Welt hat, tut man immer gut daran, den Mitarbeitern zu zeigen, dass man ihre harte Arbeit schätzt. Dass man sich für sie interessiert, nicht nur von Berufs wegen, sondern für sie persönlich und ihre Familien. Deshalb schaufelte ich mir bei allen Reisen ein paar Stunden frei und besuchte unsere Büros und die fantastischen Mitarbeiter.

In L.A. waren Dutzende Mitarbeiter schon von ihren Schreibtischstühlen aufgestanden, als ich kam. Aber die Chefs hatten klugerweise auch Kollegen eingeladen, die keinen eigenen Schreibtisch hatten, Leute vom Reinigungspersonal und aus der Nachrichtenzentrale. Jetzt saßen sie alle in einem großen Saal an Tischen. Als ich meine kleine Rede begann, war es 14 Uhr in Los Angeles, also 17 Uhr in Washington. Ich erläuterte ihnen, dass wir die FBI-Leitlinien 2015 neu geschrieben hatten, um sie kürzer zu fassen und besser darzustellen, wie viel Verantwortung unser Auftrag mit sich brachte. Nach der neuen Leitlinie war das FBI verpflichtet, »das amerikanische Volk zu schützen und die Verfassung der Vereinigten Staaten zu wahren«. Ich hatte eben ausgeführt, dass mir diese knapp gefasste Leitlinie wichtig war, damit jeder sie verstehen, etwas damit verbinden und sie seinen Nachbarn, insbesondere jungen Menschen, weitergeben kann. Ich wollte gerade sagen, dass allen hier unbedingt klar sein sollte – – –

Und blieb mitten im Satz stecken.

Auf den Fernsehern hinten an der Wand erschien in Riesenlettern COMEY TRITT ZURÜCK. Die Zuhörer saßen mit dem Rücken dazu, merkten aber, dass ich plötzlich abgelenkt war, und drehten sich um. Ich lachte und sagte: »Sehr komisch. Da hat sich aber jemand richtig Mühe gegeben«, und nahm meinen Faden wieder auf: »Es gibt beim FBI keine Jobs für bloße Aushilfskräfte. Ich erwarte also – – –«

Das Bild hatte gewechselt. Jetzt war auf den drei Monitoren dreier verschiedener Nachrichtensender dasselbe zu lesen: COMEY GEFEUERT. Ich lachte nicht mehr. Im Saal kam Gemurmel auf. Ich sagte: »Gut, ich kriege noch heraus, was hier vorgeht, aber wie auch immer, meine Botschaft an Sie bleibt dieselbe. Deshalb komme ich jetzt erst mal zum Ende, damit wir uns die Hand geben können.« Ich schloss mit den Worten: »Jeder von Ihnen hat eine persönliche Verantwortung für den Schutz des amerikanischen Volkes und die Wahrung der Verfassung der Vereinigten Staaten. Wir haben verschiedene Rollen, aber alle denselben Auftrag. Ich danke Ihnen für Ihre gute Arbeit.« Dann ging ich durch die Reihen, schüttelte allen die Hand und suchte mir ein Dienstzimmer, um zu klären, was hier vor sich ging.

Ein FBI-Direktor hat auf Reisen stets ein Kommunikationsteam dabei, er muss immer für das Justizministerium oder das Weiße Haus erreichbar sein, in Sekundenschnelle und zu jeder Tages- und Nachtzeit. Aber niemand rief an. Der Justizminister nicht. Der Stellvertretende Justizminister nicht. Niemand. Mit dem Justizminister hatte ich just am Vortag gesprochen. Mit dem frisch bestätigten neuen Stellvertretenden Justizminister hatte ich ein paar Tage zuvor ein persönliches Gespräch geführt, auf seinen Wunsch hin, er brauchte Beratung, wie er sein Amt – das ich selbst von 2003 bis 2005 innegehabt hatte – führen sollte. Der jetzige Justizminister war früher Bundesstaatsanwalt in Baltimore gewesen und hatte mich Ende Oktober 2016 eingeladen, vor seinem gesamten Stab über Führung zu sprechen und zu erläutern, warum ich im Juli zum Fall der Hillary-Clinton-E-Mails so entschieden hatte, wie ich entschieden hatte. Damals hatte er mich als vorbildliche Führungspersönlichkeit gepriesen. Jetzt rief er mich nicht nur nicht an, er hatte auch in einem Memorandum meinen Rausschmiss gerechtfertigt und darin mein Verhalten im Jahr 2016 als schrecklich und inakzeptabel bezeichnet. Das war mir im Licht unserer jüngsten Kontakte absolut unverständlich.

Alles, was ich wusste, stammte aus Medienberichten. Nach einigem Hin und Her erfuhren mein Team und ich, dass ein Mitarbeiter des Weißen Hauses auf dem Weg zur Pennsylvania Avenue in Washington war, um mir ein Schreiben des Präsidenten zuzustellen. Meine Frau rief an und erzählte, dass sie und die Kinder es aus dem Fernsehen erfahren hatten. Ich sagte ihr, dass ich nicht wisse, ob es überhaupt stimmte, und dass wir gerade versuchten, das herauszufinden. Dasselbe sagte ich Pat Fitzgerald, der auch anrief.

Ich bekam einen hoch emotionalen Anruf von General John Kelly, seinerzeit Heimatschutzminister. Er sagte, mein Rausschmiss sei zum Kotzen, er habe die Absicht, aus Protest zurückzutreten. Er wolle nicht für Leute arbeiten, die keine Ehre haben und jemanden wie mich so behandeln. Ich beschwor Kelly, auf dem Posten zu bleiben, weil das Land unbedingt Leute mit Prinzipien brauchte, die den Präsidenten umgaben. Vor allem *diesen* Präsidenten.

Meine fantastische Assistentin Althea James nahm das Schreiben aus dem Weißen Haus am Eingang in der Pennsylvania Avenue entgegen, scannte es und mailte es mir. Ich war mit sofortiger Wirkung gefeuert, und zwar von demselben Präsidenten, der mich wiederholt als großartige Führungspersönlichkeit gelobt und gebeten hatte, FBI-Direktor zu bleiben, und auf Empfehlung desselben Justizministers, der sich nicht nur aus sämtlichen Russland-Ermittlungen herauszog, sondern mich stets als großartig bezeichnet hatte, jedenfalls laut Präsident Trump bei jenem Dinner. Die Begründungen für meinen Rausschmiss waren Lügen, aber das Schreiben war Realität. Mir war speiübel und schwummerig.

Ich kam aus dem Büro und traf auf eine riesige Ansammlung von Mitarbeitern. Viele hatten Tränen in den Augen. Ich hielt eine kleine Ansprache darüber, dass die Werte des FBI größer und stärker sind als wir alle hier. Ich sagte ihnen, dass es mir unglaublich wehtat, sie zu verlassen, und dass das, was mir den Abschied so schmerzhaft machte, ihre menschliche Qualität war – ihre Ehrlichkeit, ihre Kompetenz und ihre Unabhängigkeit. Dass ich es entsetzlich fand, sie allein lassen zu müssen. Dann ging ich zur Leiterin des FBI-Büros in Los Angeles, Deirdre Fike. Ich hatte sie auf die Stelle gesetzt und vertraute ihrem Urteil. Wir hatten beide spontan die Idee, dass ich trotzdem bei der Werbeveranstaltung dabei sein sollte, als Privatmann. Mir lag die Sache sehr am Herzen, ich könnte doch, auch wenn ich selbst nicht mehr dazugehörte, begabte junge Männer und Frauen für das FBI motivieren. Aber dann entschieden wir uns anders, denn der zu erwartende Medienzirkus würde alle ablenken und die ganze Veranstaltung sprengen. Womöglich würde ich mehr Schaden als Gutes anrichten. Ich beschloss, nach Hause zu fahren.

Was die Frage aufwarf: Wie sollte ich nach Hause kommen? Diese Entscheidung überließ ich meinem Stellvertreter Andrew McCabe, der erst vor ein paar Minuten geschäftsführender FBI-Direktor geworden war. Die neue Lage hatte ihn genauso überrascht wie mich. Plötzlich war er die oberste Instanz und musste mit seinem Team klären, was jetzt rechtlich korrekt und angemessen war. Im ersten Moment des Schocks hatte ich kurz überlegt, ein Cabrio zu mieten und die viereinhalbtausend Kilometer allein nach Haus zu fahren. Aber dann fiel mir ein, dass ich weder Single noch verrückt war. Der geschäftsführende Direktor befand schließlich, dass das FBI noch immer für meine Sicherheit verantwortlich und es das Beste sei, mich mit derselben Maschine zurückzufliegen, die Personenschützer und die Crew mussten ohnehin wieder nach Washington. Wir stiegen ins Auto und fuhren zum Flughafen.

Den ganzen Weg vom FBI-Büro Los Angeles bis zum Flughafen kreisten über uns die Nachrichtenhubschrauber. Es war dichter Verkehr, wir kamen nur langsam voran, und ich sah aus dem Fenster. Rechts von uns fuhr jemand, der die Luftaufnahmen die ganze Zeit auf seinem Smartphone verfolgte. Er drehte sich zu mir, lächelte mich durchs offene

Fenster an und riss den Daumen hoch. Wie er auch noch das Lenkrad hielt, ist mir nicht klar.

Wir wurden wie üblich von der Polizei bis auf die Rollbahn eskortiert und hielten vor der Treppe zur FBI-Maschine. Normalerweise bedankte ich mich bei der Eskorte, aber ich war so benommen, dass ich es vergaß. Mein Spezialassistent Josh Campbell bekam wie so oft mit, was ich fast verpasst hätte. Er erinnerte mich mit einem kleinen Stupser, und so ging ich zu den Polizisten und schüttelte jedem die Hand. Dann lief ich die Flugzeugtreppe hinauf. Aus lauter Angst vor einem Gefühlsausbruch konnte ich weder den Piloten noch meinen Personenschützern in die Augen sehen. Auch sie waren still. Die Nachrichtenhubschrauber filmten den gesamten Abflug. Die Bilder gingen über alle Sender.

Präsident Trump hatte offenbar auch im Weißen Haus ziemlich oft den Fernseher an und sah die Bilder von meinem Dank an die Polizisten und dem Abflug. Sie brachten ihn zur Weißglut. Früh am nächsten Morgen rief er McCabe an, er verlange Aufklärung darüber, wie ich dazu komme, mit einer Maschine des FBI aus Kalifornien zurückzufliegen.

McCabe erwiderte, er könne gern nachforschen, wer mir den Rückflug nach Washington genehmigt hatte, das müsse er aber gar nicht. Er habe es nämlich selbst genehmigt. Das Flugzeug, erklärte er dem Präsidenten, musste ohnehin zurück, desgleichen die Personenschützer, und das FBI hatte die Pflicht, mich sicher von einer Dienstreise heimzubringen.

Trump tobte. Er ordnete an, dass ich nie wieder einen Fuß auf FBI-Eigentum setzen durfte. Meine ehemaligen Mitarbeiter packten meine Habe in Kisten, als ob ich gestorben wäre, und brachten sie mir nach Hause. Dank der Anordnung des Präsidenten durfte ich noch nicht einmal die FBI-Leute, die mir sehr nahe gestanden hatten, besuchen, um mich irgendwie angemessen zu verabschieden.

Trump hatte schon während des Wahlkampfs lautstark auf McCabe und seine Frau, die damalige Kandidatin, eingeprügelt. Seitdem war er auf das Thema fixiert.

»Ihre Frau hat doch die Wahl in Virginia verloren, oder?«, fragte er, noch immer wütend auf McCabe.

»Ja«, erwiderte Andy.

Daraufhin empfahl der Präsident der Vereinigten Staaten von Amerika dem geschäftsführenden Direktor des FBI: »Dann fragen Sie sie mal, wie man sich fühlt als Verlierer«, und legte auf.

Auf dem Rückflug saß ich allein, versuchte, meine Gedanken zu sammeln, und tat etwas, womit ich als FBI-Beamter eine Regelverletzung begangen hätte. Ich nahm die Flasche Pinot Noir, die ich aus Kalifornien mitbringen wollte, aus dem Handgepäck und trank Rotwein aus einem Pappbecher, während ich aus dem Fenster auf das Land sah, das ich so liebe. Kurz vor der Landung fragte ich die Piloten, ob ich beim Anflug auf den Reagan Airport mit im Cockpit sitzen dürfte, das hatte ich trotz Hunderter Flüge in FBI-Maschinen nie erlebt. Ich wurde auf den Klappsitz direkt hinter den Piloten platziert, bekam Kopfhörer auf und durfte ihnen auf ihrem letzten Flug mit mir an Bord beim Landemanöver zusehen. Die beiden fähigen FBI-Agenten hatten mich kreuz und quer durch Amerika und durch die halbe Welt geflogen und drückten mir beim Abschied extra heftig die Hand. Wir hatten alle Tränen in den Augen.

Während ich an jenem Abend zurück nach Hause flog und ganz mit mir alleine kalifornischen Rotwein trank, ging mir durch den Kopf, was wohl als Nächstes kommen würde. Ich hatte keine Pläne, ich wollte mir einfach erst mal etwas Zeit lassen und überlegen, was ich künftig mit meinem Leben anstellen sollte. In den folgenden Tagen wandten sich Freunde von mir auf eigene Faust an die Medien und gaben weiter, was ich ihnen erzählt hatte, wie heftig ich gerungen hatte, um das Weiße Haus auf angemessenem Abstand vom FBI zu halten, und dass ich bei dem Vieraugendinner mit Präsident Trump geschafft hatte, den eingeforderten Treueschwur abzuwehren. Andere, finstere Geschichten aus meinen Erlebnissen mit dem Präsidenten gingen damals noch nicht durch die Medien.

Es klingt vielleicht seltsam, aber ich hatte in den gesamten fünf Monaten unter Donald Trump gewollt, dass seine Präsidentschaft erfolgreich würde. Das hat nichts mit politischer Präferenz zu tun. Hätte Hillary Clinton die Wahl gewonnen, hätte ich dasselbe für sie gewollt. Ich glaube, das bedeutet es, sein Land zu lieben. Wir brauchen erfolgreiche Präsidenten. Ich war nicht wütend über meine Erlebnisse mit diesem Präsidenten, ich war traurig. Ich weiß nicht viel über ihn und sein Leben, aber es scheint nichts genützt zu haben, dass er von Leuten wie Harry Howell hätte lernen können, wie man robust, aber freundlich Menschen führt, er scheint auch nie unter jemandem wie Helen Fahey gearbeitet und gespürt zu haben, wie wertvoll Bescheidenheit ist, die aus der Selbstsicherheit kommt. Gewiss hat er selbst auch menschliches Leid und persönliche Verluste erlitten, ich habe allerdings nie einen Hinweis gefunden, dass ihn das so geprägt hätte wie Patrice und mich der Verlust unseres Sohnes Collin oder wie die Millionen anderer Menschen, die ihren Verlustschmerz in Mitgefühl und Fürsorge umlenken. Für mich war es eine schmerzhafte Lektion zu begreifen, dass ich selbst einmal ein Rüpel gewesen war und Märchen über meine Basketball-Karriere erzählt und erlebt hatte, wie leicht »kleine Lügen« zur Gewohnheit werden können. Ich finde nirgends einen Hinweis, dass Trump je Schmerz über eine Lüge verspürt oder sich je gescheut hätte, anderen Schmerz zuzufügen, und das ist traurig und erschreckend. Ohne all das – ohne die Freundlichkeit, die Härten lindert, ohne die Balance von Bescheidenheit und Selbstsicherheit, ohne Mitgefühl und ohne Achtung vor der Wahrheit – wird Präsident Trump kaum die Art Menschen anziehen und halten können, die jeder Präsident braucht, um kluge Entscheidungen zu treffen. Für ihn macht mich das traurig, für unser Land macht es mir Angst.

Am Freitag, dem 12. Mai, twitterte Präsident Trump eine Warnung an mich und seine neununddreißig Millionen Follower: »James Comey sollte lieber hoffen, dass es keine ›Bänder‹ von unseren Gesprächen gibt, bevor er etwas an die Presse durchsickern lässt.« Ich fand das grotesk. Sollte das eine Drohung sein? Ich hatte nicht die Absicht, mit der Presse zu reden oder Geheiminformationen durchzustechen. Ich wollte einfach nur Donald Trump aus dem Kopf kriegen und dachte nicht weiter darüber nach. Ich blieb zu Hause, schlief, hielt mich fit und ging der Medienmeute vor meiner Einfahrt aus dem Weg.

Am Dienstag, dem 16. Mai, wollten Patrice und ich uns an den Reportern vorbeischleichen und für ein paar Tage die Stadt verlassen. Nachts um zwei Uhr riss mich ein Gedanke aus dem Schlaf: Dieser Tweet von Präsident Trump warf ein ganz neues Licht auf mein Treffen mit ihm am 14. Februar 2017, bei dem er gesagt hatte, er hoffe, dass ich die Ermittlungen gegen seinen ehemaligen Nationalen Sicherheitsberater Mike Flynn fallen lasse. Ich hatte zwar sofort ein nicht geheimes Gedächtnisprotokoll verfasst und die FBI-Führung informiert, aber wir konnten nichts damit anfangen, mein Wort würde gegen das Wort des Präsidenten stehen. Wir hatten es nicht ad acta gelegt, aber ich wollte es zunächst zurückhalten – vor allem vom Ermittlungsteam fernhalten, das sich nicht vom Präsidenten beeinflussen lassen durfte. Wir würden später darüber nachdenken, wenn das Justizministerium entschieden hatte, wie es die Ermittlungen in Bezug auf die Regierung Trump und Russland nach dem Rückzug des Ministers zu beaufsichtigen gedachte. Dieser Tweet ändert alles, dachte ich, als ich so im Dunkeln lag. Wenn es einen Mitschnitt von diesem Gespräch gibt, dann haben wir die Bestätigung, dann wird sich darauf auch der Wunsch des Präsidenten finden, ich solle die Flynn-Ermittlung fallen lassen. Und dann geht es nicht mehr um mein Wort gegen seins. Wenn es einen Mitschnitt gibt, dann hört man darauf den Präsidenten der Vereinigten Staaten, der mir im Oval Office sagt: »Ich hoffe, Sie können das sein lassen.«

Ich dachte noch im Bett durch, was die späte Offenbarung bedeutet. Ich könnte es dabei belassen und darauf hoffen, dass die FBI-Führung Trumps Tweet so interpretierte wie ich und das Justizministerium drängen würde, sich die Bänder zu beschaffen. Vielleicht würden sie sogar Druck auf das Ministerium machen, einen unabhängigen Ermittler einzusetzen. Vielleicht sollte ich einfach darauf vertrauen, dass das System funktioniere. Aber ich hatte dem System schon einmal vor Jahren vertraut, als es um Folter ging. Dann hatte ich darauf vertraut, dass der Justizminister dem Weißen Haus unsere Bedenken zur Folterpolitik vortrug, bei einer Sitzung, von der ich ausgeschlossen worden war, aber nichts war passiert. Nein, den Fehler würde ich nicht noch einmal machen. Diesmal würde ich selbst handeln, und das konnte ich, ironischerweise dank Trump, auch, ich war ja jetzt ein einfacher Bürger.

Dem FBI traute ich zu, dass sie das Richtige taten, dem Justizministerium unter dem gegenwärtigen Minister und dessen Stellvertreter dagegen nicht. Die brauchten Druck, um das Richtige zu tun. Und dazu konnte ich jetzt als Privatmann und Bürger selbst beitragen. Ich beschloss, etwas Medienwirbel auszulösen. Ich würde öffentlich machen, dass ich am 14. Februar vom Präsidenten die Order bekommen hatte, die Flynn-Ermittlung fallen zu lassen. Dadurch könnte sich das Justizministerium gezwungen sehen, einen Sonderermittler zu ernennen, der wiederum die Bänder anfordern konnte, über die Trump getwittert hatte. Ich durfte zwar kein FBI-Gebäude mehr betreten, aber natürlich verwahrte ich eine Kopie meines Gedächtnisprotokolls zu Hause.

Am Dienstag rief ich in aller Herrgottsfrühe meinen alten Freund Dan Richman an. Er war früher Staatsanwalt gewesen, inzwischen Professor an der Columbia Law School und seit meinem Rausschmiss mein juristischer Berater. Ich würde ihm gleich ein Memo schicken, nicht geheim, und er sollte den Inhalt – nicht das Memo selbst – einem Journalisten weiterleiten. Wenn ich das selbst täte, dachte ich, wäre kurz danach die Medienhölle los – erst recht vor meinem Haus –, und ich hätte massive Schwierigkeiten, Kommentarwünsche abzuwehren. Falls jemand fragte, ob ich meine Finger im Spiel gehabt hatte, würde ich natürlich die Wahrheit sagen. Was ich auch tat. Tun musste. Um klarzustellen, dass es hierbei nicht um durchgestochene Geheiminformationen ging, egal wie oft Politiker, Politgurus oder der Präsident persönlich das behaupteten. Jede Privatperson hat das Recht, der Presse nicht geheime Einzelheiten aus einer Unterhaltung mit dem Präsidenten mitzuteilen oder sie in einem Buch zu veröffentlichen. Ich glaube an die Macht der Presse, ich weiß, dass Thomas Jefferson recht hatte mit seinem Satz: »Unsere Freiheit basiert auf der Pressefreiheit, und sie kann nicht begrenzt werden, ohne verloren zu gehen.«

Ich weiß nicht, ob der Mediensturm nach meiner Enthüllung das Justizministerium zur Einsetzung eines Sonderermittlers bewog. Möglicherweise hatte das FBI selbst schon nach dem Trump-Tweet darauf gedrängt. Ich weiß nur, dass das Justizministerium kurz darauf Robert Mueller ernannte und ihm die Befugnis zur Ermittlung einer möglichen Zusammenarbeit zwischen der russischen Regierung und Trumps Wahlkampfteam sowie aller damit verbundenen Fakten erteilte.

Ich weiß auch nicht, ob Mueller und sein Team strafrechtlich relevantes Verhalten seitens des Präsidenten oder anderer, bis zum Erscheinen dieses Buches noch nicht belasteter Leute, feststellen werden. Ich vermute, dass sie als eine der Schlüsselfragen zu klären versuchen, ob der Druck des Präsidenten auf mich, die FBI-Ermittlungen gegen den Nationalen Sicherheitsberater abzublasen, und mein späterer Rausschmiss ein Versuch der Justizbehinderung war, denn das ist eine schwere Straftat nach Bundesrecht. Denkbar ist es. Es gibt dafür zumindest Indizien, und Muellers Team könnte durchaus noch mehr zusammentragen. Ich habe als Staatsanwalt selbst etliche Justizbehinderungsverfahren geführt und überwacht, aber in diesem Fall bin ich nicht Staatsanwalt, sondern Zeuge. Ich habe meine eigene Haltung zu einem Verhalten, das ich mit eigenen Augen gesehen habe, und das war verstörend und hat zwar alle Grundsätze ethisch integrer Führung verletzt, möglicherweise aber nicht die Grenze zur strafbaren Handlung überschritten. Für den Nachweis der Justizbehinderung ist zum Beispiel entscheidend, ob Präsident Trump mit Vorsatz gehandelt hat. Lässt sich beweissicher feststellen, dass er seine Versuche, eine strafrechtliche Ermittlung auszubremsen, in Korruptionsabsicht unternahm? Ich kann solche Fragen nicht mit Sicherheit beantworten, denn ich kenne nicht die gesamte Beweislage. Ich weiß aber genau, dass Sonderermittler Mueller und sein Team, während ich das hier schreibe, hart arbeiten, und dass das amerikanische Volk darauf vertrauen kann, dass sie, falls ihre Ermittlungen nicht noch auf irgendeine Art abgeblockt werden, die Wahrheit herausfinden werden, wie immer sie aussieht.

Am 8. Juni 2017 war ich zur öffentlichen Anhörung vor den Geheimdienstausschuss geladen, die Senatoren wollten etwas hören über meine Interaktionen mit Präsident Trump. Trump hatte, warum auch immer, das öffentliche Interesse an meiner Sicht der Dinge erst richtig entfacht. Ich beschloss, einiges von dem, was ich mit ihm verhandelt hatte, aufzuschreiben und dem Ausschuss vorab zuzustellen, damit ich am Anfang nicht lange zu reden brauchte, weil die Senatoren das Geschriebene schon verdaut hatten und Nachfolgefragen stellen konnten.

Meine kleine Einführungsrede hatte ich für etwas anderes reserviert – ich wollte mich endlich von den Menschen im FBI verabschieden. Präsident Trump hatte weder die Größe noch die Gnade aufgebracht, mir das zu gestatten. Jetzt war auch Gelegenheit, mich gegen die von der Regierung verbreiteten Lügen, das FBI sei in Auflösung begriffen, in ihrem und meinem eigenen Namen zu verwahren. Ich wusste, sie würden alle die Anhörung verfolgen, ich konnte sie direkt ansprechen.

Ich übte meine Aussage vor Patrice und einer unserer Töchter. Sie waren entsetzt, dass ich frei sprechen wollte, aber ich erklärte ihnen, dass meine Rede von Herzen kommen musste, und wenn ich einen Text vor mir hätte, würde ich ständig darauf starren. So nervenaufreibend es auch sein würde, ohne Notizen vor einem Millionenpublikum zu sprechen, für die FBI-Kollegen war es ungemein wichtig. Patrice befürchtete auch, dass ich vor lauter Nervosität entweder dämlich lächeln würde oder dreinschauen, als ob jemand gestorben wäre. Ich musste einen Mittelweg finden.

Als ich in einem Konferenzzimmer auf Einlass in den Anhörungssaal wartete, kamen mir doch Zweifel an meiner Entscheidung, auf Notizen zu verzichten. Und wenn ich ein Blackout habe? Wenn ich mich beim Reden verheddere?

Normalerweise habe ich keine Angst, vor Publikum zu reden, aber das hier war der reine Irrsinn. Und zu spät war es jetzt auch. Ich lief schon über den langen nicht öffentlichen Flur hinter dem Podium, zusammen mit den Ausschussvorsitzenden, dann nach links, und dann stand ich mitten in einer surrealen Szene. Haufenweise Kameras und klickende Auslöser habe ich des Öfteren erlebt, aber das war alles nichts im Vergleich zu dieser Szene.

Ich saß am Zeugentisch im Auge des Orkans und hatte Patrice' Stimme im Hinterkopf: »Denk immer an die FBI-Leute, dann kriegst du leuchtende Augen.« Daran hielt ich mich. Ich geriet erst am Ende, als ich über die Menschen im FBI sprach, etwas ins Stottern und hätte fast die Kontrolle über meine Gefühle verloren, aber meine Worte kamen von Herzen:

Als ich 2013 zum FBI-Direktor ernannt wurde, war mir klar, dass meine Dienstzeit im Belieben des Präsidenten liegt. Ich war zwar für zehn Jahre ins Amt berufen worden, diese Dauer hatte der Kongress einst festgelegt, um zu unterstreichen, wie wichtig es ist, dass das FBI unabhängig und politikfern agiert, aber mir war auch klar, dass mich der Präsident aus irgendeinem Grund oder einfach grundlos feuern konnte.
Und ebendeshalb kam ich am 9. Mai, nachdem ich erfahren hatte, dass ich gefeuert war, als ganz normaler Bürger nach Hause. Aber dann folgten Erklärungen, ständig wechselnde Erklärungen, die ich irritierend und zunehmend beunruhigend fand. Irritierend, weil der Präsident und ich mehrmals über meinen Job gesprochen hatten, sowohl vor als auch nach seinem Amtsantritt, und er mir wiederholt versichert hatte, dass ich meine Arbeit gut mache und er wünsche, dass ich im Amt bleibe. Und ich hatte ihm wiederholt versichert,

dass ich beabsichtigte, meine gesamten noch verbleibenden sechs Jahre Dienst zu erfüllen.

Er erzählte mir auch wiederholt, er habe mit allen möglichen Leuten über mich gesprochen, auch mit dem derzeitigen Justizminister, und erfahren, wie toll ich meine Arbeit mache und dass ich extrem beliebt bei den Mitarbeitern des FBI sei.

Insofern hat es mich irritiert, als er im Fernsehen erklärte, er habe mich wegen der Russland-Ermittlungen gefeuert, und dass er, wie ich wiederum aus den Medien erfuhr, privat gegenüber Dritten erzählte, mein Rausschmiss habe viel Druck aus der Russland-Ermittlung genommen.

Irritierend war auch die allererste öffentliche Erklärung, laut der ich wegen meiner Entscheidungen während des Wahljahrs gefeuert worden sei. Das war gleich aus vielerlei Gründen nicht nachvollziehbar, unter anderem aus zeitlichen, denn dafür war seit jenen schweren Entscheidungen, die aber getroffen werden mussten, zu viel Wasser den Potomac hinabgeflossen. Für mich war das nicht nachvollziehbar.

Nun darf ein FBI-Direktor einfach entlassen werden, ohne Angabe von Gründen, trotzdem befand es die Regierung für richtig, mich persönlich und, noch wichtiger, das FBI zu diffamieren. Es sei, wurde behauptet, in Auflösung begriffen, es sei schlecht geführt, die Mitarbeiter hätten kein Vertrauen in ihren obersten Vorgesetzten.

Das waren Lügen, schlicht und einfach. Ich bedaure zutiefst, dass die FBI-Mitarbeiter sie sich anhören mussten, und ich bedaure zutiefst, dass sie dem amerikanischen Volk aufgetischt wurden. Ich habe Tag für Tag im FBI daran mitgearbeitet, diese großartige Behörde besser zu machen. Ich sage »mitgearbeitet«, weil ich nie allein agiert habe. Im FBI ist niemand unersetzbar. Es macht die große Stärke der Behörde aus, dass ihre Werte und Fähigkeiten tief verankert und breit

angelegt sind. Das FBI wird prima ohne mich auskommen. Sein Auftrag wird von seinen Mitarbeitern unablässig weiter erfüllt, und dieser Auftrag lautet, das amerikanische Volk zu schützen und die Verfassung der Vereinigten Staaten zu wahren.
Es wird mir sehr schwerfallen, bei dieser Mission nicht mehr dabei zu sein, aber beide, die Behörde wie ihre Mission, werden weiterbestehen, weit über mich hinaus und weit hinaus über irgendeine Regierung.
Ich möchte, bevor ich zum Schluss komme, meinen ehemaligen Kollegen beim FBI etwas mit auf den Weg geben. Aber zunächst möchte ich, dass das amerikanische Volk diese Wahrheit erfährt: Das FBI ist ehrlich. Das FBI ist stark. Und das FBI ist unabhängig und wird es immer sein.
Nun zu meinen ehemaligen Kollegen, wenn ihr erlaubt. Ich bedaure zutiefst, dass ich nicht die Gelegenheit bekam, mich gebührend von euch zu verabschieden. Es war mir eine immerwährende Ehre, neben euch zu dienen, Teil der FBI-Familie zu sein. Das wird mir für den Rest meines Lebens fehlen. Ich danke euch für eure Wachsamkeit. Ich danke euch dafür, dass ihr so viel Gutes für dieses Land tut. Tut das weiter, solange ihr könnt.
Und jetzt, meine Damen und Herren Senatoren, freue ich mich auf Ihre Fragen.

EPILOG

Dieses Buch ist in einer Zeit großen Bangens in meinem Land geschrieben worden. Ich kann dieses Bangen gut verstehen, bin aber gleichwohl überzeugt, dass die Vereinigten Staaten einen guten Weg finden werden. Ich gehöre zu denen, die neben den Gefahren immer auch die Chancen sehen wollen.

Die Präsidentschaft von Donald Trump ist eine Bedrohung für vieles, das unserer Nation zur Ehre gereicht. Wir alle tragen eine Mitverantwortung für das eher unterirdische Angebot, das uns Wählern bei der Präsidentenwahl von 2016 präsentiert worden ist, und jetzt zahlt unser Land dafür einen hohen Preis: Der gegenwärtige Präsident ist ein Mann ohne Moral und agiert ohne jede Bindung an die Wahrheit und die Werte unserer Demokratie. Unter seiner Führung verkommt Politik zum reinen Geschäft, er ist egozentrisch und verlangt persönliche Ergebenheit. Zu unserem Glück haben sich einige ethisch integre Persönlichkeiten entschieden, auf herausgehobenen Posten im Staatsdienst zu bleiben, aber sie können nicht alles verhindern, was die einem Flächenbrand gleichende Präsidentschaft Trumps an Schäden anrichtet. Ihre Aufgabe ist es, das Feuer einzudämmen, so gut sie es vermögen.

Ich erlebe mit, wie viele sich selbst konservativ nennende Kommentatoren, darunter hochrangige Kirchenmänner, unter Verweis auf ihnen gelegen kommende politische Initiativen oder Berufungen von Richtern ihr Einverständnis mit diesem Zerstörungswerk rechtfertigen und zugleich die Demontage grundlegender Normen und ethischer Werte durch diesen Präsidenten kleinreden. Mir erscheint das sowohl heuchlerisch als auch verwerflich. Was ich mit heuchlerisch meine, wird klar, wenn man einen simplen Rollentausch vornimmt und sich vorstellt, eine Präsidentin Hillary Clinton hätte sich eine ähnliche Amtsführung geleistet. Ich sage das nicht zum ersten Mal, aber es verträgt eine Wiederholung: Man schließe die Augen und stelle sich vor, was man von diesen Leuten zu hören bekäme, wenn eine Präsidentin Clinton dem FBI-Direktor im Hinblick auf Ermittlungen gegen einen ihrer Spitzenbeamten gesagt hätte: »Ich hoffe, Sie können das sein lassen«, oder wenn sie Tag für Tag triviale, leicht zu widerlegende Lügen hinausposaunen und dann von uns verlangen würde, dass wir sie glauben. Die Heuchelei ist so krass, dass sie schon wieder einen makabren Reiz entfaltet. Ich sage das als einer, der fast sein ganzes erwachsenes Leben im Gesetzesvollzug zugebracht und Präsidenten aus beiden Parteien gedient hat. Was heute vor sich geht, ist nicht normal. Das sind keine Fake News. Das ist nicht in Ordnung.

Es ist, gleich welcher politischen Couleur man zuneigt, verwerflich, die Aushöhlung der Normen und Traditionen zu verharmlosen, die für das Präsidentenamt und für unser öffentliches Leben seit Jahrzehnten – oder in vielen Fällen schon seit der Gründung unserer Republik – maßgeblich waren. Es ist moralisch falsch, tatenlos oder, schlimmer noch, schweigend zuzusehen – obwohl man es besser weiß –, wie ein Präsident schamlos versucht, das Vertrauen der Öffentlichkeit in Institutionen des Gesetzesvollzugs zu untergraben, die dafür geschaffen wurden, unsere Politiker im Zaum zu halten. Jede Organisation hat ihre Schwächen, aber die beamteten Strafverfolger und Ermittler im Justizministerium haben ihre Daseinsberechtigung – sie sollen, ungeachtet ihrer persönlichen politischen Neigung, über den Parteien stehen und ihr Handeln einzig am Wohl des Landes ausrichten. Ohne dieses Gegengewicht gegen die Machtbefugnisse der Exekutive, ohne die Entschlossenheit dieser Institutionen, gegen Machtmissbrauch einzuschreiten, kann unser Land keine funktionierende Demokratie bleiben. Ich weiß wohl, dass im Kongress der Vereinigten Staaten auf beiden Seiten des Mittelgangs rechtschaffene Leute sitzen, denen dies alles bewusst ist. Doch zu wenige von ihnen erheben ihre Stimme. Sie müssen sich fragen, wem sie mehr Loyalität schulden: den Interessen ihrer Partei oder den Säulen, auf denen unsere Demokratie ruht? Ihr Schweigen bedeutet Mitschuld, denn es ist das Resultat einer bewussten Entscheidung, und in ihrem tiefsten Inneren wissen sie das auch.

Politische Programme kommen und gehen. Oberste Richter kommen und gehen. Doch den Wesenskern unserer Nation bildet unser fester Glaube an einen gemeinsamen Wertekanon, zu dem George Washington den Grundstein gelegt hat – der Glaube an Mäßigung, Integrität, Ausgewogenheit, Transparenz und Wahrheit. Wenn uns diese Werte entgleiten, würden sich wohl nur die ganz Unbedarften darüber mit einer Steuersenkung oder einer anderen Einwanderungspolitik hinwegtrösten lassen.

Ich entscheide mich lieber für die optimistische Sicht der Dinge. Ja, unser gegenwärtiger Präsident wird auf kurze Sicht erheblichen Schaden anrichten. Normen und Traditionen, die für unsere Demokratie wichtig sind, werden ganz oder teilweise den Flammen zum Opfer fallen. Andererseits: Bei all dem Schlimmen, das ein Flächenbrand anrichten kann, bringt er doch auch neues Wachstum hervor. Er lässt Dinge sprießen, die vor dem Brand nicht gedeihen konnten, weil alteingesessene Bäume und Gestrüppe den Boden zu einem unwirtlichen Ort für neue Pflanzen machten. Heute sehe ich, während die Flammen noch wüten, neues Leben aus diesem

Boden hervorwachsen – junge Menschen, die sich engagieren wie nie zuvor, und Medien, Gerichte, Akademiker, gemeinnützige Organisationen und alle anderen Elemente der Zivilgesellschaft, die neue Kraft schöpfen.

Dieser Flächenbrand eröffnet zudem die Chance, die Machtbalance zwischen den drei Gewalten unseres Staates neu zu justieren und uns wieder den Verhältnissen anzunähern, die den Gründervätern vorschwebten. Einiges deutet darauf hin, dass das Präsidentenamt aus diesem Feuer geschwächt hervorgehen wird, der Kongress und die Gerichtsbarkeit hingegen gestärkt – ähnlich wie nach der großen Feuersbrunst namens Watergate. Das birgt sehr viel Gutes in sich.

Leute, die sich Gedanken machen, starren gebannt auf den bösen Parteienhass, der bei uns um sich gegriffen hat. Doch die Trump-Präsidentschaft hat es nicht vermocht, der Lüge zu einer neuen normativen Akzeptanz zu verhelfen, ganz im Gegenteil: Sie hat eine Rückbesinnung auf Wahrheit und Moral bewirkt. Eltern reden mit ihren Kindern wieder darüber, dass es sich gehört, die Wahrheit zu sagen, alle Menschen zu respektieren, Vorurteile und Hass zurückzuweisen. An Schulen und religiösen Einrichtungen wird über Führungsstil diskutiert, der sich an Werten orientiert.

Der nächste US-Präsident wird, gleich welcher Partei er angehört, sicher auf Werte wie Wahrheit, Integrität, Respekt und Toleranz pochen, wie es seit mehr als vierzig Jahren kein Politiker in unserem Land getan hat. Der Flächenbrand wird einigen guten Dingen Licht und Luft zum Wachsen verschaffen.

Ich habe dieses Buch geschrieben in der Hoffnung, dass es denen zum Nutzen gereicht, die den Flammen ausgesetzt sind und darüber nachdenken, was als Nächstes kommt. Ich hoffe aber auch, dass es noch lange nach dem Erlöschen der

Flammen ein aufschlussreiches Buch für meine Landsleute bleibt, indem es sie animiert, sich für eine Loyalität zu entscheiden, die größer ist als Parteizugehörigkeit und Amt – und aus den Lügen die Wahrheit herauszufiltern und sich für eine integre, ethisch geerdete Führung einzusetzen.

DANK

Ich denke, dieses Buch wird sich als nützlich erweisen, weil es einer ganzen Reihe von Leuten der Mühe wert war, mir die Wahrheit zu erzählen.

Meine geliebte Familie hat dieses Buch verbessert und mich zu einem besseren Menschen gemacht.

Keith Urbahn und Matt Latimer von Javelin haben mich durch den Entstehungsprozess begleitet und mich so vieles gelehrt, darunter auch, wie man ein Buch schreibt.

Flatiron Books und meine Lektorin Amy Einhorn haben mich im besten Sinne durch eine Vielzahl von Textfassungen getrieben.

Und schließlich bin ich allen dankbar, die mich etwas gelehrt, an meiner Seite gearbeitet und in all den Jahren mit mir gelacht haben. Ihr wisst, wer ihr seid. Danke für die Freude und die gemeinsame Reise, sie ist noch nicht zu Ende.

REGISTER

A
Abedin, Huma 270, 284
Abu Ghraib 143 ff.
Achterbande 296, 304
Adams, John 324
Addington, David 120 ff., 124 ff., 136, 140 f., 151, 154, 159
Al-Qaida 115, 125, 137, 146
Anschläge vom 11.09.2001 75 ff., 119 f., 174
AOL 226
Apple 212 ff.
Arden, Jann 19
Armitage, Richard 104 ff., 108
Ashcroft, Janet 111 f., 127, 129 f.
Ashcroft, John 98, 100 ff., 106 f., 111 f., 122 ff., 127–131, 133 f., 141, 147, 157 ff., 161, 336
Assange, Julian 268
AT&T 225, 271
Außenministerium 225, 247, 257, 270, 284
Ayres, David 111 f., 127, 141

B
Babar (Al-Qaida-Aktivist) 115
Baker, Jim 248, 274, 300, 349
Beekman, Mary Ellen 39
Bestätigungsfehler 149
Biden, Joe 295
Boente, Dana 355 f.
Bonanno, Joseph 315
Bossert, Tom 303 f.
Bradbury, Stephen 160 ff.

Brennan, John 281, 302
Bridgewater Associates 168, 191
Brower, Greg 17 f.
Brown, Michael 197 f., 262
B-Streptokokken 71, 74
Buffett, Warren 87
Bureau of Alcohol, Tobacco, Firearms and Explosives (ATF) 36, 181
Burton, Dawn 133 f.
Bush, George W. 77, 96–102, 104, 107, 109, 111–119, 124, 129, 143, 145 f., 151 f., 157 ff., 163, 170, 177 f., 189, 207, 217, 232, 306, 321, 326 f., 338, 344
– Humor 115 ff., 177
– Stellar Wind 137–142
BuzzFeed 312

C
Cafaro, Vincent »Fish« 32 f.
Campbell, Josh 362
Card, Andrew 112, 124 f., 127–133, 140, 336
Cates, Richard L. 34 f., 188
Central Intelligence Agency (CIA) 104 ff., 108 f., 119, 135, 140, 228 f., 293 f., 302 f.
– Folter 144–148, 151, 154 ff., 160–165, 189, 232
Cheney, Dick 103, 108, 115 f., 120, 125 f., 149, 151, 159 f., 223, 336
Civil Rights Movement 194
Clancy, Joe 317 f., 320

Clapper, Jim 268, 281 f., 295 ff., 302, 304 f., 308, 322
Clement, Paul 140
Clinton, Bill 114, 222 ff., 249 ff., 289, 309, 339, 353 f.
– Lügen 109 f.
– Whitewater 97, 222
Clinton, Hillary 220, 224, 348, 353 f., 364, 374
– E-Mail-Affäre 16, 224–264, 269–292, 301, 309, 320, 328, 345, 350, 359
– russische Wahlbeeinflussung 16, 265 f., 268, 295
– Whitewater 97, 222
Columbia University 168
Comey, Brien (Vater) 25, 52 f.
Comey, Chris (Bruder) 22
Comey, Collin Edward 71–76, 222, 364
Comey, Joan (Mutter) 28, 52 f., 56 f., 61, 64, 68, 73
Comey, Patrice (Ehefrau) 43, 67, 70–78, 96, 134 ff., 147, 153, 158, 169, 171 f., 176, 178 f., 191, 280, 284, 319, 322, 329, 331, 364, 369 f.
Comey, Pete (Bruder) 22 ff., 26
Comey, Trish (Schwester) 22, 26
Cosa Nostra siehe Mafia
Currington, Billy 29

D
Dalio, Ray 191
Datenverschlüsselung 211–216, 338
DCLeaks 250
Demokratische Partei 16 f., 77, 105, 110, 169, 202, 296
– E-Mail-Affäre Hillary Clintons 231, 250, 253, 261
– russische Wahlbeeinflussung 250, 266

Disraeli, Benjamin 51
Drug Enforcement Administration (DEA) 36, 351 f.
Dunn, Andy 57
Duvall, Robert 57
Dylan, Bob 103

E
Eisenhower, Dwight D. 167
Emerson, Ralph Waldo 64

F
Fahey, Helen 68 ff., 84, 364
Fast and Furious (Operation) 181
Federal Bureau of Investigation (FBI) 15 ff., 36, 170–196, 200, 293 f., 316 ff., 322 f., 325 ff., 332 f., 335 ff., 338, 344, 348 f., 352 ff., 356–372, 374
– Datenverschlüsselung 212 ff.
– E-Mail-Affäre Hillary Clintons 224–264, 269–292, 320
– russische Wahlbeeinflussung 266, 272, 298 ff.
– Verhörpraktiken 148
Ferguson, Missouri 197 ff., 236, 262
Fike, Deirdre 361
Fitzgerald, Patrick 21, 42 f., 45 ff., 107 ff., 360
Flynn, Mike 302, 346 ff., 365 ff.
Folter 143–148, 151, 153–157, 160–165, 189, 232, 289, 366
Foster, Vincent 97, 222
Franken, Al 286
Franz von Assisi 197
Freeh, Louis 98, 248, 309, 354
Führung 10 ff., 57–62, 67 ff., 83 f., 184 ff., 191 ff., 334

G

Galatalo (Mafia-Opfer) 49
Gambino, John 41 ff., 48, 50, 67
Gambino-Clan 20, 41 f., 45, 306
Garner, Eric 197, 199
Gates, Robert M. 293
Geheimgefängnisse 144, 147, 156 f.
Giuliani, Rudy 31, 37–41, 43, 68, 83 f., 91, 222
Giuliano, Mark 232 f.
Golding, William 63
Goldsmith, Jack 119 f., 122–126, 129, 132, 136, 141 ff., 147 f., 154 f.
Gonzales, Alberto 97, 100 f., 112, 120, 124 f., 127–131, 133, 136, 140 f., 158–165, 344
Google 212
Gotti, John 19, 49
Grassley, Charles 353
Gravano, Salvatore »Sammy the Bull« 19 ff., 45 f., 49 f., 327
Gray, Freddie 197, 199
Green, Pincus 222, 224
Ground Zero 75, 120
Gruppendruck 64 ff.
Guccifer 2.0 250

H

Hayden, Michael 121 f., 125
Hesse, Hermann 67
Holder, Eric 168 f., 181 f., 223, 229, 332
Hoover, J. Edgar 173 f., 195, 218, 300, 322
Howell, Harry 57 f., 60, 62 f., 192, 364
Humor 115 ff., 176 f., 297
Hussein, Saddam 104

I

ImClone 82 f., 85 f., 90
Insiderhandel 80, 82, 85 ff., 89 ff.
Irak 104, 109, 143, 306
Iran 97 ff., 222

J

Jackson, Robert H. 265
James, Althea 321, 351, 360
James, LeBron 193
Jefferson, Thomas 79, 324, 367
Johnson, Jeh 268, 298, 309
Joyce, Sean 180
Justizministerium 106 f., 113 f., 326, 332, 336, 353, 374
– E-Mail-Affäre Hillary Clintons 225–264, 272, 274 f., 279, 320
– Rechtsabteilung 118, 126, 142, 154 f., 160
– russische Wahlbeeinflussung 266, 365 ff.
– Stellar Wind 121 f., 124, 126, 138 ff.
– Verhörmethoden 143–148, 151–158, 160–164

K

Kelley, David 83, 94
Kelly, John 360
Kennedy, John F. 339
Kennedy, Robert F. 195
Kerry, John 115, 121
King, Martin Luther 193 ff.
Kipling, Rudyard 111
Kongress 118, 121 f., 130, 176, 181, 224, 235 f., 244, 263 f., 283 f., 288, 370, 376
– E-Mail-Affäre Hillary Clintons 272–277, 328
– Folter 145

– russische Wahlbeeinflussung 15, 17, 274, 353
Kushner, Jared 311, 345 f.

L
Lebensmittelmarkt 57–63
Lerner, Lois 262
Levin, Dan 155 ff.
Libby, Lewis »Scooter« 105 f., 108 ff., 223, 229, 232, 254, 326, 347
Liu, Wenjian 199
Lockheed Martin 168
Long, Linda 123
Loyalität 21, 326 f., 333 f., 355 f., 377
Luciano, Charles »Lucky« 41, 50
Luther, Martin 138
Lynch, Loretta 181 f., 225, 236 ff., 241, 250 f., 253, 259, 275, 278 f., 289, 332, 350

M
Madison, Wisconsin 34
Madrid, Terroranschlag 135, 137
Mafia 19 ff., 32 f., 40–51, 83, 148, 306, 315, 327, 334, 344
Malaria 70
Mannoia, Francesco Marino 21, 46 ff.
McAuliffe, Terry 353 f.
McCabe, Andrew 269 f., 349, 353 f., 361 ff.
McCabe, Jill 353 f., 363
McCabe, Kenneth 44 f.
McConnell, Mitch 286
McDonough, Denis 297, 336
McFarland, K. T. 303
Midyear Exam *siehe Clinton, Hillary, E-Mail-Affäre*
Milchunfall 60 ff.
Miller, Judith 347
Mobbing 51–56, 62 ff.

Mordrate 201 ff., 209
Morus, Thomas 336
Mueller, Bob 103, 115 f., 125, 128–132, 135 ff., 139 ff., 155, 167 f., 174 f., 179, 187, 189, 367 f.
Murray, Steve 26 f., 56
Mutolo, Gaspare 48 f.

N
National Security Agency (NSA) 119, 140, 211 f., 293 f., 302
– Stellar Wind 119–125, 127, 135 f., 138, 142–147, 154, 189, 232
National Security Council (NSC) 162 ff., 215, 290, 338
Niebuhr, Reinhold 15, 29 f., 193
Nixon, Richard 322
Novak, Robert 104, 106

O
Obama, Barack 167–173, 176 f., 181, 199, 202, 204–211, 228, 241 f., 251, 267 f., 272, 291 f., 294–299, 305 f., 310, 312, 315 f., 318, 321 f., 326 f., 332 f., 338, 344, 346
– Datenverschlüsselung 214 ff.
– Humor 176 f., 297
Obama, Michelle 297, 310
Obermaier, Otto 224
Office of Legal Counsel *siehe Justizministerium, Rechtsabteilung*
Olson, Ted 132 f., 140
O'Reilly, Bill 339 ff.

P
Pacino, Al 31
Papadopoulos, George 266
Pasternak, Mariana 89 f.
Pence, Mike 302, 305, 344, 346
Petraeus, David 228 ff.

Philbin, Patrick 119 f., 122, 124 ff., 129, 136, 141 f., 154, 160, 163 f.
Polizeigewalt gegen Schwarze 197–205, 208
Pompeo, Mike 303
Powell, Colin 98, 163, 226
Price, Tom 349
Priebus, Reince 302, 305, 308 f., 330 f., 336 ff., 341, 343, 347 ff.
Putin, Wladimir 18, 265 f., 268, 295, 340 f., 343

R
Ramsey Rapist 22, 28 f., 70, 276
Republikaner 16 f., 77, 105, 108 ff., 181, 202, 296
– E-Mail-Affäre Hillary Clintons 231, 253, 261, 263
Rice, Condoleezza 98, 103, 135 f., 163
Rice, Tamir 197, 199
Rich, Marc 222 ff.
Richman, Dan 367
Ridge, Tom 103
Rogers, Mike 302
Rosenberg, Chuck 124, 127 f., 133, 351
Rosenberg, Ethel und Julius 231
Rove, Karl 104, 106, 108, 326
Ruemmler, Kathy 170, 172 f.
Rumsfeld, Donald 98
Russert, Tim 105, 109
Russland
– Demokratische Partei 250, 266
– Dossier 312 f., 339
– Wahlbeeinflussung 15 f., 265–269, 272, 294 ff., 299 f., 304 f., 308, 310, 312 f., 340 f., 346–350, 352, 355, 360, 366 ff., 371
Rybicki, Jim 273, 314, 349 ff.

S
Salerno, Anthony »Fat Tony« 32 f., 40, 306
Schumer, Chuck 221, 286
Schwarze, Polizeigewalt gegen 197–205, 208
Scott, Walter 197, 199
Seacrest, Ryan 260 f., 263
Secret Service 36, 256, 316, 318
Sessions, Jeff 344 f., 347, 350 f., 355
Sessions, William 309
Seymour, Karen 83, 91, 94
Sharpton, Al 38
Snowden, Edward 211
Souza, Peter 291
Spicer, Sean 302, 305, 338
Steele-Dossier 296
Stellar Wind (NSA-Projekt) 119–125, 127, 135 f., 138, 142–147, 154, 189, 232
Stewart, Martha 79 f., 85 ff., 89 ff., 94 f., 229, 232, 254
Subaida, Abu 146 f.
Summer of Sam 22

T
Tea-Party-Bewegung 202, 236, 262
Terrorismusabwehr-Briefing 344–349
Thatcher, Margaret 221
Thompson, Larry 96
Tod und Religion 29
Toscas, George 238
Townsend, Fran 135
Trono, Bob 93, 113 ff., 117
Truman, Harry 196
Trump, Donald J. 18, 158, 220, 264, 266, 268, 274, 277, 280, 285, 287, 294 ff., 298–328, 330–352, 354 ff., 360, 362–369, 373 ff.
– Lachen 332 f.

– Prostituierte 296, 299 f., 308, 310 f., 313 f., 324, 331, 352
– russische Wahlbeeinflussung 16, 18, 294 ff., 299 f., 304 f., 308, 310, 312 f., 346–350, 352, 355, 360, 366 ff., 371
– Terrorismusabwehr-Briefing 344–349
Trump, Melania 331
Trump-Tower-Treffen 293–314
Twain, Mark 143

U
US-Postbehörde 36

W
Waksal, Sam 82, 85 f., 90
Walker, John M. jun. 32
Washington, George 375
Waterboarding 147, 153 ff., 165
Weiner, Anthony 269 ff., 281, 283 f., 289 f.
White, Mary Jo 223
Whitewater 97, 222
WikiLeaks 268
Wilkinson, Beth 247 f.
William-and-Mary-College 29, 63
Willis, Bruce 281

Y
Yates, Sally 182, 243, 248 f., 258 f., 275
Young, Leonidas B. 92 f., 113, 229

Z
Zuhören 206 ff., 211